POURQUOI LES SPAGHETTI BOLOGNESE N'EXISTENT PAS ?

POURQUOI LES SPAGHETTI BOLOGNESE N'EXISTENT PAS ?

ARTHUR LE CAISNE

Illustrations de Yannis Varoutsikos

MARABOUT

AVANT-PROPOS

Pourquoi ? Et pourquoi ? Mais pourquoi ?
Si vous avez des enfants, vous êtes passé par cette étape du pourquoi à tout va : « Pourquoi le ciel est bleu ? », « Pourquoi il pleut ? », « Pourquoi les haricots verts sont verts ? », « Pourquoi l'eau des pâtes déborde ? »...
C'est magique cette période des pourquoi, parce qu'on réfléchit à des trucs auxquels on n'avait jamais pensé, et du coup, on apprend plein de choses.
Et quand on s'intéresse aux pourquoi en cuisine, on se rend compte qu'on ne sait vraiment pas tout, et on remet en cause des pratiques (souvent fausses) qu'on nous a transmis comme des vérités. Et c'est comme ça qu'on apprend pourquoi l'eau des pâtes déborde (et comment faire pour l'éviter), et aussi pourquoi ça ne sert à rien de les cuire dans un grand volume d'eau, pourquoi la fraise et la pomme sont des légumes, pourquoi le jus rouge qui sort de la viande n'est pas du sang, pourquoi les chairs de la plupart des poissons sont blanches, pourquoi le vinaigre balsamique n'est pas du vinaigre, pourquoi dire qu'il faut sortir sa viande à l'avance pour éviter un choc thermique est une bêtise...
Ah ! Et aussi pourquoi les *spaghetti bolognese* n'existent pas !

SOMMAIRE

« Pourquoi trouve-t-on du jambon de bœuf ? »

LES USTENSILES DE CUISINE

Non, un rouleau à pâtisserie ne sert pas à assommer sa belle-mère, pas plus que le papier aluminium à décolorer ses mèches de cheveux. En revanche, oui, on fouette bien avec un fouet, mais pas avec n'importe lequel... Du bon usage des outils du cuisinier !

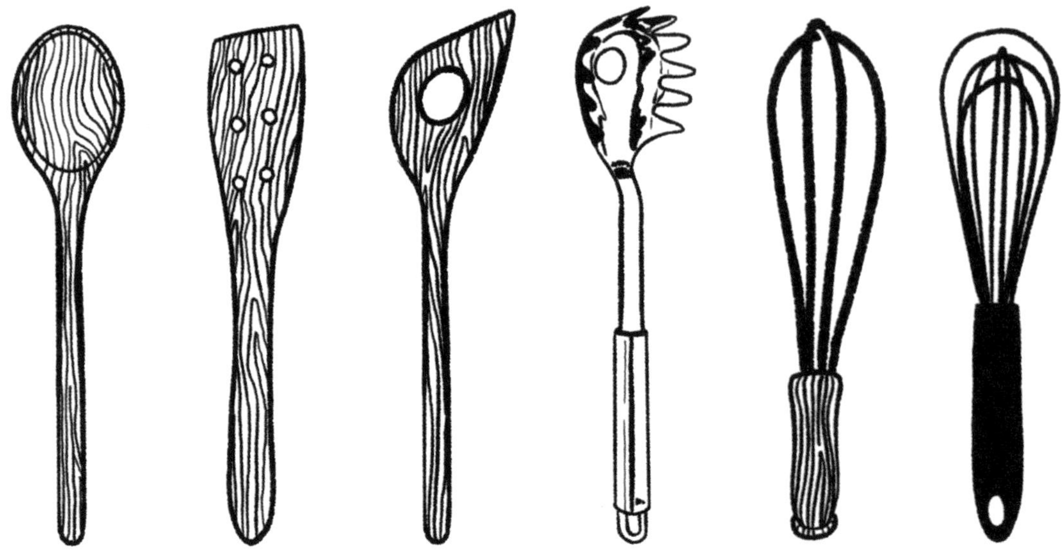

Cuillère en bois — *Spatule à trous* — *Cuillère à mélanger ou cuillère à risotto* — *Cuillère à spaghetti* — *Fouet en bois* — *Fouet en silicone*

LE VRAI DU FAUX

POURQUOI NOUS DIT-ON SOUVENT DE REMUER AVEC UNE CUILLÈRE EN BOIS ?

Voilà une drôle de croyance qui voudrait que l'Inox donne un mauvais goût... L'Inox est un matériau neutre qui ne donne aucune saveur, mais strictement aucune... Il n'y a aucune différence à mélanger avec une cuillère en bois ou en Inox, sinon que le bois ne raye pas. Mais la préparation n'est ni mieux mélangée, ni plus onctueuse, ni mieux aérée...

POURQUOI Y A-T-IL DES TROUS DANS CERTAINES SPATULES ET CUILLÈRES EN BOIS ?

Lorsque vous mélangez une préparation avec ce type de cuillère ou de spatule, les trous laissent passer les liquides tout en retenant les matières solides. C'est un accessoire idéal pour retourner ou prélever des légumes, des poissons et des viandes en attrapant le moins de sauce possible.

POURQUOI CERTAINES CUILLÈRES ONT-ELLES UN GROS TROU AU CENTRE ?

Lorsque vous mélangez avec une cuillère normale, une partie des aliments se bloque au fond de la partie arrondie et s'y agglutine.
La forme à trou présente deux intérêts : le trou évite aux aliments de se coller les uns aux autres, et les bords du trou mélangent deux fois plus rapidement les préparations. En Italie, on les appelle « cuillères à risotto », et en France, « cuillères à mélanger »

POURQUOI LE NOMBRE DE FILS CONDITIONNE-T-IL LA QUALITÉ DES FOUETS ?

En battant, chaque fil d'un fouet divise la matière contenue dans les préparations en bulles. Plus le fouet a de fils, plus ils y a de bulles créées à chaque mouvement et donc plus il est efficace.

POURQUOI FAUT-IL PRÉFÉRER DES FOUETS EN MÉTAL ET ÉVITER CEUX EN BOIS ET EN SILICONE ?

Les fils des fouets en métal sont lisses et découpent parfaitement la matière, alors que les fils des fouets en bois sont rêches. Résultat, la matière s'accroche aux aspérités et se découpe difficilement. Quant aux fouets en silicone, ils sont trop souples pour agir efficacement.

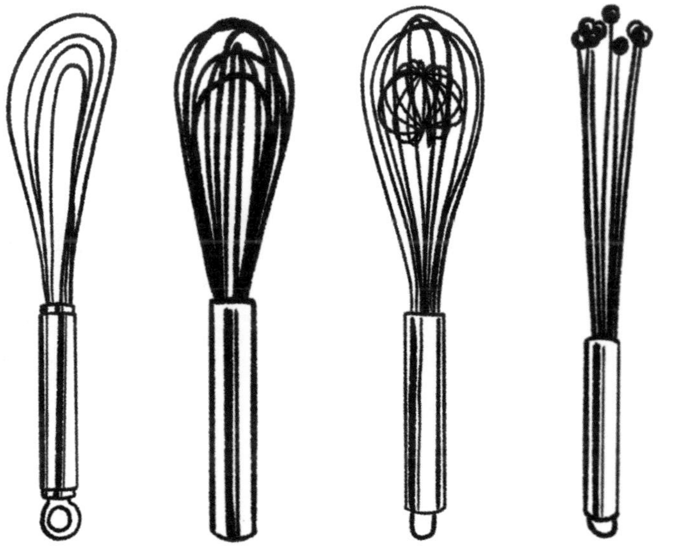

Fouet plat — *Fouet ordinaire* — *Fouet à boule* — *Fouet à émulsion*

ZOOM

POURQUOI LES FOUETS À ÉMULSION ÉMULSIONNENT-ILS SI BIEN ?

Attention quand même !
Ils marchent très bien pour émulsionner certaines préparations comme les vinaigrettes, mais pas pour monter des blancs en neige.
Comment ça marche ce truc ?
C'est tout simple : avec leurs tiges souples et leurs billes, ils incorporent peu d'air aux préparations, mais les divisent en petites bulles et cassent la matière. Ces fouets sont parfaits pour briser les grumeaux et obtenir des préparations lisses et sans bulles d'air.

POURQUOI LES CUILLÈRES À SPAGHETTI ONT-ELLES UN TROU AU CENTRE ET DES DENTS SUR LES BORDS ?

Ah, encore ce fameux trou... Celui-là a 2 fonctions : il sert à mesurer la quantité parfaite de spaghetti crus pour 1 personne, et aussi il laisse échapper l'eau bouillante lorsque vous attrapez vos pâtes cuites. Les dents, elles, permettent à vos spaghetti de s'accrocher et de s'enrouler autour pour les prélever plus facilement.

POURQUOI TROUVE-T-ON DES FOUETS PLATS ?

Ils servent à préparer des petits volumes de fonds de sauce tout en grattant les sucs accrochés à la poêle, à émulsionner des sauces fragiles ou à préparer des œufs brouillés sans laisser pénétrer trop de bulles d'air dans la préparation.

BON À SAVOIR

POURQUOI TROUVE-T-ON UNE BOULE DANS CERTAINS FOUETS ?

On dirait un gadget, mais cette petite boule au centre de certains fouets métalliques permet de battre et d'aérer plus rapidement les préparations, comme si elle augmentait le nombre total de fils. Et plus il y a de fils qui passent dans la préparation, plus elle s'aère rapidement.
Seul souci : le nettoyage est un peu plus compliqué.

LES USTENSILES DE CUISINE

POURQUOI LES CULS DE POULE ONT-ILS UN FOND ARRONDI ?

Combien de fois s'est-on retrouvé avec des blancs en neige bien montés sur le dessus et un reste de blancs liquide dans le fond du plat ? C'est simplement parce que les fouets ronds ne vont pas dans les angles. Grâce au fond arrondi du cul de poule, plus d'angles inatteignables et une préparation mieux travaillée. Le truc, c'est de placer un torchon humide sous le cul de poule et un autre autour de sa base pour le stabiliser. Et là, vous pouvez battre vos blancs parfaitement !

Un cul de poule stabilisé

BON À SAVOIR

POURQUOI LES PLANCHES À DÉCOUPER EN BOIS SONT-ELLES PLUS HYGIÉNIQUES QUE LES PLANCHES EN PLASTIQUE ?

Les bactéries s'incrustent principalement dans les rainures faites par les coups de couteau. Au cours de tests scientifiques, on s'est aperçu que les tanins contenus dans les planches en bois tuent les bactéries, alors que sur les planches en matière plastique, elles restent bien vivantes et se reproduisent même...

ET POURQUOI NE FAUT-IL JAMAIS UTILISER DE PLANCHE À DÉCOUPER EN VERRE OU EN GRANIT ?

Ces deux matériaux sont bien trop durs pour le tranchant de vos couteaux ; ils le détruisent en quelques découpes. Le bois, beaucoup plus tendre, laisse la lame pénétrer sans l'abîmer.

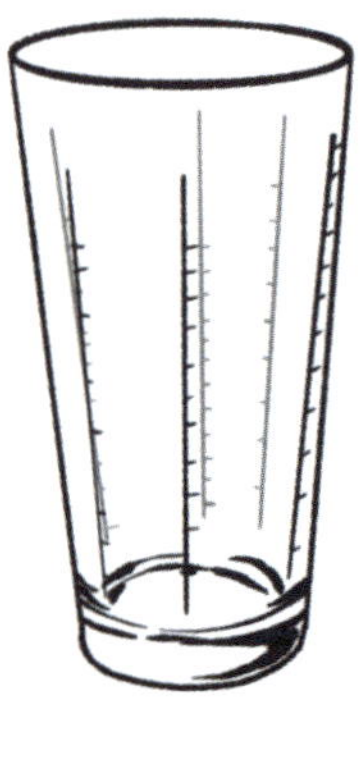

ATTENTION !

POURQUOI LES VERRES DOSEURS NE SONT-ILS PAS AUSSI PRÉCIS QU'UNE BALANCE ?

Les verres doseurs prennent le volume en considération mais pas le poids. Pour un liquide c'est parfait, mais pour un solide, comme le sucre ou la farine, le volume total sera lié à la taille des grains : plus ils seront gros, plus il y aura d'espace entre chacun d'eux, et plus le volume occupé sera important pour un poids identique.

LE ROULEAU À PÂTISSERIE EN 2 QUESTIONS

1 POURQUOI LE MATÉRIAU DES ROULEAUX À PÂTISSERIE N'A-T-IL PAS VRAIMENT D'IMPORTANCE...

Qu'ils soient en bois, en métal, en polyéthylène ou en silicone, les rouleaux à pâtisserie sont à peu près tous équivalents. Seul bémol pour ceux en métal, qui peuvent avoir tendance à se réchauffer légèrement au contact des mains et à ramollir un peu les pâtes. Il faut donc le placer environ 30 minutes au réfrigérateur avant utilisation. Après, on peut aimer travailler avec des rouleaux en bois pour leur côté naturel, ou en silicone pour leur entretien facile. Faites comme vous voulez, c'est vous le chef...

2 ... MAIS LE DIAMÈTRE, OUI ?

Plus le diamètre est important, plus la surface de contact avec la pâte est importante, et plus l'abaisse peut être fine et régulière. Imaginez-vous un peu étaler une pâte avec une brochette en bambou, pourtant ronde elle aussi ? Pour une utilisation classique, un diamètre de 5 à 6 cm est largement suffisant.

POURQUOI UN THERMOMÈTRE DE CUISSON EST-IL INDISPENSABLE EN CUISINE ?

Pour vérifier la cuisson des légumes, il suffit de goûter. Mais pour celle d'un gigot, d'un rôti ou encore d'un poisson en croûte de sel, c'est plus compliqué ! Pour savoir où en est votre cuisson, rien n'est plus efficace que de connaître leur température intérieure.
Il vous suffit de régler votre thermomètre à la température souhaitée et dès qu'il l'atteint, il vous prévient par une petite sonnerie.
Ça c'est vraiment un truc à offrir à belle-maman pour que son plat du dimanche ne soit plus trop cuit ou trop sec ;-)

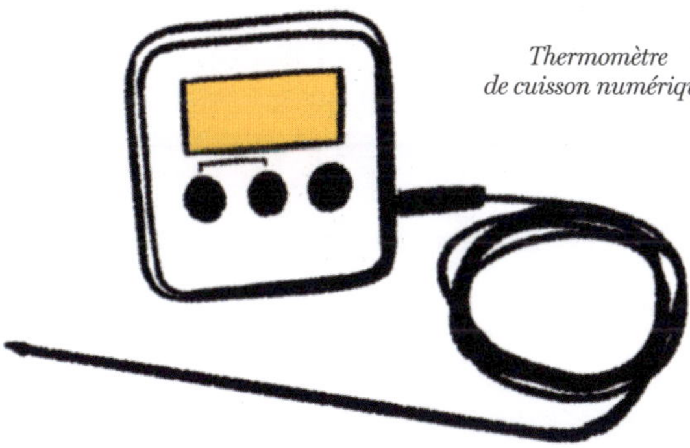

Thermomètre de cuisson numérique

TRUC DE PRO

POURQUOI VOUS FAUT-IL AUSSI UN THERMOMÈTRE À FOUR ?

Les thermostats des fours ne sont pas très précis parce qu'ils sont situés sous les parois et qu'ils ne prennent pas en compte le volume et la densité des aliments à cuire. Par exemple, il faudrait qu'il chauffe plus fort pour faire monter en température deux beaux poulets plus un gratin dauphinois que pour une simple tarte au citron.
Un thermomètre à four vous permet de calibrer le thermostat de votre four. Ainsi, vous saurez que, même s'il indique 180 °C, le four chauffe en réalité à 160 ou 200 °C ; du coup, lorsque vous serez amené à cuisiner plusieurs plats en même temps, vous pourrez jouer sur le thermostat pour obtenir la chaleur nécessaire.

LES USTENSILES DE CUISINE

POURQUOI LES PAPIERS CUISSON N'ADHÈRENT-ILS PAS AUX ALIMENTS ?

Le papier sulfurisé est traité à l'acide sulfurique, qui solubilise les fibres longues et forme un gel de cellulose. C'est ce gel qui empêche les aliments d'adhérer. Le papier cuisson siliconé, lui, est recouvert d'une fine couche de silicone, antiadhérente elle aussi, et peut être réutilisé plusieurs fois s'il n'a pas trop chauffé.

POURQUOI LE PAPIER ALUMINIUM EST-IL BRILLANT D'UN CÔTÉ ET MAT DE L'AUTRE ?

Lors de la fabrication, deux feuilles d'aluminium sont superposées l'une sur l'autre pour être étirées entre deux cylindres sans se déchirer. Le frottement entre les feuilles donne un aspect mat, alors que le côté en contact avec les cylindres reste très brillant. À l'usage, les deux côtés sont aussi efficaces.

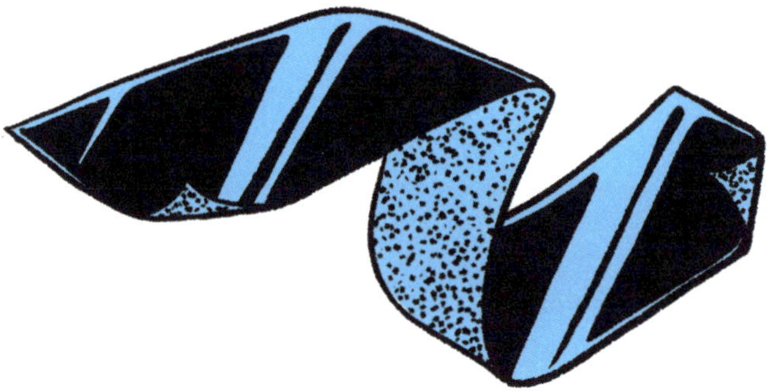

SANTÉ !

POURQUOI FAUT-IL ÉVITER D'UTILISER DU PAPIER ALUMINIUM EN CUISSON ?

Le papier aluminium supporte très mal la chaleur ou le contact avec des aliments acides et peut transférer certaines de ses particules neurotoxiques à la nourriture. Si vous en utilisez, placez une feuille de papier cuisson entre l'aluminium et les aliments pour les protéger. Pour la conservation au froid, en revanche, aucune contre-indication.

LE SILICONE EN 4 QUESTIONS

1 POURQUOI LES USTENSILES EN SILICONE SONT-ILS SOUVENT MOINS EFFICACES QUE CEUX EN MÉTAL...

Parce qu'ils sont plus mous que ceux en métal, les ustensiles en silicone sont moins précis, découpent moins bien, retournent moins bien, etc. Leur seul intérêt, mais vraiment le seul, est de ne pas rayer les fonds des poêles antiadhésives.

2 ... ET LES PINCEAUX EN SILICONE PLUS BAVEUX QUE CEUX AVEC DE VRAIS POILS ?

Les « poils » en silicone sont très épais, peu nombreux et très souples. Résultat, ils déposent une très grosse quantité de liquide (beurre fondu, jaune d'œuf pour la pâtisserie, glaçage, etc.). Les pinceaux avec de vrais poils fins prélèvent moins de liquide et font des lissages plus fins. Jetez-moi ces pinceaux en silicone, vous méritez mieux !

3 POURQUOI NE FAUT-IL PAS GRAISSER LES MOULES EN SILICONE AVANT DE LES UTILISER...

En fait, il faut les graisser lors de la première utilisation, puis plus du tout ensuite. Il restera toujours un infime film de gras à l'intérieur et puis le silicone est antiadhérent par nature. C'est d'ailleurs un film de silicone qu'on retrouve généralement sur les papiers cuisson pour éviter qu'ils collent.

4 ... NI LES PLACER SOUS LE GRIL DU FOUR ?

Sous le gril, ce n'est pas la température qui compte, mais la puissance du rayonnement infrarouge. Et ça, le silicone, il n'aime pas du tout, du tout : il se met carrément à fondre même si la température ne dépasse pas 200 °C. Ne faites jamais dorer un gâteau dans un moule en silicone sous peine d'en retrouver une bonne partie sur la sole de votre four...

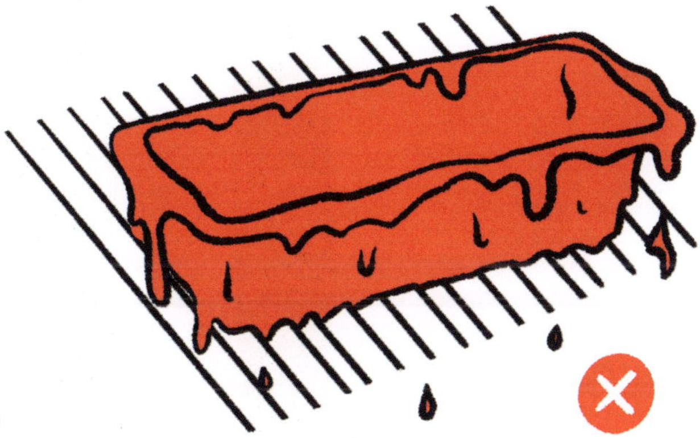

Le silicone fond sous les rayons infrarouges du gril et à partir de 200 °C !

LES COUTEAUX

Un couteau sert à couper. Jusque-là, rien de nouveau sous le soleil. Oui, mais savez-vous reconnaître un bon couteau et l'entretenir comme il le mérite ? Et que la façon dont vous l'utiliserez aura une incidence sur le goût des aliment ? On fait le tri sans se couper ?

POURQUOI LES LAMES DE COUTEAUX ONT-ELLES DES FORMES DIFFÉRENTES ?

À chaque forme une utilisation spécifique.

Les couteaux à lame légèrement convexe sont les plus courants. Ce sont les tranchelards, couteaux d'office, couteaux de chef, etc. Lorsqu'ils sont petits, les lames permettent un travail de précision sur des légumes ou de petites viandes. Lorsqu'ils sont grands, ils sont destinés à émincer des légumes ou à couper de grandes tranches de viande.

Les couteaux à lame concave sont de petits couteaux destinés à un travail de précision : tourner et donner une forme aux légumes.

Les couteaux à lame concave puis convexe servent généralement à désosser des viandes ou à lever les filets de poisson.

Les couteaux à lame plate sont de petits couteaux eux aussi destinés à un travail de précision pour de petites découpes sur des fruits, des légumes, des petites volailles ou des petits poissons.

Les couteaux à dents permettent de couper des aliments mous ou très durs en exerçant une forte pression à la surface des dents.

Couteau à tomate — *Couteau de chef* — *2nd couteau de chef* — *Tranchelard* — *Couteau à pain*

LES COUTEAUX

POURQUOI LES LAMES DES COUTEAUX DE CHEF SONT-ELLES PLUS LARGES QUE LES AUTRES ?

Un des intérêts des lames larges est d'avoir une grande surface sur laquelle s'appuyer pour couper. Et, ainsi, couper des grandes tranches plus régulières.

POURQUOI LES COUTEAUX À PAIN ONT-ILS DES DENTS ?

Lorsqu'une lame est lisse, la pression de découpe s'effectue sur toute la longueur de la lame. Mais lorsqu'elle a des dents, la même pression s'effectue sur l'extrémité des dents, et comme cette surface est beaucoup plus petite, elle est beaucoup plus forte. Les dents permettent au couteau de pénétrer facilement dans des aliments mous ou durs avant de les découper en profondeur.

« Une viande découpée avec un couteau à pain offre plus d'aspérités et de saveurs que découpée avec une lame lisse. »

ATTENTION, C'EST TECHNIQUE !

POURQUOI LES VIANDES DÉCOUPÉES AVEC UN COUTEAU À PAIN ONT-ELLES PLUS DE SAVEURS ?

Lorsque la viande est coupée avec un couteau très aiguisé, la coupe est lisse, parfaite, et la surface plane donne une surface d'échange entre la viande et le plat de cuisson réduite au minimum.
Mais, lorsque la coupe est faite avec un couteau à pain, elle est légèrement imparfaite présentant quelques aspérités et des fibres détachées. Cela augmente considérablement la surface d'échange et on obtient plus de réactions de Maillard, plus de grillé et de croustillant pour les viandes sautées, plus de sucs retenus pour les viandes arrosées, plus de sauce retenue dans les aspérités pour les viandes en sauce, etc.

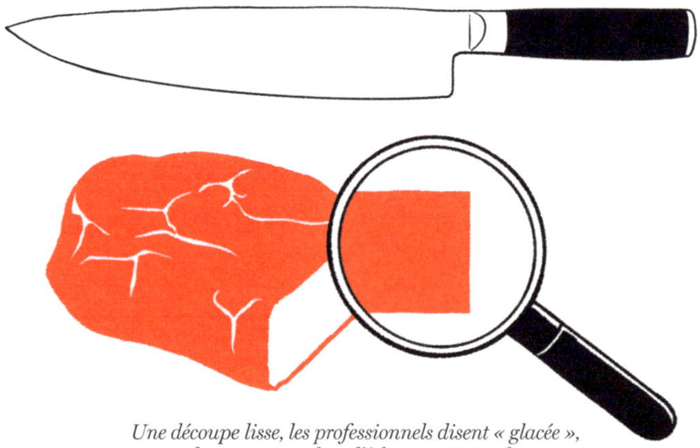

Une découpe lisse, les professionnels disent « glacée », donne une surface d'échange minimale.

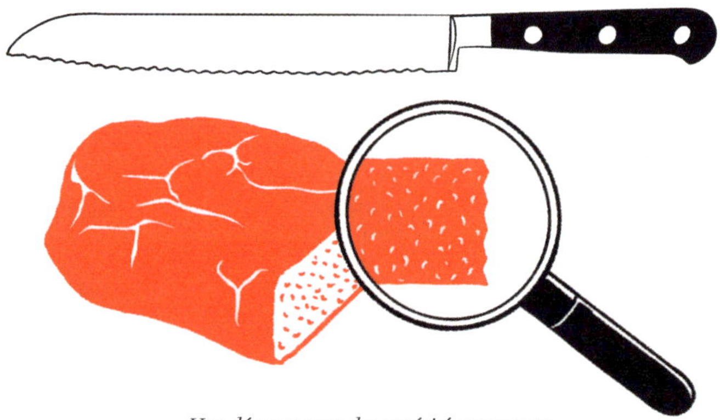

Une découpe avec des aspérités augmente considérablement la surface d'échange.

POURQUOI LES COUTEAUX À JAMBON ET À SAUMON FUMÉ ONT-ILS DES ALVÉOLES ?

Lorsqu'on coupe un jambon ou du saumon fumé, les tranches grasses et souples ont tendance à adhérer à la lame. Les alvéoles permettent d'introduire de l'air entre la lame et la tranche ; celle-ci se détache de la lame et glisse dessus.

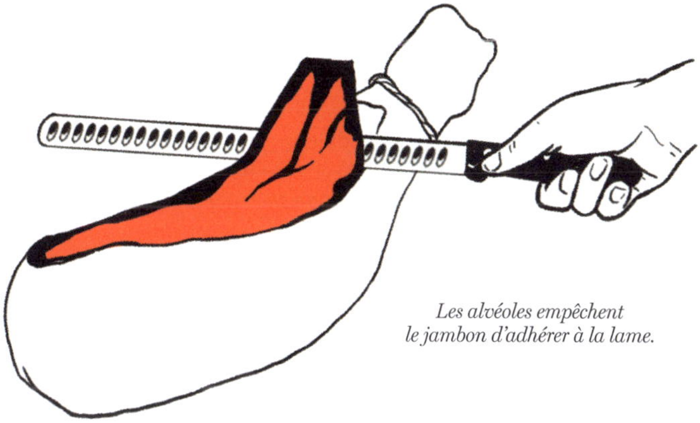

Les alvéoles empêchent le jambon d'adhérer à la lame.

ZOOM

POURQUOI LES COUTEAUX À TOMATE ONT-ILS DE PETITES DENTS EFFILÉES ET RESSERRÉES ?

La peau des tomates est souple, mais très difficile à couper, même avec un couteau aiguisé. La solution, comme pour le pain, c'est d'avoir de petites dents très effilées pour exercer une forte pression à chacun de leurs passages. Et là, notre peau de tomate fait moins la maligne : la lame passe à travers, sans écraser la chair bien mûre.

POURQUOI LES COUTEAUX À BEURRE SONT-ILS SOUVENT EN BOIS ?

Le bord légèrement arrondi de la « lame » du couteau en bois permet de racler le beurre sans donner une forme disgracieuse à la motte. Et puis ça donne une sensation un peu plus douce et un côté plus « nature » qu'une lame en métal pour couper un bon beurre.

POURQUOI LES COUTEAUX « FILETS DE SOLE » ONT-ILS UNE LAME TRÈS SOUPLE ?

Pour lever des filets de poisson sans perdre ni abîmer les chairs, il faut un couteau qui puisse à la fois s'appuyer sur l'arête centrale tout en épousant la forme des autres arêtes. Une lame dure ne se courberait pas et laisserait des chairs le long des arêtes. Alors qu'une lame souple « filets de sole » suit les arêtes et s'adapte à son environnement sans le contraindre. Et hop, vous levez de beaux filets comme un pro !

La lame « filets de sole » se tord pour rester au plus près des arêtes.

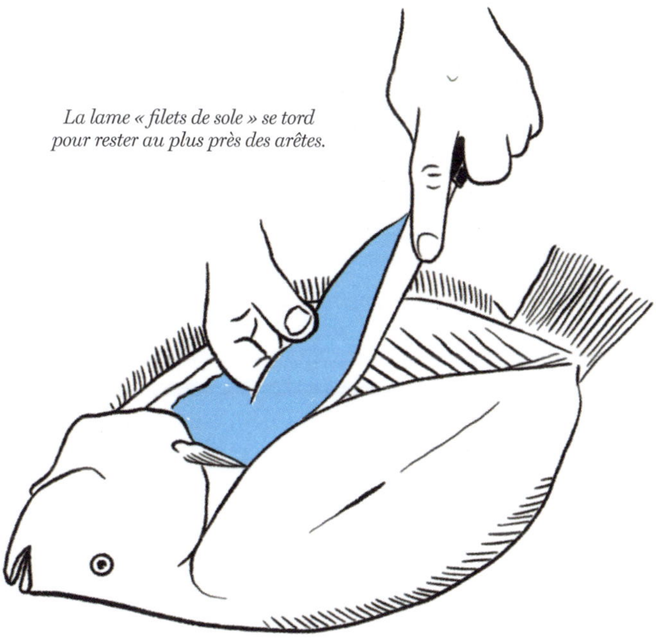

LES COUTEAUX

POURQUOI FAUT-IL ÉVITER LES PORTE-COUTEAUX MÉTALLIQUES AIMANTÉS ?

C'est fragile, un couteau ! Le tranchant est fin comme le fil d'un rasoir et si vous le cognez contre une surface dure il va s'abîmer très rapidement. Les porte-couteaux métalliques sont beaucoup trop durs pour nos outils de précision. Si vous tenez absolument à accrocher vos couteaux au mur, il existe des accessoires aimantés dont la surface, recouverte de bois, est assez tendre pour ne pas abîmer le tranchant. De même, évitez absolument les porte-couteaux remplis de billes métalliques dans lesquels on vient planter les lames. Ces billes aussi sont trop dures et détériorent le tranchant. Tous ces gadgets, c'est juste bon pour les couteaux de mauvaise qualité !
Je sais, c'est pénible toutes ces précautions, mais un bon couteau demande de l'attention. Il vous faut un porte-couteaux en bois. Point.

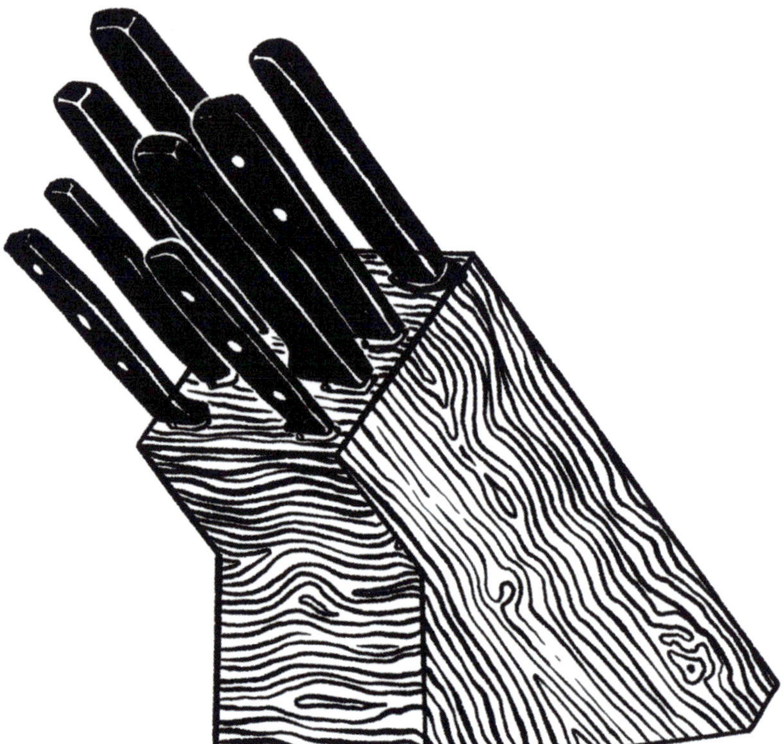

« Ainsi rangés, les couteaux ne s'entrechoquent pas et gardent tout leur tranchant. »

POURQUOI LES TRÈS BONS COUTEAUX NE DOIVENT-ILS PAS PASSER AU LAVE-VAISSELLE ?

Ne me lavez pas vos beaux couteaux au lave-vaisselle ! Le fil, la partie coupante des lames de couteaux, est tellement aiguisé que son épaisseur est de l'ordre de quelques microns. Même pour une lame en acier le plus dur, la finesse du fil est extrêmement fragile : le moindre petit choc la tord ou l'ébrèche. Bien sûr, c'est microscopique, mais petit à petit le couteau perd de son tranchant, de sa précision et il est très difficile de rattraper une lame tordue ou ébréchée. Lorsque vous mettez votre couteau au lave-vaisselle, il y a toujours des tous petits chocs contre d'autres ustensiles (verres, couverts, plats, etc.) qui abîment irrémédiablement le fil et diminuent la qualité de la lame. Faites comme les grands chefs : portez une très grande attention à vos couteaux, car ils sont le prolongement de votre main !

LA DURETÉ DES LAMES EN 3 QUESTIONS

1 POURQUOI LE MATÉRIAU DE LA LAME EST-IL SI IMPORTANT ?

Les aciers qui composent les lames de couteaux ne sont pas tous de qualité égale. Plus la teneur en carbone est importante, plus la lame est rigide.
Les lames en acier carbone sont les plus dures et gardent leur tranchant longtemps, mais du fait de leur dureté, elles sont difficiles à aiguiser. La teneur en carbone de ces aciers varie de 0,3 % pour les moins dures jusqu'à 1,2 % pour les plus rigides en Europe, et jusqu'à 3 % au Japon. Elles demandent aussi beaucoup de soin car elles ont tendance à rouiller.

Les lames en acier inoxydable sont les plus courantes, car elles sont solides et faciles à entretenir. On peut ajouter un peu de carbone, du chrome ou d'autres métaux pour les rendre plus ou moins souples.
Les lames en céramique sont extrêmement coupantes, légères, mais aussi très fragiles, car elles cassent à la moindre torsion ou au moindre choc. Les cuisiniers ont d'ailleurs tendance à les délaisser car le toucher n'est pas aussi fin qu'avec une lame en acier.

2 POURQUOI LES LAMES FINES ET DURES SERVENT-ELLES À COUPER DES ALIMENTS MOUS, ET VICE VERSA ?

Plus la lame est fine et dure, plus elle est tranchante et plus elle s'aiguise difficilement. Ces couteaux, coupants comme des rasoirs, mais fragiles, sont à réserver aux aliments « mous » comme les légumes, les fruits ou les poissons, pour ne pas abîmer trop rapidement leur tranchant.

À l'inverse, plus la lame est épaisse et molle, plus vite son tranchant s'arrondit et devient moins coupant. Elle s'aiguise facilement et souvent. Ces couteaux sont destinés aux aliments durs, comme les viandes avec des os sur lesquels les lames viennent buter et s'user.

3 POURQUOI Y A-T-IL UN NOMBRE HRC POUR LES COUTEAUX ?

Ce nombre compris entre 52 et 66 indique la dureté de l'acier utilisé pour la lame. Plus le nombre est petit, plus l'acier est souple et plus il est grand, plus l'acier est dur.
Un acier dur demande plus de travail et d'attention au moment de sa fabrication, c'est donc un acier plus cher.
La dureté a un impact direct sur la qualité de la lame : plus elle est souple moins elle est précise, mais plus elle s'aiguise facilement. À l'inverse, plus elle est dure, plus le fil est fin et fragile, et plus l'aiguisage est difficile.
Jusqu'à 56 : pour des couteaux très courants, bon marché et de qualité correcte. L'aiguisage est très facile, mais doit se faire souvent.
De 56 à 58 : c'est le niveau de dureté des couteaux professionnels allemands. L'aiguisage est encore facile mais doit se faire très régulièrement.
De 58 à 60 : là, on commence à trouver des couteaux japonais. Le tranchant se garde longtemps, mais l'aiguisage commence à être plus difficile et réservé à des amateurs avertis.
De 60 à 62 : pour des couteaux aux lames très précises mais dures et très difficiles à affûter. Là, on touche le graal, mais aussi des techniques délicates.
Au-delà de 62 : ce sont des couteaux destinés aux véritables passionnés. L'acier est extrêmement dur, le fil très fragile et l'aiguisage vraiment très très compliqué.

POURQUOI Y A-T-IL DES LAMES FORGÉES ET D'AUTRES ESTAMPÉES ?

Les lames des couteaux courants sont estampées, c'est à dire découpées dans une grande feuille d'acier avant d'être aiguisées.
Les couteaux de qualité possèdent une lame forgée qui est faite à la main pour écraser les atomes du métal et les transformer en petits cristaux. Ces lames sont chauffées puis refroidies violemment pour leur donner de la dureté.

LES COUTEAUX

LES COUTEAUX JAPONAIS EN 2 QUESTIONS

1 POURQUOI CERTAINS COUTEAUX JAPONAIS ONT-ILS DES LAMES ASYMÉTRIQUES ?

Alors que la très grande majorité des couteaux ont des lames aiguisées des deux côtés, certains couteaux japonais ont une lame asymétrique : aiguisée et coupante d'un côté, plate et non coupante de l'autre. La forme de la lame joue sur la coupe et donc sur le goût des aliments : une lame asymétrique avec un seul tranchant exerce sa pression uniquement du côté tranchant, alors qu'une lame symétrique exerce sa pression des deux côtés. Les saveurs sont bien plus pures avec un seul tranchant.

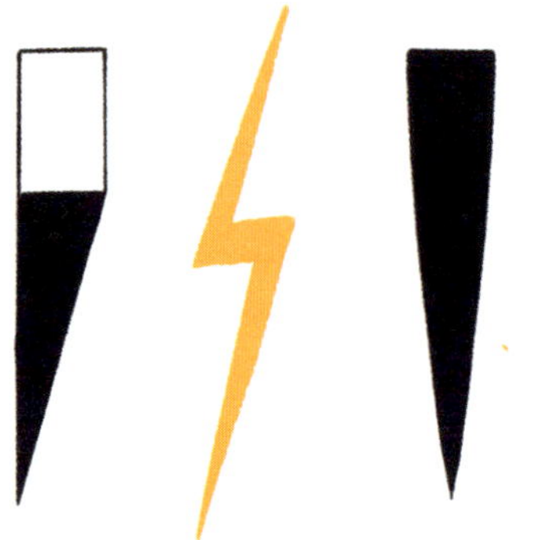

Lame asymétrique *Lame symétrique*

Ces couteaux, qui permettent une découpe encore plus fine et précise que les couteaux habituels, servent principalement à la découpe du poisson, et particulièrement à la préparation des sushis : le côté plat se positionne contre l'arête tandis que la chair est doucement écartée par le côté aiguisé. Pour les sushis, le côté plat donne une surface lisse qui sera placée sur le dessus, tandis que le côté aiguisé, légèrement plus irrégulier, viendra se placer contre le riz pour s'y accrocher plus facilement.
Ces lames servent aussi à retirer la peau des poissons car elles contiennent du mucus qui ne doit pas entrer en contact avec les chairs, sous peine de les endommager. Le côté plat se pose sur la chair alors que le côté aiguisé se place sous la peau pour l'écarter proprement. Au Japon, la gastronomie est tellement pointue que la découpe du poisson est un art !

La découpe du poisson à sushis

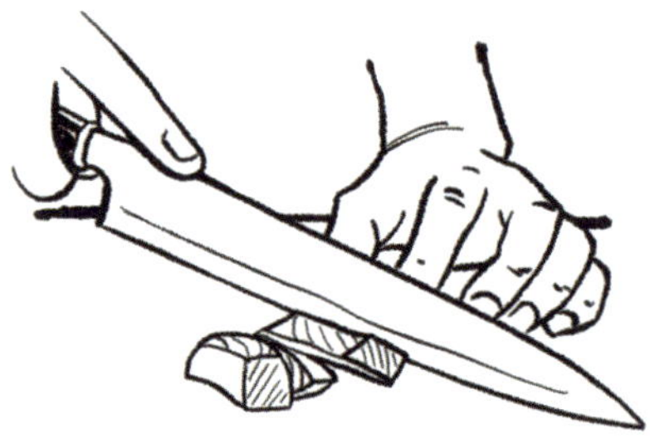

2 POURQUOI COUPE-T-ON DE BAS EN HAUT PUIS D'AVANT EN ARRIÈRE AVEC LES COUTEAUX JAPONAIS À LAME PLATE ?

Les grands couteaux européens, qui servent à émincer, s'utilisent en posant l'avant du couteau sur la planche à découper tout en faisant des mouvements de balancier réguliers, d'arrière vers l'avant (ou le contraire). Pour faciliter ce mouvement de balancier, la lame est arrondie. Les grand couteaux japonais s'utilisent très différemment : l'avant ne repose pas sur la planche et la découpe se fait du haut vers le bas, doublée d'un mouvement d'arrière vers l'avant (ou le contraire). Comme la lame ne repose pas sur la planche et qu'il n'y a pas de mouvement de balancier, elle n'a pas besoin d'être arrondie ; elle est donc droite ou presque.

Couteau européen

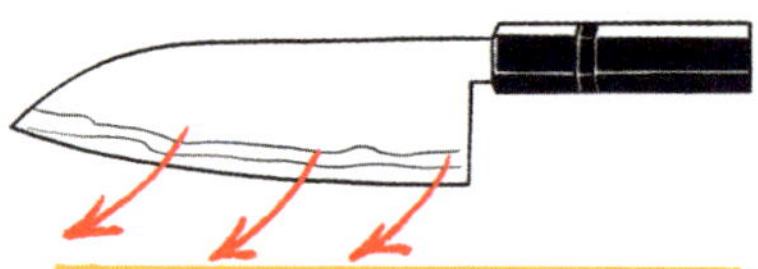

Couteau japonais

POURQUOI Y A-T-IL DES COUTEAUX POUR DROITIERS ET D'AUTRES POUR GAUCHERS ?

Certains couteaux de qualité ont un manche doté d'un léger relief qui facilite la prise en main et donne encore plus de précision à la coupe. Ce léger relief est orienté vers les phalanges entre lesquelles il vient se caler, donc vers la droite pour les droitiers et vers la gauche pour les gauchers.

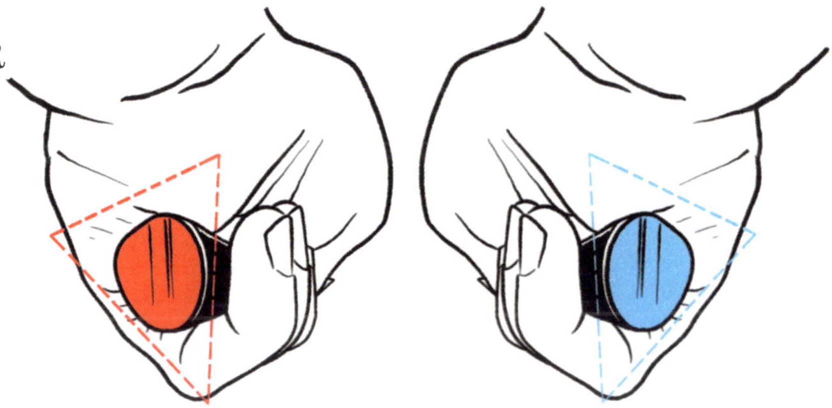

Manche pour gauchers *Manche pour droitiers*

LES BONS GESTES

POURQUOI FAUT-IL ÉVITER DE POSER SON INDEX SUR LE DESSUS DE LA LAME LORSQU'ON COUPE...

Lorsque vous posez votre index sur le dessus de la lame, vous avez tendance à effectuer une pression du haut vers le bas pour faire pénétrer la lame. En forçant ainsi, vous écrase beaucoup de matière au lieu de la découper, et le résultat sera de mauvaise qualité : des cellules écrasées, du jus perdu, des aliments déchirés plutôt que découpés.

... ALORS QUE POSER SON POUCE SUR LE CÔTÉ DE LA LAME PERMET UNE COUPE PRÉCISE ?

En posant le pouce sur le côté, vous gérer l'inclinaison de la lame sur la droite et la gauche, pendant que la main s'occupe de l'inclinaison avant-arrière. Vous aurez ainsi un total contrôle de votre outil. C'est la prise en main des bons chefs.

Une bonne prise en main évite une mauvaise inclinaison du couteau.

POURQUOI FAUT-IL FAIRE DES MOUVEMENTS DOUX, D'AVANT EN ARRIÈRE ?

Ah, mais que je souffre quand j'en vois forcer sur la lame de leur couteau pour la faire pénétrer ! Couper, c'est délicat, c'est sensuel, ça demande de la douceur. On ne force jamais pour faire pénétrer la lame, jamais !
Les mouvements d'avant en arrière permettent de découper proprement alors que forcer la lame vers le bas déchire les aliments. Vous avez un couteau entre les mains, pas une tronçonneuse. Soyez doux...

AIGUISEURS ET FUSILS

Aiguiser, affûter... on ne fait pas toujours bien la différence. Mais si vous voulez faire une découpe précise et efficace, alors apprenez à entretenir vos beaux couteaux comme il faut !

POURQUOI LES FUSILS, LES AIGUISEURS, LES PIERRES À AFFÛTER OU LES FUSILS D'AFFÛTAGE N'ONT-ILS PAS LA MÊME UTILITÉ ?

Les aiguiseurs à couteaux se posent sur un meuble. Ils sont faciles à utiliser mais le résultat n'est pas terrible : aiguisage peu soigné, peu durable, tout juste bon pour les couteaux 1er prix.

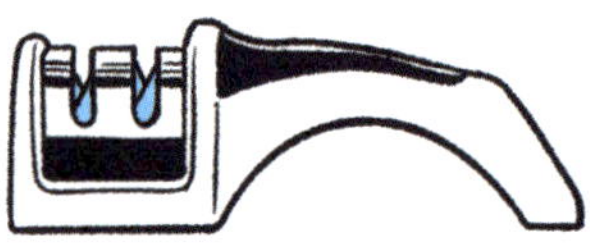

Les aiguiseurs électriques, eux, sont pour les flemmards ! C'est facile, rapide, le résultat n'est pas trop mal, mais ça enlève beaucoup de matière et écourte de beaucoup la durée de vie du couteau.

Les pierres à aiguiser, bon ben là, on est carrément au summum de ce qui se fait pour les couteaux : ça affûte et ça aiguise. Le top du top ! C'est pas très compliqué à utiliser, mais il faut être très soigneux et très précis.

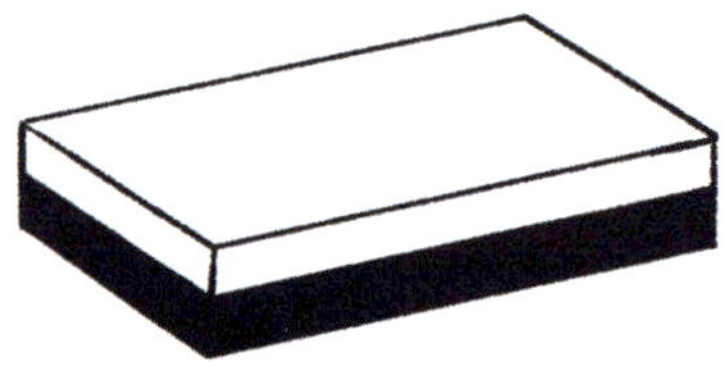

Les fusils d'aiguisage existent en métal, céramique et avec du diamant. Le métal est plus mou que la céramique qui est plus molle que le diamant, qui donne le meilleur résultat. Les trois s'utilisent au quotidien pour le petit aiguisage des lames.

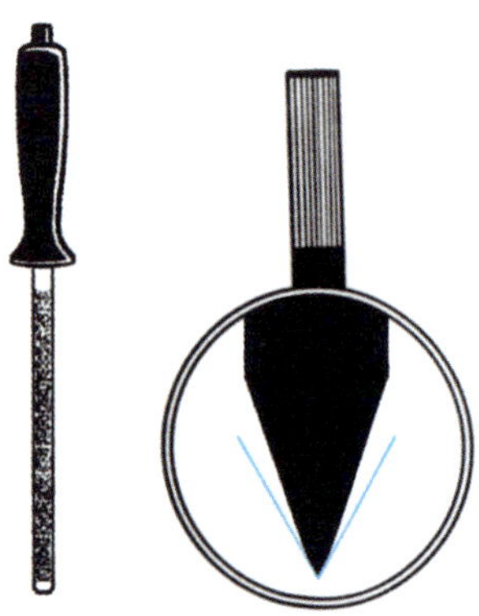

Les fusils d'affûtage n'ont rien à voir avec les fusils d'aiguisage : ils servent à retirer une partie de l'épaisseur de la lame, sur une hauteur importante, pour retrouver un tranchant efficace. Son utilisation est moins fréquente que celle d'un fusil d'aiguisage.

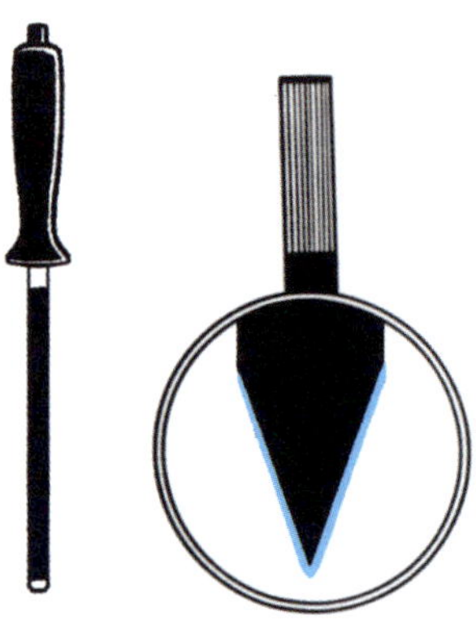

POURQUOI L'AIGUISAGE SUR PIERRE EST-IL PARTICULIER ?

L'aiguisage sur pierre permet de poser la lame avec un angle très fermé, moins de 15°. On commence généralement avec un grain assez épais, de 300 jusqu'à 1 000, pour terminer à 3 000 ou 6 000 pour avoir un fini digne d'un rasoir. L'aiguisage sur pierre demande d'être très précis pour garder en permanence cet angle de 15°. Pour rien au monde les chefs ne laisseraient quelqu'un d'autre qu'eux-mêmes s'occuper de l'aiguisage de leurs couteaux japonais : ils entretiennent un rapport charnel avec ces couteaux.

POURQUOI LA FORME DES FUSILS EST-ELLE SI IMPORTANTE ?

Un fusil rond offre une faible surface de contact avec la lame. Au cours de l'aiguisage, l'angle que fait la lame avec le fusil peut varier et l'aiguisage sera de qualité médiocre.

Un fusil ovale offre une plus grande surface de contact. Cette surface étant plus grande, il sera plus facile de garder le même angle sur toute la longueur du fusil pour un bon aiguisage.

Un fusil plat est celui qui offre la plus grande surface de contact avec la lame. C'est aussi celui qui facilite le maintien constant de l'angle et donne le meilleur aiguisage des fusils.

POURQUOI LES FUSILS D'AIGUISAGE ET D'AFFÛTAGE SONT-ILS COMPLÉMENTAIRES ?

Au fur et à mesure des aiguisages, on augmente petit à petit l'angle du tranchant, et plus on l'augmente, moins il coupe. Au bout d'un moment, il faut affiner l'épaisseur de la lame pour retrouver un angle fin sur la hauteur du tranchant. Les fusils d'affûtage servent à affiner l'épaisseur de la lame.

À l'achat, la lame est parfaitement aiguisée.

Plus on l'utilise, plus le tranchant s'arrondit.

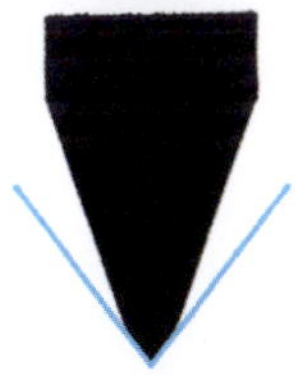

Et plus on l'aiguise, plus on ouvre l'angle du tranchant.

Il faut donc retirer une partie de l'épaisseur de la lame pour retrouver un tranchant avec un angle fermé, et couper correctement. Et là, il nous faut un fusil d'affûtage !

LES BONS GESTES

POURQUOI PEUT-ON AIGUISER SES COUTEAUX DE DIFFÉRENTES MANIÈRES ?

Il existe 2 méthodes pour bien aiguiser un couteau avec un fusil :
1 - en tenant le fusil à la main ;
2 - en appuyant sa pointe sur un meuble.
Les deux méthodes se valent puisque le mouvement est identique, choisissez celle qui vous convient le mieux. Dans les deux cas, on pose la lame sur le fusil avec un angle de 20°. Avec une légère pression sur la lame, on la fait glisser sur le fusil dans un mouvement semi-circulaire. On place ensuite la lame de l'autre côté du fusil en répétant la même opération. Puis on répète ces gestes une dizaine de fois.

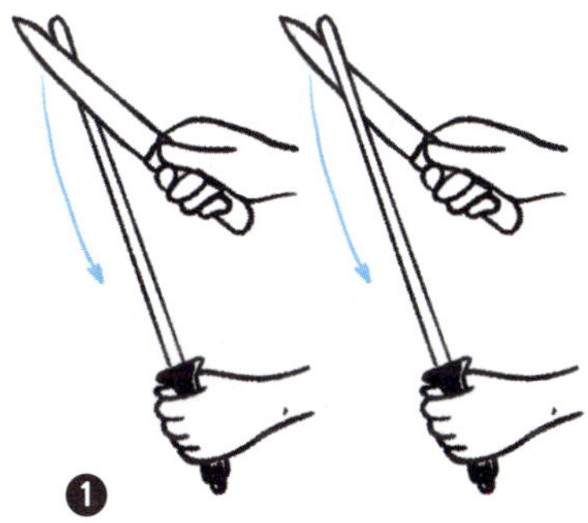

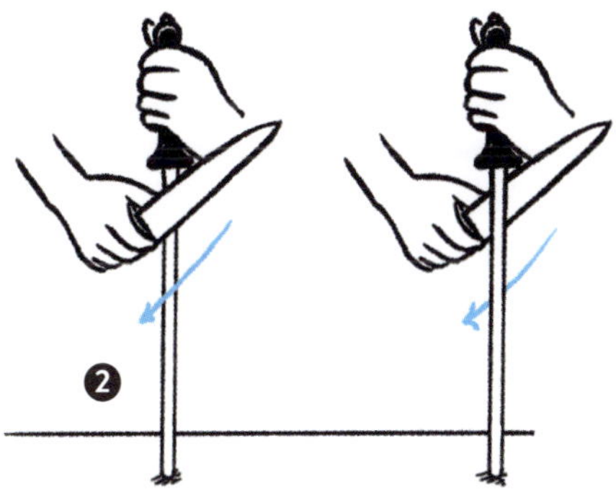

LA BATTERIE DE CUISINE

La batterie de cuisine ne sert pas à faire de la musique... mais il en est des casseroles et des poêles comme des instruments : on ne fait pas une bonne soupe dans une mauvaise marmite !

POURQUOI BIEN CHOISIR LA TAILLE DES POÊLES, CASSEROLES, ETC. EST ESSENTIEL...

Lorsque vous faites chauffer votre poêle, casserole, etc., la chaleur du feu se transmet à la surface du plat de cuisson, elle-même refroidie par les aliments qui cuisent. Si la surface de cuisson n'est pas complètement recouverte par les aliments, les zones vides ne seront pas refroidies et chaufferont plus fort que le reste de la surface, au risque de brûler les aliments qui y seront placés ensuite. Choisissez toujours un plat de cuisson adapté à la quantité d'aliments à cuire pour obtenir une cuisson homogène.

... AINSI QUE LA FORME...

Choisissez toujours un plat dont la forme correspond à ce que vous souhaitez cuire : un plat rond est parfait pour des légumes sautés, mais pas pour un poulet ou un rôti. Cuisez-les plutôt dans une cocotte ou un plat ovale, qui épousera leur forme, et de la taille la plus proche possible, et votre cuisson sera homogène.

... ET L'ÉPAISSEUR AUSSI ?

Plus la poêle ou la casserole est épaisse, plus la chaleur se diffuse dans l'épaisseur du métal avant d'arriver à la partie en contact avec les aliments et plus la cuisson est régulière sur toute la surface. C'est d'autant plus important que les aliments cuiront doucement, sans avoir besoin d'être remués constamment. Le point négatif, c'est que plus le fond est épais et moins vite il réagit aux changements de température ; il faut donc savoir anticiper ces changements pendant la cuisson.

POURQUOI LE MATÉRIAU INFLUE-T-IL AUSSI SUR LE RÉSULTAT ?

Tous les matériaux ne transmettent pas la chaleur de la même façon : le fer et l'Inox transmettent la chaleur uniquement à l'endroit où ils la reçoivent, alors que la fonte va absorber cette chaleur avant de la redistribuer sur toute sa surface et même sur ses rebords.

Fer et Inox ne retransmettent la chaleur qu'à l'endroit où ils la reçoivent, c'est-à-dire par le dessous, et d'une façon plutôt violente, même si le feu est faible. Ils permettent une cuisson vive et rapide, qui convient aux steaks, par exemple, et produisent rapidement des sucs de cuisson.

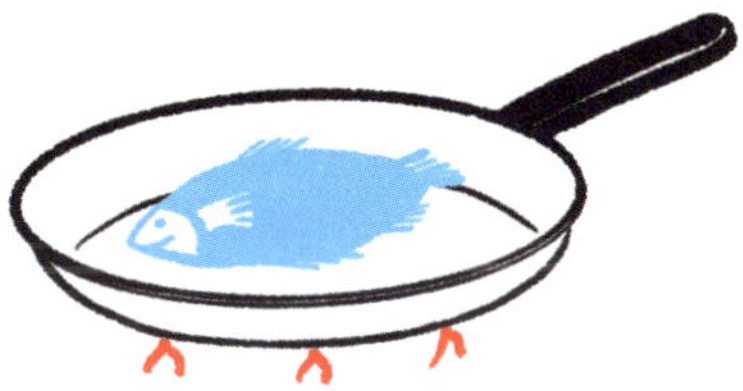

Les revêtements antiadhésifs, quant à eux, transmettent difficilement la chaleur et créent très peu de sucs, ils sont plutôt destinés à des cuissons très douces, pour les poissons, légumes ou œufs au plat, et sont absolument à éviter pour les viandes.

La fonte transmet doucement la chaleur, là où elle la reçoit, par le dessous. Mais comme elle accumule aussi la chaleur dans toute son épaisseur avant de la diffuser sur toute sa surface, elle va aussi la retransmettre sur les côtés. Elle donne une cuisson plus douce, idéale pour des viandes braisées, des poissons à la chair délicate ou des légumes, et produit lentement des sucs.

CQFD !

POURQUOI LA TAILLE DU FEU SOUS CES POÊLES, CASSEROLES, ETC. EST-ELLE PRIMORDIALE ?

Même si vous utilisez un matériau très conducteur de chaleur, avec un fond très épais qui va emmagasiner cette chaleur avant de la redistribuer, vous n'obtiendrez rien de bon si la surface de chauffe n'est pas adaptée. Essayez donc de chauffer une poêle de 30 cm de diamètre avec un feu de 5 cm de large pour voir ! Plus la taille du feu sera proche de celle du plat de cuisson, plus la chaleur à la surface sera égale et plus homogène sera la cuisson de vos aliments.

Un feu trop petit ne chauffe que le centre de la poêle.

Un feu à la taille de la poêle chauffe toute la surface.

LA BATTERIE DE CUISINE

LE REVÊTEMENT ANTIADHÉSIF EN 2 QUESTIONS

1 POURQUOI LES POÊLES ANTIADHÉSIVES SONT-ELLES ANTIADHÉSIVES ?

Ces poêles sont recouvertes d'une sorte de peinture qui empêche les aliments de coller mais aussi de créer de délicieux sucs de cuisson. Il faut aussi savoir que cette peinture ne supporte pas les hautes températures : à partir de 250 °C, le Teflon se dégrade et à partir de 340 °C, il dégage des vapeurs toxiques ! Il est aussi sensible aux rayures et s'abîme assez rapidement.

2 POURQUOI FAUT-IL ÉVITER D'ACHETER UN WOK À REVÊTEMENT ANTIADHÉSIF ?

Non mais le type qui a inventé le wok antiadhésif, il faudrait l'enfermer ! C'est un grand malade celui-là ! Le principe de la cuisson au wok, c'est de cuire les aliments très rapidement, et à très très haute température. Les revêtements antiadhésifs ne supportent pas les températures supérieures à 250 °C, alors que le fond d'un wok, bien mené, sur une bonne flamme, dépasse allègrement les 700 °C ! C'est la raison pour laquelle les cuissons au wok se font pour des petits morceaux qui cuisent vite, et qu'on remue constamment pour éviter qu'ils ne brûlent… Un wok avec un revêtement antiadhésif, c'est un non-sens complet !

POURQUOI LES POÊLES ONT-ELLES DES BORDS ARRONDIS ET PAS LES SAUTEUSES NI LES COCOTTES ?

Les poêles servent aux cuissons sautées, c'est-à-dire à cuire rapidement des aliments à une température assez forte, afin que les jus s'évaporent au plus vite et pour obtenir un croustillant délicieux. Ce type de cuisson demande que les aliments soient déplacés pratiquement sans relâche pour leur éviter de brûler, comme on le fait dans un wok. Les bords arrondis permettent aux aliments, déplacés par des mouvements circulaires, de bas en haut et d'avant en arrière, de revenir dans la poêle. Pour faciliter ces mouvements, les poêles sont dotées d'un manche, alors que les sauteuses et les cocottes, qui restent sagement sur leur plaque, ont des bords à angle droit et des anses pour être déplacées à deux mains.

POURQUOI UNE COUCHE DE CUIVRE SUR LE SOCLE D'UNE POÊLE OU D'UNE CASSEROLE EST-ELLE SIGNE DE QUALITÉ ?

Le cuivre est un matériau très conducteur. Si une fine couche de cuivre est placée entre le feu et le fond du plat, la chaleur va être absorbée puis redistribuée sur toute la surface de cuisson. Sans cette couche, seules les parties en contact avec le feu chauffent.

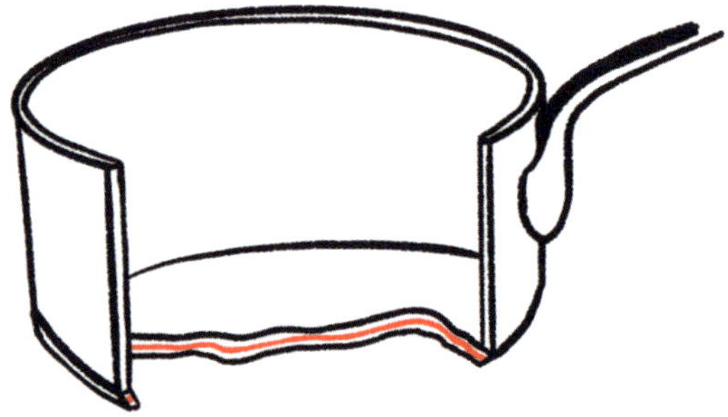

POURQUOI FAUT-IL « CULOTTER » LES POÊLES EN ACIER…

Pour avoir de vraies bonnes poêles (pas ces trucs antiadhésifs avec de la peinture dessus), les grands cuisiniers ont un truc : ils « culottent » leurs poêles en acier, c'est-à-dire qu'ils créent une fine couche d'huile décomposée qui va rendre la poêle antiadhésive, tout en gardant les qualités de chauffe du métal. C'est le top du top pour la cuisson des steaks, de certains poissons et légumes, ou encore des œufs au plat avec le dessous croustillant et les jaunes parfaitement liquides.
Voilà comment on fait :
1°) On met une fine couche d'huile au fond de la poêle neuve et on fait chauffer jusqu'à ce qu'elle fume légèrement,
2°) On vide l'huile et on essuie avec du papier absorbant.
On laisse refroidir et on recommence l'opération 3 ou 4 fois avant d'y cuire des aliments pour la première fois.
3°) Après chaque cuisson, on verse un peu d'eau dans la poêle, on fait bouillir 1 minute pour décoller les sucs, puis on rince la poêle sous l'eau chaude, sans gratter et on l'essuie, toujours avec du papier absorbant.
4°) On verse encore 1 cuillerée à café d'huile qu'on étale sur toute la surface, encore et toujours avec du papier absorbant.
Plus vous allez faire de cuissons, plus la poêle noircira et plus elle deviendra antiadhésive.
Une fois culottée, votre poêle n'attachera plus et vous donnera des cuissons au top pendant des dizaines d'années !

❶ *Faites chauffer une fine couche d'huile.*

❷ *Étalez l'huile sur toute la surface puis essuyez avec du papier absorbant. Renouvelez ces 2 étapes 3 ou 4 fois.*

❸ *Après chaque cuisson, faites bouillir un peu d'eau, puis rincez et séchez parfaitement la poêle.*

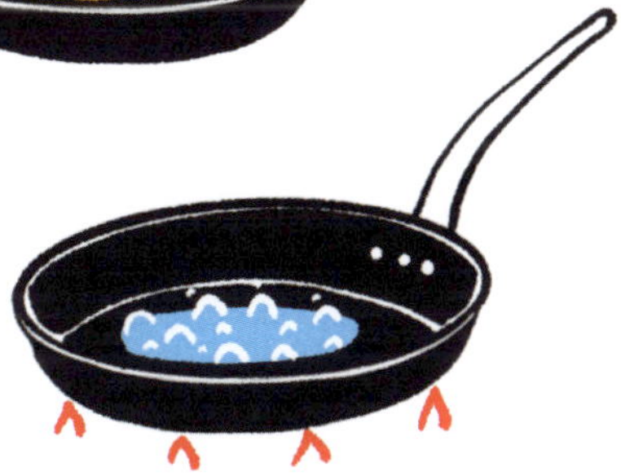

❹ *Étalez de nouveau 1 cuillerée à café d'huile et rangez votre poêle.*

… MAIS NE SURTOUT PAS LES LAISSER TREMPER NI LES PASSER AU LAVE-VAISSELLE ?

Le culottage ! Tout ce qui pourrait abîmer notre culottage est à proscrire. Même si, et surtout si votre poêle est devenue toute noire après de multiples utilisations, on fait attention à son culottage comme à la prunelle de ses yeux ! D'ailleurs, plus elle sera noire, plus le culottage sera de qualité. Si vous la laissez tremper, elle risque de rouiller et le culottage de s'abîmer. Et si vous la passez au lave-vaisselle, là aussi le culottage sera abîmé et il faudra tout reprendre à zéro. Tout ce beau travail de culottage réduit à néant, quelle tristesse !

LES PLATS À FOUR

Vous en avez des grands, des petits, en verre, en céramique, en Inox et même en terre cuite... Les plats à four, vous ne savez même plus pourquoi vous en avez autant ? Pas de panique, j'explique.

POURQUOI LE MATÉRIAU DU PLAT À FOUR INFLUE-T-IL SUR LE RÉSULTAT ?

Dans une cuisson au four, à la différence des cuissons sur plaque, la chaleur vient de tous les côtés. Le truc, c'est que l'air chaud du four transmet très mal la chaleur aux aliments : vous pouvez allègrement laisser votre main plusieurs minutes dans un four à 100 °C, mais pas 1 seule seconde dans de l'eau bouillante alors qu'elle est à la même température. C'est précisément sur la façon de diffuser la température aux aliments que le matériau du plat influe : s'il absorbe puis diffuse fortement la chaleur, votre aliment va cuire plus rapidement à son contact qu'à celui de l'air. Et là, catastrophe : vous allez avoir une partie beaucoup plus cuite que l'autre... Mais si le plat diffuse la chaleur plus délicatement, votre aliment aura une cuisson homogène dessus et dessous.

Le plat, fortement chauffé par le bas du four, va cuire le dessous du poulet plus rapidement que l'air chaud diffusé par le haut du four.

LA FONTE EN 2 QUESTIONS

1 POURQUOI LA FONTE EST-ELLE PARFAITE POUR LES CUISSONS LONGUES À BASSE TEMPÉRATURE...

Je l'ai dit et le redis donc : la fonte est ce qui se fait de mieux pour toutes les cuissons qui durent plusieurs heures, y compris au four. La fonte absorbe la chaleur et la diffuse sur toute sa surface : le dessous, mais aussi les côtés ainsi que par le couvercle pour les cocottes.

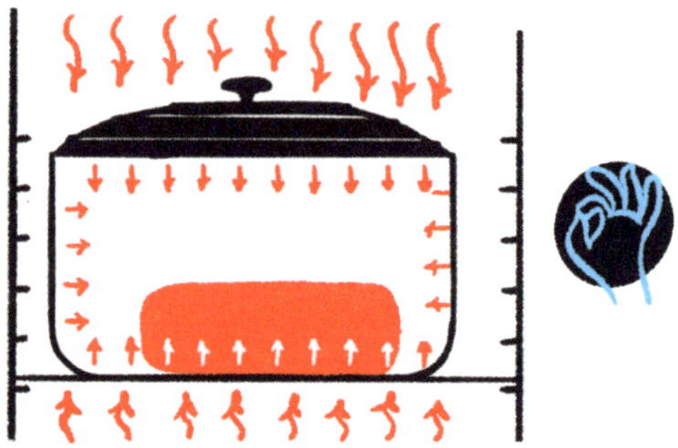

2 ... MAIS AUSSI POUR RÔTIR DES GROSSES PIÈCES DE VIANDE OU DES POULETS ?

On vient de voir que la fonte retransmet la chaleur sur toute sa surface. Si vous placez un rôti ou un poulet dans une cocotte en fonte puis au four, les côtés du plat vont diffuser une chaleur rayonnante qui est différente de la seule chaleur de l'air. Votre viande cuira de manière plus homogène dessous et sur les côtés. Il ne reste plus qu'à placer la cocotte assez haut dans le four pour que le dessus cuise à une « température d'air » légèrement supérieure et obtenir une cuisson parfaitement homogène et délicieuse.

BON À SAVOIR

POURQUOI FAUT-IL UTILISER LES PLATS EN FER, EN TÔLE D'ACIER, EN ALUMINIUM OU EN INOX SEULEMENT POUR CERTAINES CUISSONS…

Ces matériaux absorbent et retransmettent violemment la chaleur. Les aliments y cuisent plus rapidement qu'au contact de l'air du four. Leur véritable intérêt, c'est leur capacité à créer des sucs délicieux et à faire dorer rapidement. Ils sont donc parfaits pour les cuissons très rapides et à forte température de pièces peu épaisses (poissons, certaines viandes, légumes coupés, par exemple), mais à éviter pour les cuissons longues à forte température des grosses pièces (rôti, poulet, par exemple) : le dessous brûlerait avant que le dessus ne soit parfaitement cuit.

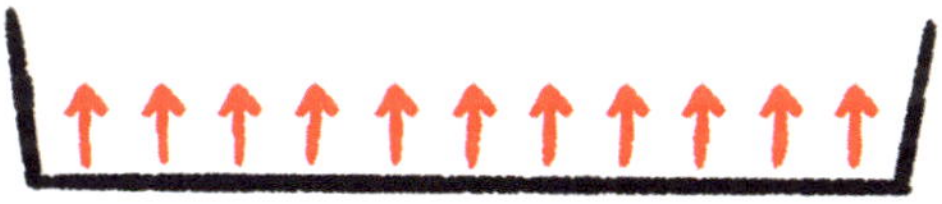

Les plats en fer ou en Inox transmettent violemment la chaleur.

… LES PLATS EN CÉRAMIQUE ET EN VERRE POUR D'AUTRES…

Ces deux matériaux absorbent bien la chaleur puis la restituent délicatement, à l'opposé des plats en métal. Les cuissons sont douces, homogènes et de qualité. Leur seul point faible est qu'ils créent moins de sucs que les plats métalliques.

Les plats en céramique et en verre transmettent délicatement la chaleur.

… ET LES COCOTTES EN TERRE CUITE, POUR D'AUTRES ENCORE ?

Le principe consiste à faire tremper ces plats à four environ 10 minutes dans de l'eau avant de passer à la cuisson. La terre cuite absorbe un peu d'eau qui se transformera en vapeur grâce à la chaleur du four. Les aliments cuisent dans une « atmosphère humide » qui accélère la cuisson, tout en les empêchant de se dessécher. Le point faible, c'est qu'à cause de l'humidité ambiante, les aliments ne dorent pas ou très peu. Ce sont des plats parfaits pour des poulets tendres et juteux (mais sans peau croustillante ou si peu), des rôtis de cochon ou de veau, ou encore des poissons entiers, donc pour des mets fragiles qui se dessèchent facilement à la cuisson.

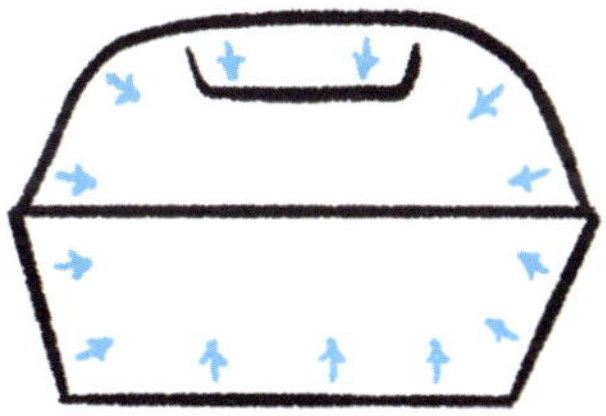

Les plats en terre cuite permettent des cuissons en milieu humide.

POURQUOI TROUVE-T-ON CERTAINS PLATS AVEC UNE GRILLE À POSER DEDANS ?

Cette grille permet d'éviter que les aliments soient en contact direct avec le plat de cuisson : l'air chaud circule en dessous presque aussi bien qu'au dessus et on obtient une cuisson plus régulière.

La grille au fond du plat permet à l'air chaud de circuler en-dessous des aliments.

POURQUOI FAUT-IL PROSCRIRE LES PLATS À REVÊTEMENT ANTIADHÉSIF AU FOUR ?

On l'a vu dans LA BATTERIE DE CUISINE : le revêtement antiadhésif se dégrade et devient dangereux, voire cancérigène à partir de 250 °C. N'utilisez pas ces plats au four. Gardez-les pour cuire doucement vos poissons et vos œufs sur une plaque ; ils sont surtout bons pour ça !

LE SEL

Le sel est sans doute l'ingrédient qui souffre le plus d'ignorances en cuisine. Il y a tant de préjugés, d'a priori basés sur des croyances venues d'on ne sait où, que chacun a un avis tranché (et généralement faux) sur l'utilisation qu'il faut en faire. Même les plus grands chefs se contredisent entre eux...

POURQUOI LE SEL N'EST-IL PAS CELUI QU'ON CROIT ?

Il suffit de mesurer précisément, scientifiquement, ce qui se passe quand on sale des aliments pour réaliser que le sel n'a pas du tout les effets qu'on lui prête habituellement.
Des chercheurs de divers pays ont analysé son influence sur la structure moléculaire des aliments, sa vitesse de pénétration à l'intérieur de leurs fibres. Et ce qu'ils ont découvert devrait servir tous les jours parce que les résultats sont aussi incroyables qu'inimaginables quand on ne les a pas testés.
Attention, tout ce qu'on vous raconte sur le sel ou que vous croyez savoir va voler en éclats !

LE SEL EN 4 EXPÉRIENCES

Voici 4 petites expériences, très simples et qui prennent moins de 10 minutes. Ne pensez pas que c'est bête ; elles vous donneront les bases pour comprendre de quelle manière le sel peut agir sur les aliments et vous réaliserez qu'on raconte tout et n'importe quoi sur le sel en cuisine. Pour les gros flemmards, les résultats sont indiqués à l'envers... Mais franchement, vous devriez les faire, ces expériences. Vous ne salerez plus jamais vos aliments de la même façon...

EXPÉRIENCE N° 1

Mettez 1 belle pincée de sel dans ½ verre d'eau et observez en combien de temps il se dissout.

RÉPONSE

Hormis le sel fin et de mauvaise qualité qui a une structure moléculaire différente, les grains s'humidifient rapidement mais il faut entre 6 et 30 minutes pour qu'ils se dissolvent complètement. Cette durée varie selon la qualité de votre sel (sel fin iodé, fleur de sel, sel de mer, etc.). Ça, c'est un point très important parce que les gens imaginent que le sel se dissout en une fraction de seconde au contact des aliments avant de pénétrer profondément. Mais si le sel se dissout lentement dans de l'eau, imaginez le temps qu'il lui faut pour se dissoudre sur les aliments puis y pénétrer profondément ? Ça prend un temps de dingue ; beaucoup plus que ne durent les cuissons...

EXPÉRIENCE N° 2

Mettez 1 belle pincée de sel dans ½ verre d'huile et observez en combien de temps il se dissout.

RÉPONSE

Eh bien là, vous pourrez attendre des siècles : le sel ne se dissout pas dans l'huile ! Ici aussi c'est très important : ça veut dire que si on sale les aliments et qu'on utilise de l'huile ou du beurre pour la cuisson, cette matière grasse va recouvrir en partie les grains de sel et ralentir voire même carrément empêcher leur dissolution.

EXPÉRIENCE N° 3

Prenez 1 pincée de sel entre le pouce et l'index, puis écartez vos doigts.

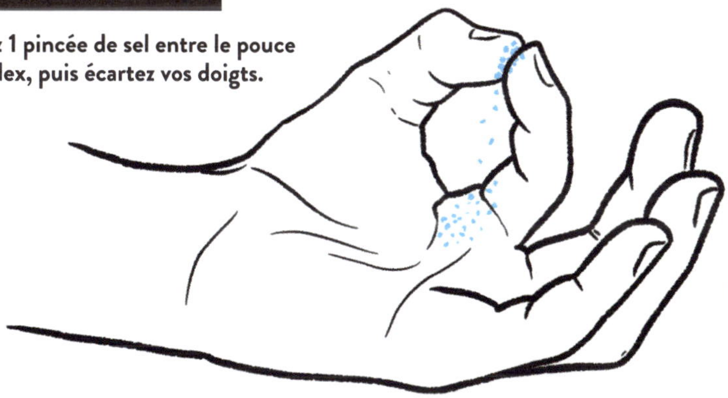

RÉPONSE

Le sel tombe. Je sais, c'est logique, et pourtant, personne n'y pense… Ça veut simplement dire que le sel a un poids et qu'une grande partie des grains tombe dans le plat de cuisson lorsque vous retournez un aliment salé. Vos grains de sel ne restent pas accrochés avec leurs petits bras musclés !

EXPÉRIENCE N° 4

Posez quelques grains de sel sur une assiette et soufflez dessus.

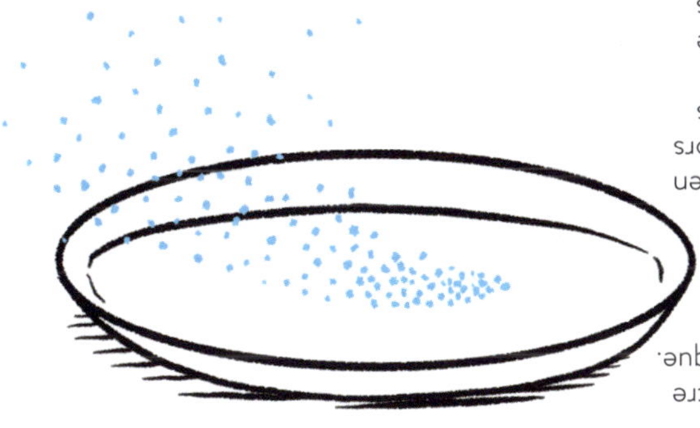

RÉPONSE

Le sel est repoussé par votre souffle. Là aussi, c'est logique. Quand on fait dorer un aliment, l'eau contenue en surface explose pour se transformer en vapeur. C'est cette explosion qui, en soufflant, projette en dehors du plat quelques particules du gras qui se trouvent sous les aliments, et forme des éclaboussures. Et vous voudriez encore que vos grains de sel s'accrochent avec leurs petits bras musclés pour ne pas être projetés eux aussi ?

CONCLUSION

Le sel met beaucoup plus de temps à se dissoudre au contact des aliments que ne dure la cuisson d'un steak ou d'un filet de poisson.
Le sel ne se dissout presque pas et reste en grains si on ajoute du gras pour la cuisson.
Le sel tombe des aliments quand ils sont retournés pendant la cuisson.
Le sel est repoussé par la vapeur produite par les aliments lorsqu'ils sont chauffés.

LE SEL

POURQUOI CROIT-ON TOUT SAVOIR SUR LE SEL SANS LE CONNAÎTRE VRAIMENT ?

On croit tout savoir sur le sel, mais bien des « vérités » qui le concernent se révèlent plus fausses les unes que les autres. Petit florilège de croyances à bannir…

« Il faut saler abondamment les grosses pièces de viande au moment de les cuire ! »

POURQUOI C'EST INEXACT ?

L'idée serait que le sel se dissout et pénètre très rapidement dans la viande, et qu'il en faudrait beaucoup puisque c'est une grosse pièce de viande…
Non, ça ne se passe pas du tout comme ça. On vient de voir que le sel se dissout très lentement dans l'eau (en plus de 5 minutes). Sur la viande, même après 20 minutes, les grains ne sont pas totalement dissous. Et ensuite, il faudrait qu'ils pénètrent à l'intérieur ? Une cuissson ne dure pas assez longtemps pour que du sel puisse pénétrer d'un seul petit millimètre à l'intérieur d'un morceau de viande pendant la cuisson… Mais on y reviendra. Mauvaise pioche…

« Il ne faut jamais saler une viande juste avant la cuisson, sinon elle va perdre tout son jus et devenir sèche ! »

POURQUOI C'EST FAUX ?

L'idée serait que le sel assèche la viande en quelques minutes…
On vient de voir qu'il faut beaucoup de temps pour que le sel se dissolve et il faudrait aussi qu'il aspire le jus de la viande ? De plus, la surface de la viande s'asséchant pendant la cuisson, cela rend encore plus difficile la dissolution du sel, puisqu'il n'y a presque plus d'eau… Donc on oublie cette idiotie.

« Il faut saler les viandes et les poissons juste avant la cuisson pour que le sel soit emprisonné par la croûte qui va se former ! »

POURQUOI C'EST ABSURDE ?

L'idée serait que la croûte se forme en se recroquevillant sur elle-même, emprisonnant ce qui est autour…
Pfff ! Les éclaboussures autour du plat de cuisson, ça vous parle ? Ces éclaboussures sont créées par l'eau contenue dans l'aliment, qui explose en se transformant en vapeur au contact du plat de cuisson brûlant.
Ces explosions projettent de minuscules gouttes d'huiles tout autour, expulsant aussi une grande partie des grains de sel. Vous n'imaginiez tout de même pas que vos grains de sel allaient rester accrochés ?
Tout au plus, quelques grains resteront emprisonnés dans un agglomérat d'exsudats coagulés. Mais en aucun cas le sel ne restera « emprisonné dans la croûte »… Et hop, une mauvaise idée en moins !

« Il ne faut jamais saler une viande juste avant la cuisson, sinon elle va bouillir dans son propre jus ! »

POURQUOI C'EST ARCHIFAUX ?

L'idée serait que le sel fait sortir du jus de la viande et que ce jus reste coincé dessous pendant la cuisson, faisant bouillir la viande…
Le sel n'a pas le temps de se dissoudre ni d'absorber une partie du jus de la viande pendant la cuisson ; celle-ci ne pourra donc pas bouillir dans son jus. Si votre viande bout dans son jus c'est pour une autre raison. On y reviendra… Encore une idée à remiser.

« Il faut saler l'intérieur des volailles pour que le sel se diffuse dans les chairs ! »

POURQUOI C'EST INEPTE ?

L'idée serait que le sel placé à l'intérieur de la volaille se disperse dans les chairs…
Vous avez déjà regardé l'intérieur d'une volaille ? Autour de la cavité, il y a la cage thoracique qui est majoritairement composée d'os. Et vous voudriez que le sel passe à travers les os pendant la cuisson ? Roooh ! De plus, le sel repose dans la partie basse de la cavité, le dos, là où il y a le plus d'os. Et vous voudriez qu'il s'élève dans les airs avec ses petites ailes pour venir se coller sur toutes les autres parties avant de pénétrer ? Vous avez vraiment beaucoup d'imagination… ;-)
Allez, zou, on oublie !

« Il faut éviter de saler l'eau de cuisson du pot-au-feu et l'eau de pochage des poissons, sinon les chairs vont perdre des saveurs ! »

POURQUOI C'EST INCORRECT ?

L'idée serait que le sel absorbe une partie des sucs de la viande ou du poisson…
Bah justement, c'est le contraire qui se passe : plus l'eau sera dense (le sel augmente la densité de l'eau) moins elle pourra se densifier encore, et donc moins elle pourra absorber de sucs de la viande ou du poisson… Celle-là, elle est vraiment bonne à jeter !

« Il faut saler pour relever les saveurs ; le sel est un exhausteur de goût ! »

POURQUOI C'EST ERRONÉ ?

L'idée, c'est que les aliments ont plus de goût avec du sel…
Le sel n'est pas un exhausteur de goût comme on le dit souvent, mais un modificateur de saveurs : il diminue l'amertume ou l'acidité de certains aliments. Le sel augmente la salivation, et plus il y de salive dans votre bouche, plus la perception des saveurs est modifiée : certaines sont étouffées par le liquide alors que d'autres, au contraire, sont renforcées.
Allez, encore une de moins !

Toutes ces affirmations sont fausses. Toutes ! Et pourtant c'est ce qu'on entend tous les jours… L'idée de base n'est pas forcément absurde, mais il y a toujours, toujours, au moins un paramètre qui n'est pas pris en compte, et là, badaboum, l'idée de départ ne tient plus la route et tout se casse la figure.

LE SEL

POURQUOI SALER LES VIANDES À L'AVANCE LES REND PLUS JUTEUSES ET PLUS TENDRES ?

Bien sûr, le sel donne un goût salé aux aliments, mais il a d'autres qualités, au moins aussi importantes : il leur permet de perdre moins de jus à la cuisson et de rester plus tendres. Démonstration.

OUI, SALER LA VIANDE AVANT LA CUISSON LUI FAIT PERDRE DU JUS, MAIS SI PEU !

C'est vrai, mais (parce qu'il y a un « mais ») elle en perd très peu finalement, beaucoup moins que ce que les gens imaginent. Essayez pour voir : salez un steak et regardez s'il nage dans du jus 30 minutes après. Vous verrez bien que non. Donc la viande perd très peu de jus quand elle est salée.
Ensuite, et c'est là le point important, elle réabsorbe ce jus perdu. Laissez votre steak salé sous un film transparent pendant 24 heures, et vous verrez qu'il n'y aura pratiquement pas de jus au fond de l'assiette. Quand on sale une viande à l'avance, elle perd très peu de jus, puis elle le réabsorbe pour revenir au même poids qu'au départ, à 1 ou 2 % près.

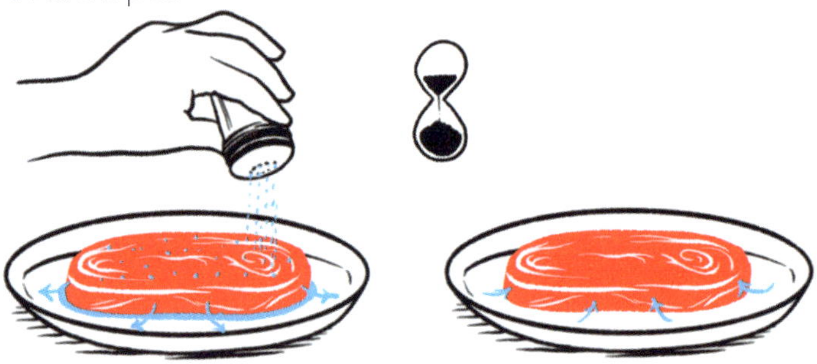

L'EXEMPLE DE LA MISE AU SEL

Les bons charcutiers ajoutent du sel aux farces de leur pâtés et terrines 24 heures avant la cuisson. On appelle cela la « mise au sel », et ce n'est pas un truc récent : ils le font depuis le Moyen Âge, pour être plus précis.
Vous me direz que c'est pour saler la farce ? D'accord. Mais pourquoi le faire la veille alors ? Il suffirait de la saler juste avant la cuisson et ce serait aussi bien. Eh bien non, saler la veille, ça change tout, parce que la farce est beaucoup plus juteuse quand elle est salée 24 heures avant la cuisson.

NON, LE POISSON NE PERD PAS DE JUS QUAND ON LE FAIT TREMPER 20 MINUTES DANS DE L'EAU SALÉE !

Le principe de la saumure (mélange d'eau et de sel), c'est qu'elle pénètre dans les aliments qui y trempent puis elle pompe l'eau qui s'y trouve et l'en fait ressortir. Mais en 20 minutes, cette saumure a tout juste le temps de pénétrer, pas de pomper l'eau.

L'EXEMPLE DE LA SAUMURE

Quelques grands chefs avaient pour habitude de mettre les filets des poissons blancs dans de l'eau de mer avant le service, car les chairs restaient plus translucides et moins sèches après la cuisson.
Aujourd'hui, les spécialistes de la cuisson des poissons mettent leurs filets de poissons blancs à tremper dans de l'eau salée pendant environ 20 minutes avant de les cuire.
Et le résultat est incroyable : ces filets sont plus tendres et juteux, la couleur plus nacrée, bref bien meilleurs préparés ainsi !

ATTENTION, C'EST SCIENTIFIQUE !

Pendant la cuisson, les protéines contenues dans les viandes et les poissons se tordent et se resserrent sur elles-mêmes. En se resserrant, elles expulsent une partie de l'eau, et donc du jus, que contiennent les chairs. Exactement comme quand on tord un torchon humide pour l'essorer.

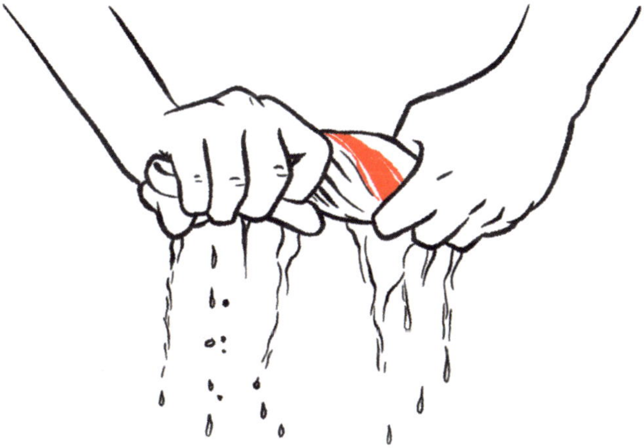

Comme un torchon qu'on essore et qui expulse l'eau qu'il contient, les protéines se tordent à la cuisson, expulsant leur jus.

L'EXEMPLE DU SALAGE DU RÔTI

Imaginez un rôti de bœuf de 1 kg acheté chez votre boucher préféré. Après cuisson, il ne pèsera plus ou moins que 800 à 850 g, juste parce qu'il aura perdu beaucoup de jus. Mais si vous avez salé ce rôti, 1 ou 2 jours avant de le cuire, il pèsera 900 à 950 g après cuisson. Vous aurez donc perdu 2 fois moins de poids à la cuisson et donc gardé 100 g de jus supplémentaires dans votre rôti. Tout ça sans parler du fait qu'il sera aussi plus tendre...

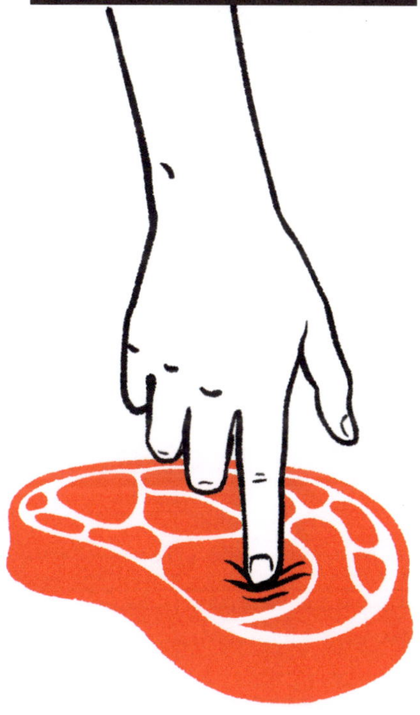

La perte de jutosité peut être très importante : les viandes perdent jusqu'à 20 % de leur poids (voire 40 % pour celles du pot-au-feu) et les poissons jusqu'à 25 %.
Le sel a une particularité très importante que peu de gens connaissent : **il dénature la structure des protéines.**
Une fois que cette structure a été dénaturée, les protéines ont beaucoup de mal à se tordre, et donc à expulser leur jus.
Et attention, on a droit à un deuxième effet Kiss Cool® : puisque les protéines se contractent moins à la cuisson, la viande et le poisson durcissent moins et restent plus tendres.
Le troisième bonus, pour les filets de poisson, c'est que le sel bloque la remontée et la coagulation de l'albumine qu'ils contiennent et qui crée une petite mousse blanche sur le dessus. C'est pour cette raison qu'ils restent joliment translucides et nacrés. Dément, non ?

Résultat : une viande ou un poisson plus juteux après cuisson, et beaucoup plus tendres.

MAIS ALORS, POURQUOI ON NE NOUS DIT PAS DE SALER À L'AVANCE ?

Tout d'abord, peu de gens connaissent les véritables effets du sel, et aussi parce que les quelques grands chefs qui les connaissent gardent leurs petits secrets pour eux. Et puis c'est toujours compliqué de remettre en cause ce qu'on nous répète depuis des années à la télévision ou dans les magazines... Exactement comme quand on nous répétait à tout va que la Terre était plate alors que les scientifiques avaient prouvé depuis belle lurette qu'elle est ronde...

LE SEL

POURQUOI LE SEL MET-IL SI LONGTEMPS À PÉNÉTRER DANS LA VIANDE…

Une fois le sel dissout sur la viande, il faut encore qu'il se déplace à travers les fibres. Et ça, ça prend beaucoup de temps parce que l'eau contenue dans cette viande est coincée entre des cellules, elles-mêmes coincées au milieu de fibres, elles-mêmes coincées entre des faisceaux de fibres, eux-mêmes coincés dans des faisceaux de faisceaux de fibres, puis encore dans des faisceaux de faisceaux de faisceaux de fibres, etc. Pour se déplacer à l'intérieur de cette eau, il faut beaucoup de temps, beaucoup plus que les gens imaginent.

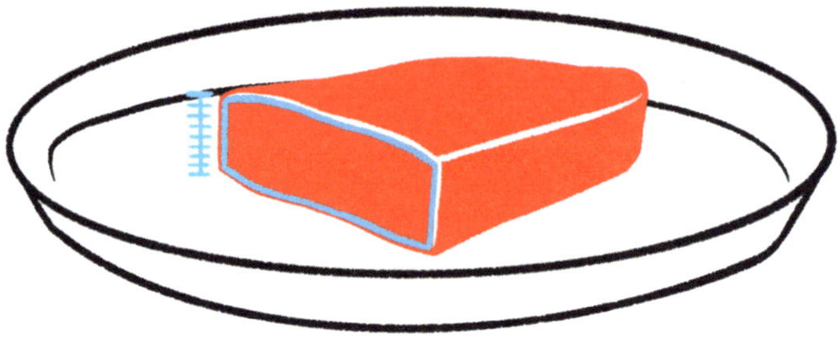

… ET BEAUCOUP MOINS DANS LE POISSON ?

Les fibres des chairs du poisson sont organisées de façon différentes de celles des viandes. Elles contiennent très peu de collagène et leur structure est beaucoup plus fine. Le sel y pénètre donc beaucoup plus rapidement que dans la viande.

Les chairs du poisson laissent pénétrer le sel beaucoup plus rapidement que la viande.

POURQUOI LE SALAGE A-T-IL PEU D'EFFET SUR LES LÉGUMES ?

Les légumes contiennent très peu de protéines, donc l'effet du sel sur la rétention d'eau des légumes est très limité. Ensuite, leur peau est une protection très puissante contre toute intrusion. S'ils sont épluchés, et coupés finement, le sel aura seulement tendance à aspirer l'eau qu'ils contiennent, comme on l'utilise pour faire dégorger des concombres ou des aubergines.

MAIS POURQUOI SON EFFET EST-IL TRÈS RAPIDE POUR LES ŒUFS ?

La structure liquide des œufs, qui contiennent beaucoup d'eau, permet au sel de se dissoudre et de pénétrer plus rapidement que dans les viandes et les poissons. Pour les œufs brouillés et les omelettes, il suffit de saler 15 minutes avant la cuisson pour les garder très juteux.

TEMPS DE PÉNÉTRATION DU SEL DANS LES VIANDES ET LES POISSONS

Pour que le sel pénètre de 1 millimètre, oui, 1 seul petit millimètre, il faut :

DANS LES VIANDES

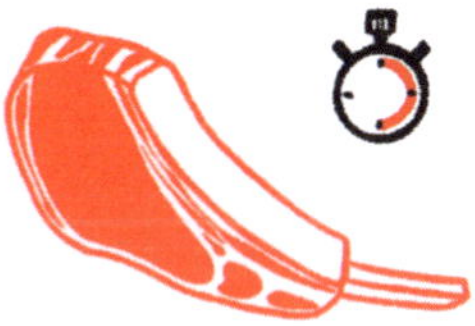

30 minutes dans une côte de porc, une côtelette ou un collier d'agneau, une cuisse ou du blanc de poulet sans peau.

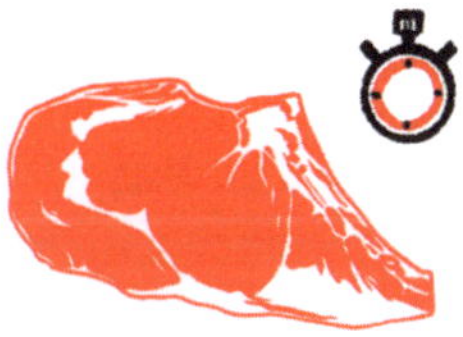

1 heure dans une entrecôte ou une côte de bœuf, une épaule d'agneau côté chair, un filet mignon, une côte de veau, une tranche de rumsteck.

1 h 30 dans un rôti de veau, un filet ou un rôti de bœuf ou de porc, une bavette ou un gigot d'agneau.

des jours et des jours à travers la peau des volailles ou des jambons, le gras des viandes.

DANS LES POISSONS

+ ou - 5 minutes dans les filets côté chair.

des jours et des jours sur le côté peau des poissons.

ALORS, QUAND SALER ?

LES VIANDES

Il faut les saler la veille de la cuisson pour que le sel ait le temps de pénétrer en profondeur et d'agir sur les protéines et donner une viande plus juteuse et plus tendre. Utilisez la même quantité de sel que vous utiliseriez après cuisson. Pas plus, mais pas moins non plus.

LES POISSONS

Pour les filets de poissons blancs, un trempage de 20 minutes, dans une eau salée à raison de 60 g de sel par litre d'eau, est idéal.

LE SEL

POURQUOI EXISTE-IL DU SEL MARIN ET DU SEL PAS MARIN ?

Tous les deux sont issus d'eau de mer, mais le sel marin provient de marais salants d'où on laisse évaporer l'eau de mer avant de le récupérer ; alors que celui qui n'est pas marin, le sel gemme, provient de mers évaporées il y a plusieurs millions d'années. Il se présente sous la forme de grandes plaques ou carrément de gros rochers. De ces 2 types de sels découlent tous les autres.

Marais salants

POURQUOI LES GRAINS DE SEL PEUVENT-ILS AVOIR DES GROSSEURS ET DES FORMES DIFFÉRENTES...

C'est une question de broyage, de forme et de taille des cristaux. Plus le sel sera broyé, plus il sera fin. Certains sels, comme la fleur de sel, récupérée sur le dessus des marais salants, et le gros sel récupéré dans le fond de ces marais salants, ne sont pas broyés, pour garder la forme particulière de leurs cristaux.

Gros sel

Fleur de sel

Sel fin

... ET DES COULEURS TRÈS DIFFÉRENTES...

Hormis la fleur de sel qui est naturellement blanche, le sel marin est un peu gris. Plus il est raffiné, plus il est blanc.
Il existe aussi des sels colorés par leur environnement naturel : le **sel noir d'Hawaï** est coloré par du sable noir qui provient de roches volcaniques, alors que le **sel rouge d'Hawaï** tient sa couleur de l'argile qu'on ajoute au moment du séchage.
D'autres sels encore sont légèrement marron parce qu'ils sont fumés, comme le **sel fumé Chardonnay** ou le **Halen Môn fumé**.
Pour les sels gemme, comme le **sel rose de l'Himalaya** ou le **sel bleu de Perse**, leur couleur dépend de celles des minéraux qu'ils contiennent : du fer pour le sel de l'Himalaya et de la sylvinite pour le sel bleu.

Mine de sel

… ET AUSSI DES QUALITÉS ET DES GOÛTS DIFFÉRENTS ?

LES SELS MARINS

La fleur de sel est le sel le plus noble. Elle est composée des petits grains de sel qui flottent à la surface des marais salants. C'est un sel très fin, qui croque légèrement sous la dent. On l'utilise toujours au moment de servir pour conserver ses spécificités.

Le gros sel gris est le sel naturel par excellence. Non raffiné, il contient énormément d'oligoéléments qui lui donnent beaucoup de saveurs. C'est un sel humide et tendre, parfait avec des légumes.

Le gros sel blanc est du gros sel gris raffiné. Il est sec, il a peu de saveurs et présente peu d'intérêt gustatif, mais il « sale ».

Le sel fin de mer légèrement gris est le gros sel gris broyé et en possède les mêmes caractéristiques.

Le sel fin ou **sel de table fin** est du gros sel blanc broyé. On peut lui rajouter de l'iode ou des agents antiagglomérants. C'est vraiment un sel sans aucun intérêt ! De plus, il se dissout plus difficilement que les autres sels. Juste bon à utiliser pour les cuissons à l'eau des pâtes et des légumes.

Le sel de Maldon, qui nous vient d'Angleterre, a la particularité de présenter des paillettes très légères et croustillantes qui ont beaucoup de mal à se dissoudre. C'est le sel préféré des grands chefs qui en ajoutent au moment de servir.

Le sel Halen Môn, d'origine anglaise lui aussi, est légèrement pétillant.

LES SELS GEMME

Le sel rose de l'Himalaya est croustillant et légèrement acide.

Le sel bleu de Perse possède des saveurs d'épices assez relevées.

LE POIVRE

Tout comme le sel, le poivre souffre d'idées reçues en cuisine : faut-il poivrer avant, pendant ou après la cuisson ? Les avis sont tranchés, aucune discussion n'est possible, chacun campe sur ses croyances ; on se croirait en politique...

POURQUOI LE POIVRE PEUT-IL ENCORE NOUS SURPRENDRE ?

Pourtant, si on considère le problème scientifiquement, on peut apporter des informations intéressantes. Les vraies questions à se poser sont de savoir si les saveurs du poivre pénètrent à l'intérieur des aliments ou si elles restent en surface, comment il réagit aux fortes températures pendant la cuisson ou à l'immersion dans un liquide ?
Et là, préparez-vous à changer vos habitudes !

LE POIVRE EN 3 EXPÉRIENCES

Comme pour le sel, voici 3 petites expériences rapides et toutes bêtes pour comprendre comment fonctionne le poivre en cuisine. Et vous n'utiliserez plus jamais cette épice n'importe comment, croyez-moi ! Pour les gros paresseux, les résultats sont indiqués à l'envers...

EXPÉRIENCE N° 1

Mettez 1 belle pincée de poivre moulu (par vos soins ou du commerce, peu importe) dans une poêle portée à feu moyen et laissez chauffer 5 minutes. Regardez ce qui se passe puis goûtez.

RÉPONSE

Pendant la cuisson, de la fumée monte, ça sent le brûlé, c'est âcre, ça prend à la gorge et au nez, ça pique les yeux, ça fait éternuer. Comme dit mon fils de 5 ans : « Papa, mais c'est méga giga beurk, ton truc ! » C'est important de vous rendre compte que ce poivre qui vient de brûler réagit exactement de la même façon que celui que vous ajoutez avant la cuisson de vos aliments. Une fois qu'il est refroidi, goûtez un peu ce truc au fond de la poêle. Vous sentez ce brûlé, cette âcreté sur votre langue ? Eh bien, c'est la même saveur que vous conférez à votre plat.

EXPÉRIENCE N° 2

Prenez 2 tranches de carpaccio de bœuf (ou 1 tranche de jambon blanc très fine coupée en deux, ça marche aussi bien). Superposez-les, poivrez la tranche du dessus et placez au frais pour une 1 heure. Goûtez la tranche du dessous. Est-elle poivrée ? Puis goûtez la tranche du dessus. Est-elle poivrée ? Est-ce qu'il y a une différence d'intensité de goût de poivre ?

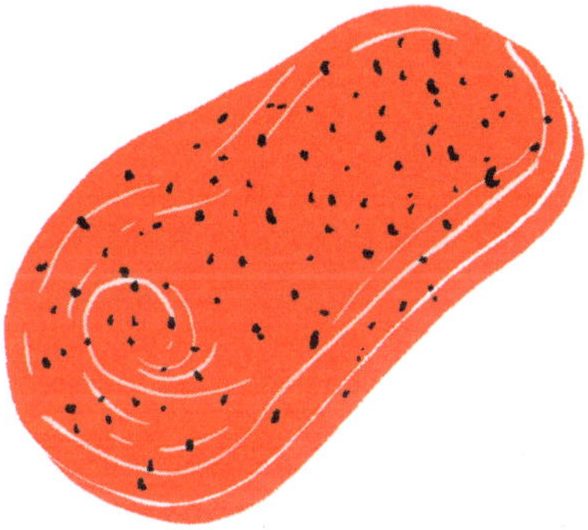

RÉPONSE

Eh non, le poivre n'a pas pénétré du moindre petit quart de millimètre nécessaire pour atteindre la tranche du dessous : les saveurs du poivre restent à l'extérieur et ne pénètrent pas dans les viandes. Elles ne pénètrent pas non plus dans les poissons ou les légumes en 1 heure… Et pourtant, 1 heure, c'est un temps de cuisson plus long que celui de la majorité des recettes. Vous pouvez laisser le poivre 2 ou 3 heures, vous aurez le même résultat…

EXPÉRIENCE N° 3

Versez un verre d'eau dans une casserole, ajoutez 10 grains de poivre et faites bouillir environ 20 minutes à couvert. Laissez refroidir et goûtez.

RÉPONSE

Déjà à l'odeur, on sent tout de suite que c'est bizarre. Et quand on goûte : beurk ! Franchement c'est pas bon. Maintenant vous savez que le poivre infuse dans le liquide et lui donne un goût amer et âcre.

CONCLUSION

Le poivre brûle quand il est chauffé. Les saveurs du poivre restent posées sur les aliments mais ne pénètrent pas à l'intérieur. Le poivre chauffé dans un liquide lui donne des saveurs amères et âcres.

LE POIVRE

POURQUOI LE POIVRE NE PÉNÈTRE-T-IL PAS DANS LES ALIMENTS ?

Les aliments sont majoritairement composés d'eau, jusqu'à 80 % pour les viandes et poissons, et plus encore pour certains légumes. À l'opposé du sel qui se dissout dans cette eau de constitution des aliments et qui peut ensuite se déplacer à l'intérieur grâce à cette eau qui le transporte, le poivre, lui, ne se dissout pas dans l'eau. Et comme il ne s'y dissout pas, ses saveurs ne se déplacent pas à l'intérieur des denrées : ses saveurs restent simplement « posées » sur les aliments.

Le sel se dissout, pas le poivre.

D'ACCORD, MAIS ALORS POURQUOI LES PAVÉS MARINÉS AU POIVRE DU COMMERCE ONT-ILS BIEN UN GOÛT DE POIVRE ?

Lorsque vous achetez un pavé mariné au poivre ou aux échalotes, la marinade est injectée en de multiples endroits (et à différentes profondeurs) à l'aide d'aiguilles conçues pour ça. C'est la raison pour laquelle les saveurs du poivre sont présentes un peu partout dans la viande, pas parce qu'on a posé du poivre dessus. L'injection avec des aiguilles est d'ailleurs le meilleur moyen pour faire mariner les viandes.

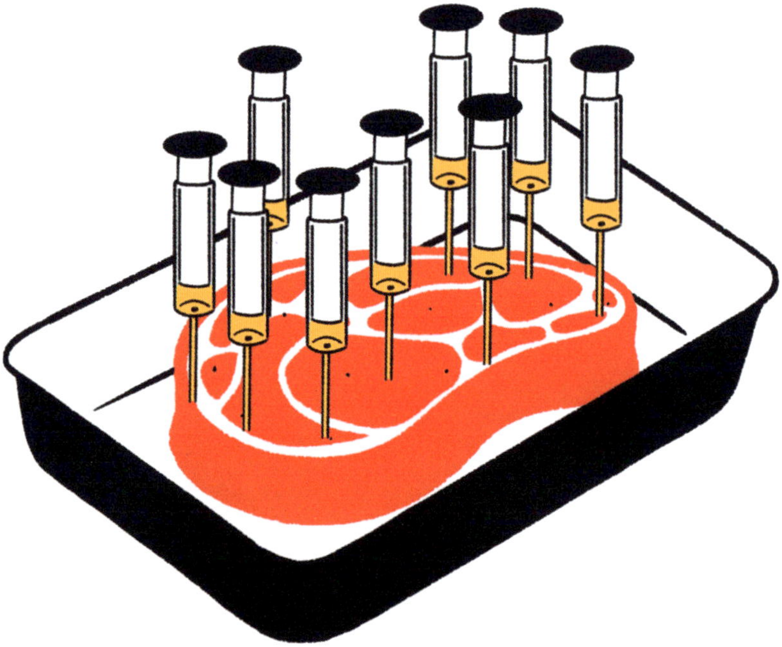

ATTENTION, C'EST SCIENTIFIQUE !

POURQUOI EST-CE IDIOT DE POIVRER AVANT OU PENDANT LA CUISSON ?

Des études scientifiques montrent que l'oléorésine, le composé du poivre qui apporte des saveurs, disparaît presque complètement en quelques minutes à 180 °C, et de 50 % en 30 minutes à 120 °C. La pipérine, le composé actif qui apporte la puissance et le piquant, se décompose elle aussi en quelques minutes.
Dans tous les cas, cuire du poivre à une température supérieure à 40-50 °C, lui fait perdre une très grande partie de ses qualités tout en lui donnant des notes âcres et amères. Ce n'est pas moi qui l'ai inventé, ça a été démontré par des scientifiques qui n'ont pas d'a priori ou d'habitudes en cuisine. C'est comme ça, et il n'y a rien à faire… Pour faire simple, le poivre ne supporte pas les cuissons sans être totalement dénaturé.

ZOOM

POURQUOI LES PERSONNES QUI DISENT QU'ELLES TORRÉFIENT DU POIVRE EN LE FAISANT CUIRE SE TROMPENT ?

Tout d'abord, la torréfaction requiert des températures et des temps de cuisson extrêmement précis pour éviter la montée en amertume, comme pour les grains de café. Ensuite, on vient de le voir, le poivre ne supporte pas du tout les températures élevées. Le poivre ne se torréfie pas, il brûle, c'est tout !

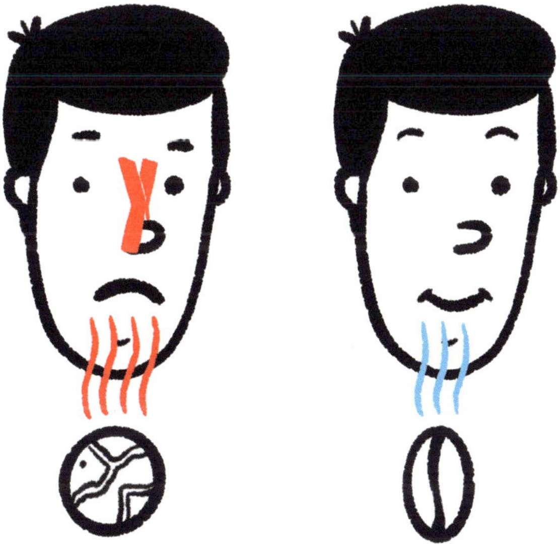

POURQUOI NE FAUT-IL JAMAIS METTRE DE POIVRE DANS LA PRÉPARATION DES BOUILLONS OU DES POT-AU-FEU ?

Le poivre ne supporte pas les cuissons, et il ne supporte pas non plus d'être placé dans de l'eau chaude ou un bouillon trop longtemps. Ça aussi on l'a vu dans nos petites expériences.
Au Moyen Âge, on mettait des grains de poivre dans les préparations bouillies pour profiter de ses vertus antiseptiques puissantes. Il diminuait la transmission de maladies dues aux viandes avariées.
Là encore, mettre du poivre dans la préparation d'un pot-au-feu ou de viandes braisées, c'est une hérésie. Et puis, de toutes façons, ses saveurs ne vont pas pénétrer dans les viandes...

LE BON GESTE

POURQUOI FAUT-IL ÉVITER D'UTILISER DES GRAINS ENTIERS POUR LES MARINADES ?

Les saveurs du poivre sont situées au centre du grain. Si vous mettez des grains entiers dans vos marinades, vous n'allez tirer profit que du piquant qui se trouve à la surface.
Alors que si vous concassez ces grains, vous profiterez de ses saveurs. Là encore, il faut concasser grossièrement vos grains avant de les ajouter aux marinades. Mais, souvenez-vous, ce poivre ne donnera leurs saveurs qu'à ce qui est contact avec lui, il ne se diffusera pas dans les aliments.

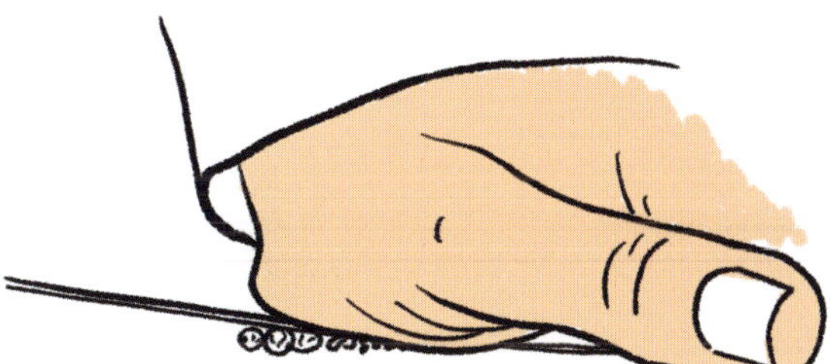

Écrasez les grains de poivre du plat du couteau avant de les ajouter aux marinades.

LE POIVRE

ZOOM

POURQUOI LA MOUTURE DU POIVRE INFLUE-T-ELLE SUR SES SAVEURS ?

Le piquant du poivre se trouve à l'extérieur du grain, alors que les saveurs et les arômes se trouvent au centre. Lorsque le poivre est moulu finement, le piquant devient dominant et masque le reste. Mais si les grains sont simplement concassés au mortier ou moulus grossièrement, on profite pleinement de leurs saveurs et de leurs arômes.

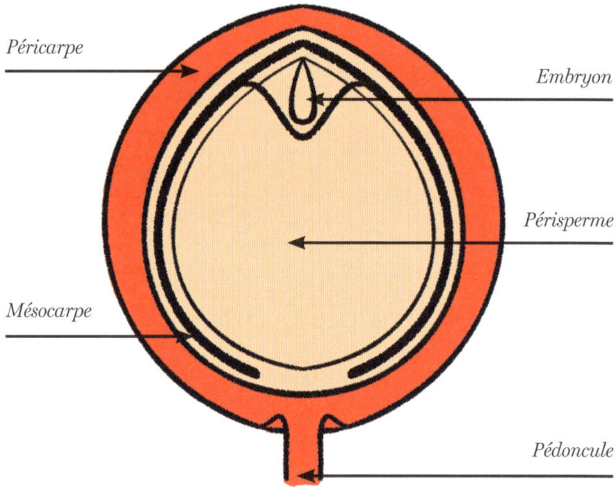

POURQUOI LA TAILLE DES GRAINS EST-ELLE UN BON INDICATEUR DE QUALITÉ ?

Plus le grain est gros, plus il renferme de saveurs et d'arômes. Plus il est petit, moins il a d'intérêt. La taille du grain est un bon indicateur de sa qualité. Vous remarquerez qu'en grande distribution, on trouve surtout des tout petits grains…

POURQUOI NE FAUT-IL PAS ACHETER DE POIVRE MOULU ?

Dans le poivre moulu, vous retrouvez tout ce qui ne peut pas être vendu sous la forme de grains : les mauvais grains, les détritus et les poussières qui restent des différents tris et séchages. Tout est tellement broyé, qu'on ne voit même plus ce qu'il y a dedans, et c'est bien le but ! Le poivre moulu c'est piquant, ça fait tousser, c'est la poubelle du poivre dans laquelle on met tout ce qui traîne sans que vous le sachiez…

ATCHOUM !

D'AILLEURS, POURQUOI LE POIVRE MOULU FAIT-IL ÉTERNUER ?

Ce n'est pas le poivre lui-même qui fait éternuer, ce sont toutes les petites poussières qui ne sont pas retirées au moment du tri et qui montent directement à nos narines. Un poivre qui fait éternuer est signe de mauvaise qualité.

LES COULEURS ET LES SAVEURS DU POIVRE

POURQUOI Y A-T-IL DIFFÉRENTES COULEURS POUR LE POIVRE ?

La couleur des grains de poivre dépend de leur maturité, et de leur préparation : lorsque le grain est encore immature mais à taille adulte, il est vert, c'est le **poivre vert**.
Puis il mûrit et sa peau devient noire pour nous donner le **poivre noir**.
Si on le laisse encore mûrir, il devient orangé.
On le fait alors macérer dans de l'eau de pluie environ 10 jours puis on retire la petite peau rouge qui entoure les grains et on les laisse sécher au soleil. C'est le **poivre blanc**.
Et si on le laisse encore mûrir, ces grains deviennent rouge cerise. Et là, c'est le **poivre rouge**.

Poivre vert

Poivre noir

Poivre blanc

Poivre rouge

POURQUOI Y A-T-IL DES DIFFÉRENCES DE SAVEURS ET D'ARÔMES ENTRE CES DIFFÉRENTS POIVRES ?

À nouveau, cela dépend principalement de la maturité des grains : le poivre vert est frais et peu piquant, le poivre noir est plus chaud et boisé, voire piquant en raison de sa peau qui contient beaucoup de pipérine, le poivre blanc est très aromatique et peu piquant (on lui a retiré sa peau) et le rouge est chaud, rond.

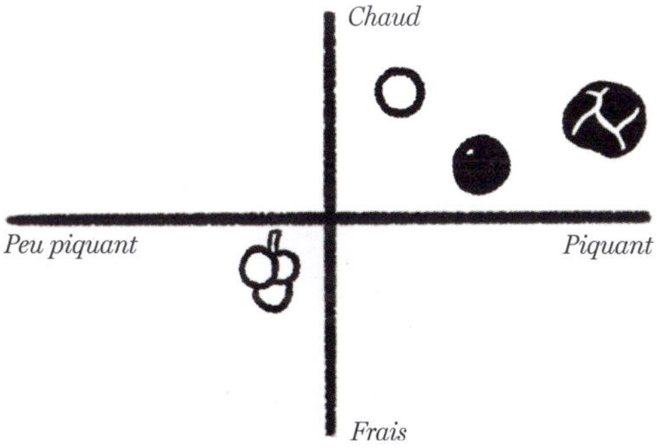

POURQUOI TROUVE-T-ON RAREMENT DU POIVRE VERT ?

C'est un poivre très fragile qui ne se conserve pas très bien. On le trouve souvent en saumure dans des bocaux, mais c'est lorsqu'il est lyophilisé, c'est-à-dire séché à température négative, qu'il conserve le plus de saveurs. C'est un poivre doux qui convient très bien aux terrines, aux pâtés et aux viandes rouges.

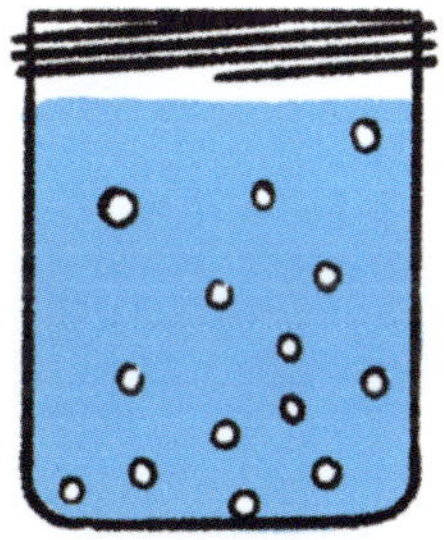

Poivre vert en saumure

POURQUOI LE POIVRE GRIS N'EXISTE-T-IL PAS ?

Le poivre gris est une invention des industriels pour écouler des stocks de mauvaise qualité. Ce « poivre gris » est en fait un mélange de poivres noirs et de poivres blancs moulus.
Et comme le vrai poivre gris n'existe pas, ils y mettent un peu tout ce qui traîne au fond des tiroirs...
N'achetez jamais de poivre gris !

POURQUOI LE POIVRE BLANC EST-IL PLUS CHER QUE LE POIVRE NOIR ?

Plus on laisse les fruits mûrir sur l'arbre, moins vite ils seront vendus, et moins vite le cultivateur gagnera de l'argent. C'est la première raison. La seconde, c'est que le poivre blanc pèse moins lourd que le poivre noir : 30 kg de poivre noir donnent seulement 20 à 25 kg de poivre blanc. Au final, le poivre blanc demande plus de temps pour mûrir, plus de travail et pèse moins lourd...

HUILES ET AUTRES GRAS

Mais si, si, si, les huiles et les gras sont les alliés indispensables des cuisiniers ! On voit bien qu'ils ont un peu mauvaise presse mais c'est oublier un peu vite tout ce qu'ils offrent de saveurs, de liant et de texture à nos plats. Allez, on fait un point pour ne profiter que de leurs vertus...

POURQUOI PARLE-T-ON DE BON ET DE MAUVAIS GRAS ?

Tous les gras ne sont pas mauvais pour la santé. Au contraire ! Il y a des gras qu'il faut absolument consommer pour éviter certaines maladies cardio-vasculaires, entre autres **les gras dits « insaturés »,** contenant des oméga-3, oméga-6 ou oméga-9. Ils sont très recommandés par les médecins. On les trouve dans les graines, les noix, les avocats, l'huile d'olive, et dans certains légumes ou poissons.

Les mauvais gras sont composés **des gras trans** qu'on trouve dans les aliments transformés (à bannir !) et des **gras saturés** qui se trouvent généralement sous forme solide à température ambiante (beurre, fromage, etc.). Ces derniers sont à consommer avec modération pour éviter le mauvais cholestérol, certaines maladies cardiovasculaires et limiter les risques de diabète.

POURQUOI LE GRAS SE SOLIDIFIE-T-IL ?

Tous les gras ne se solidifient pas à la même température. Les huiles, majoritairement composées d'acides gras insaturés, qui ont une température de fusion assez faible, sont liquides à température ambiante ; alors que les graisses, majoritairement composées d'acides gras saturés qui ont des températures de fusion plus élevées, sont fermes à température ambiante. Mais si vous mettez certaines huiles au réfrigérateur, elles vont figer, devenir pâteuses voire solides. Rien de grave, il suffit de les remettre à température ambiante pour qu'elles se liquéfient à nouveau.

POURQUOI CERTAINS POISSONS SONT-ILS DITS « GRAS » ?

Ils ne sont pas réellement gras, mais ils contiennent beaucoup d'oméga-3 grâce aux algues qu'ils mangent. Les « poissons gras » sont des poissons bleus (sardine, maquereau, hareng, anchois) ou des salmonidés (saumon et truite). Les poissons d'élevage contiennent moins d'oméga-3 que les autres, car leur nourriture est différente.

POURQUOI MET-ON UNE COUCHE DE GRAISSE POUR ISOLER CERTAINES PRÉPARATIONS EN BOCAUX ?

Autrefois, on préparait le cochon à l'automne pour avoir de la viande à manger tout l'hiver. Et le meilleur moyen de le conserver était de l'isoler sous une couche de graisse pour l'empêcher de s'oxyder au contact de l'air. Aujourd'hui, avec les réfrigérateurs, cette précaution n'est plus nécessaire, mais on a gardé cette habitude car cette petite couche de gras apporte de la rondeur en bouche et évite aux terrines de sécher.

ATTENTION, C'EST TECHNIQUE !

POURQUOI FAUT-IL CONSERVER LES HUILES À L'ABRI DE LA LUMIÈRE ET DE LA CHALEUR ?

Les huiles s'oxydent et deviennent rances plus rapidement lorsqu'elles sont exposées à la lumière ou à la chaleur. C'est un peu technique, mais si vous voulez frimer un peu devant vos copains, voici ce qui se passe : sous l'effet des rayons ultraviolets, les doubles liaisons des acides gras vont se casser et être remplacées par des liaisons avec des atomes d'oxygène, ce qui accélère le rancissement. Ce processus est d'autant plus rapide avec des huiles qui contiennent peu d'antioxydants.

HUILES ET AUTRES GRAS

POURQUOI TROUVE-T-ON DES HUILES D'OLIVE RAFFINÉES, SANS MENTION, « VIERGE » OUX « VIERGE EXTRA »...

L'huile d'olive peut se présenter de 4 façons : huile d'olive raffinée, huile d'olive simple (en nom générique), huile d'olive vierge ou huile d'olive vierge extra.

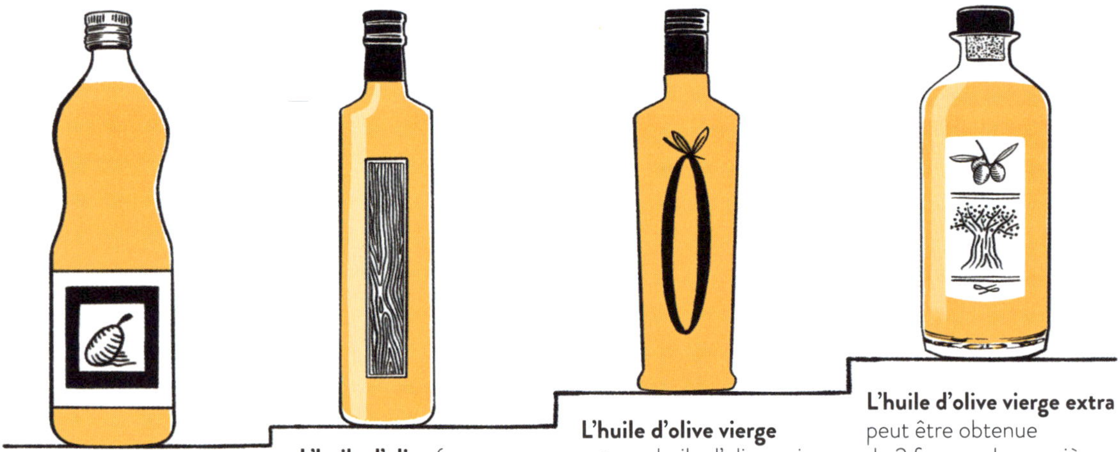

L'huile d'olive raffinée est élaborée à partir d'une huile dont le taux d'acidité est supérieur à 2 % et qui est impropre à la consommation sans un procédé industriel de raffinage. C'est la plus bas de gamme.

L'huile d'olive (sans mention) est une huile constituée d'un mélange d'huile d'olive raffinée et d'huile d'olive vierge.

L'huile d'olive vierge est une huile d'olive qui n'a pas été coupée avec d'autres huiles d'olive, comme on le fait pour certains vins. La pâte d'olive qui sert à sa confection a été un peu chauffée pour extraire plus facilement l'huile des fruits.

L'huile d'olive vierge extra peut être obtenue de 2 façons : la première pression à froid ou l'extraction à froid. Dans les deux cas, l'huile n'est pas chauffée et le rendement est plus faible, mais de meilleure qualité que l'huile d'olive vierge. La première pression à froid utilise une presse hydraulique qui écrase la pâte d'olive et entraîne l'écoulement de l'huile. L'extraction à froid malaxe la pâte d'olive pour en extraire l'huile. C'est cette manière de procéder qui est la plus courante aujourd'hui. L'acidité tolérée de l'huile d'olive vierge est de 2 % contre 0,8 % seulement pour l'huile d'olive vierge extra. Mais on peut encore descendre en dessous pour des crus de très grande qualité.

... ET DES HUILES D'OLIVE AU FRUITÉ VERT, MÛR OU NOIR ?

Si votre huile d'olive est de qualité, il sera spécifié sur son étiquette le type de « fruité » qu'elle offre.

Le fruité vert provient d'olives récoltées quelques jours avant leur maturité, quand elles sont en train de passer du vert au mauve. Les sensations en bouche sont très herbacées avec des remontées d'artichaut cru et un goût légèrement amer. Le fruité vert est le plus courant.

Le fruité mûr est élaboré avec des olives noires mûres et donne une huile aux saveurs douces, peu d'amertume et des arômes de fleurs, de fruits rouges, d'amande...

Le fruité noir est l'huile d'olive élaborée à l'ancienne. Elle se fait avec des fruits mûrs qu'on laisse fermenter quelques jours. Cette huile donne des saveurs chaudes de cacao, de champignon et de truffe.

LE GRAS DU COCHON EN 2 QUESTIONS

1 POURQUOI FAUT-IL GARDER LE GRAS DES BONS JAMBONS CRUS ?

Attention, je ne vous parle pas du gras des « pôvres » tranches de jambon du supermarché du coin ! Je vous parle de celui de jambons crus qu'on trouve chez les bons charcutiers, de jambons qui proviennent d'animaux élevés avec amour, de jambons qui ont été séchés et affinés pendant des mois dans des conditions exceptionnelles, de jambons dont le gras offre une palette de saveurs d'une grande richesse.
Ne me jetez pas ce gras-là, malheureux ! Et demandez à votre charcutier de vous garder les gros morceaux qu'il retire avant de couper des tranches (j'espère d'ailleurs que vous dégustez celui qui reste autour de la vôtre !). Vous les ferez chauffer dans votre poêle ou votre casserole à la place du beurre ou de l'huile, car ils sont parfaits pour remplacer l'huile dans la préparation de nombreux poissons ou légumes sautés, pour faire des œufs au plat, une salade de pissenlit, etc.

2 POURQUOI LE LARD DE COLONNATA EST-IL SI BON ?

Là, franchement, on touche au sublime du gras : de la légèreté (si, si, on peut le dire pour ce gras !), des épices, des aromates et un blanc pratiquement pur… Il se déguste simplement sur une tranche de pain grillé, sur des asperges délicatement dorées, avec des haricots verts al dente ou des saint-jacques, etc.
Mais qu'est-ce que au juste ce lard si réputé ? Après un régime forcé par le manque de nourriture pendant l'été, le cochon de race ancienne va littéralement se goinfrer dès que la saison des glands revient, en automne. Il va former une épaisse couche de gras sur son dos, qu'on récupère après avoir abattu l'animal en décembre ou janvier. Ce gras est ensuite enduit de sel, puis mis dans de grandes vasques de marbre entre des couches de mélange d'épices (poivre, muscade, cannelle, girofle, etc.) et d'aromates (ail, romarin, sauge, etc.). Les vasques sont ensuite entreposées dans des caves pour un affinage de 6 mois au minimum.

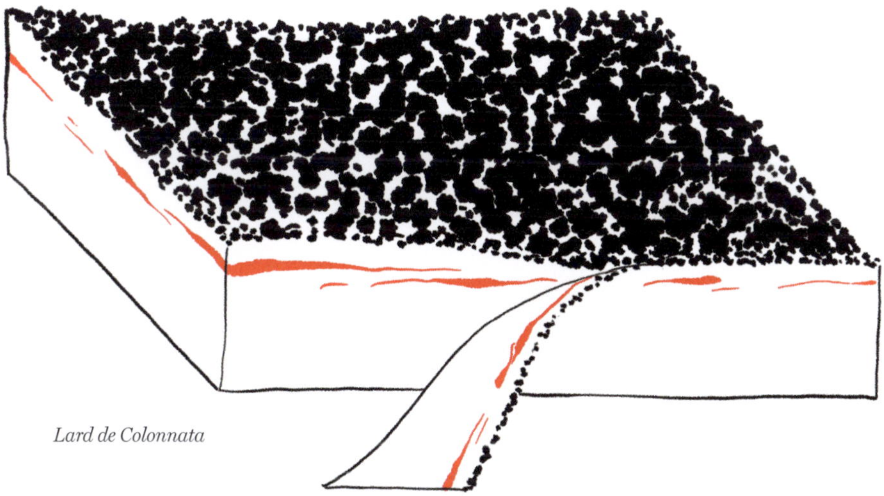

Lard de Colonnata

TRUC DE PRO

POURQUOI FAUT-IL GARDER LE GRAS DE CUISSON DU POULET ET DES RÔTIS ?

Alors là, on est sur un truc dont les grands cuisiniers raffolent ! Après la cuisson des viandes ou des volailles rôties, mettez le jus qui vous reste au frais. Pendant la nuit, le gras du jus va remonter et figer en surface. Ce gras est rempli de saveurs et remplace très avantageusement l'huile dans des vinaigrettes pour donner des salades de dingue (voir LES VINAIGRETTES) !

HUILES ET AUTRES GRAS

LES HUILES À ÉVITER EN 3 QUESTIONS

1 POURQUOI FAUT-IL ÉVITER D'UTILISER L'HUILE DE TOURNESOL POUR LA CUISSON…

C'est une huile qui supporte bien les hautes températures, qui contient beaucoup d'oméga-6 mais très peu d'oméga-3. Elle n'est donc pas très équilibrée. De plus, l'huile de tournesol a du mal à s'écouler des aliments après cuisson, laissant toujours une fine pellicule de gras. Préférez-lui l'huile de colza, plus équilibrée et qui s'écoule parfaitement après cuisson, offrant des aliments cuits moins gras.

2 … TOUT COMME L'HUILE DE COCO, D'AILLEURS ?

Ça fait quelques années qu'on nous rabat les oreilles sur les qualités de cette huile de coco : « *Parfaite pour la cuisine, très bonne pour la santé avec toutes ses vitamines et minéraux, etc.* » On dirait que c'est la découverte du siècle ! Sauf que ce n'est pas du tout vrai : cette huile est bourrée de graisses saturées, ne contient aucun minéraux et très très peu de vitamines. Et quand on regarde qui peut bien nous faire prendre des vessies pour des lanternes, on s'aperçoit que c'est une huile principalement utilisée par l'industrie agroalimentaire dans les produits transformés, vendus à bas prix. Bref, cette huile est encore pire que l'huile de palme…

3 ET POURQUOI L'HUILE DE PALME EST-ELLE MAUVAISE AUSSI ?

L'huile de palme est peu chère, elle présente une bonne résistance à la chaleur et à l'oxydation, et apporte du moelleux et du croustillant aux aliments frits. Autant de bons points pour les industriels. En revanche, elle est très riche en acides gras saturés à chaîne longue qui sont mauvais pour la santé. Et puis, surtout, la culture du palmier à huile conduit à une déforestation importante en Asie du Sud-Est. On évite donc les produits qui contiennent de l'huile de palme.

POURQUOI PEUT-ON AUSSI UTILISER LES GRAISSES D'OIE, DE CANARD, DE BŒUF ET DE COCHON ?

En Belgique, les frites sont traditionnellement cuites dans de la graisse de bœuf, alors que dans le sud-ouest de la France, elles peuvent l'être dans de la graisse de canard. Toutes les graisses animales ont un point de fumée assez élevé, ce qui permet de les utiliser facilement en cuisine ; mais surtout, elles ont beaucoup de saveurs : ne préférez-vous pas des pommes de terre revenues dans une bonne graisse d'oie ou de canard à celles frites dans une huile courante ?

SANTÉ !

POURQUOI A-T-ON ABANDONNÉ LE SAINDOUX DANS LA CUISINE QUOTIDIENNE ?

Le saindoux est la matière grasse qu'on obtient en chauffant le gras ou le lard du cochon. Autrefois, on utilisait le saindoux pour 2 raisons :
1°) il était moins cher que l'huile d'olive ou le beurre ;
2°) il se liquéfie entre 35 et 40 °C ; il se conserve donc facilement et pendant plusieurs mois dans des endroits frais.
Malheureusement, cette matière grasse contient un grand nombre d'acides gras saturés qui, consommés en grande quantité, sont à l'origine de nombreuses maladies cardiovasculaires.

LE POINT DE FUMÉE EN 2 QUESTIONS

1 POURQUOI PARLE-T-ON DE « POINT DE FUMÉE » POUR LES HUILES ?

C'est la température à partir de laquelle les huiles se décomposent et se dénaturent, développant des composés toxiques et un mauvais goût. Le point de fumée ne doit pas être dépassé ; c'est la température maximale à laquelle l'huile doit être soumise, sous risque de fiche votre plat en l'air.

LES POINTS DE FUMÉE DE QUELQUES HUILES OU GRAISSES COURANTES*

Huile de lin vierge
105 °C

Beurre
130 °C

Huile de noix vierge
160 °C

Saindoux
180 °C

Graisse de canard
190 °C

Huile de pépins de raisin
200 °C

Graisse de bœuf
200 °C

Huile d'olive vierge extra
200 °C

Huile d'olive vierge
215 °C

Huile d'arachide
220 °C

Huile de colza
220 °C

Huile de tournesol
230 °C

Huile de coco raffinée
230 °C

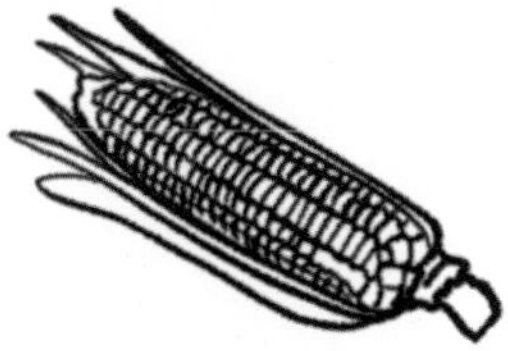
Huile de maïs raffinée
240 °C

Huile d'olive raffinée
240 °C

Beurre clarifié
250 °C

2 POURQUOI LES HUILES VIERGES ONT-ELLES UN POINT DE FUMÉE MOINS HAUT QUE LES HUILES RAFFINÉES ?

Les huiles vierges contiennent des micro-morceaux de noix, d'olive, etc. Ce sont ces micro-morceaux qui brûlent rapidement, dénaturent l'huile et provoquent de la fumée. Une huile raffinée a été nettoyée de ces micro-morceaux ; le point de fumée est donc plus élevé. C'est pour cette raison qu'il est préférable d'utiliser des huiles raffinées pour la cuisson, et des huiles vierges, plus savoureuses pour les assaisonnements.

* Ces températures peuvent varier de quelques degrés selon la qualité intrinsèque de chacune de ces huiles ou graisses.

HUILES ET AUTRES GRAS

POURQUOI UTILISONS-NOUS DE L'HUILE POUR CUIRE LES ALIMENTS ?

Vous savez que vous pouvez rentrer votre main sans problème dans un four à 180 °C, mais que vous ne pouvez pas la mettre dans l'huile de cuisson des frites, qui est pourtant à la même température ? L'explication, c'est que l'air transmet très mal la chaleur, alors que l'huile la transmet très bien. C'est la principale raison pour laquelle on ajoute de l'huile quand on cuit des aliments : elle accélère la transmission de la chaleur et donne une meilleure cuisson.

Sans huile, la chaleur pénètre peu dans les aspérités et la viande cuit moins rapidement.

L'huile chaude pénètre dans les aspérités de la viande et la cuit de façon homogène.

Dans une poêle, une sauteuse, une cocotte, etc., c'est la partie en contact avec la source de chaleur qui commence à cuire. Et même si la chaleur se propage ensuite à l'intérieur des aliments, la cuisson est irrégulière. C'est pourquoi il faut remuer de temps en temps. Lorsque vous ajoutez un peu d'huile, vous augmentez la surface de contact entre la source de chaleur et les aliments, permettant une cuisson beaucoup plus homogène, plus rapide et régulière.
Dans un four, l'huile va absorber la chaleur et la retransmettre beaucoup plus efficacement que l'air, accélérant ainsi la cuisson des aliments.

LE BON GESTE

POURQUOI EST-IL PRÉFÉRABLE DE METTRE L'HUILE SUR LES ALIMENTS PLUTÔT QUE DANS LE PLAT DE CUISSON ?

N'oubliez pas, les aliments sont majoritairement constitués d'eau. Vous faites le rapprochement ? Non ? J'explique.
On va le voir maintes fois, l'eau ne chauffe pas à plus de 100 °C, et tant que les aliments contiennent de l'eau, ils ne vont pas monter beaucoup plus haut en température que ces 100 °C, peut-être 110 voire 120 °C, mais pas plus. Si l'huile qui enrobe les aliments entre en contact avec le plat de cuisson, elle chauffe fortement tout en étant refroidie par les aliments, et donc elle ne brûle pas. Alors que si vous mettez l'huile directement dans le plat de cuisson, elle chauffe directement à la température du feu, elle peut facilement atteindre les 200 °C, voire plus, et donc potentiellement brûler…

L'huile déposée entre les aliments et la poêle ne brûle pas.

L'huile qui n'est pas recouverte par les aliments brûle.

LA FRITURES EN 4 QUESTIONS

1 POURQUOI LES ALIMENTS FRITS SONT-ILS SI BONS...

Quand on fait frire des aliments, l'eau contenue à la surface s'évapore presque immédiatement (ce sont les petites bulles qu'on voit remonter dans les friteuses) pendant que la chaleur pénètre et cuit l'intérieur. Simultanément, les sucres contenus dans les aliments caramélisent et développent beaucoup de saveurs. Du coup, on se retrouve avec deux textures différentes qui font le bonheur des petits et des grands : une surface sèche et croustillante, et un intérieur juteux et tendre.

2 ... ET TOUT PARTICULIÈREMENT LES BEIGNETS...

La cuisson en beignet est légèrement différente : pendant la friture d'un poisson ou d'un légume dans une pâte à beignet ou à tempura, la pâte joue le rôle d'isolant. L'extérieur de cette pâte sèche rapidement au contact de l'huile chaude et emprisonne l'humidité à l'intérieur. Le poisson ou le légume cuit dans une atmosphère très humide qui l'empêche de se dessécher.

3 ... ET LES TEMPURA ?

Là, on touche au summum des aliments frits : un enrobage tellement léger qu'il en devient aérien, tellement croustillant qu'il en est friable, des cuissons à la seconde pour des légumes ou des poissons al dente, pas d'huile qui coule... Le truc important pour faire un bon tempura, c'est la qualité de l'huile. Chaque chef japonais fait son propre mélange de différentes huiles et le garde secret. La base est généralement constituée d'huile de sésame et d'huile de coton, une huile très visqueuse qui n'adhère pratiquement pas aux aliments et qui donne des tempura très légers.

4 POURQUOI FAUT-IL DÉPOSER LES ALIMENTS JUSTE FRITS SUR DU PAPIER ABSORBANT ?

Le truc à faire pour avoir des fritures moins grasses, c'est de les déposer après cuisson sur 2 ou 3 couches de papier absorbant et de tapoter le dessus avec une autre feuille. De cette façon, vous retirez jusqu'à 80 % de l'huile. C'est nettement plus efficace que de la laisser s'écouler à travers une grille ou une passoire !

LE VINAIGRE BALSAMIQUE

Il est arrivé sur les tables des restaurants et dans nos cuisines comme s'il était un simple produit de consommation courante... Mais avez-vous déjà goûté un véritable Aceto Balsamico Tradizionale *?*

POURQUOI LE VINAIGRE BALSAMIQUE N'EST-IL PAS DU VINAIGRE ?

C'est qu'il n'a rien à voir avec du « vin aigre » : il n'est ni aigre ni acide, mais au contraire suave et légèrement sucré ! Alors quoi ?
Le balsamique doit être considéré comme un condiment plutôt que comme un vinaigre avec lequel il a peu de choses en commun : les vinaigres sont généralement fabriqués à partir d'alcool et de bactéries produisant des acides.
Ici, rien à voir : le vinaigre balsamique (vraiment ça m'écorche la bouche de dire « vinaigre » pour une beauté pareille !) est fabriqué dans le Nord de l'Italie, dans la région de Modène, à partir de moût de raisin (le jus + la peau et les pépins) cuit. On en trouve de différentes qualités allant du balsamique traditionnel qui a vieilli et fermenté au minimum 12 ans (et jusqu'à plus de 50 ans voire 100 ans pour certains !) dans des tonneaux de bois de différentes essences, jusqu'au simple vinaigre de vin épaissi au caramel dans lequel on a ajouté des saveurs pour lui donner du goût.

La mise en bouteille de l'Aceto Balsamico Tradizionale consiste à prélever une petite quantité du plus vieux vinaigre depuis le plus petit tonneau, puis à remplacer cette petite quantité par le même volume de vinaigre un peu moins vieux provenant du tonneau juste un peu plus grand, et ainsi de suite jusqu'au plus grand tonneau. Cette méthode permet de n'introduire qu'une faible quantité de vinaigre « plus jeune » à la fois d'un tonneau à l'autre.

POURQUOI LE VÉRITABLE VINAIGRE BALSAMIQUE EST-IL SI BON, SI RARE ET SI CHER ?

L'Aceto Balsamico Tradizionale : le véritable vinaigre balsamique, seul autorisé à porter cette appellation, est fabriqué à partir de grappes de raisin des cépages trebbiano ou lambrusco, pressées pour obtenir un moût de raisin qu'on fait ensuite bouillir entre 24 et 48 heures dans de grands chaudrons non couverts pour faire évaporer une partie de l'eau et concentrer le jus tout en gardant une certaine acidité. On fait ensuite maturer ce jus dans des tonneaux de bois, de différentes essences pour profiter de leurs tanins. Ces tonneaux sont conservés dans des greniers ouverts et profitent de hautes températures l'été et d'un froid glacial l'hiver. Pendant la maturation, une partie du vinaigre s'évapore naturellement. Puis on le transvase par petites quantités dans des tonneaux de plus en plus petits. Pour vous donner une idée, 150 kg de raisin vont donner plus ou moins 100 g de véritable vinaigre balsamique ! À la fin du processus, le vinaigre obtenu passe devant le consortium Aceto Balsamico Tradizionale, seul à pouvoir l'évaluer, à certifier sa qualité et à lui accorder le nom officiel de « *Aceto Balsamico Tradizionale* ». Plus que de vinaigre, on parle de condiment tellement l'acidité est douce, la rondeur présente, avec une grande richesse de saveurs et une longueur en bouche sans fin. Là, on est vraiment sur quelque chose d'exceptionnel, comme un très, très grand vin : quelques gouttes suffisent à donner des saveurs et des arômes à tout un plat. C'est un véritable délice sur des légumes grillés, un morceau de veau, du parmesan, ou encore des fraises ou de la glace à la vanille. Pour vous donner une idée de prix, on se situe entre 80 et 250 € les 10 cl, soit entre 800 et 2 500 € le litre.

Le Condimento Balsamico : c'est la qualité juste en dessous, un mélange de vinaigres balsamiques vieux additionnés de vinaigres balsamiques plus jeunes. C'est un produit encore assez épais et sucré, de très bonne qualité. Comme l'Aceto Balsamico Tradizionale, on le trouve principalement dans les épiceries fines. La fourchette de prix se situe entre 30 et 50 € les 250 cl, soit entre 120 et 200 € le litre.

L'Aceto Balsamico di Modena IGP : c'est un vinaigre de vin produit dans la région de Modène, mais dont les ingrédients peuvent provenir d'ailleurs. Le vinaigre de base est additionné d'une petite quantité de moût de raisin généralement concentré, de caramel pour le colorer, ainsi que d'autres substances. C'est un vinaigre classique assez moyen, décliné en 4 niveaux de qualité, le « 4 feuilles » étant le plus élevé. On le trouve en grande distribution pour des prix entre 10 et 15 € les 250 cl, soit entre 40 et 60 € le litre.

Le vinaigre balsamique : ce produit qu'on trouve principalement en grande distribution est un vulgaire mélange de différents vinaigres, de caramel, d'épaississants et d'édulcorants, quelques fois additionné de moût de raisin concentré. Aucun intérêt particulier ! Il est assez acide, sans saveurs notables. Préférez un autre vinaigre, de meilleure qualité, pour un prix équivalent… Les prix se situent entre 5 et 15 € les 250 cl, soit de 20 à 60 € le litre.

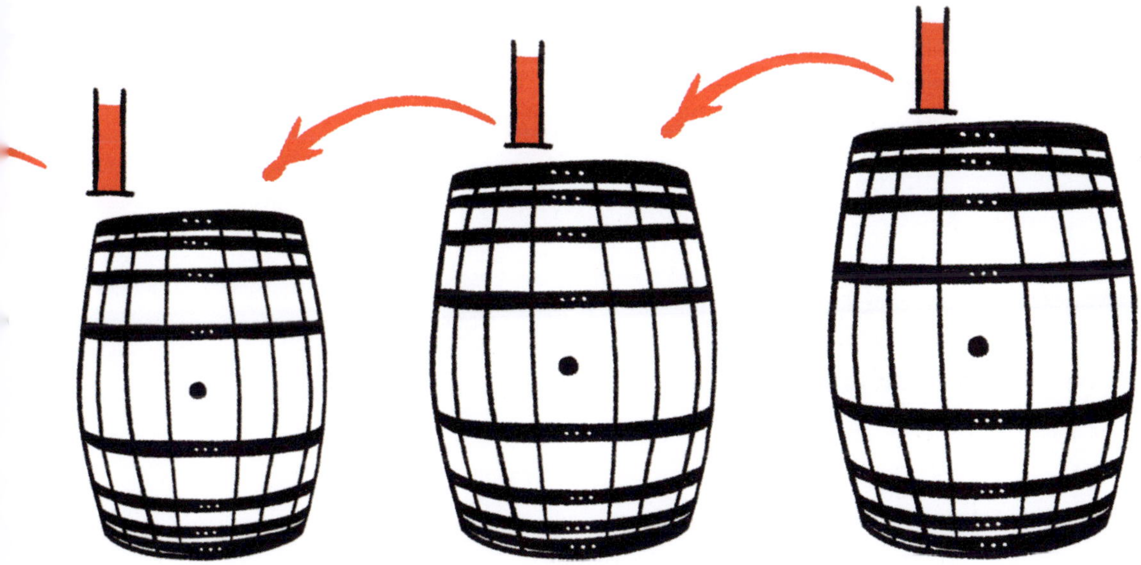

LES PLANTES AROMATIQUES

Basilic, persil, ciboulette, coriandre, thym, origan, estragon, laurier... Les plantes aromatiques parfument et donnent une âme aux plats qu'elles agrémentent. Tiens, la menthe aussi, d'ailleurs !

POURQUOI LES HERBES SÉCHÉES ONT-ELLES PEU DE GOÛT ?

Les saveurs et les arômes des herbes sont contenus dans de petites poches d'huile qui se trouvent dans ou sur la feuille. Lorsque la plante sèche, ces petites poches d'huile s'assèchent aussi et le goût disparaît rapidement. En général, ces herbes sentent la terre sèche. Évitez donc les herbes séchées dans des petites fioles en verre, elles n'ont aucun intérêt...

MAIS ALORS POURQUOI LE THYM, L'ORIGAN OU LE ROMARIN SÉCHÉS SONT-ILS BONS ?

C'est un peu différent pour les plantes ligneuses comme le thym, l'origan, le romarin ou le laurier. Ces plantes, habituées à vivre dans des conditions climatiques assez sèches, possèdent des molécules aromatiques qui sont enfouies dans l'épaisseur des feuilles plus dures que celles des plantes herbacées comme le basilic ou la ciboulette. Ces plantes supportent facilement les cuissons longues, et aussi d'être séchées pour être conservées plus longtemps. Mais sachez qu'après quelques semaines, ces plantes ligneuses séchées perdent quand même la majeure partie de leur saveurs et arômes.

Branche de thym

POURQUOI FAUT-IL CONSERVER LES HERBES FRAÎCHES DANS UN PAPIER ESSUIE-TOUT HUMIDE ?

Une fois coupées, les herbes fraîches ne sont plus approvisionnées en eau par leur tige ou leur tronc : elles s'assèchent rapidement et flétrissent. Le meilleur moyen de les conserver un peu, c'est de leur apporter de l'humidité en les enveloppant dans un papier absorbant légèrement humide placé dans une boîte fermée.

Herbe fraîche *Herbe décongelée*

POURQUOI LES HERBES SURGELÉES DEVIENNENT-ELLES TOUTES MOLLES ET PÂTEUSES UNE FOIS DÉCONGELÉES ?

On a tous oublié une bouteille de rosé au congélateur et récupéré un gros glaçon rose dans une bouteille cassée... En congelant, le volume du vin a augmenté et la bouteille en verre n'a pas résisté. Eh bien, lorsqu'on congèle des herbes aromatiques, il se produit exactement la même chose, mais au niveau moléculaire : le volume de l'eau contenue dans les herbes augmente et casse les cellules qui la retenaient. En décongelant, cette structure moléculaire n'a plus de tenue et ne retient plus l'eau. Résultat, un truc pâteux, pas présentable et avec un goût sans rapport avec les herbes fraîches.

CISELER LES HERBES AROMATIQUES EN 4 QUESTIONS

1 POURQUOI CISÈLE-T-ON SOUVENT LES HERBES AROMATIQUES...

Le goût des herbes et des plantes aromatiques se trouve dans l'épaisseur des feuilles, pas à la surface : si vous déposez une feuille de persil sur votre langue, vous sentirez peu son goût, mais si vous la mâchez, vous percevrez une explosion de saveurs. En ciselant les herbes, on permet au goût de se diffuser rapidement et uniformément.

2 ... MAIS PAS SYSTÉMATIQUEMENT ?

Au cours des cuissons longues (pot-au-feu, bœuf bourguignon, etc.), le transfert des saveurs des plantes doit se faire lentement, pendant plusieurs heures. Accélérer le processus de transfert en ciselant les feuilles n'apporte rien, sinon des morceaux qui se baladent dans la sauce ou dans le bouillon. Pour une cuisson lente, on ne cisèle pas !

3 ET POURQUOI FAUT-IL CISELER AU DERNIER MOMENT...

Quand on coupe les herbes, des réactions enzymatiques se produisent à l'endroit de la découpe, qui dénaturent les saveurs et la structure des feuilles. Les herbes ciselées perdent rapidement leur goût et flétrissent juste après avoir été coupées.

4 ... AVEC UN COUTEAU BIEN AIGUISÉ ?

Un couteau très bien aiguisé découpe sans écraser. Plus la découpe est nette, moins il y a de surface de coupe et moins il y a de réactions enzymatiques. Vous pouvez aussi couper les herbes avec une bonne paire de ciseaux, ça marche très bien tant que la coupe est franche. Ciseler c'est bien, mais avec un bon couteau c'est mieux...

POURQUOI FAUT-IL BIEN SÉCHER LES HERBES AVANT DE LES COUPER ?

Si les herbes sont humides au moment de la découpe, des réactions enzymatiques vont être favorisées. De plus, une partie des saveurs va se perdre dans cette eau qui s'évaporera à la cuisson, emportant une partie de leurs composés aromatiques. La lose !

POURQUOI FAUT-IL ÉVITER DE PASSER LES HERBES AU MIXEUR ?

Le mixeur va couper les herbes mais aussi les écraser et former une pâte. C'est exactement ce qu'il faut éviter parce que là, on obtient un nombre incroyable de réactions enzymatiques qui vont dénaturer leur goût originel. Coupez avec un couteau ou des ciseaux, fainéants !

LES PLANTES AROMATIQUES

LES BONS GESTES

POURQUOI FAUT-IL AJOUTER LES PLANTES LIGNEUSES EN DÉBUT DE CUISSON ET LES PLANTES HERBACÉES À LA FIN ?

L'ensemble des plantes aromatiques est composé de deux familles très différentes : les plantes ligneuses et les plantes herbacées.

Les ligneuses, comme le thym, le romarin, le laurier, etc. contiennent un tronc (le bois), et des feuilles épaisses et résistantes qui sont surtout nourries par le tronc. Le transfert des saveurs de ces feuilles épaisses se fait lentement. Elles supportent des cuissons longues ; on les ajoute donc en début de cuisson.

Les herbacées, comme le basilic, le persil, l'estragon, etc. contiennent des feuilles (ou des tiges pour la ciboulette) très fines, qui nourrissent la plante et qui ne supportent pas, ou très peu, la cuisson : leur structure moléculaire est très fragile et elles flétrissent rapidement, perdant immédiatement la majeure partie de leurs saveurs. On les ajoute donc en fin de cuisson.

MAIS ALORS, POURQUOI MET-ON DU PERSIL AU DÉBUT DE CERTAINES CUISSONS ALORS QUE C'EST UNE PLANTE HERBACÉE ?

C'est l'exception qui confirme la règle ! Dans les cuissons longues, ce ne sont pas les feuilles de persil qui sont importantes, mais les tiges ; ce sont elles qui donnent le goût. Ces tiges épaisses donnent le meilleur d'elles-mêmes au cours de cuissons qui durent plusieurs heures. On peut les ajouter en début de cuisson.

POURQUOI FAUT-IL RETIRER LA NERVURE CENTRALE DES FEUILLES DE LAURIER ?

Les saveurs du laurier se trouvent dans l'épaisseur de la feuille. En retirant la nervure centrale, vous permettez à la feuille de diffuser plus rapidement ses saveurs dans votre plat. C'est une méthode idéale si vous utilisez du laurier dans des cuissons assez courtes. Vous pouvez aussi la découper en lanières.

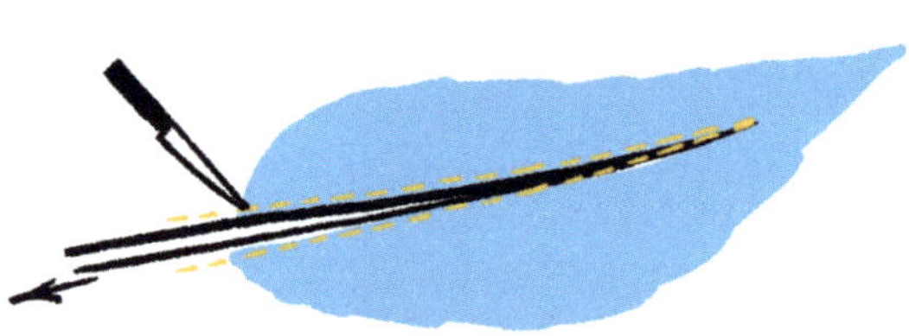

POURQUOI ENTOURE-T-ON LES BOUQUETS GARNIS DE VERT DE POIREAU ?

Les feuilles de poireau protègent le bouquet garni s'il est ballotté dans tous les sens. De cette façon, les petites feuilles de thym ne s'éparpillent pas ni ne troublent le bouillon. En plus, regrouper les aromates permet ensuite de les retirer facilement de la préparation.

POURQUOI FAUT-IL AJOUTER LES PLANTES AROMATIQUES AU DERNIER MOMENT DANS LES SAUCES ?

Si vous ajoutez vos herbes trop tôt, elles vont être recouvertes d'une fine pellicule de sauce. C'est cet enrobage de gras qui va vous empêcher de sentir tout le goût de vos plantes, même en mâchant. Ajoutez toujours vos herbes au dernier moment pour préserver leurs propriétés !

POURQUOI LES FEUILLES DE PERSIL SAUTENT-ELLES DANS LA POÊLE QUAND ON LES CHAUFFE ?

Ça c'est un truc marrant. Quand les feuilles de persil sont en contact avec une poêle brûlante, l'eau qu'elles contiennent se transforme *illico presto* en vapeur et explose dedans en les faisant sauter dans tous les sens. D'ailleurs on entend bien les petites explosions que ça fait. Tacatacatacatac !

MIAM !

POURQUOI PEUT-ON FRIRE LES PLANTES HERBACÉES ?

Alors ça, c'est vraiment délicieux ! Vous pouvez simplement frire les tiges entières avec leurs feuilles dans de l'huile chauffée à 180 °C : des réactions de Maillard vont se développer et les sucres contenus dans les feuilles vont caraméliser pour donner des saveurs délicieuses avec un très bon croustillant. Absolument dément avec des légumes sautés, une viande ou un poisson grillés !

AIL, OIGNON ET ÉCHALOTE

*Saviez-vous que l'ail noir n'est pas de l'ail brûlé ?
Que la façon de couper l'ail ou l'oignon influe sur son goût ?
Et qu'avec un bon couteau, émincer un oignon ne sera plus jamais une sinécure ?*

POURQUOI TROUVE-T-ON SOUVENT DES TÊTES D'AIL RASSEMBLÉES EN TRESSE ?

Il y a beaucoup de saveurs et d'arômes dans la partie basse de la tige d'ail. Lorsque l'ail est séché pendant 2 à 3 semaines avec une partie de sa tige, les saveurs et les arômes de cette tige vont se déplacer vers les gousses et les enrichir. C'est parce que les pays méditerranéens connaissent bien ce processus qu'on y trouve souvent de l'ail vendu en tresse.

NUANCES !

POURQUOI EXISTE-T-IL DE L'AIL BLANC, ROSE ET VIOLET ?

Ce sont des variétés d'ail qui arrivent à maturité à différents moments de l'année :
L'ail blanc est le plus commun, on le trouve frais et humide d'avril à juin, et sec de mai à juillet. Il se conserve ensuite plusieurs mois.
L'ail rose est un ail de printemps dont la couleur rose se dévoile une fois la première peau blanche retirée. C'est un ail délicieux disponible à partir de juillet.
L'ail violet est un ail de fin d'été et d'automne. Ses saveurs légèrement piquantes s'atténuent à la cuisson pour devenir légèrement sucrées.

Échalion

Oignon

Ail

POURQUOI CONFOND-ON LES ÉCHALIONS AVEC LES ÉCHALOTES ?

Les échalions ressemblent à de très grosses échalotes, mais ils n'ont qu'un seul caïeu, contre deux, voire trois pour l'échalote. En réalité, c'est un oignon allongé, plus doux que les échalotes. Il se déguste cru, coupé en tranches fines dans une salade, ou encore braisé dans un mélange de vinaigre balsamique et de vin rouge, comme en Italie.

POURQUOI ÉVITE-T-ON LES OIGNONS ROUGES EN CUISSON ?

Les pigments rouges contenus dans leurs fibres peuvent tourner au bleu-violet lorsqu'ils cuisent. Mieux vaut les consommer crus ou rapidement grillés.

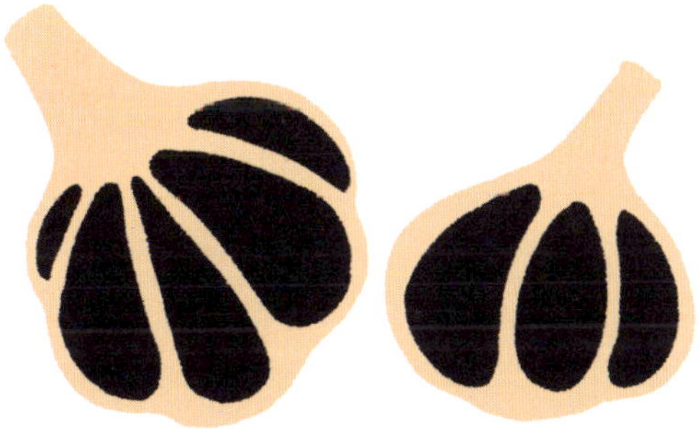

POURQUOI L'AIL NOIR EST-IL SI BON ?

L'ail noir est une spécialité de la côte est du Japon. Les têtes d'ail sont mises à maturer dans un environnement chaud (aux alentours de 70 °C), à 80 ou 90 % d'humidité, jusqu'à 90 jours pendant lesquels les gousses passent lentement du blanc nacré au noir charbon le plus profond. Cet ail développe des saveurs légèrement acidulées rappelant le très bon vinaigre balsamique, avec quelques notes de réglisse ou de prune. Il est très rare, cher et coûte de 7 à 10 € la tête, environ. N'hésitez pas à goûter ce pur délice si vous avez la chance d'en trouver.

CQFD !

POURQUOI LES OIGNONS DOUX SONT-ILS DOUX ?

Ces oignons contiennent plus de sucre que les autres variétés, jusqu'à 25 % de plus. Ils contiennent aussi moins de soufre, et qui dit moins de soufre, dit moins de réactions enzymatiques quand on les coupe, moins de transformations de saveurs, et donc moins de larmes au moment de la préparation...

POURQUOI UN OIGNON COGNÉ OU TOMBÉ S'ABÎME-T-IL AUSSI VITE ?

Sous ses airs robustes l'oignon est un grand fragile. Lorsqu'il est cogné un peu fortement, la structure de ses fibres est endommagée et des réactions enzymatiques commencent à se produire. Il se ramollit à l'endroit du choc, puis il pourrit petit à petit. Testez bien la fermeté de vos bulbes avant de les acheter, une partie molle est mauvais signe.

POURQUOI MON AIL PEUT-IL DEVENIR BLEU-VERT ?

Lorsque des gousses d'ail sont écrasées ou coupées très finement, il se passe des réactions enzymatiques. Eh bien, on a découvert récemment que dans certaines gousses pas très jeunes, il peut aussi se passer deux réactions enzymatiques simultanément et sans rapport entre elles qui, si elles interagissent, modifient la couleur de la gousse d'ail. Pas d'inquiétude, cet ail coloré n'est en aucun cas dangereux. C'est même une spécialité chinoise dégustée pour le Nouvel An.

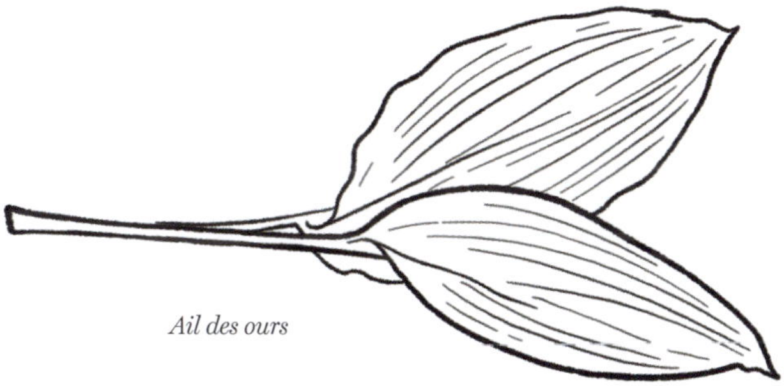

Ail des ours

POURQUOI TROUVE-T-ON RAREMENT DE L'AIL DES OURS ?

Parce que c'est un produit sauvage et saisonnier. L'ail des ours tire son nom d'une légende qui voudrait que les ours s'en délectent en sortant de leur hibernation. Il pousse dans les sous-bois frais et ombragés à partir de février. Tout se mange dans la plante : les feuilles, mais aussi le bulbe (même s'il est coriace) et la fleur. C'est au tout début du printemps que la plante est à son top, juste avant la floraison de mars-avril. Les feuilles fines et tendres dégagent des saveurs légères et délicates d'ail, avec des notes sucrées, légèrement piquantes. C'est un pur délice qui ravit tous les gastronomes. Si vous en trouvez, coupez les feuilles à la base en évitant d'arracher le bulbe pour qu'une nouvelle plante pousse l'année suivante.

AIL, OIGNON ET ÉCHALOTE

ÉMINCER LES OIGNONS EN 3 QUESTIONS

1 POURQUOI LES OIGNONS FONT-ILS PLEURER QUAND ON LES COUPE ?

Les oignons contiennent en différentes endroits de leurs cellules du soufre et des enzymes qui, lorsqu'ils rentrent en contact développent du sulfate d'allyle dont la composition est proche de celle du gaz lacrymogène. Vous voyez un peu la puissance de la réaction enzymatique ? Ce gaz remonte dans le nez jusqu'aux yeux, qui se mettent à couler et à pleurer pour se nettoyer et se protéger. Et là, gros souci : le sulfate d'allyle se transforme en acide sulfurique au contact de l'eau. Donc plus l'œil se protège, plus il fabrique d'acide sulfurique et plus il coule, plus il fabrique d'acide, etc. Ça ne se termine que lorsque les oignons ne produisent plus assez de gaz pour créer de l'acide sulfurique.

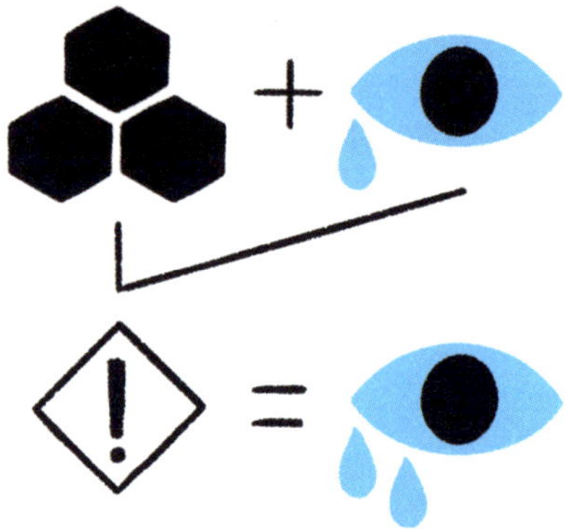

Le sulfate d'allyle fait pleurer, et l'eau des larmes le transforme en acide sulfurique qui fait encore plus pleurer…

2 MAIS POURQUOI L'ÉTAT DU COUTEAU DIMINUE OU AUGMENTE-T-IL LES RÉACTIONS ENZYMATIQUES ?

Plus la lame de votre couteau est affûtée, plus la coupe est nette, moins la découpe détruit de cellules et moins il y a de réactions enzymatiques, donc de gaz irritant. En revanche, si vous utilisez une lame mal affûtée ou pire, dentelée, vous déchirez un maximum de cellules et créez un maximum de gaz. Donc la première chose à faire lorsqu'on émince des oignons, c'est d'utiliser un couteau extrêmement affûté. Généralement, ça suffit pour ne pas pleurer.

3 ET POURQUOI UN OIGNON COUPÉ ET PLACÉ TOUT DE SUITE SOUS L'EAU COURANTE NE ME FAIT-IL PAS PLEURER ?

Au lieu de se transformer en acide sulfurique au contact des larmes, le gaz se transforme en acide sulfurique au contact de l'eau et s'écoule avec elle. Et c'est encore plus efficace si vous utilisez de l'eau chaude. Chaude, pas brûlante, hein !
Oh ! J'en entends quelques-uns qui disent que l'oignon va perdre de ses saveurs et de sa texture sous l'eau… Oui, ils ont raison. Mais pour cela, il faudrait laisser les rondelles d'oignon sous l'eau pendant plusieurs minutes. Et vous êtes bien plus rapides pour les découper en rondelles, non ? Sinon, il reste la possibilité de mettre l'oignon au congélateur 30 minutes avant de l'éplucher, mais c'est moins efficace… ou encore la technique radicale des lunettes de piscine. Ça marche très bien aussi…

LE POURQUOI DU COMMENT

POURQUOI LA DÉCOUPE DES GOUSSES D'AIL INFLUE-T-ELLE DIRECTEMENT SUR LEUR GOÛT...

Lorsqu'on coupe des gousses d'ail, une réaction enzymatique se produit dans les cellules, juste au niveau de la coupe, produisant de l'allicine, un liquide incolore et piquant. Selon la façon dont sont coupées les gousses, les réactions enzymatiques et les saveurs de l'ail sont plus ou moins fortes.

Si l'ail est...

... coupé avec un couteau très affûté, le nombre de réactions enzymatiques reste limité et l'ail garde des saveurs douces, même s'il cuit doucement et longuement.

... écrasé sous la lame d'un couteau, le nombre de cellules endommagées reste assez faible mais l'ail développera des saveurs un peu plus puissantes que s'il est simplement coupé.

... écrasé avec un presse-ail, un grand nombre de cellules sont écrasées et les saveurs seront plus piquantes. Attention à la cuisson, car l'ail pressé devient vite âcre !

... écrasé au mortier, plus de cellules encore sont écrasées et les saveurs monteront encore en intensité pour devenir âcres et amères si l'ail est cuit trop fort.

... réduit en purée, toutes les cellules sont détruites provocant beaucoup de réactions enzymatiques qui donneront des saveurs très puissantes, voire gênantes.

... TOUT COMME CELLE DES OIGNONS...

Comme pour l'ail, la découpe des oignons a une grande importance sur leurs réactions enzymatiques et donc sur leurs saveurs. Les oignons sont composés de cellules légèrement ovales qui pointent vers les extrémités (la pointe et les racines).

Si l'oignon est...

... coupé dans le sens des extrémités, donc dans le sens des cellules, celles-ci sont moins souvent coupées ; elles produisent moins de réactions enzymatiques et donneront des saveurs douces. Les morceaux auront plus de tenue à la cuisson, qui sera d'ailleurs plus homogène.

... coupé perpendiculairement aux extrémités, donc en travers des cellules, celles-ci sont plus souvent coupées ; elles produisent plus de réactions enzymatiques et donneront des saveurs plus fortes. Les morceaux auront une tenue hétérogène : plus ferme à l'extérieur et flasque au centre.

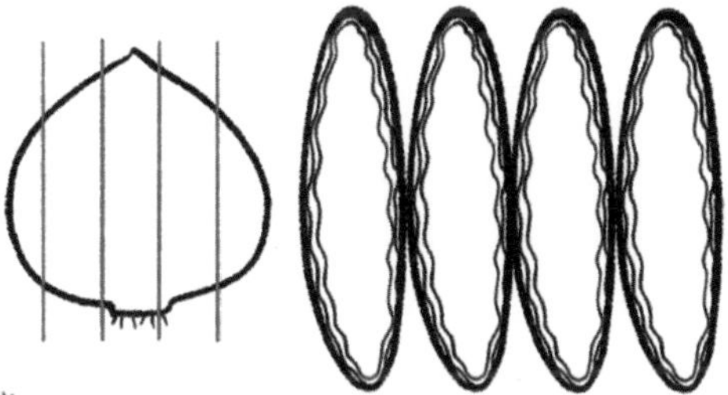

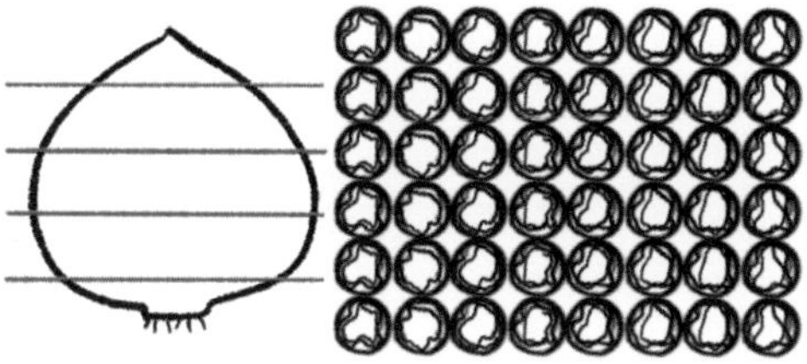

... coupé en gros cubes, vous provoquez beaucoup de réactions enzymatiques ; le goût sera assez marqué et la texture sera très molle après cuisson.

... coupé en petits cubes, vous provoquez un maximum de réactions enzymatiques ; les saveurs seront très relevées et les morceaux seront spongieux après cuisson.

... ET DES ÉCHALOTES AUSSI ?

On est exactement dans la même problématique que pour les oignons : lorsque l'échalote est coupée parallèlement à ses extrémités, on obtient des saveurs douces et de la tenue à la cuisson ; alors que coupée dans l'autre sens, ses saveurs ont plus soutenues et sa tenue laisse à désirer.

AIL, OIGNON ET ÉCHALOTE

MAIS ALORS, POURQUOI PEUT-ON FAIRE DE LA PURÉE D'AIL DÉLICIEUSE ?

Ah, mais pour faire de la purée (ou crème) d'ail on n'écrase pas de l'ail cru, et c'est ce qui fait toute la différence !

1°) Pour faire de la purée d'ail, on fait confire des gousses non épluchées dans de l'huile, à feu très doux, pendant 30 à 40 minutes.

2°) On passe le tout à travers un chinois pour récupérer l'huile – qui nous servira à arroser un beau gigot d'agneau, par exemple.

3°) On écrase l'ail à travers le même chinois. Ça marche aussi très bien si on fait cuire les gousses dans du lait.

4°) On récupère la purée qui sera un accompagnement parfait pour une viande blanche ou simplement posée sur des toasts. Ainsi préparé, l'ail est très doux.

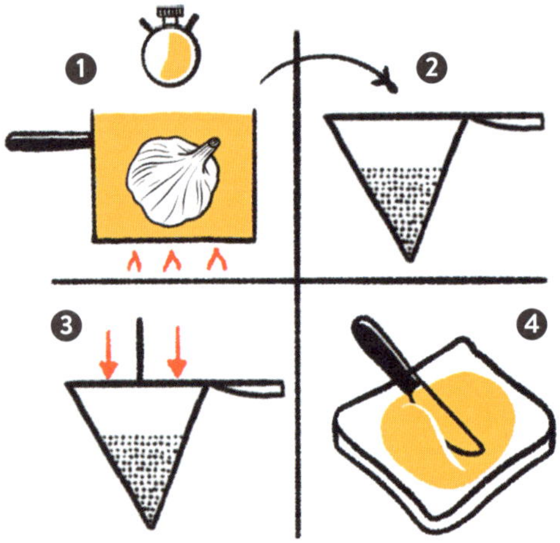

LE VRAI DU FAUX

POURQUOI DIT-ON SOUVENT DE RETIRER LE GERME DES GOUSSES D'AIL POUR MIEUX LES DIGÉRER ?

En fait, ça n'affecte en rien la digestion, mais le germe est amer et contient plus de composés soufrés que le reste de la gousse. Laisser le germe apporte de l'amertume et contribue à la mauvaise haleine. Donc oui, il vaut mieux le retirer, mais pas pour mieux digérer… Ça, c'est une légende.

POURQUOI BRÛLE-T-ON LÉGÈREMENT DES DEMI-OIGNONS AVANT DE LES AJOUTER À DES BOUILLONS DE VIANDE ?

La partie dorée ou légèrement brûlée va se diluer dans le liquide, apportant une couleur brune et appétissante au bouillon de viande. J'ai dit légèrement brûlé, hein, pas carbonisé ! S'il est trop brûlé, l'oignon apporte de l'amertume en plus d'une couleur noirâtre désagréable.

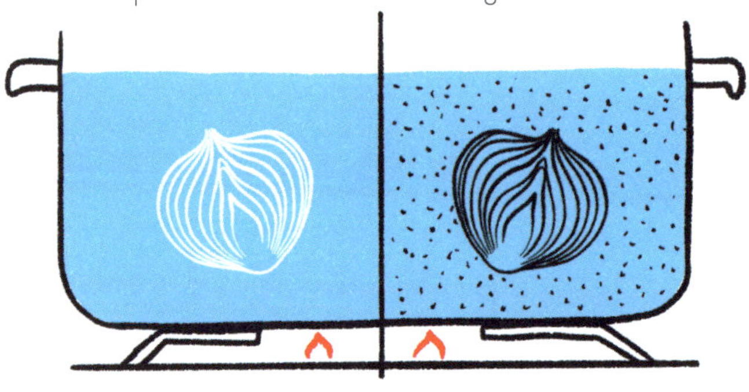

POURQUOI A-T-ON MAUVAISE HALEINE APRÈS AVOIR MANGÉ DE L'AIL ?

L'allicine contenue dans l'ail est en partie composée de soufre. C'est ce soufre qui donne mauvaise haleine quand on croque dans de l'ail cru ou pendant la digestion. La seule façon de se libérer de cette mauvaise haleine, c'est de manger ou boire quelque chose qui s'associera avec l'allicine pour former de nouvelles molécules inodores.

Et là, il y a pléthore de possibilités dans les fruits et légumes crus : pomme, raisin, kiwi, champignon, salade, basilic, menthe, etc. Les jus de fruits, un verre de lait ou un yaourt marchent aussi très bien. Et hop, ni vu ni connu…

POURQUOI FAUT-IL ÉVITER DE BRÛLER L'AIL QUAND ON LE CUIT ?

L'ail ne supporte pas les cuissons à forte température car il contient beaucoup de fructose, un sucre qu'on trouve également dans le miel ; il sèche, brûle rapidement et finit par devenir amer et âcre. Longuement cuit dans une sauce comme la sauce à la bolognaise, par exemple, ce n'est pas un problème, car la préparation contient de l'eau, et la température ne monte pas vraiment au-dessus de 100 °C, du coup, l'ail ne brûle pas.

MIAM !

MAIS ALORS POURQUOI LES GOUSSES D'AIL ENTIÈRES PEUVENT-ELLES CONFIRE SOUS MON POULET QUI RÔTIT ?

La peau qui enveloppe les gousses agit comme une protection et un isolant : elle empêche une grande partie de la chaleur de passer à travers. Même si votre four est à 180 °C, vos gousses vont cuire à une température bien inférieure et confire doucement.

« Ce qui est surprenant avec l'ail confit, c'est qu'il est très doux et sucré. Un vrai bonbon... »

L'AÏOLI EN 2 QUESTIONS

1 POURQUOI LE VÉRITABLE AÏOLI NE COMPORTE-T-IL QUE DE L'AIL ET DE L'HUILE D'OLIVE ?

Le mot « aïoli » vient du catalan « *ail i oli* » (ail et huile d'olive). Et on ne parle bien que d'ail et d'huile d'olive parce que dans le véritable aïoli, il n'y a rien d'autre ! Pas de jaune d'œuf, sinon c'est une mayonnaise avec de l'ail, pas de pomme de terre ni de mie de pain, et encore moins de moutarde, malheureux !

2 POURQUOI L'AÏOLI DEVIENT-IL CONSISTANT ALORS QU'IL N'Y A QUE DE L'AIL ET DE L'HUILE ?

Parce que l'aïoli est une émulsion, exactement comme la mayonnaise, qui est une émulsion d'huile et d'eau contenue dans le jaune d'œuf (voir LES SAUCES).

Pour l'aïoli, on écrase l'ail, qui contient près de 90 % d'eau, dans un mortier jusqu'à l'obtention d'une purée très fine **(1)**, puis on ajoute l'huile goutte à goutte jusqu'à ce que l'émulsion soit stable **(2)**, avant de l'incorporer en plus grosse quantité. C'est une sauce très difficile à réaliser, même par des cuisiniers expérimentés. Et c'est sans doute la raison pour laquelle on la trouve souvent additionnée de jaune d'œuf, de pomme de terre ou encore de pain de mie, pour faciliter sa réalisation. Mais les saveurs sont alors très différentes du véritable aïoli.

L'aïoli se monte comme une mayonnaise, avec de l'ail à la place du jaune d'œuf.

LES PIMENTS

Ça pique sans piquants, ça brûle sans chauffer,
ça fait moucher et pleurer, et en plus, on aime ça... Ah, les piments !

POURQUOI LES PIMENTS PIQUENT-ILS ?

La force du piquant des piments tient principalement à une molécule qui leur sert de système de défense : la capsaïcine. Plus le piment contient de capsaïcine, plus il est piquant, mais ce piquant n'a ni odeur ni goût, c'est uniquement un ressenti, une sensation.
Attention, tous les piments ne piquent pas de la même façon ! Certains sont très doux voire légèrement sucrés, comme les poivrons, d'autres vraiment piquants, à la limite du supportable, comme le piment habanero des Antilles, même pour les amateurs les plus endurcis.
En 1912, Wilbur Scoville a mis au point l'échelle de Scoville, dont on utilise une version simplifiée en cuisine, pour mesurer la force des piments, de 1 à 10.

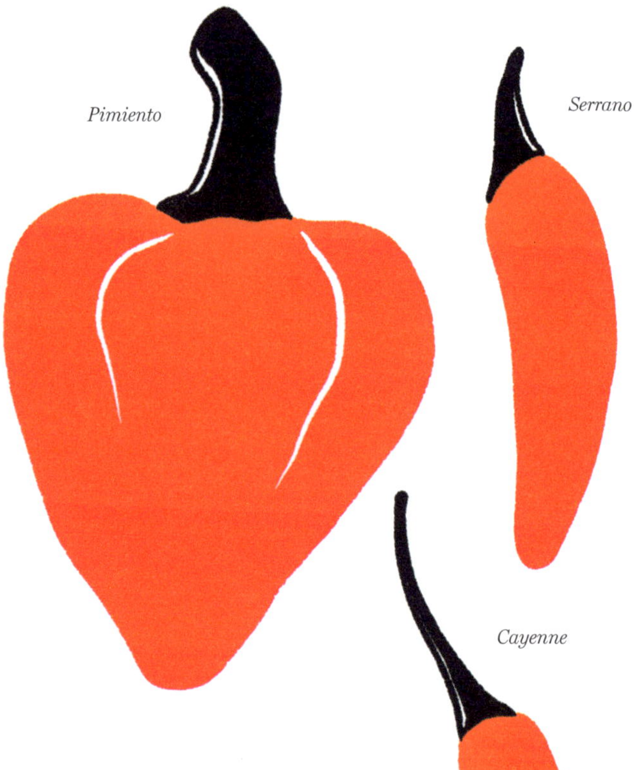

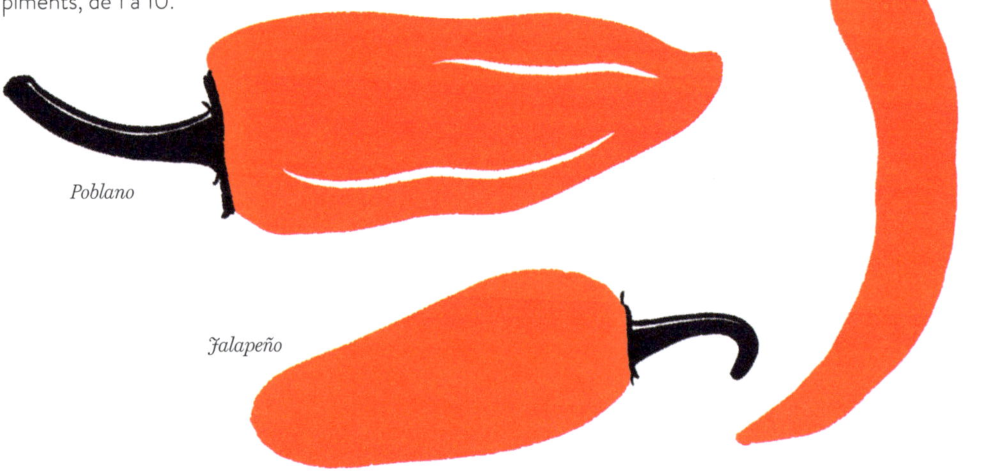

ÉTONNANT !

POURQUOI DIT-ON QUE « LES PIMENTS SONT BRÛLANTS » ?

Autant vous le dire tout de suite : le piquant des piments n'est pas « brûlant » du tout ! Notre corps est juste abusé, c'est tout. Bon, j'explique, parce que c'est technique et un peu surprenant…
Dans la bouche, nous avons des neurones qui sont normalement utilisés pour la détection des températures élevées et qui s'activent autour des 42 °C, quand la nourriture commence à être très chaude. Mais la capsaïcine les induit en erreur, et nos capteurs envoient au cerveau des informations de chaleur et de douleur, alors que la température dans la bouche n'a pas évolué d'un degré.
D'ailleurs, c'est assez marrant de constater que ces mêmes capteurs se font aussi avoir par quelques gouttes de menthol en nous envoyant des messages de froid dans la bouche…

POURQUOI CERTAINS PIMENTS PIQUENT-ILS PLUS LONGTEMPS QUE D'AUTRES ?

On vient de voir que la capsaïcine est responsable de la sensation de brûlure des piments. Mais, dans la même famille de molécules, d'autres capsaïcinoïdes provoquent aussi une sensation de piquant : la dihydrocapsaïcine, l'homodihydrocapsaïcine, la norhydrocapsaïcisine ou l'homocapsaïcine (ça fait sérieux, hein ?). Ces molécules ont des effets qui durent plus ou moins longtemps. Selon la façon dont elles les composent, certains piments piquent plus longtemps que d'autres.

LES PIMENTS

POURQUOI MANGE-T-ON SURTOUT DES PLATS PIMENTÉS DANS LES PAYS CHAUDS ?

Les piments ont un fort pouvoir antibactérien et antiseptique. Leur utilisation sous les climats chauds permettait, lorsque les réfrigérateurs n'existaient pas, de conserver plus longtemps la nourriture et plus particulièrement les viandes.

POURQUOI FAUT-IL AJOUTER LES PIMENTS PETIT À PETIT DANS LES PLATS ?

Une fois que les piments sont dans un plat, il n'y a pas de rattrapage possible, c'est trop tard ! La seule façon d'atténuer la force du piquant, c'est de diluer la préparation en ajoutant de l'eau, des yaourts, des légumes, du poisson, de la viande, ou d'augmenter la quantité de tous les autres ingrédients pour que le piment se trouve en plus faible proportion.
La meilleure solution, c'est d'ajouter les piments petit à petit et de vérifier la force du plat au fur et à mesure.

LE VRAI DU FAUX

POURQUOI MANGE-T-ON-DES PIMENTS ALORS QUE « ÇA FAIT DES TROUS DANS L'ESTOMAC » ?

Alors là, désolé de vous contredire, mais manger des piments piquants, voire même très, très piquants, ne fait aucun trou dans l'estomac. Ça, c'est une idée reçue totalement fausse. Des scientifiques américains ont injecté différentes préparations à base de piments directement dans les estomacs de volontaires et filmé avec des caméras pour voir les effets. Et là, rien, *nada*, aucun effet !
Ce qui provoque les lésions les plus fortes dans l'estomac, c'est le vinaigre ou les repas pris avec de l'aspirine ! Surprenant, non ?

POURQUOI AIME-T-ON LE PIQUANT DES PIMENTS ?

Parce qu'on est un peu masochiste et qu'on y trouve du plaisir... J'exagère à peine. Après des stimuli douloureux, le corps libère des endorphines qui ont de fortes capacités analgésiques, assez proches des opiacés, et qui procurent des sensations de bien-être, voire même d'euphorie. Cette recherche d'endorphine est très présente chez de nombreuses personnes qui pratiquent des sports d'endurance comme le jogging, la natation, le cardio-training...

POURQUOI LES PIMENTS NOUS FONT-ILS TRANSPIRER, PLEURER ET COULER DU NEZ ?

C'est parce que notre cerveau croit que notre corps est en train de trop chauffer. Il amorce des mécanismes de protection : transpiration pour faire descendre la température du corps (comme quand on fait du sport), nez qui coule et larmes pour chasser des produits irritants (comme quand on est asphyxié par des gaz irritants).

POURQUOI NE FAUT-IL PAS SE TOUCHER LES YEUX OU LES LÈVRES APRÈS AVOIR MANIPULÉ DES PIMENTS ?

Le même type de capteurs de chaleur se trouvent aussi partout sur le corps : on en a près des yeux, du nez, etc. Ces capteurs aussi vont être induits en erreur, nous faire pleurer ou faire couler notre nez. Après avoir touché des piments, lavez-vous soigneusement les mains avec du savon.

POURQUOI DIT-ON QU'IL FAUT RETIRER LES GRAINES POUR QUE LES PIMENTS SOIENT MOINS PIQUANTS ?

On dit que le piquant se trouve dans les graines, mais ce n'est pas exact : la capsaïcine se trouve aux 9/10e dans le placenta, la petite peau blanchâtre située au cœur du piment. En raison de leur proximité avec cette petite peau, quelques graines peuvent absorber une infime partie de capsaïcine et devenir légèrement piquantes. La confusion vient aussi du fait qu'en retirant les graines, on gratte le placenta et donc une part importante de son piquant.

POURQUOI BOIRE DE L'EAU NE DIMINUE PAS LE PIQUANT SUR LA LANGUE ?

Lorsqu'on mange des piments, la capsaïcine s'attache aux neurones de notre bouche, sensibles à la chaleur. Le problème, c'est qu'elle ne se dissout pas dans l'eau. Vous pouvez en boire des litres, ça ne changera strictement rien au piquant.

MAIS ALORS POURQUOI ÇA MARCHE AVEC LE LAIT ET LES YAOURTS ?

Là, c'est beaucoup plus efficace parce que certaines protéines et matières grasses du lait vont absorber et détacher la capsaïcine. Comme elle ne sera plus en contact avec vos récepteurs, vous ne ressentirez plus que faiblement le piquant. Mais ça prend quand même quelques minutes pour agir efficacement.

LE LAIT ET LA CRÈME

Le lait et la crème nous ramènent à l'enfance, au premier aliment de la vie, aux vacances à la campagne, aux pots à lait renversés... Rien à voir avec le rayon frais du supermarché, quoi...

BON À SAVOIR

POURQUOI TROUVE-T-ON AUTANT DE LAITS DIFFÉRENTS DANS LE COMMERCE ?

Mais parce qu'il en faut pour tous les goûts et qu'il y aussi des impératifs sanitaires, de transport et de conservation. Il faut distinguer les particularités intrinsèques du lait de celles de son traitement pour la conservation. Ces différences concernent le lait de vache, mais aussi celui de chèvre ou de brebis.

LES QUALITÉS DU LAIT

Le lait cru est celui qui a le plus de goût, et celui qui contient le plus de crème. Il n'a pas été chauffé et sa durée de conservation est de 3 jours après embouteillage. Son goût puissant et son gras épais (entre 3,5 et 5 % de matières grasses) pourraient surprendre les non-initiés.
Sa consommation n'est d'ailleurs pas recommandée aux jeunes enfants, aux femmes enceintes et aux personnes âgées pour des raisons sanitaires.

Le lait entier est celui qui remplace le plus facilement le lait cru parce qu'il contient encore de la crème, avec un taux minimal de matières grasses de 3,5 %. Lorsqu'il est pasteurisé ou traité UHT (voir ci-contre), on l'écrème préalablement, puis on lui remet la crème dans l'exacte quantité désirée. C'est le lait à utiliser en cuisine pour profiter de ses saveurs.

Le lait demi-écrémé contient deux fois moins de crème que le lait entier, il a donc aussi moins de saveurs. Et comme pour le lait entier, lorsqu'il est traité, on lui retire la crème préalablement puis on la lui remet pour obtenir entre 1,5 et 1,8 % de matières grasses. On peut encore l'utiliser en cuisine, même s'il a beaucoup moins de goût que le lait entier.

Le lait écrémé ne reçoit aucune crème après traitement. C'est un lait sans aucun intérêt, sans goût, plus liquide que les autres et qu'on n'utilise généralement pas en cuisine. Son taux de matières grasses est inférieur à 0,5 %.

Le lait concentré est un lait dont on a fait évaporer 60 % de l'eau qu'il contenait. Il a une texture crémeuse avec des saveurs de caramel. Il peut être entier, demi-écrémé ou écrémé.

Le lait en poudre est un lait dont a retiré toute l'eau qu'il contenait. Sa durée de conservation est longue, jusqu'à 1 an. Lui aussi peut être entier, demi-écrémé ou écrémé.

Les laits enrichis sont des laits auxquels on a ajouté des vitamines et/ou des minéraux (calcium, magnésium, fer, etc.). Ils sont principalement destinés aux enfants, aux femmes enceintes et aux personnes âgées.

LES TRAITEMENTS DU LAIT

En dehors du lait cru, quel que soit le traitement, tous les laits peuvent être entiers, demi-écrémés ou écrémés.

Le lait cru ne reçoit aucun traitement. On vient de le voir, c'est un lait qui se conserve très peu de temps.

Le lait micro-filtré est d'abord écrémé puis filtré à travers des membranes assez fines pour retenir les bactéries et micro-organismes indésirables. De son côté, la crème est pasteurisée puis réintégrée au lait dont les qualités gustatives sont proches du lait cru.

Le lait thermisé est chauffé entre 57 et 68 °C pendant environ 15 secondes pour tuer certains germes pathogènes. C'est un lait qu'on ne trouve pas dans le commerce, car il est destiné aux fromageries qui n'utilisent pas de lait cru.

Le lait pasteurisé est chauffé plus fort, entre 72 et 85 °C pendant environ 20 secondes, pour tuer 99,9 % des microbes dangereux du lait cru. Le traitement calorifique détruit une quantité importante des saveurs ainsi que sa texture.

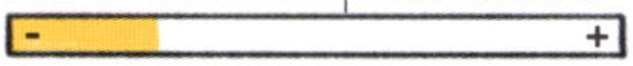

Le lait UHT (pour Ultra Haute Température) est chauffé quelques secondes entre 140 et 155 °C avant d'être rapidement refroidi, en quelques secondes encore. C'est un lait stérile, mais « mort », sans saveur et sans aucun intérêt en cuisine.

« Quant au kéfir, c'est un lait fermenté, légèrement gazeux et contenant moins de 1 % d'alcool, préparé à base de lait de brebis, de vache ou de chèvre… »

ATTENTION !

POURQUOI LES « LAITS VÉGÉTAUX » NE SONT-ILS PAS DES LAITS…

Mettons les pieds dans le plat : les « laits végétaux » n'existent pas ! C'est une appellation frauduleuse d'industriels, utilisée pour vendre des produits qui ressemblent à du lait mais qui n'en sont pas. En fait, ces « laits végétaux » sont composés d'eau et de jus de graines auxquels on ajoute des ingrédients pour leur donner une couleur blanche rappelant celle du lait. Dans la même veine, il n'existe pas non plus de « yaourt de soja », ni de « fromage ou de beurre végétal ». Ça peut être bon, mais ce n'est en aucun cas du yaourt, ni du fromage, ni du beurre… Quelques exceptions ont été autorisées en 2010 (même si on devrait rapidement revenir dessus), et le seul qui soit légalement autorisé à porter le nom de « lait » est le lait de coco. Ne vous faites pas avoir par ces fausses appellations…

… ET LE LAIT RIBOT, PAS TOUT À FAIT UN LAIT ?

Vous ne connaissez pas le lait ribot ? Quel dommage ! C'est un lait fermenté qui ressemble au kéfir de nos amis moyen-orientaux, et dont la fabrication remonte à nos ancêtres les Gaulois. Pour obtenir du lait ribot, on fait comme pour les yaourts, mais avec d'autres souches de bactéries : on récupère le petit-lait blanchâtre qui se forme lors du barattage de la crème pour la fabrication du beurre. On ensemence ce liquide avec des bactéries pour le faire fermenter. Le liquide devient légèrement grumeleux – mais plus liquide que des yaourts à boire – et prend des saveurs acidulées. Ce n'est donc pas un véritable « lait », mais il n'en reste pas moins délicieux à boire.

LE LAIT ET LA CRÈME

SANTÉ !

POURQUOI NE FAUT-IL PAS BOIRE LE LAIT À LA SORTIE DU PIS ?

Le lait cru contient beaucoup de microbes parce que c'est un produit d'origine animale d'une part, mais aussi parce que lorsque la vache est traite, des microbes présents sur son pis peuvent contaminer le lait.

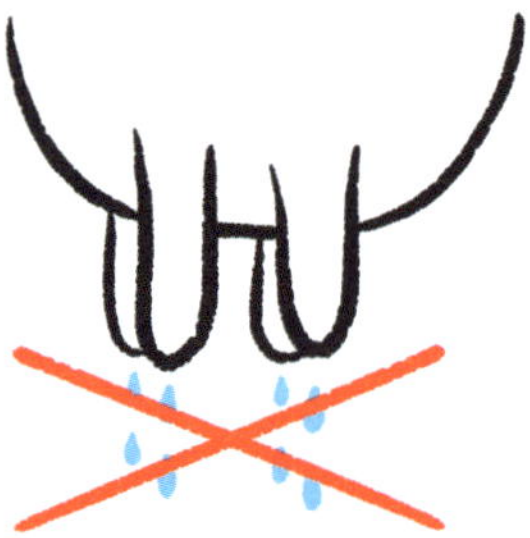

TRUC DE PRO

POURQUOI LES PÂTISSIERS ET LES CUISINIERS PRÉFÈRENT-ILS TRAVAILLER LE LAIT CRU ?

Le lait cru a beaucoup plus de saveurs que les autres laits parce qu'il n'a pas été chauffé. Et puis, il est plus crémeux parce qu'il est entier. C'est un lait très riche.

MAIS POURQUOI LE FROMAGE FAIT AVEC DU LAIT CRU N'EST-IL PAS MAUVAIS DU TOUT ?

Parce que les méchants microbes sont tués naturellement pendant la période de l'affinage. Au final, il ne reste que les bons et gentils microbes, les bonnes bactéries et les bons champignons, tout ce qu'il faut pour faire un fromage savoureux...

POURQUOI LE LAIT DE VACHE EST-IL MOINS DIGESTE QUE LE LAIT MATERNEL ?

Le lait de vache contient 3 à 4 fois plus de protéines que le lait maternel. L'organisme d'un bébé n'est pas conçu pour gérer ni éliminer une telle quantité de protéines. Résultat : ces protéines coagulent dans l'univers acide de l'estomac, ralentissant la digestion et puis une flore microbienne dite « de putréfaction » se développe alors dans le côlon, provoquant de l'inconfort pour le bébé.

POURQUOI LE LAIT PEUT-IL ÊTRE DIFFICILE À DIGÉRER LORSQU'ON VIEILLIT ?

Le lait contient un sucre, le lactose. C'est lui qui peut poser problème parce que, pour bien le digérer, il faut une enzyme spéciale, la lactase. Et cette enzyme, présente dans l'organisme des enfants, disparaît normalement après l'âge de 4 ou 5 ans. Pourtant, une mutation génétique apparue il y a 10 000 ans sur certaines populations leur permet de consommer du lait sans problème : plus de 80 % de la population nord-européenne et nord-américaine consomme du lait, alors qu'en Asie du Sud-Est, en Afrique ou en Amérique du Sud, la population est très intolérante.

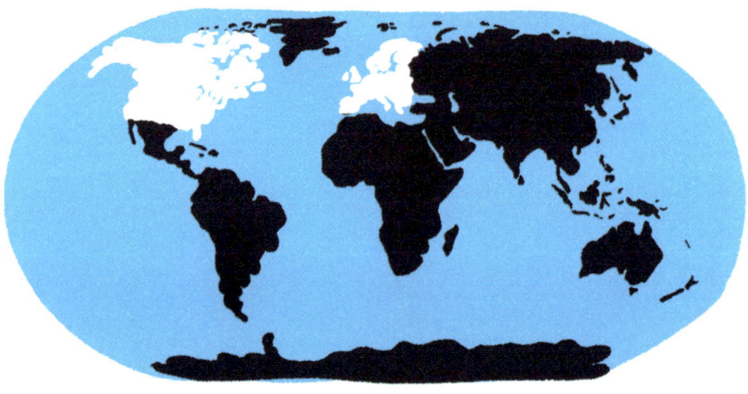

Suite à une mutation génétique, une partie de la population mondiale adulte est devenue intolérante au lait.

LA PEAU DU LAIT EN 3 QUESTIONS

❶ POURQUOI UNE PEAU SE FORME-T-ELLE QUAND LE LAIT CHAUFFE ?

Le lait est constitué à 85 % d'eau. Le reste, ce sont des protéines, des sucres, des lipides, etc. Quand le lait chauffe et atteint 70 à 80 °C, les protéines s'agglutinent et remontent à la surface, formant une espèce de peau.

❷ POURQUOI LE LAIT DÉBORDE-T-IL QUAND IL BOUT ?

La peau qui s'est formée en surface retient les molécules de matières grasses qui remontent aussi sous l'effet de la chaleur. L'ensemble épaissit et quand le lait atteint 70-80 °C, les bulles de vapeur se trouvent bloquées par la peau épaisse, faisant tout remonter jusqu'à ce que l'ensemble déborde. Pour éviter cela, il faut retirer la peau au fur et à mesure ou placer une cuillère en bois en biais dans la casserole ; elle retiendra la peau et laissera les bulles de vapeur remonter par les bords.

Le lait chauffe. Une peau composée de protéines coagulées et de matières grasses se forme en surface.

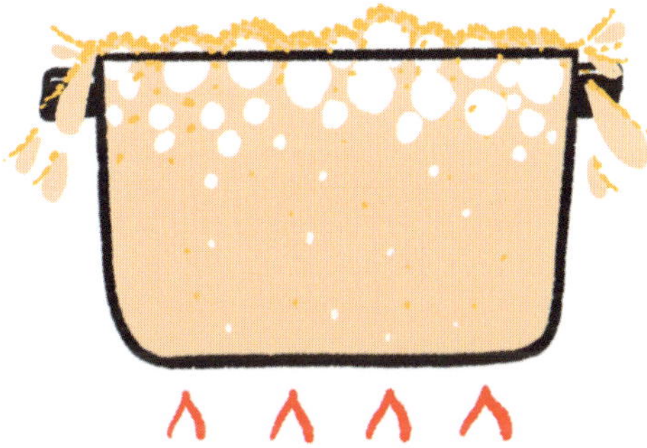

Le lait bout. Les bulles de vapeur montent et soulèvent la peau qui les bloque. Ça déborde...

❸ ET POURQUOI FAUT-IL METTRE UN COUVERCLE SUR LA CASSEROLE APRÈS AVOIR FAIT BOUILLIR LE LAIT ?

Une fois que votre lait a bien chauffé (sans former de peau puisque vous l'avez remué pendant la cuisson, et sans déborder), couvrez-le afin que le couvercle retienne la vapeur et que le lait ne se dessèche pas. Sinon, il formera une peau, malgré tous vos efforts.

La vapeur monte dans le couvercle puis retombe dans le lait, et lui évite de se dessécher.

LE LAIT ET LA CRÈME

BON À SAVOIR

POURQUOI TROUVE-T-ON AUTANT DE CRÈMES DIFFÉRENTES DANS LE COMMERCE ?

Toutes ces crèmes ont des particularités propres : teneur en matières grasses, fluidité, saveurs, etc. En dehors de la crème fraîche crue, toutes les crèmes sont obtenues en passant le lait, après pasteurisation, dans une centrifugeuse qui sépare le lait du gras qu'il contient. On se retrouve avec le lait écrémé d'un côté et la crème de l'autre. Ensuite, et selon sa destination, cette crème est diluée avec différentes quantités de lait écrémé. Pour qu'une crème ne caille pas à la cuisson, elle doit contenir au moins 25 % de matières grasses.

LES QUALITÉS DE LA CRÈME

La crème fraîche crue liquide est récoltée par écrémage du lait cru lorsqu'elle est remontée à la surface. Elle contient entre 30 et 40 % de matières grasses et s'utilise plutôt crue pour profiter de ses saveurs, même si elle supporte très bien la cuisson.

\- +

La crème fraîche crue épaisse est une crème fraîche crue qui a épaissi grâce à l'introduction de ferments lactiques. Elle aussi contient de 30 à 40 % de matières grasses et s'utilise plutôt crue ou en fin de cuisson pour donner des saveurs et de la rondeur aux sauces.

\- +

La crème fleurette, qu'on appelle aussi « fleur de lait », est elle aussi récupérée à la surface du lait, mais elle est pasteurisée. C'est une crème de qualité qui peut être fouettée et qui supporte aussi très bien la cuisson grâce à son taux de 35 % de matières grasses.

\- +

La crème liquide est une crème fleurette qui a été stérilisée. Cette opération lui a fait perdre une partie de ses saveurs. Contenant moins de matières grasses que la crème fleurette (moins de 20 %), elle risque de cailler à la cuisson.

\- +

La crème fraîche épaisse est obtenue en ajoutant des ferments lactiques à la crème liquide avant de la laisser épaissir et développer des notes acidulées. Elle aussi supporte très bien la cuisson. Elle existe en AOP Isigny et Bresse.

\- +

La crème double est une crème fraîche épaisse qui contient jusqu'à 60 % de matières grasses. C'est une crème très savoureuse et qui convient parfaitement pour les cuissons. On la trouve généralement dans les pays anglo-saxons, mais rarement en France.

\- +

Les crèmes légères ou allégées sont des crèmes auxquelles on a retiré une grande partie du gras et donc du goût, mais dans lesquelles on a rajouté des épaississants. Elles supportent peu la cuisson. Bref, elles sont sans intérêt en cuisine.

\- +

La crème aigre s'utilise principalement crue car elle ne contient pas assez de matières grasses, entre 15 et 20 %. C'est une crème assez acidulée connue sous le nom de *sour cream* dans les pays anglo-saxons.

\- +

LES TRAITEMENTS DE LA CRÈME

Les crèmes fraîches crues liquide et épaisse ne reçoivent aucun traitement. Elles doivent être consommées très rapidement, dans les 2 ou 3 jours après la mise en pot, et ont beaucoup de texture et de saveurs.

La crème pasteurisée a subi une stérilisation plus basse que pour le lait, entre 115 et 120 °C, mais pendant plus longtemps, entre 15 et 20 minutes. Elle est moins texturée et peu goûteuse.

La crème UHT, stérilisées à Ultra Haute Température, n'a plus aucun intérêt gastronomique, même si elle se conserve à température ambiante avant ouverture.

MIAM !

POURQUOI TROUVE-T-ON RAREMENT DE LA CRÈME CRUE ?

On récupère cette crème de façon artisanale en écrémant le lait cru. C'est une crème de très grande qualité qui n'est ni pasteurisée ni stérilisée et qui ne se conserve que quelques jours. On en trouve dans les crèmeries ou à la ferme.

BOF !

POURQUOI FAUT-IL ÉVITER DE CHAUFFER LA CRÈME ALLÉGÉE OU LA CRÈME LIQUIDE ?

La raison, c'est qu'elles contiennent peu de gras (normal, elles sont allégées), ce qui augmente le risque de faire cailler la caséine qu'elles contiennent en chauffant ou en les mettant au contact d'aliments acides. Prenez des crèmes entières pour préparer vos sauces, le résultat n'en sera que meilleur !

MAIS POURQUOI PEUT-ON QUAND MÊME EN UTILISER ?

Pfff...Franchement, c'est pas top ces trucs allégés sans saveurs et sans consistance naturelle. Les industriels sont obligés de les épaissir pour leur donner de la tenue, sinon, elles sont liquides comme du lait. Ce n'est pas vraiment mauvais pour la santé, alors si vous ne pouvez pas faire autrement...

LE LAIT ET LA CRÈME

LE POURQUOI DU COMMENT

POURQUOI POUVONS-NOUS FAIRE NOTRE BEURRE NOUS-MÊMES AVEC DE LA CRÈME ?

Une crème riche en matières grasses fouettée longuement finit pas former des grains... de beurre. Pour faire votre propre beurre :
1°) battez de la crème liquide à 30 % de matières grasses au minimum au batteur ou au blender pendant 10 à 15 minutes, jusqu'à ce qu'elle se sépare en deux : d'un côté, une sorte de pâte jaunâtre (le beurre) et au fond, un liquide blanc (le babeurre, qui signifie le « bas du beurre ») ;
2°) passez tout ça à travers une passoire pour récupérer le beurre et rincez sous l'eau ;
3°) malaxez quelques minutes pour donner de l'onctuosité, en ajoutant du sel ou pas ;
4°) conservez ce beurre maison pendant une semaine au réfrigérateur et frimez devant vos amis au prochain repas ;-)

POURQUOI LA CRÈME ANGLAISE VENDUE EN BOUTEILLE OU EN BRIQUE N'EST-ELLE PAS VRAIMENT DE LA CRÈME ANGLAISE ?

La vraie recette de la crème anglaise contient 16 jaunes d'œufs par litre de lait (je sais, c'est beaucoup) mais pas de vanille, qu'on se le dise ! Ce qu'on trouve sous le nom de « crème anglaise » en brique ou en bouteille, c'est une quantité beaucoup plus faible de jaunes d'œufs par litre de lait et de la vanille sous forme d'arôme. Donc rien à voir avec de la véritable crème anglaise !

LE BON GESTE

POURQUOI PEUT-ON RATTRAPER UNE CRÈME ANGLAISE QUI A GRUMELÉ ?

La crème anglaise est formée de tout petits grumeaux invisibles à l'œil nu. Mais si vous la laissez cuire trop longtemps, les petits grumeaux grossissent et deviennent de gros grumeaux. Pas de panique ! Il suffit de mettre votre crème grumelée dans une bouteille et de la secouer pour casser ces gros grumeaux qui redeviendront si petits que vous ne les verrez plus à l'œil nu.

LA CRÈME CHANTILLY EN 3 QUESTIONS

1 POURQUOI FAUT-IL UTILISER DE LA CRÈME FLEURETTE POUR MONTER UNE CHANTILLY…

Commençons par le commencement : qu'est-ce que c'est, la crème Chantilly ? C'est une crème dans laquelle on introduit de l'air pour en faire une mousse, et un pur délice pour les petits et grands enfants que nous sommes.
Le truc, c'est que pour que l'air reste bien enfermé dans la crème, il faut qu'il y ait du gras. Sans gras, pas de mousse qui tienne parce que ce sont ces molécules de gras qui emprisonnent les bulles d'air et gardent la mousse compacte. Comme notre belle crème fleurette contient plus de 35 % de matières grasses, et que c'est la plus savoureuse, c'est la crème parfaite !

2 … ET PAS DE LA CRÈME FRAÎCHE ÉPAISSE QUI CONTIENT POURTANT DES MATIÈRES GRASSES ?

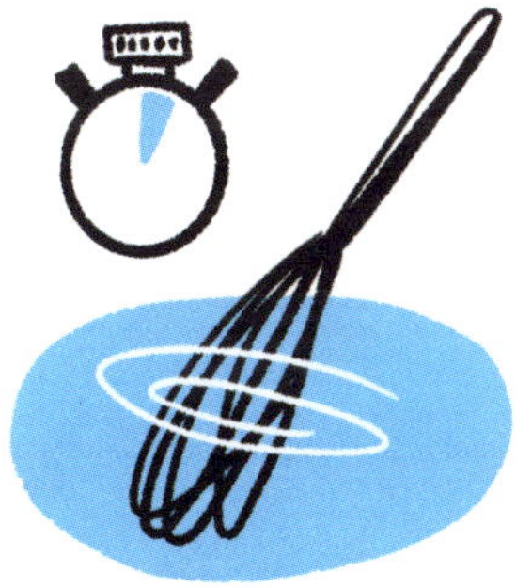

Eh bien, c'est justement parce qu'elle est épaisse, trop épaisse pour laisser rentrer de l'air à l'intérieur et faire monter la crème comme des blancs en neige. Vous pouvez battre cette crème épaisse comme un malade, elle se liquéfiera un peu mais ne montera pas comme une crème fleurette. Rien à faire…

3 POURQUOI FAUT-IL QUE LA CRÈME ELLE-MÊME ET TOUS LES USTENSILES SOIENT BIEN FROIDS ?

C'est un peu technique, mais c'est simple à comprendre avec un exemple : lorsque du beurre est au réfrigérateur, il est dur ; alors qu'à température ambiante, il est tout mou.
Pour la crème, il se passe exactement la même chose à cause de la matière grasse qu'elle contient : au réfrigérateur, cette matière grasse est ferme ; alors qu'à température ambiante, elle est molle. Le problème, c'est que lorsque cette matière grasse est molle, elle ne peut plus enfermer les bulles d'air, et la chantilly ne monte pas. Et puis, pendant son élaboration, tout s'échauffe un peu…
Donc, on met tous les ustensiles au réfrigérateur pendant 1 ou 2 heures avant de monter la crème pour qu'ils soient tous bien froids ! Vous pouvez aussi mettre le récipient sur un lit de glaçons, le résultat n'en sera que plus réussi…

POURQUOI LES BOMBES DE CHANTILLY DU COMMERCE NE PORTENT-ELLES PAS LE NOM DE « CHANTILLY » ?

Mais parce que ce n'est pas de la chantilly, pardi ! Dans ces bombes, vous avez de la crème stérilisée UHT (sans aucun goût, donc), à laquelle on a ajouté un émulsifiant pour diminuer la quantité de crème, mais augmenter son volume. Et pour faire foisonner tout ça, on ajoute un gaz qui est généralement du protoxyde d'azote. C'est la raison pour laquelle il n'y a rien à « mâcher » ; il n'y a pratiquement que de l'air et peu de matière. D'ailleurs vous remarquerez que ces bombes ne sont même pas vendues au rayon frais, mais avec les laits UHT, à température ambiante.
Rien à voir avec la vraie chantilly, mais bon, ces crèmes font le bonheur des petits enfants qui adorent pousser sur le bouton et voir la crème sortir.
On peut quand même leur faire plaisir de temps en temps, non ?

LE BEURRE

Doux, salé, tendre, de vache ou pas, à tartiner ou à mettre dans les épinards... le beurre gagne à être reconnu.

LA COULEUR DU BEURRE EN 3 QUESTIONS

1 POURQUOI OBTIENT-ON DU BEURRE JAUNE AVEC DU LAIT BLANC ?

La couleur du beurre est donnée par un colorant naturel jaune-orangé, le carotène. Ce pigment, qu'on retrouve aussi dans les carottes, se trouve en grande quantité dans l'herbe fraîche dont se repaissent nos belles vaches, et donc dans le lait. En fait, le lait est jaunâtre, mais comme il réfléchit la lumière, on le voit blanc ; le beurre, lui, ne réfléchit que très peu la lumière, ce qui nous permet de percevoir sa vraie couleur, jaune.

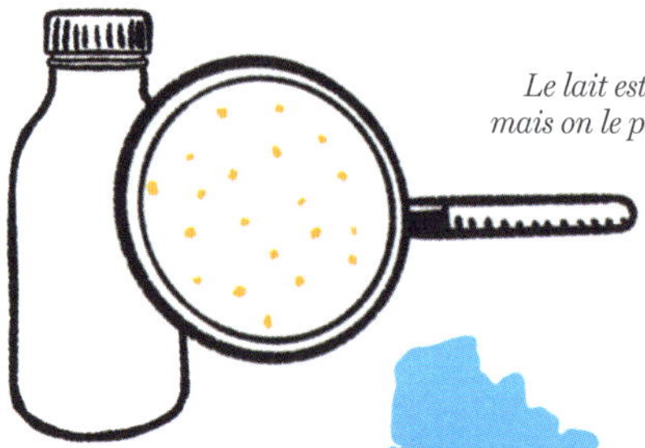

Le lait est jaunâtre mais on le perçoit blanc.

2 POURQUOI LA COULEUR DU BEURRE VARIE -T-ELLE SELON SON ORIGINE GÉOGRAPHIQUE...

Si la région dans laquelle les vaches broutent est soumise à des pluies régulières (comme la Normandie ou la Bretagne, par exemple), elles vont manger une herbe grasse et donner un beurre bien jaune. Mais si leurs pâturages sont souvent secs ou qu'on leur donne du foin par manque de bonne herbe, la couleur du beurre sera très claire et son goût moins savoureux.

3 ... ET LA SAISON ?

Au printemps, l'herbe est grasse et contient de nombreuses petites fleurs qui donnent beaucoup de goût au lait puis au beurre ; on a donc un beurre bien jaune, pouvant même légèrement virer à l'orange clair. En hiver, l'herbe est moins riche, contient moins de carotène ; le beurre est alors plus clair, pouvant même aller jusqu'au blanc. Mais attention, pour que la couleur du beurre ne varie pas trop d'une saison à l'autre, les industriels ajoutent du bêtacarotène à leur beurre d'hiver !

NUANCES !

POURQUOI LE GOÛT DU BEURRE CHANGE-T-IL AUSSI SELON LA SAISON ?

Si la vache est au pâturage toute l'année, la qualité de l'herbe va directement influer sur les saveurs du beurre : riche, fleurie et grasse au printemps, plus sèche mais fleurie en été et à nouveau grasse mais peu fleurie en automne, et essentiellement du fourrage en hiver. On se retrouve donc avec des beurres aux saveurs différentes selon la saison.

POURQUOI LE BEURRE DE BARATTE A-T-IL PLUS DE SAVEURS ?

Lorsqu'on baratte la crème récupérée dans le lait, il se forme des boulettes de beurre. On récupère ces boulettes, on les nettoie et puis on les malaxe avant de saler et de former des plaques de beurre.
Pour le beurre courant, la crème employée est généralement pasteurisée et surgelée, et le barattage est réalisé industriellement en formant les boulettes de beurre en moins d'une seconde ! Alors que pour le beurre de baratte, on utilise de la crème crue, juste réfrigérée, et le barattage dure 1 à 2 heures. Puis les boulettes sont malaxées plus ou moins longtemps selon l'alimentation dont ont bénéficié les vaches, et développent des saveurs et des arômes bien plus complexes et délicieux.

POURQUOI NE TROUVE-T-ON PAS DE BEURRE DE CHÈVRE OU DE BREBIS ?

En France, ce n'est quasiment qu'en magasin bio. On trouve du beurre de chèvre surtout dans les pays anglo-saxons et du beurre de brebis assez couramment en Grèce. Le beurre à base de lait de chèvre est plus prononcé que celui à base de lait de vache alors que celui que nous donne le lait de brebis est assez doux et crémeux. N'hésitez pas à les goûter !

POURQUOI SALE-T-ON CERTAINS BEURRES ?

Oh là... On sale avec un sel de qualité les beurres de qualité, pas le tout-venant ! Quand on sale ce beurre de qualité, on dit qu'on le fait « pleurer ». Et c'est exactement ce qui se passe : le sel absorbe l'eau contenue dans le beurre. L'eau s'évapore ensuite plus rapidement et on obtient un beurre plus dense, avec des qualités gustatives et une plus grande richesse de saveurs. Quand il n'y avait pas de réfrigérateurs ou de conservateurs, saler le beurre permettait aussi de le conserver plus longtemps.

POURQUOI SENT-ON LES CRISTAUX DE SEL DANS CERTAINS BEURRES SALÉS ET PAS DANS D'AUTRES ?

Les beurres sont salés au sel fin, mais si on souhaite obtenir ce petit croustillant qui excite nos papilles, on peut aussi ajouter quelques cristaux de sel qui ne se dissoudront pas pendant la conservation du beurre.
Ce beurre avec cristaux est généralement plus cher que le beurre simplement salé, mais tellement meilleur...

LE BEURRE

POURQUOI LE BEURRE EST-IL TOUJOURS FERMÉ HERMÉTIQUEMENT ?

Avez-vous remarqué que le beurre est toujours enveloppé dans un papier épais ou à base d'aluminium, quand ce n'est pas carrément dans une petite boîte ? La raison est simple : le beurre est un véritable aspirateur à saveurs et son goût s'altère en quelques minutes si vous le laissez à l'air libre, même au réfrigérateur. D'ailleurs, les parfumeurs d'antan se servaient de graisse raffinée pour capter les molécules odorantes de nombreuses fleurs.

ATTENTION, C'EST TECHNIQUE !

POURQUOI LE BEURRE MOU QU'ON TROUVE DANS LE COMMERCE N'EST-IL PAS « TRAFIQUÉ », COMME ON POURRAIT LE CROIRE ?

Ne criez pas au scandale, pas de panique ! Les industriels n'ajoutent aucun composé chimique pour garder ce beurre tendre même au réfrigérateur. Le principe utilisé se nomme « cristallisation fractionnée » et consiste à faire fondre le beurre, puis à le refroidir lentement.
Au cours du refroidissement, tout le beurre fondu ne fige pas à la même vitesse : une partie durcit plus vite que l'autre. On prélève alors celle restée souple, on la malaxe à nouveau et on la remet en forme. Elle restera tendre même à 4 ou 5 °C, la température de conservation, mais ses saveurs ne seront pas aussi riches...

TRUCS DE CHEF

POURQUOI FAUT-IL AJOUTER UN PEU DE BOUILLON QUAND ON FAIT DORER DES ALIMENTS AU BEURRE ?

Le beurre brûle quand sa température dépasse les 130 °C (voir ci-contre).
Le meilleur moyen pour éviter qu'il monte aussi haut est d'y ajouter un peu de bouillon : celui-ci va bloquer la température aux alentours du maximum que l'eau contenue dans le bouillon peut atteindre, c'est-à-dire 100 °C. Ça, c'est un truc de grands chefs... qu'ils veulent garder secret ;-)

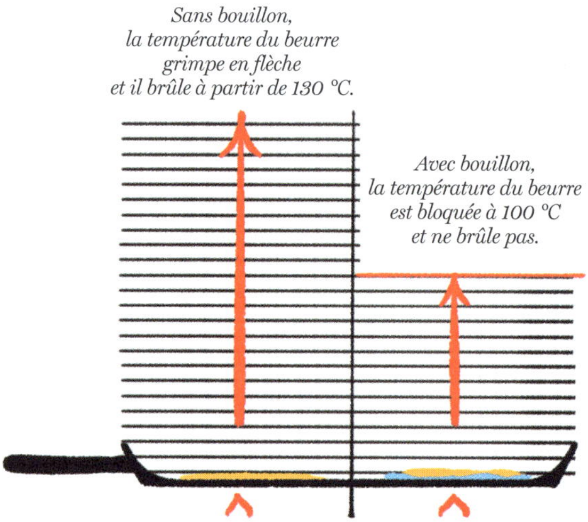

POURQUOI LE BEURRE NOIR N'EST-IL PAS DU BEURRE BRÛLÉ ?

La raie au beurre noir est le parfait exemple de l'utilisation du beurre noir. Mais pas de panique, le chef n'est pas en train de vous empoisonner avec du beurre brûlé ! Le beurre noir est préparé avec du beurre noisette dans lequel on ajoute du vinaigre et, quelquefois, des câpres.

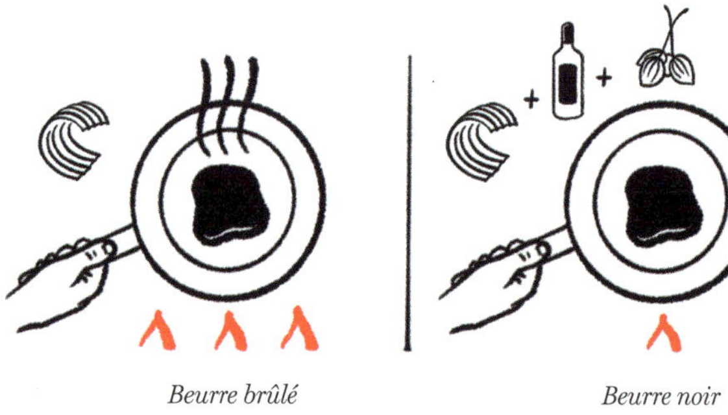

LA CUISSON DU BEURRE EN 4 QUESTIONS

1 POURQUOI LE BEURRE BRÛLE-T-IL...

Le beurre contient à peu près 80 % de matières grasses, 16 % d'eau et 4 % de protéines.
Lorsque vous chauffez du beurre, l'eau qu'il contient maintient la température aux alentours de 100 °C, au maximum.
Mais, pendant l'évaporation de cette eau, la température augmente rapidement. Les protéines et le lactose commencent à brunir, c'est le fameux « beurre noisette ».
Puis elles brûlent et là, c'est foutu : il devient âcre avec un goût de brûlé.

Le beurre fond à la chaleur, son eau s'évapore, ensuite il devient noisette, et enfin il brûle.

2 ... MÊME SI ON LE MÉLANGE À DE L'HUILE ?

Contrairement à une idée répandue, chauffer du beurre dans de l'huile ne l'empêche pas de brûler. Il brunit toujours aux alentours de 130 °C, et brûle si la température augmente. Simplement, comme le beurre est dilué dans l'huile, on perçoit moins la couleur brune, mais le goût âcre est bien présent. Pour vérifier, il suffit de mettre ce mélange beurre-huile chauffé trop fort dans un verre pour observer le beurre noir et brûlé.

3 MAIS ALORS POURQUOI LE BEURRE CLARIFIÉ NE BRÛLE-T-IL PAS ?

Une fois qu'on a retiré ce qui brûle à des températures pas très élevées, c'est-à-dire les protéines et le lactose, on se retrouve avec un corps gras qui réagit comme une huile, avec un point de fumée (à ne pas dépasser) à 250 °C.
Vous pouvez même y faire des frites !
1°) Faites fondre le beurre au bain-marie.
2°) Retirez les particules en suspension.
3°) Passez le beurre fondu à travers une étamine en prenant soin de ne pas verser le petit-lait blanchâtre qui est au fond.
Laissez refroidir et conservez au frais.

4 POURQUOI EST-CE SI BON DE TERMINER LA CUISSON DES VIANDES SAUTÉES OU RÔTIES EN AJOUTANT DU BEURRE ?

Le beurre offre des saveurs que les huiles n'ont pas. En ajoutant du beurre en fin de cuisson, vous évitez qu'il brûle et vous apportez des notes de beurre noisette. Généralement on ajoute des aromates en même temps, et on arrose la viande pendant les 4 ou 5 dernières minutes de cuisson pour créer des sucs délicieux.

LES FROMAGES

Vous ne trouvez pas incroyable qu'on puisse faire autant de fromages différents à partir d'un seul et même ingrédient, le lait ?

POURQUOI DES FROMAGES VENANT D'UNE MÊME VALLÉE N'ONT-ILS PAS FORCÉMENT LES MÊMES SAVEURS ?

Les deux côtés d'une même vallée ne sont pas orientés de la même façon. L'un peut être plus ensoleillé que l'autre ; y pousseront une herbe et des plantes différentes, qui donneront un lait avec des qualités différentes et donc un fromage aux saveurs... différentes.

POURQUOI Y A-T-IL DES SAISONS POUR LES FROMAGES ?

Si la plupart des animaux « fromagers » produisent du lait tout au long de l'année, la brebis, elle, n'en donne qu'entre décembre et juillet.
De plus, certaines caractéristiques du lait sont différentes selon les saisons : au printemps, nos chèvres, vaches, etc. gambadent dans des champs recouverts d'une herbe grasse et de qualité, qui donne aussi un lait de qualité. Et avec un lait de qualité, on fait un fromage... de qualité.
Donc si on a du bon lait entre mars et juillet (et jusqu'à septembre pour les animaux de montagne), il faut tenir compte du temps d'affinage pour savoir quand est la meilleure saison.
Par exemple, le cabécou sera délicieux d'avril à août, alors que le saint-nectaire le sera entre septembre et octobre, parce que l'affinage est plus long.

LE POURQUOI DU COMMENT

POURQUOI Y A-T-IL DES FROMAGES À PÂTE MOLLE ET D'AUTRES À PÂTE PRESSÉE, PLUS FERME ?

Les fromages sont faits à partir de lait que l'on fait cailler pour le faire coaguler et le raffermir. Pendant ce caillage, on laisse l'eau s'écouler naturellement pour les fromages à pâte molle. Mais, pour leurs cousins, les fromages à pâte pressée (comme le reblochon, le saint-nectaire, le comté, le beaufort, etc.), on presse la pâte pour évacuer l'eau et tout le petit lait au moment du moulage, avant de passer à l'affinage. Les fromages à pâte molle sont onctueux et fondants, alors que les fromages à pâte pressée ont une texture à la fois ferme et souple.

POURQUOI CERTAINS VÉGÉTARIENS NE MANGENT-ILS PAS DE FROMAGE ?

Le fromage est composé de lait qu'on fait coaguler avec de la présure, qui est généralement d'origine animale : on l'extrait du 4e estomac (l'abomasum, appelé aussi « caillette ») des jeunes ruminants non sevrés, habituellement des veaux. Et comme il y a ce produit d'origine animale dans les fromages, certains végétariens n'en mangent pas. Aujourd'hui, on sait faire des fromages avec des coagulants d'origine végétale qui répondent aux critères des végétariens.

POURQUOI SALE-T-ON TOUJOURS LES FROMAGES PENDANT LEUR FABRICATION ?

Bien sûr, le sel va participer au goût, mais il a bien d'autres utilités. En absorbant l'humidité, il rend la pâte plus ferme, chasse les mauvais champignons et bactéries, permet une conservation plus longue tout en créant une croûte protectrice.

SANTÉ !

POURQUOI LES FROMAGES SONT-ILS SOUVENT CONDITIONNÉS DANS DES BOÎTES EN BOIS ?

Le bois présente un énorme intérêt pour la conservation des fromages, car il contient un biofilm. Pas de panique, c'est très simple ! Un biofilm, c'est un regroupement de cellules en symbiose composées de micro-organismes (bactéries, moisissures, levures, etc.). Ce biofilm enrobe le fromage pour le protéger pendant son affinage. On s'est d'ailleurs aperçu que le bois limitait aussi grandement la présence de listeria.

POURQUOI PARLE-T-ON D'AFFINAGE POUR LE FROMAGE COMME POUR LE VIN ?

L'affinage, c'est l'étape pendant laquelle on développe les saveurs et les arômes d'un fromage, mais aussi sa couleur, sa croûte et sa texture. Pendant cette période plus ou moins longue, les fromages sont transformés par des micro-organismes (bactéries, levures, moisissures, etc.) qui vont développer leurs spécificités.

POURQUOI NE COUPE-T-ON PAS TOUS LES FROMAGES DE LA MÊME FAÇON ?

Il y a des fromages avec de la croûte, d'autres avec un cœur coulant, et d'autres encore en forme de pyramide ou de cœur. L'idée de la découpe, c'est d'offrir à tout le monde des morceaux de qualité identique : autant de croûte, autant de cœur coulant, etc. La seule exception se fait sur les fromages coulants type mont d'Or ou époisses, pour lesquels on se sert d'une cuillère.

Camembert ou reblochon ou saint-nectaire

Gruyère ou comté

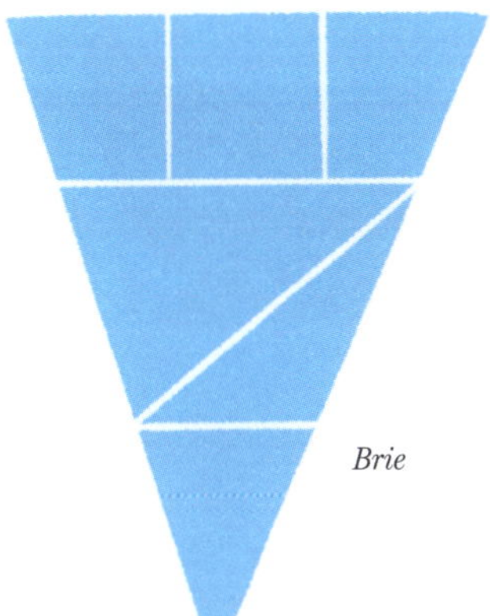

Brie

Briquette de brebis

Maroilles ou pont-l'évêque

LES FROMAGES

LA PETITE HISTOIRE

POURQUOI Y A-T-IL DES MOISISSURES BLEU- VERT SUR CERTAINS FROMAGES ?

La légende raconte qu'un berger aurait oublié, au fond d'une grotte, un morceau de caillé de brebis sur une tranche de pain de seigle pour aller voir sa « belle ». En revenant, il aurait découvert des stries bleu-vert sur son fromage.
Il l'aurait goûté et tellement aimé que le roquefort était né.
Ces moisissures du roquefort sont dues à un champignon, le *Penicillium roqueforti,* obtenu à partir de pain de seigle cuit à haute température pour avoir une croûte carbonisée, mais un cœur encore cru et humide. On gardait ces pains en cave pendant 2 mois afin que le *Penicillium roqueforti* s'y développe. Aujourd'hui, ce champignon est développé à partir de souches et on n'utilise que rarement le pain de seigle pour le développer.

BOUM !

POURQUOI Y A-T-IL DES TROUS DANS L'EMMENTAL ?

On l'a scientifiquement découvert il y a juste quelques années : pendant la traite des vaches, d'infimes particules (on dit « corpuscules » tellement elles sont petites) de foin tombent dans le lait. Lors de la fermentation, ces corpuscules émettent du gaz carbonique qui crée des trous et font gonfler les meules d'emmental. Ce qui est dommage, c'est que ces trous vont disparaître petit à petit parce que les systèmes de traite deviennent tellement précis que plus rien ne passe, même plus ces corpuscules. Et on va se retrouver avec de l'emmental sans trous... Eh oui, ma bonne dame !

POURQUOI LA MIMOLETTE EST-ELLE ORANGE ?

Au XVIIe siècle, Colbert a interdit l'importation de mimolette en provenance de Hollande. Pour bien reconnaître la mimolette française, on la colora avec du roucou, un arbuste dont les fruits rouges séchés servaient de colorant alimentaire. C'est lui qui donne sa couleur orangée à la mimolette, mais aussi à d'autres fromages comme la boulette d'Avesnes ou le cheddar, et même aux filets de haddock. Aujourd'hui, la mimolette des Pays-Bas est, elle aussi, colorée avec du roucou.

POURQUOI Y A-T-IL DES FROMAGES DE CHÈVRE GRIS ?

La couleur et la surface de certains fromages de chèvre ressemblent à de la cendre grise et légère. Si quelques fromages de chèvre cendrés sont encore cendrés avec de la cendre, c'est de plus en plus rare... En fait, on ajoute au lait des champignons comestibles comme le *Penicillium album* ou le *Geotrichum candidum* pour obtenir cette belle croûte grise.

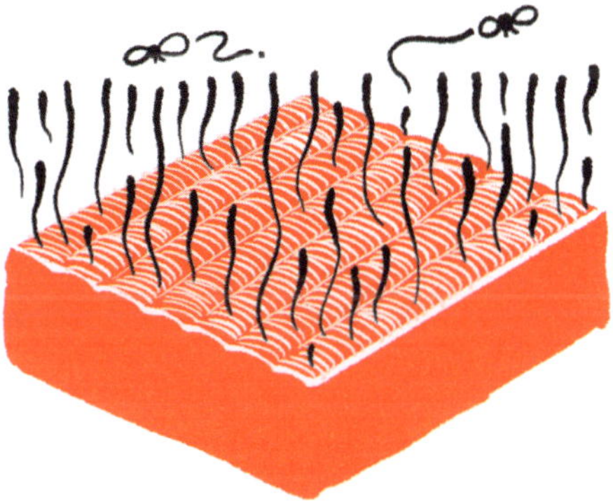

POURQUOI CERTAINS FROMAGES SENTENT-ILS FORT ?

Sur la croûte des fromages il y a un monde de dingue : des bactéries, des levures, des moisissures, etc. Certaines de ces molécules passent à l'état de vapeur et arrivent jusqu'à notre nez. C'est à ce moment-là qu'on sent l'odeur du fromage, et certaines molécules sentent plus fort que d'autres… Par exemple, la bactérie *Brevibacterium linens* (je sais, c'est difficile à prononcer) qu'on trouve sur les croûtes de certains fromages orangés comme l'époisses ou le maroilles produisent du méthanethiol, un composé soufré qui sent très fort. Mais l'odeur ne prévaut en rien de la force du fromage lui-même…

ÉTONNANT !

POURQUOI Y A-T-IL DES CRISTAUX DE SEL DANS CERTAINS FROMAGES ?

En fait ce n'est pas du sel, même si ça croque et que ça a un goût salé. Ces cristaux sont des protéines qui se sont amassées pendant l'affinage du fromage. C'est un signe de qualité.

POURQUOI CERTAINS FROMAGES FILENT-ILS ?

Les fromages qui filent sont en partie composés de protéines à longue chaîne. Sous l'effet de la chaleur, ces protéines se déroulent, fusionnent entre elles et créent de longs fils. Et pour avoir les fils les plus longs possible il faut toujours tourner le lait dans le même sens.

POURQUOI PARLE-T-ON SOUVENT DE L'UMAMI AU COURS D'UNE DÉGUSTATION DE FROMAGES ?

En japonais, « *umami* » veut dire « goût savoureux ». Dans les fromages, on retrouve beaucoup de cet umami ; il provoque la salivation, et développe une sensation de bien-être en équilibrant et en « arrondissant » les saveurs. On retrouve aussi beaucoup d'umami dans le lait maternel. De là à faire la liaison avec le fromage…

BON À SAVOIR

POURQUOI LE VIN BLANC S'ACCORDE-T-IL MIEUX AVEC LE FROMAGE QUE LE VIN ROUGE ?

Plus des trois quarts des fromages s'accordent mieux avec les vins blancs et, même si ça modifie vos habitudes, il y a plusieurs explications :
1°) les tanins des vins rouges s'affrontent avec le gras des fromages et développent des notes de fer, ce qui n'est pas très agréable ;
2°) le goût soutenu de certains fromages à pâte molle détruit les saveurs et la texture des vins rouges, ce qui est dommage ;
3°) l'acidité et la sensation de légèreté de certains vins blancs équilibrent le gras des fromages.
Essayez les accords vin blanc-fromage, c'est juste magique !

LES ŒUFS

Pourquoi y a-t-il des poules ? Parce qu'il y a des œufs.
Et pourquoi y a-t-il des œufs ? Je vous laisse réfléchir à cela...

CQFD !

POURQUOI LES ŒUFS SONT-ILS OVALES ET PAS RONDS ?

Au début du processus, l'œuf est un ovule qui se transforme en jaune, puis qui s'entoure de blanc avant d'être protégé par la coquille. Pendant tout ce chemin, notre œuf est rond comme une bille pour faciliter ses déplacements. Mais, pour faire sortir cette grosse boule par son tout petit cloaque, la poule doit en modifier la forme : elle opère maintes contractions, l'œuf rond devient ovale et moins large, et sort plus facilement.

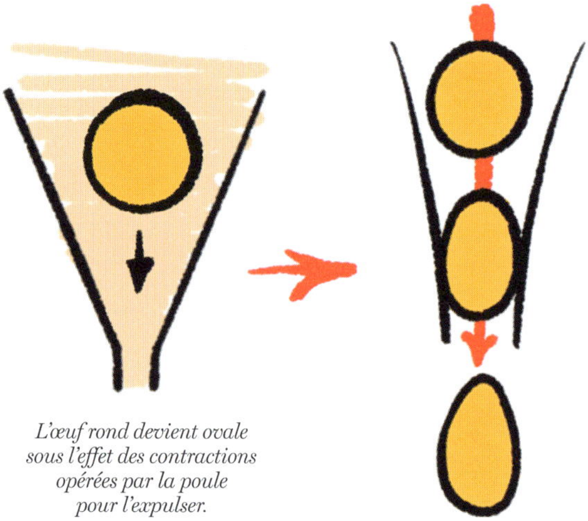

L'œuf rond devient ovale sous l'effet des contractions opérées par la poule pour l'expulser.

NUANCES !

POURQUOI LES ŒUFS NE SONT-ILS PAS TOUS DE LA MÊME COULEUR ?

La couleur des œufs dépend de la race des poules. C'est pas plus compliqué que ça ! La Crèvecœur donne des œufs parfaitement blancs, la poule rousse fermière (qu'on retrouve généralement en photo sur les boîtes d'œufs français) donne des beiges, la Marans, des œufs carrément chocolat, et l'Araucana, des bleu-vert !
Aux États-Unis, par exemple, on trouvera plus facilement des œufs blancs, alors qu'en France, le beige est la norme. Question de culture, mais aussi d'élevage : aux États-Unis, la race pondeuse dominante, la White Leghorn, est assez petite, très bonne pondeuse et coûte peu cher en nourriture et en espace (puisqu'elle est petite).
Le prix de revient de ses œufs est inférieur aux races qui donnent des œufs beiges.

ÉTONNANT !

POURQUOI LES ŒUFS SONT-ILS TRÈS RÉSISTANTS ET SI FRAGILES À LA FOIS ?

La forme ovoïde est l'une des formes les plus résistantes à la verticale, mais aussi l'une des plus fragiles à l'horizontale. Un œuf, dont la coquille mesure entre 0,2 et 0,4 mm d'épaisseur, peut supporter, à la verticale, pointe vers le haut, jusqu'à 60 kg, alors qu'un poids beaucoup plus léger posé sur son côté casse sa coquille. Des chercheurs se sont même amusés à calculer le nombre de boîtes d'œufs en carton qu'on peut empiler sans casser les œufs à l'intérieur : ils sont arrivés au nombre ahurissant de 600 boîtes posées les unes sur les autres avant que les œufs du dessous commencent à se casser...

POURQUOI N'Y A-T-IL PAS DE POUSSINS DANS LES ŒUFS ?

Un œuf contient tout ce qu'il faut pour le développement d'un embryon : une protection et des qualités nutritionnelles. Malheureusement pour notre jolie petite poule (et heureusement pour notre appétit), il n'y a pas eu de « relations de proximité » avec un coq, et donc pas de fécondation. Nous avons donc des œufs vierges, bons à être consommés.

ET POURQUOI LES JAUNES NE SONT-ILS PAS TOUJOURS TRÈS JAUNES ?

Là, ça dépend principalement de la nourriture et du carotène qu'elle contient. Le carotène, mais si… C'est le pigment qui donne sa belle couleur orange aux carottes, et qui est aussi très présent dans l'herbe. Les poules qui auront bien gambadé, mangé de bons vers de terre, de belles graines, de la bonne herbe, et donc du carotène, auront un jaune orangé, riche en oméga-3. Leurs copines, élevées en batterie et restées toutes leur vie parquées sous des hangars, elles, donneront un jaune clair et assez pauvre.

POURQUOI Y A-T-IL UNE POCHE D'AIR DANS LES ŒUFS ?

Au moment de la ponte, l'œuf subit un choc thermique, passant de plus de 41 °C, la température interne de la poule, à la température extérieure. Au cours de ce choc thermique, l'œuf a froid, se contracte et une petite poche d'air, appelée « chambre à gaz », se forme sur l'extrémité la plus grosse de l'œuf.

ATTENTION !

POURQUOI PEUT-IL Y AVOIR 2 JAUNES DANS CERTAINS ŒUFS ?

Ça, ça fait le bonheur de nos enfants : 2 jaunes dans le même œuf, c'est toujours un émerveillement. Et une question : « *Maman, papa, est-ce que c'est un œuf magique ?* » Vous allez pouvoir sortir votre science et leur expliquer que ces 2 jaunes sont généralement le fait d'un embouteillage dans l'oviducte des jeunes poules. Vous ne connaissez pas « l'oviducte » ? Faut tout vous expliquer… Bon… L'oviducte c'est le conduit que prennent les œufs entre l'ovaire et l'orifice génital. Donc, il arrive que 2 jaunes se retrouvent au même moment dans cet oviducte, soit parce que le premier n'avance pas assez vite et qu'il est rattrapé par le second, soit à cause d'une ovulation précoce du second qui a mis le turbo pour rattraper le premier. Du coup, une seule coquille se forme autour des 2 jaunes. Et bim, 2 jaunes dans le même œuf ! On n'est pas sur un truc industriel, là…

PLOUF !

POURQUOI UN ŒUF PAS FRAIS FLOTTE-T-IL À LA SURFACE DE L'EAU ?

Plus le temps passe, et plus le blanc s'assèche parce qu'une partie de l'eau qu'il contient s'évapore doucement à travers la coquille. Plus ce blanc s'assèche, plus il rapetisse, plus il y a de l'espace dans l'œuf et plus la poche d'air devient importante. À un moment donné, cette poche devient si importante qu'elle agit comme une bouée remplie d'air et qu'elle est capable de faire flotter l'œuf dans l'eau.

LES ŒUFS

ATTENTION, C'EST TECHNIQUE !

POURQUOI Y A-T-IL DES NUMÉROS IMPRIMÉS SUR LES ŒUFS ?

Parce que rien ne ressemble plus à un œuf qu'un autre œuf, un code est obligatoirement imprimé sur chaque œuf commercialisé. Ce code comporte plusieurs indications très importantes qui sont en quelque sorte sa carte d'identité.

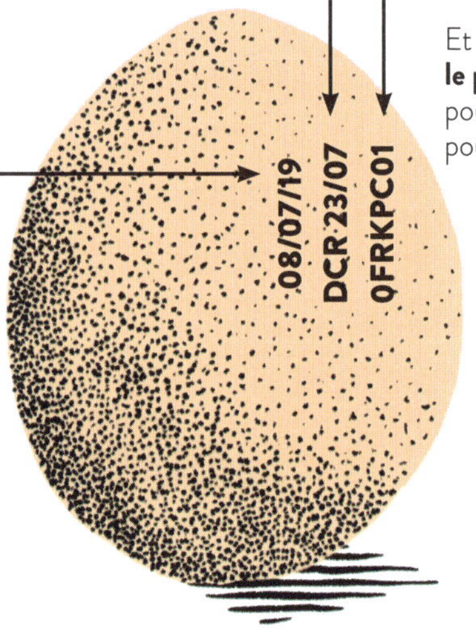

1 Tout d'abord il y a **la date de ponte :** pendant 9 jours après cette date, l'œuf est considéré comme « extra frais » et est parfait pour toutes les préparations contenant des œufs crus ou peu cuits comme la mayonnaise, les sauces à base de jaune et la pâtisserie.

2 Ensuite il y a la date limite de consommation, **la DCR.**

3 Puis **le type d'élevage** des poules pondeuses :
0 pour les poules d'élevage bio
1 pour les poules en partie élevées en plein air
2 pour les poules élevées au sol dans des grands hangars
3 pour les poules élevées en cage.

Et enfin une ou deux lettres pour **le pays d'élevage,** par exemple FR pour la France, suivi d'un code pour identifier **l'élevage d'origine**.

ÉTONNANT !

POURQUOI NE FAUT-IL PAS LAVER LES ŒUFS ?

Certes les poules font leurs besoins n'importe où, et leurs œufs peuvent être infectés par les bactéries présentes dans les fientes. Mais comme la nature est bien faite, juste avant la ponte, leurs œufs sont enrobés d'un liquide visqueux qui va former une membrane très mince et protectrice, appelée « cuticule ». Cette membrane empêche les bactéries de passer à travers la coquille. Si vous lavez vos œufs, vous allez retirer cette membrane protectrice et rendre l'œuf poreux aux bactéries.

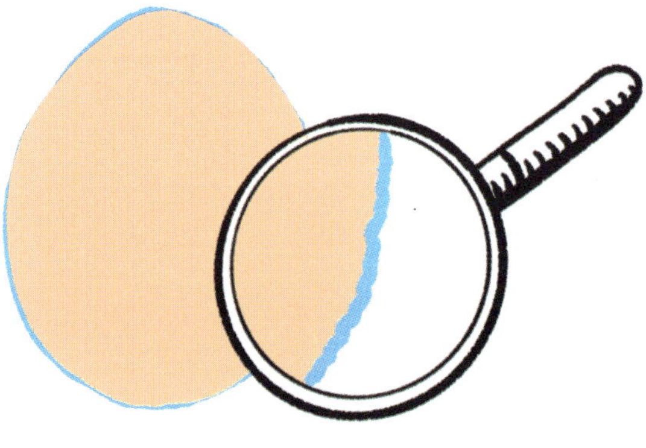

La membrane protectrice recouvre toute la surface de l'œuf.

POURQUOI NE FAUT-IL PAS QUE L'INTÉRIEUR DE L'ŒUF SOIT EN CONTACT AVEC L'EXTÉRIEUR DE LA COQUILLE ?

On revient toujours au même problème : l'extérieur de la coquille est un vrai nid à bactéries. Si votre jaune ou votre blanc d'œuf est en contact avec cet extérieur, il risque d'entrer en contact avec les bactéries. Le truc en cuisine, c'est de toujours casser les œufs du côté le plus propre pour éviter tout risque de contamination.

INFO +

POURQUOI FAUT-IL JETER LES ŒUFS FÊLÉS ?

Pile à l'endroit de la fêlure, des bactéries peuvent passer et contaminer l'œuf. Il est recommandé de jeter les œufs fêlés pour éviter tout risque de maladie.

Une coquille fêlée laisse les bactéries pénétrer à l'intérieur de l'œuf.

POURQUOI FAUT-IL SE LAVER LES MAINS APRÈS AVOIR MANIPULÉ DES ŒUFS ?

Non, mais vous avez lu ? L'extérieur de la coquille est rempli de bactéries ! Lorsque vous touchez les coquilles avec vos mains, vous attrapez une partie de ces bactéries. On se lave toujours les mains juste après avoir touché des coquilles d'œufs, et encore plus quand on prépare des gâteaux...

SANTÉ !

POURQUOI NE FAUT-IL PAS CONSERVER LES ŒUFS AU FRAIS ?

Vous avez bien vu que dans les magasins, en France, les œufs sont vendus à température ambiante. La raison, c'est qu'au réfrigérateur, la protection bactériologique formée par la cuticule se fragilise, les bactéries prolifèrent à la surface et la coquille devient poreuse. Le risque que l'œuf soit pénétré par des bactéries vraiment pas sympas du tout est alors bien plus important.

ALORS POURQUOI SONT-ILS VENDUS AU RAYON FRAIS DANS CERTAINS PAYS ?

En France, il est interdit de laver les œufs avant de les vendre aux consommateurs. Mais, dans d'autres pays, c'est autorisé. À partir du moment où l'œuf a été lavé, la cuticule n'existe plus et la coquille n'a plus de protection contre les bactéries. On les conserve au frais, mais la durée de conservation est très, très courte.

POURQUOI FAUT-IL TOUJOURS RESPECTER LA DATE LIMITE DE CONSOMMATION ?

On l'a vu, c'est à cause de la coquille qui perd de son pouvoir de protection. Mais surtout, la membrane du jaune, qui était aussi une protection, se détériore, et les salmonelles y trouvent un environnement propice à leur multiplication. Les œufs, ce n'est pas comme les boîtes de conserve, on ne joue pas avec la date limite de consommation !

LES ŒUFS

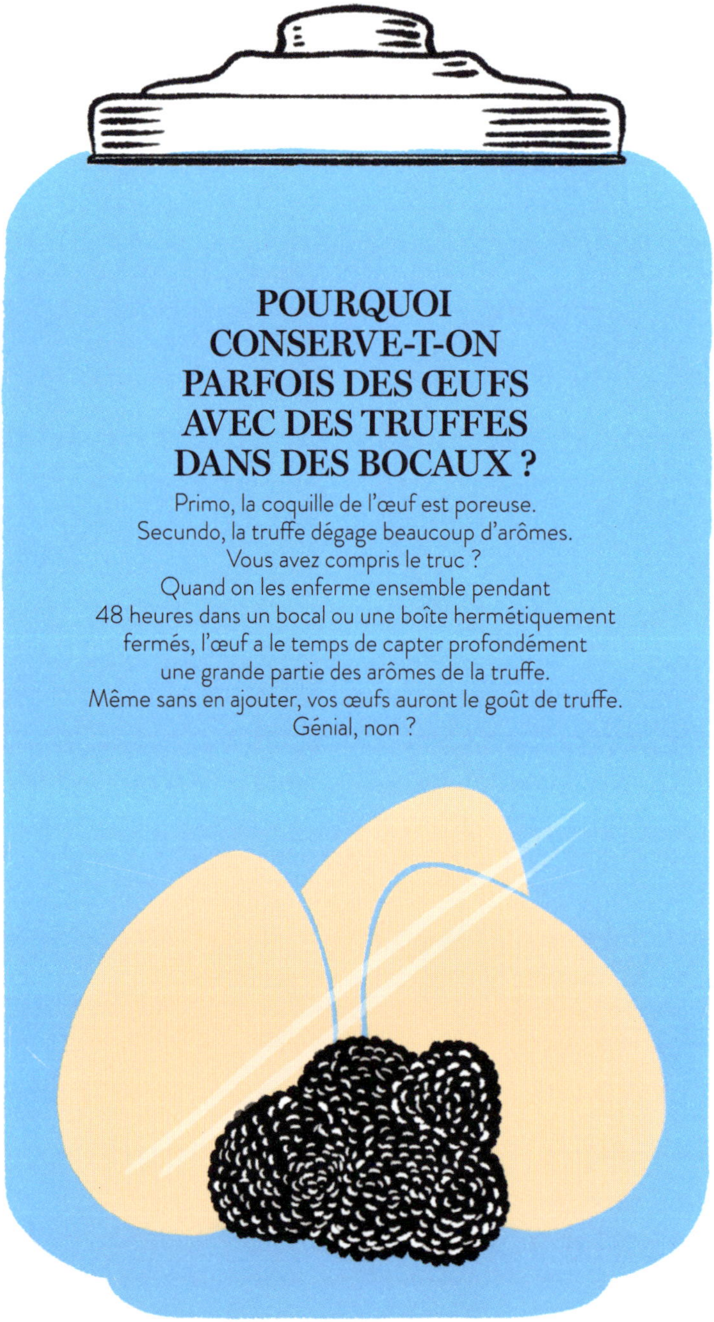

POURQUOI CONSERVE-T-ON PARFOIS DES ŒUFS AVEC DES TRUFFES DANS DES BOCAUX ?

Primo, la coquille de l'œuf est poreuse. Secundo, la truffe dégage beaucoup d'arômes. Vous avez compris le truc ? Quand on les enferme ensemble pendant 48 heures dans un bocal ou une boîte hermétiquement fermés, l'œuf a le temps de capter profondément une grande partie des arômes de la truffe. Même sans en ajouter, vos œufs auront le goût de truffe. Génial, non ?

CQFD !

POURQUOI UN ŒUF CRU TOURNE-T-IL MOINS VITE SUR LUI-MÊME QU'UN ŒUF DUR ?

Vous avez du mal à reconnaître un œuf cru d'un œuf dur ? Faites-le tourner sur lui-même : l'œuf cru s'arrêtera de tourner très rapidement alors que l'œuf cuit tournera longtemps. Pourquoi ? Parce qu'un œuf cru est un liquide visqueux. Quand on le fait tourner, l'intérieur a du mal à se mettre en mouvement et freine la rotation en frottant contre la coquille. L'œuf dur, lui, est un solide qui accompagne d'un bloc le mouvement de rotation.

Un œuf cru ne tourne pas longtemps...

... contrairement à un œuf cuit !

ATTENTION, C'EST TECHNIQUE !

POURQUOI LES BLANCS D'ŒUFS MONTENT-ILS EN NEIGE...

Quand on bat des blancs d'œufs en neige, on y introduit de l'air. Et pour être précis, voici comment : le blanc d'œuf contient des protéines tensio-actives, c'est-à-dire qu'elles se lient à la fois à l'eau et à l'air. Quand on ajoute de l'air, par l'intermédiaire des fouets d'un batteur par exemple, ces protéines se placent entre les bulles d'air et l'eau contenue dans les blancs pour stabiliser l'ensemble. Plus on bat, plus les bulles d'air sont divisées et petites, et plus l'ensemble est stabilisé par nos protéines tensio-actives. C'est ce qu'on obtient quand on bat nos blancs assez longtemps pour qu'ils soient bien fermes.

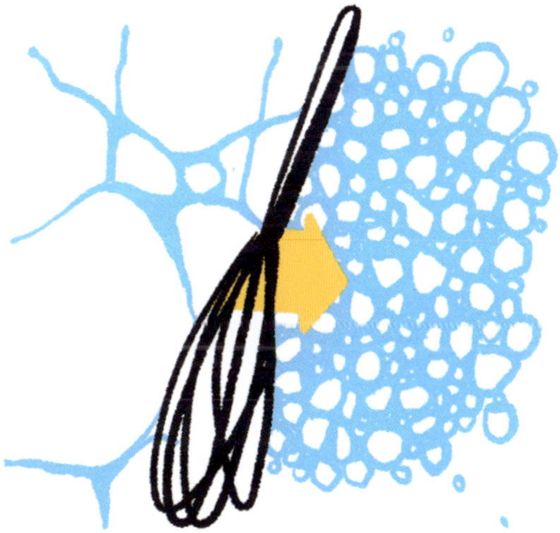

Le fouet introduit de l'air entre les protéines tensio-actives du blanc d'œuf.

... OU PAS ?

Non seulement les blancs d'œufs contiennent des protéines tensio-actives qui permettent de monter en neige, mais aussi des protéines hydrophobes. Lorsqu'il y a présence de jaune d'œuf, le côté hydrophobe prend le dessus sur le côté tensio-actif et les blancs ne montent plus.

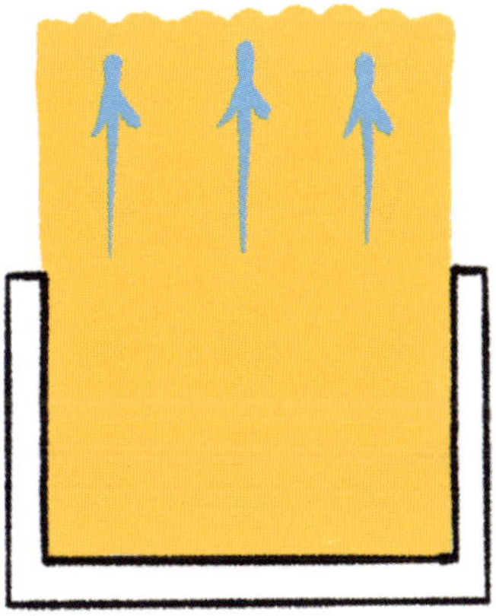

La vapeur d'eau monte à l'intérieur du soufflé.

PCHITT !

POURQUOI LES SOUFFLÉS MONTENT-ILS ?

On lit souvent que c'est parce que « le volume de l'air augmente à la chaleur » que les soufflés montent. Ça influe, c'est vrai, mais c'est très minime parce que la dilatation de l'air, en chauffant, n'est que de 25 % alors que le soufflé triple carrément de volume.
Voilà ce qui se passe vraiment : pendant la cuisson, l'eau contenue dans la préparation chauffe et se transforme en vapeur. Cette vapeur monte en même temps que les protéines des œufs qui coagulent petit à petit et l'enferment un fois montés. Lorsque vous le découpez, la vapeur sort d'un coup... et le soufflé tombe.

LE BON GESTE

POURQUOI FAUT-IL FAIRE DORER LE DESSUS D'UN SOUFFLÉ EN TOUT DÉBUT DE CUISSON ?

Comme c'est la vapeur qui fait monter notre soufflé, il faut absolument éviter que cette vapeur sorte. Si on fait préalablement dorer le dessus du soufflé, on crée une petite croûte que la vapeur aura beaucoup de mal à transpercer. Résultat, notre soufflé montera encore plus.

LES ŒUFS

POURQUOI FAUT-IL SALER DES ŒUFS BROUILLÉS OU EN OMELETTE À L'AVANCE ?

C'est exactement comme pour le salage des viandes et des poissons : le sel dénature la structure moléculaire des protéines (voir LE SEL). Une fois dénaturées, ces protéines vont beaucoup moins se tordre à la cuisson et expulser beaucoup moins d'eau.
Résultat des courses, si vous salez vos œufs brouillés ou en omelette 15 minutes avant de les cuire, ils seront beaucoup moins secs, plus tendres et plus juteux une fois cuits.
D'ailleurs, vous remarquerez que les œufs salés à l'avance ont une couleur jaune plus soutenue.
C'est parce qu'une fois que les protéines se seront déroulées, elles laissent moins passer la lumière à travers elles.

ÉTONNANT !

POURQUOI DES PETITES BULLES SORTENT-ELLES DE MES ŒUFS QUAND JE LES FAIS BOUILLIR ?

Pendant la cuisson, l'eau contenue dans le blanc se transforme en vapeur. La coquille étant poreuse, cette vapeur passe à travers et sort en formant des petites bulles qui remontent à la surface.

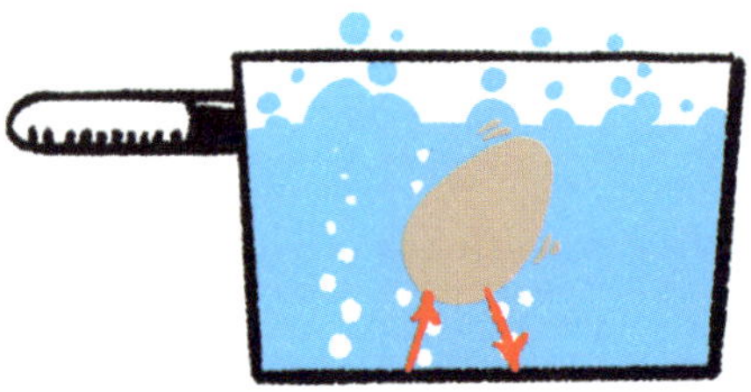

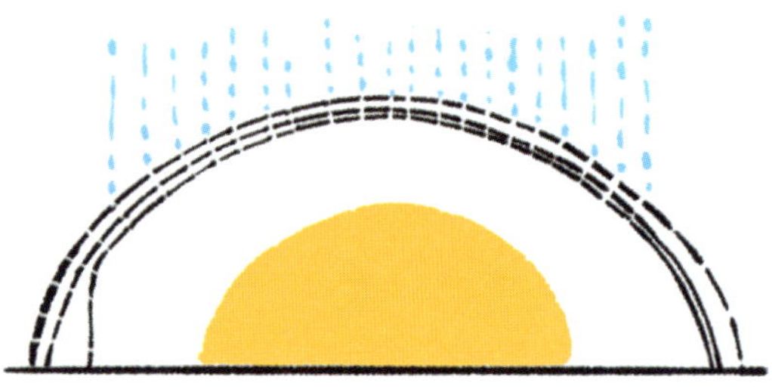

ET POURQUOI LES COQUILLES CASSENT-ELLES QUAND ON FAIT CUIRE DES ŒUFS À L'EAU BOUILLANTE ?

Quand vous faites cuire vos œufs à l'eau bouillante, ils sont baladés par les bulles, ils sont soulevés puis retombent contre le fond de la casserole. À force de se cogner, la structure de la coquille se fragilise et finit par se fissurer, laissant passer des filaments de blanc. Faites donc cuire vos œufs en dessous de l'ébullition pour éviter qu'ils se cassent !

BOUM !

ET AUSSI POURQUOI LES ŒUFS EXPLOSENT-ILS QUAND ON LES CUIT AU MICRO-ONDES ?

La cuisson au micro-ondes est tellement rapide que la vapeur n'a pas le temps de passer à travers la coquille : la pression monte comme dans une cocotte-minute jusqu'à ce que la coquille cède et que l'œuf explose.

LE BLANC ET LE JAUNE EN 4 QUESTIONS

1 POURQUOI LE BLANC D'ŒUF, JAUNÂTRE ET LIQUIDE, DEVIENT-IL BLANC EN CUISANT…

Parce que le blanc liquide s'est transformé en gel et que la lumière est dispersée. OK, j'explique… C'est un peu technique, mais c'est facile à comprendre : les protéines sont liées entre elles par des liaisons hydrogènes qui leur donnent leur structure spatiale. Mais, à partir de 70 °C, la chaleur provoque une agitation thermique qui casse ces liaisons hydrogènes ; les protéines se déroulent et leurs brins se relient très fortement les uns aux autres. Cette liaison disperse la lumière et crée l'opacité du blanc. C'est simple, non ?

2 … ET FERME ?

À partir de 60 °C, l'ovotransferrine, une des protéines contenues dans le blanc d'œuf, commence à coaguler tout en laissant le blanc laiteux. Là, on est au top pour les œufs coque.
Aux alentours de 70 °C, le blanc laiteux se raffermit tout en restant humide. Et là, on arrive aux œufs durs…
À partir de 80 °C, l'ovalbumine, une autre protéine, commence à coaguler et assèche le blanc. Bon ben là, c'est trop cuit. Dommage…

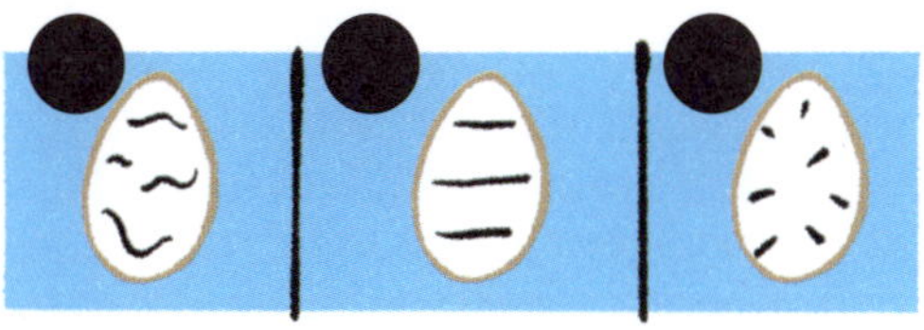

3 ET POURQUOI LE JAUNE AUSSI ?

En dessous de 65 °C, le jaune reste liquide. Le top pour les œufs à la coque !
À partir de 65 °C, l'ovovitelline, une des protéines du jaune, commence à épaissir. Là, on est parfait pour les œufs mollets.
C'est à partir de 68 °C, que l'ovovitelline commence vraiment à coaguler pour nous donner des jaunes durs.

4 POURQUOI LE BLANC DES ŒUFS À LA COQUE EST-IL « PRIS » ALORS QUE LE JAUNE RESTE « COULANT » ?

La chaleur met du temps à parvenir jusqu'au jaune parce que le blanc agit comme un rempart ; il absorbe une grande partie de l'énergie calorifique de la cuisson en stabilisant la température aux alentours de 60 °C. Au-delà de 3 minutes de cuisson, la chaleur atteint le jaune et commence à le cuire. Ne dépassez pas les 3 ou 4 minutes de cuisson pour avoir un jaune chaud mais coulant…

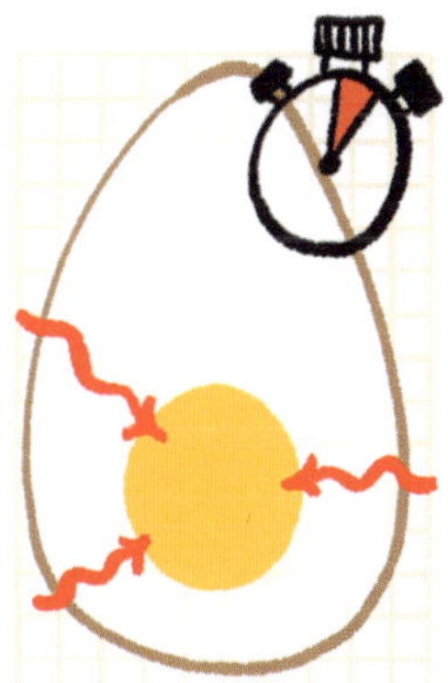

LE RIZ

Nature, gluant, complet, en accompagnement, en boulette ou au lait, le riz est consommé dans le monde entier sous toutes ses formes. Et dans votre cuisine, ça se passe comment ?

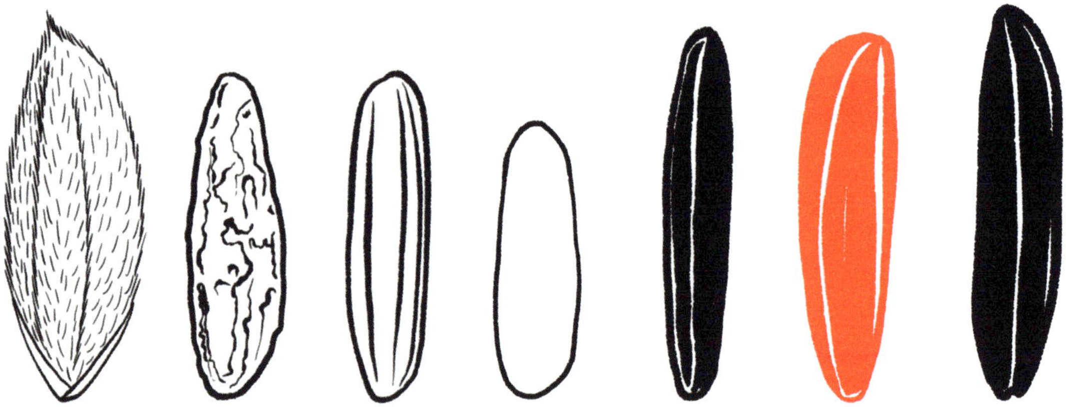

Riz paddy — *Riz semi-complet* — *Riz brun* — *Riz blanc* — *Riz noir* — *Riz rouge* — *Riz sauvage*

POURQUOI Y A-T-IL DU RIZ BLANC, BRUN, NOIR ET ROUGE ?

La couleur du riz dépend de son degré de raffinage et de son traitement.

Le riz paddy est le grain juste ramassé. Il est entouré de sa balle, l'enveloppe extérieure, et n'est pas comestible. C'est à partir de cette base que se déclinent tous les autres riz.

Le riz brun (ou complet ou cargo) est un riz débarrassé de sa balle, mais qui comporte encore son enveloppe de son et le germe, d'où son nom de « complet ».

Le riz semi-complet est du riz complet légèrement poli pour diminuer l'épaisseur de l'enveloppe de son. C'est un riz encore riche en minéraux.

Le riz blanc est le riz le plus raffiné : on a retiré le péricarpe, l'assise protéique et le germe. Ce riz a pratiquement perdu les deux tiers de ses minéraux.

Le riz noir est un riz complet originaire de Chine qui est aussi cultivé aujourd'hui dans la vallée du Pô, en Italie. L'enveloppe est noire mais le grain est blanc.

Le riz rouge est lui aussi un riz complet qui possède une enveloppe très épaisse et dont la couleur rose du grain s'accentue au cours de la cuisson.

Le riz sauvage n'est pas réellement un riz, mais une herbe de la famille des zizanies (je ne rigole pas, c'est vrai !) qui pousse elle aussi dans l'eau.

POURQUOI Y A-T-IL DES GRAINS DE RIZ RONDS ET D'AUTRES LONGS ?

Il y a deux formes de grains : les ronds et les longs. Ces formes sont celles des variétés de riz les plus utilisées : le **riz Indica**, aux grains longs et étroits, et le **riz Japonica**, aux grains ovales ou ronds.

Les grains longs collent moins et sont principalement utilisés en accompagnement de plats. Les grains ronds ont tendance à coller parce qu'ils sont plus riches en amidon. C'est le type de riz utilisé pour les *risotti*, les paellas, les sushis et les desserts.

POURQUOI LE RIZ GLUANT THAÏLANDAIS EST-IL GLUANT ?

Ce riz particulier, qui se cuit à la vapeur, contient beaucoup d'amylopectine. Oui, de l'a-my-lo-pec-ti-ne... Comment ? Vous ne connaissez pas l'amylopectine ? Non, non, ce n'est pas le nom du dernier bar à la mode... L'amylopectine est le constituant principal des amidons courants. Et c'est cette amylopectine (ça y est, vous arrivez à le prononcer ?) qui confère à cette variété de riz sa consistance collante et moelleuse à la fois.

POURQUOI LE RIZ INCOLLABLE EST-IL INCOLLABLE ?

Lorsque le riz cuit, une partie de l'amidon contenu dans ses grains sort ; leur surface devient collante et les grains forment des paquets.
Pour qu'un riz devienne incollable, il faut empêcher l'amidon de sortir. Et là, les industriels ont trouvé le truc infaillible : l'étuvage, qui consiste à mettre le riz en présence de vapeur d'eau à 105 °C. Cet étuvage transforme l'amidon en une gélatine qui restera bloquée dans les grains pendant la cuisson. Et hop, le riz devient incollable !

Grâce à l'étuvage à 105 °C, l'amidon reste dans le grain de riz qui ne colle plus.

POURQUOI FAUT-IL RINCER LE RIZ BLANC AVANT DE LE CUIRE ?

Mais parce qu'il y a de l'amidon à la surface des grains qui les fait coller. L'idée est d'en retirer une bonne partie pour limiter le problème, même si les grains en perdent encore un peu pendant la cuisson. Il faut donc rincer le riz plusieurs fois avant de le cuire, jusqu'à ce que l'eau ne soit plus blanchâtre.

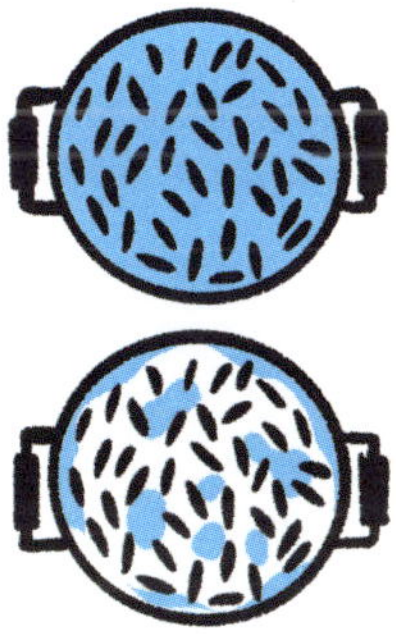

Un riz rincé a moins d'amidon à perdre à la cuisson, et collera donc moins.

POURQUOI LE TEMPS DE CUISSON DES RIZ BRUN, NOIR ET ROUGE EST-IL PLUS LONG QUE CELUI DU RIZ BLANC ?

Ces riz sont tous des riz complets, qui possèdent encore leur enveloppe de son. Non seulement cette enveloppe demande un long temps de cuisson mais, en plus, elle freine la pénétration de l'eau dans les grains, ce qui augmente encore le temps de cuisson. La bonne solution pour le diminuer est de faire préalablement tremper le riz pendant 1 heure pour que l'enveloppe s'imprègne d'eau et la laisse pénétrer plus rapidement dans le grain au cours de la cuisson.

L'enveloppe de son freine la pénétration de l'eau chaude vers le centre du grain...

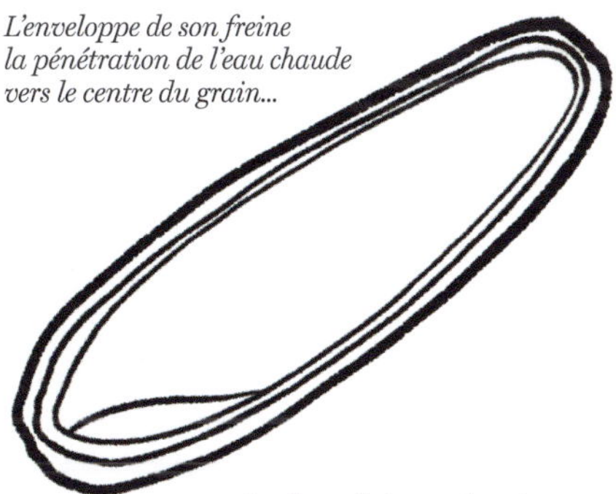

... et rallonge le temps de cuisson.

POURQUOI FAUT-IL COUVRIR LE RIZ PENDANT LA CUISSON ?

On commence la cuisson à découvert jusqu'à ce que le grain soit bien chaud puis on baisse le feu et on couvre pour garder la vapeur à l'intérieur de la casserole. Ainsi, le riz continue à cuire et à gonfler à la vapeur plutôt qu'à l'eau. On ne soulève pas le couvercle et on ne remue pas, on séparera les grains avec une fourchette après la cuisson.

D'abord le riz chauffe à découvert, puis il cuit à feu réduit et à couvert.

LE RISOTTO ET LA PAELLA

Ah, le risotto ! Et la paella ! Ces deux plats gorgés de soleil ont en commun un bon riz, du bouillon et les saveurs de la Méditerranée. Mais attention, n'espérez pas faire un bon risotto avec un riz à paella, et réciproquement !

POURQUOI LES GRAINS DE RIZ DU RISOTTO SONT-ILS À LA FOIS FERMES ET CRÉMEUX ?

Ce ne sont pas les grains qui sont crémeux, mais la sauce. J'explique : les grains sont fermes au centre parce qu'ils ne sont pas trop cuits, et gonflés et moelleux à l'extérieur parce qu'ils sont parfaitement cuits et ont absorbé du bouillon. Le crémeux, lui, n'a rien à voir, il vient de l'amidon contenu en grande quantité à la surface des grains.
Cet amidon, qui se gélifie pendant la cuisson dans le bouillon, fait adhérer les grains entre eux et épaissit ce bouillon en lui donnant une structure crémeuse qui, elle-même, adhère aux grains. Oubliez le riz de l'Oncle B..., les incollables ou autres basmati ! Ce ne sont pas du tout des riz à risotto.

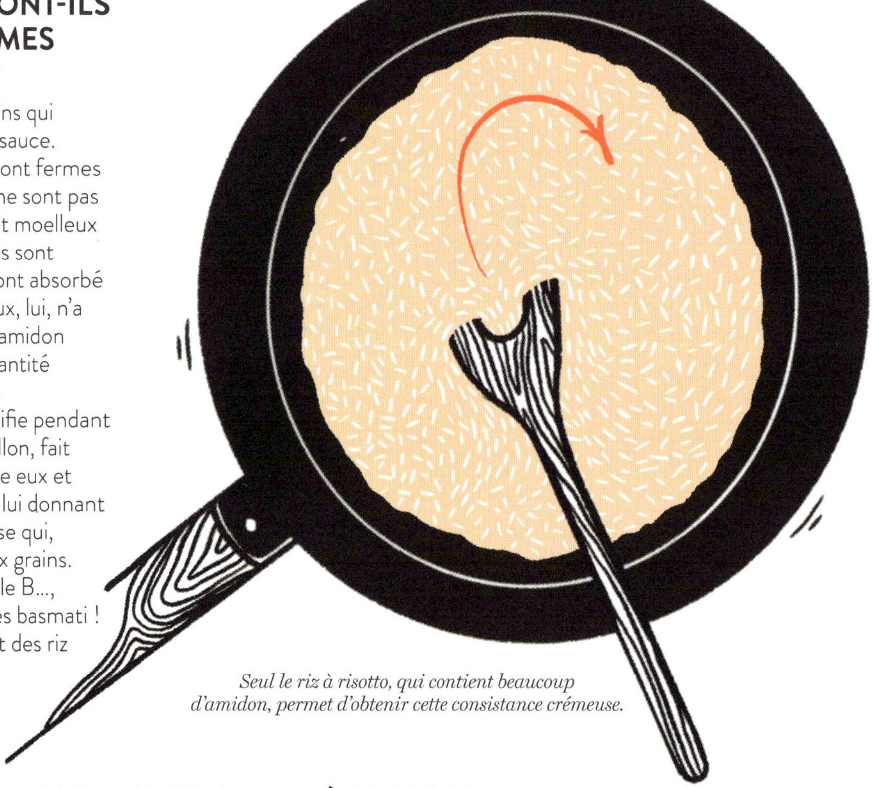

Seul le riz à risotto, qui contient beaucoup d'amidon, permet d'obtenir cette consistance crémeuse.

POURQUOI FAUT-IL BIEN CHOISIR SON RIZ À RISOTTO ?

Les riz pour risotto sont tous originaires de la vallée du Pô, au nord de l'Italie.
Le Carnaroli est considéré comme le « roi des riz » pour le risotto. C'est celui qui contient le plus d'amidon et qui donne le risotto le plus crémeux.
L'Arborio est le commun et le plus facile à trouver, mais c'est aussi celui qui risque le plus de se casser à la cuisson. Il demande donc plus d'attention.
Le Vialone Nano est la variété donnant des *risotti* plus fluides et liquides. En Italie, on dit à l'*onda*, « en vague ». C'est la variété préférée des Vénitiens.
Le Maratelli est un riz obtenu au début du XXe siècle par hybridation naturelle. C'est un riz avec des grains plus petits qui résistent très bien à la cuisson.
Le Baldo est un riz à gros grains allongés qui possède une très grande capacité d'absorption. C'est le riz qui donne un risotto très crémeux.

MIAM !

POURQUOI PEUT-ON FAIRE UN RISOTTO AVEC D'AUTRES GRAINES QUE DU RIZ ?

À la base, le riz est une graine. Donc utiliser d'autres graines ne change pas fondamentalement la donne, si ce n'est que ce n'est plus réellement un « risotto » puisqu'il n'y a pas de riz... Ce qu'il faut, ce sont des graines qui lâchent un peu d'amidon pour avoir un rendu légèrement crémeux. Essayez donc l'orge, l'avoine ou l'épeautre, des graines de tournesol ou de sarrasin... Le temps de cuisson est généralement plus long mais cela peut être aussi délicieux qu'avec du riz.

POURQUOI NE FAUT-IL PAS LAVER LE RIZ À RISOTTO AVANT CUISSON ?

Pour ce plat, on utilise des riz qui contiennent beaucoup d'amidon. Si vous vous amusez à en retirer une partie en lavant les grains, votre risotto ne sera jamais crémeux. On ne lave jamais le riz pour risotto, nom de Zeus !

POURQUOI FAIRE NACRER LES GRAINS DE RIZ N'A PAS D'IMPORTANCE ?

Souvent, on dit de « faire revenir le riz pour le rendre translucide » au début de la cuisson du risotto. Mais que se passe-t-il exactement au cours de cette étape ?
Le grain devient vitreux parce qu'il chauffe, l'amidon commence à se transformer et chacun des grains s'entoure de gras, qui reflète la lumière (il n'est pas vraiment translucide). Ce gras forme une sorte de couverture à la surface du grain, ralentissant la pénétration du bouillon. L'amidon met donc plus des temps à se libérer et à enrichir le bouillon. Mais finalement, l'effet est à peine perceptible, même par un cuisinier italien émérite.
Faites nacrer vos grains de riz si vous en avez envie, ou pas, il n'y a pas de différence au final.

POURQUOI AJOUTE-T-ON DU VIN BLANC AU DÉPART DU RISOTTO ?

La structure crémeuse du risotto peut « couvrir » les saveurs. Lorsqu'on ajoute du vin en début de cuisson, on ajoute aussi un peu d'acidité qui va donner du peps et réveiller nos papilles gustatives. On percevra mieux toutes les saveurs grâce à ce petit coup de vin blanc.

ÉTONNANT !

POURQUOI PEUT-ON CUIRE LE RISOTTO À L'AVANCE ?

Oh la la, je vais me faire traiter de tous les noms par nos amis italiens ! Mais oui, on peut très bien cuire le risotto à l'avance. C'est d'ailleurs ce que font la très grande majorité des restaurateurs. Mais chut, ils ne vous le diront jamais... Et pourtant ça marche très bien. Comment font-ils ?
1°) On met de grands plateaux en métal au congélateur pendant environ 30 minutes pour les rafraîchir. Quand le risotto est cuit aux deux tiers, on l'étale sur ces grands plateaux glacés sur une épaisseur maximale de 4 ou 5 mm ; pas plus surtout, sinon le temps de refroidissement sera trop long.
2°) On met ces plateaux dans de grandes armoires frigorifiques dotées de ventilateurs qui abaissent la température rapidement. En 2 ou 3 minutes, le risotto est froid.
3°) On place ensuite un film alimentaire au contact des grains pour éviter toute évaporation et on garde au frais.
4°) On termine la cuisson du risotto pendant le service.
Évidemment, vous pouvez faire la même chose à la maison en mettant le risotto cuit au congélateur 15 minutes avant de le recouvrir d'un film alimentaire et de le placer au réfrigérateur. Préparez-le jusqu'à 4 à 5 heures à l'avance ; vous terminerez la cuisson quand vos amis seront arrivés.

LE RISOTTO ET LA PAELLA

LE BOUILLON DU RISOTTO EN 2 QUESTIONS

1 POURQUOI PEUT-ON METTRE TOUT LE BOUILLON D'UN COUP POUR CUIRE UN RISOTTO ?

Avant tout, il faut comprendre pourquoi on dit habituellement « d'ajouter le bouillon petit à petit ». Une fois qu'on aura compris ça, on saura pourquoi on peut faire plus simple pour le même résultat. C'est pas très compliqué. On y va ?
La capacité d'évaporation du bouillon dépend uniquement de la surface par laquelle elle se fait. Donc, dans une même poêle, que vous ayez 1 cm ou 5 cm de hauteur de bouillon, il y aura autant d'évaporation. Et plus la surface d'évaporation est grande, plus l'évaporation est rapide. CQFD !

Dans les recettes, on vous dit d'ajouter le bouillon en plusieurs fois « pour qu'il puisse concentrer ses saveurs ». Et si on concentrait ses saveurs avant, pour pouvoir le verser en une seule fois ? Et là, magie... Ça marche très très bien. Il est tout à fait inutile de verser le bouillon en plusieurs fois : ça ne change strictement rien. Pour votre prochain risotto, faites réduire votre bouillon avant de l'ajouter dans votre riz en une seule fois, le résultat sera parfaitement identique que si vous le faites petit à petit avec un bouillon non réduit.

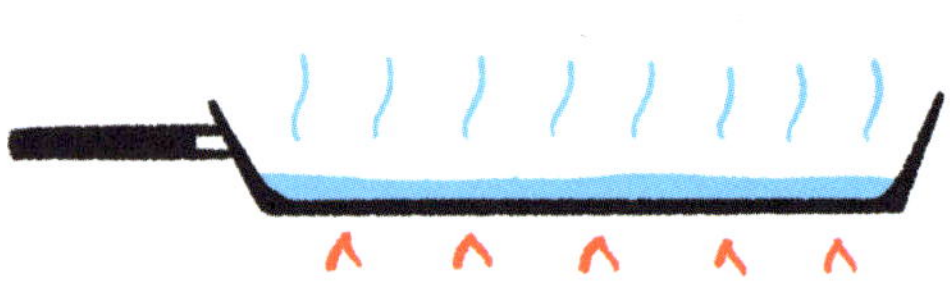

Dans une poêle donnée, la capacité d'évaporation de 1 cm de bouillon...

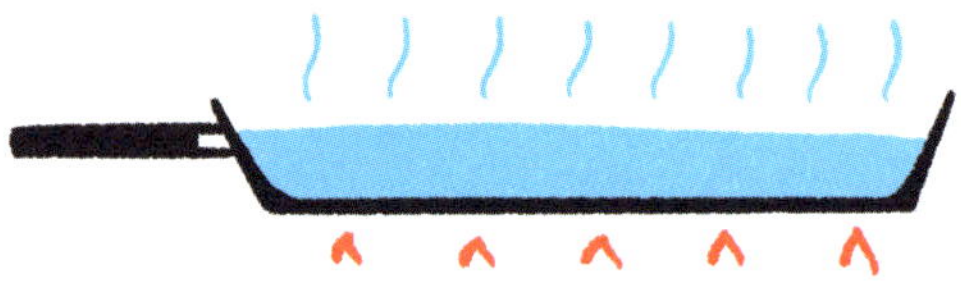

... est exactement la même que pour 5 cm de bouillon.

2 POURQUOI FAUT-IL UNE POÊLE LARGE POUR LA CUISSON DU RISOTTO ET SURTOUT PAS UNE CASSEROLE ?

Il y a deux bonnes raisons à cela.
1°) Lors de la cuisson du risotto, on cherche à faire rapidement évaporer l'eau contenue dans le bouillon pour le concentrer. Or, on vient de voir que plus la surface par laquelle le bouillon peut s'évaporer est grande, plus cette évaporation est rapide. Pour un même volume de liquide, l'évaporation sera donc beaucoup plus rapide dans une grande poêle que dans une petite casserole.

2°) Quand vous faites cuire votre risotto dans une poêle, l'épaisseur du riz est relativement fine, ce qui permet d'avoir une cuisson uniforme entre le dessus et le dessous. Alors que dans une casserole (moins large qu'une poêle) la hauteur du riz est tellement importante, que le dessous cuit rapidement pendant que le dessus, lui, cuit lentement. Et on se retrouve avec une énorme différence de cuisson entre le dessous et le dessus. La lose totale !

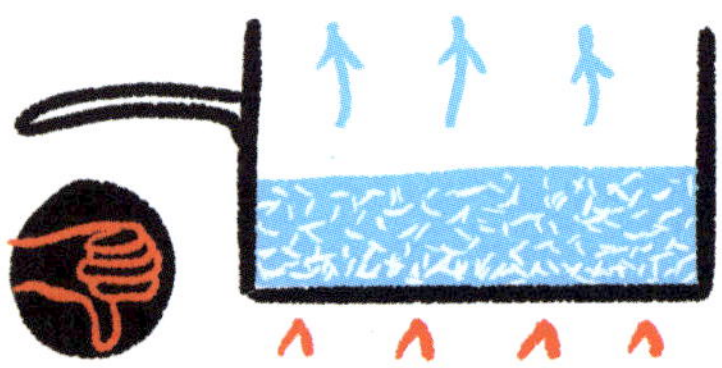

Dans une casserole, la hauteur de riz est trop importante pour avoir une cuisson homogène...

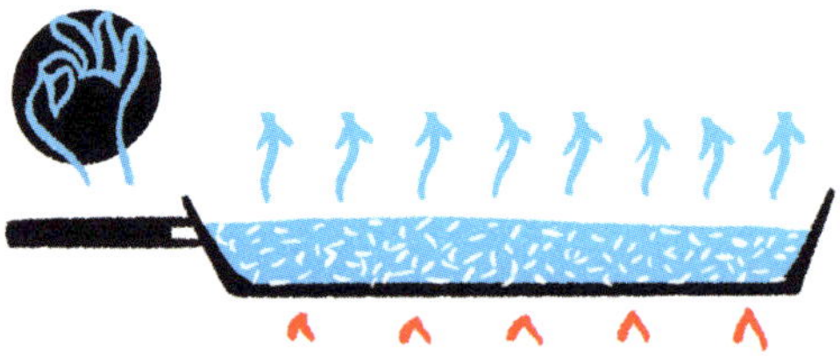

... alors que dans une poêle, la hauteur est moins importante et la cuisson est uniforme.

POURQUOI FAUT-IL FAIRE REVENIR VIANDES ET POISSONS DANS LA POÊLE À PAELLA AVANT D'Y METTRE LE RIZ ?

Lorsque les viandes et/ou les poissons dorent, ils créent des sucs délicieux. Une partie de ces sucs va rester accrochée à la poêle. Lorsque vous y verserez le riz puis le bouillon, ces sucs vont se décrocher et donner beaucoup de saveurs au plat. Ne les faites pas dorer dans une autre poêle, ce serait du goût perdu pour rien !

Une fois les viandes revenues dans la poêle, on peut verser le riz, puis le bouillon.

POURQUOI LE RIZ À PAELLA EST-IL DIFFÉRENT DU RIZ À RISOTTO ?

Bien que la réalisation de ces deux plats soit très proche, la finalité est très différente : le risotto est servi dans un bouillon épaissi et crémeux, alors que la paella est sans sauce. Ce qui est important dans le riz à paella, c'est sa capacité à absorber du bouillon pendant la cuisson sans que ses grains ne collent entre eux.
Le riz de Valencia, un riz rond qui absorbe jusqu'à 4 fois son volume en bouillon. Il n'éclate pas à la cuisson et ne colle pas.
Le riz Bomba, aussi appelé le « Roi des riz », est une variété très ancienne à grain court qui garde de la fermeté et ne colle pas non plus.
Le riz Bahia de la région de Valence, au grain court qui a l'une des plus grandes capacités d'absorption.
Le riz Albufera se rapproche légèrement du riz à risotto ; il apporte de l'onctuosité tout en restant ferme. C'est un riz qui prend peu de volume.
Surtout, ne prenez jamais de riz à risotto pour préparer une paella, ce serait le désastre assuré !

Les qualités des riz à risotto et à paella sont très différentes : le riz à risotto absorbe le bouillon tout en rejetant de l'amidon alors que le riz à paella ne fait qu'absorber le bouillon.

POURQUOI FAUT-IL COMMENCER LA CUISSON DE LA PAELLA EN FAISANT RÉDUIRE LE BOUILLON ?

Un bouillon réduit est un bouillon qui a plus de saveurs parce qu'une partie de l'eau qu'il contenait s'est évaporé. Les recettes conseillent donc de faire réduire le bouillon au début de la cuisson, mais vous pouvez faire aussi bien en ayant préparé à l'avance un bouillon déjà concentré, vous perdrez moins de temps au moment de la cuisson.

POURQUOI TROUVE-T-ON PARFOIS AU MENU DU RISOTTO OU DE LA PAELLA NOIRS ?

Pas d'inquiétude, le riz n'a pas été brulé. Il a simplement été coloré par un des ingrédients du plat : l'encre de seiche. Cette encre est un système de défense utilisé par la seiche ou le calmar lorsqu'ils sont attaqués : en se cachant derrière un nuage noir et opaque, ils désarçonnent leur agresseur qui ne les voit plus. Cette encre, qui donne une couleur noire profonde au riz, est délicieuse aussi bien dans les *risotti*, les paellas et les pâtes.

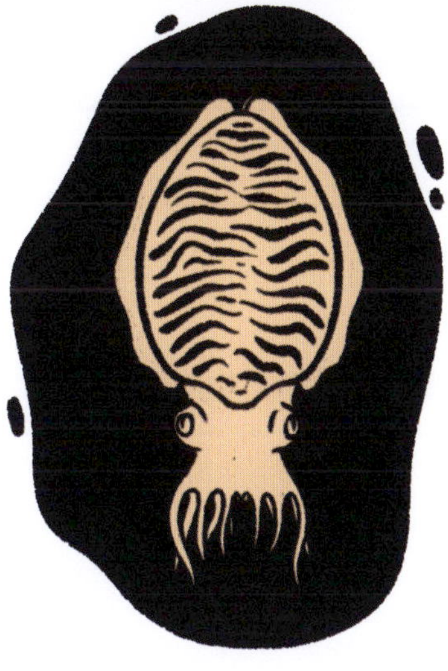

LE RIZ À SUSHIS

Je ne vous parle pas ici des sushis préparés à base de riz sans intérêt et coiffés de poisson congelé qu'on vend dans la majorité des restaurants ou dans les supermarchés. Je vous parle de vrais sushis, préparés par un maître, le sushiya*, avec un riz très particulier qui demande beaucoup d'attention...*

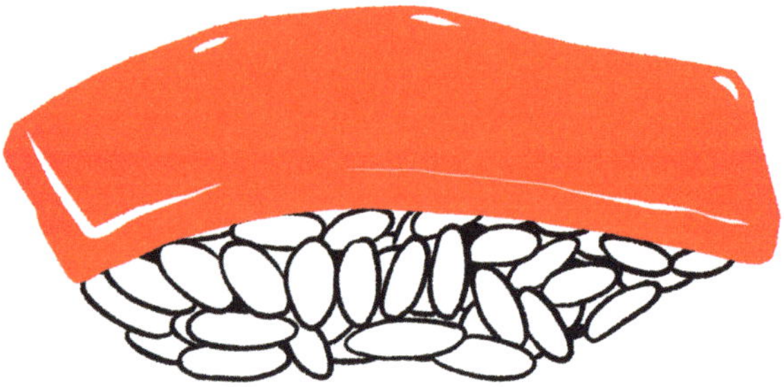

Un sushi, c'est 80 % de riz et 20 % de poisson.

ÉTONNANT !

POURQUOI EST-CE QUE LE PLUS IMPORTANT DANS LE SUSHI, C'EST LE RIZ ?

On croit souvent que c'est la qualité du poisson qui fait la qualité d'un sushi. Eh bien, on se trompe ! L'ingrédient le plus important d'un sushi, c'est le riz. Tout d'abord parce qu'il en compose la plus grande quantité : le bon rapport est de 80 % de riz pour 20 % pour le poisson.
Ensuite, et c'est très important, le riz est placé sous le poisson : pas à côté, pas au-dessus, mais dessous. C'est donc le riz qui va d'abord entrer en contact avec la langue, et ce sont ses saveurs qui vont être ressenties en premier. L'assaisonnement du riz va, en quelque sorte, ouvrir et préparer les papilles, avant d'accompagner les saveurs du poisson.
Sous des airs simples, un bon sushi, c'est très technique... et je ne vous parle pas de la découpe du poisson...

ZOOM

POURQUOI LE RIZ À SUSHIS EST-IL SI PARTICULIER ?

Le riz à grains ronds dont on se sert pour faire des sushis est de la même famille que celui pour le risotto et la paella, mais il contient moins d'amidon. On cultive différents types de riz au Japon selon les régions, mais on n'en fait qu'une seule récolte par an contrairement au reste de l'Asie qui peut en faire plusieurs.
Les deux variétés de riz les plus importantes sont le **Koshihikari**, aux saveurs soutenues et assez gluant, et le **Sasanishiki**, qui est plus léger.
On l'oublie souvent, mais le riz est une graine fraîche et gorgée d'eau, qui nécessite un temps de séchage après la récolte. Pour éviter que ces grains ne se dessèchent et perdent de leurs saveurs, les Japonais conservent le riz à sushis dans un endroit frais voire au réfrigérateur pendant une durée limitée à un an.

POURQUOI L'ASSAISONNEMENT DU RIZ À SUSHIS EST-IL GARDÉ SECRET PAR LES CHEFS ?

A priori l'assaisonnement du riz à sushis est assez basique : c'est un mélange de vinaigre, de sucre et de sel. Mais la qualité et la proportion de chacun de ces ingrédients varient d'un chef à l'autre en fonction de ses goûts, mais aussi de la région dans laquelle il officie au Japon.
Le pays étant un archipel bordé par deux océans et soumis à de grandes disparités météorologiques entre le Nord et le Sud, on n'y pêche pas les mêmes poissons partout. L'assaisonnement du riz dépend donc du type de poisson qui va être posé dessus et des goûts du chef. D'ailleurs, chaque chef garde jalousement sa formule secrète...

LA TEMPÉRATURE DU RIZ À SUSHIS EN 3 QUESTIONS

1 POURQUOI CUIT-ON PLUSIEURS FOIS DU RIZ À SUSHIS AU COURS D'UN MÊME SERVICE ?

Une fois cuit, le riz est mis au repos environ 30 minutes, puis il est conservé précisément à 37 °C. Mais, petit à petit, son goût évolue et perd en délicatesse. Un bon sushiya ne garde pas son riz à sushis cuit plus de 2 heures. Et pour toujours avoir un riz de qualité à servir à ses clients, il le cuit en plusieurs fois à différents moments du service.

2 POURQUOI LE RIZ DES SUSHIS DOIT-IL ÊTRE PRÉCISÉMENT SERVI À 37 °C ?

37 °C, c'est la température du corps humain. Vous avez saisi le rapprochement ? Lorsque le sushi est déposé sur la langue, il ne doit pas y avoir de différence entre la température du riz et celle de la bouche, pas de choc thermique, même pas un tout petit, qui viendrait perturber la perception des saveurs. Un riz plus froid est plus « fermé », un riz plus chaud est plus volatil. Et puis le fait que le riz soit à l'exacte température du corps met en valeur celle du poisson qui est plus froid. Cet écart de température entre ces deux composants est fondamental dans la dégustation d'un sushi.

3 POURQUOI UN BON SUSHI SE MANGE-T-IL AU COMPTOIR ET PAS EN SALLE ?

Les très bons restaurants de sushis ne servent pas à table mais uniquement au comptoir et à l'unité (jamais plusieurs pièces en même temps). La raison est simple : le riz du sushi n'attend pas. Au contact du poisson plus froid, le riz refroidit ; le poisson, lui, se réchauffe, et l'équilibre est rompu. Le temps d'apporter les sushis à table est considéré comme trop important pour conserver le bon rapport entre le riz et le poisson ; ils doivent être consommés dans l'instant !

LE BON GESTE

POURQUOI NE TREMPE-T-ON JAMAIS LE RIZ DES SUSHIS DANS LA SAUCE SOJA ?

C'est très irrespectueux ! Ne faites jamais ça dans un *sushiya*, vous auriez droit à un regard désapprobateur du chef ! On ne trempe jamais, mais alors jamais, le riz dans la sauce pour 2 raisons :
1°) le riz pourrait se déliter dans la sauce ;
2°) il absorberait de la sauce et ses saveurs en seraient modifiées, ainsi que l'équilibre gustatif de tout le sushi.
Non, pour aromatiser un sushi lors de sa dégustation, on le saisit avec ses baguettes, on le retourne côté poisson, puis on le ressaisit et on trempe un peu le poisson dans la sauce soja. Et on l'avale d'un coup, c'est tout.

ATTENTION !

POURQUOI NE DOIT-ON JAMAIS PLANTER SES BAGUETTES DANS UN BOL DE RIZ ?

Surtout, ne faites jamais ça au Japon ni même dans un restaurant japonais, vous créeriez un véritable malaise dans l'assistance : lors du rituel funéraire bouddhiste, on plante des baguettes dans un bol de riz sur l'autel du défunt, en guise d'offrande. Oups !

LES PÂTES

Non mais franchement, que deviendrions-nous sans les pâtes ? On les met à toutes les sauces… Ah, mais attention, on ne cuisine pas la pasta *n'importe comment ni avec n'importe quelle sauce ! Explications.*

NUANCES !

POURQUOI Y A-T-IL UNE DIFFÉRENCE ENTRE LES PÂTES SÈCHES ET LES PÂTES FRAÎCHES ?

Les pâtes sèches viennent principalement du Sud de l'Italie qui est une région chaude et plus pauvre que le Nord. Elles sont préparées avec de l'eau et de la farine de blé dur, un blé non consommable sans transformation, qui résiste très bien à la sécheresse et qui est aussi utilisé pour faire les graines de couscous ou le boulgour. Avant de les laisser sécher, ces pâtes sont façonnées sous différentes formes car elles s'y prêtent bien.

Les pâtes fraîches elles, viennent du Nord de l'Italie, une région plus froide et plus riche que le Sud. Elles sont faites avec de l'eau, de la farine de blé tendre, un blé qui résiste très bien au froid et dont on se sert aussi pour faire la farine, et des œufs qui apportent des saveurs et modifient la texture. Elles sont généralement préparées à la main et demandent une plus grande attention que les pâtes sèches, aussi bien au moment de la fabrication que de la cuisson.

Pâtes sèches *Pâtes fraîches*

LES GNOCCHI EN 2 QUESTIONS

1 POURQUOI LES VÉRITABLES GNOCCHI NE SONT-ILS PAS VRAIMENT DES PÂTES ?

Les gnocchi (les vrais, pas les pâtes industrielles) sont originaires du Nord de l'Italie et fabriqués avec de la farine, des œufs et de la pomme de terre écrasée pour former une pâte. On la roule ensuite en boudin qu'on découpe en petits tronçons auxquels on donne une forme concave en appuyant dessus avec le pouce. Puis on leur fait des stries à l'aide d'une *riga gnocchi* (petite planche en bois striée) ou d'une fourchette afin qu'ils retiennent mieux la sauce. Ils cuisent en 2 minutes dans de l'eau bouillante et, dès qu'ils remontent à la surface, on les transvase (avec un peu d'eau de cuisson) dans une poêle contenant la sauce. On termine la cuisson 1 ou 2 minutes avant de servir. Rien à voir avec des pâtes, les gnocchi…

2 ET POURQUOI REMONTENT-ILS À LA SURFACE QUAND ILS SONT CUITS ?

En fait, ça n'a rien à voir avec leur niveau de cuisson, mais c'est marrant à expliquer : quand l'eau frémit ou bout, des bulles d'air remontent à la surface. En remontant, certaines des plus petites bulles restent accrochées aux gnocchi. Et au bout d'un moment, il y a tellement de petites bulles d'air accrochées qu'elles vont littéralement « porter » les gnocchi et les faire remonter, exactement comme de petites bouées. Par chance, ou par hasard, le temps que ces bulles s'accrochent correspond à peu près au temps de cuisson des gnocchi. Mais ce n'est pas parce que les gnocchi sont cuits qu'ils remontent.

POURQUOI LA SURFACE DES PÂTES EST-ELLE SI IMPORTANTE ?

Mais parce que c'est cette surface qui va retenir la sauce, pardi ! Plus la surface de la pâte est lisse plus la sauce glisse dessus ; et plus elle est granuleuse, plus la sauce s'y accroche. Les pâtes premier prix sont toujours les plus lisses parce qu'on les passe à travers des moules en Teflon pour accélérer leur fabrication. Les pâtes de meilleure qualité sont passées à travers des moules en laiton ou en bronze et plus lentement, ce qui donne une surface plus irrégulière qui retient mieux la sauce. Les pâtes à stries sont généralement utilisées pour des sauces un peu épaisses.

ATTENTION, C'EST TECHNIQUE !

POURQUOI LES CAPELLINI, SPAGHETTI ET LINGUINE SONT-ILS PARFAITS POUR DES SAUCES LIQUIDES ?

Je sais... Ça peut paraître surprenant que des pâtes fines et longues soient les plus adaptées aux sauces liquides. Logiquement, on se dit que la sauce va ruisseler dessus et se retrouver au fond du plat. Eh bien pas du tout ! Et il y a 2 raisons à cela (la première est simple à comprendre ; la seconde, il fallait la trouver !).

1°) C'est tout simplement lié à ce qu'on appelle « la surface d'échange » qui correspond, en gros, à la surface sur laquelle la sauce se pose. Plus il y a de surface, plus il y a de sauce liquide qui donne ses saveurs. Vous suivez ? Avec un dessin c'est peut être plus facile à comprendre.

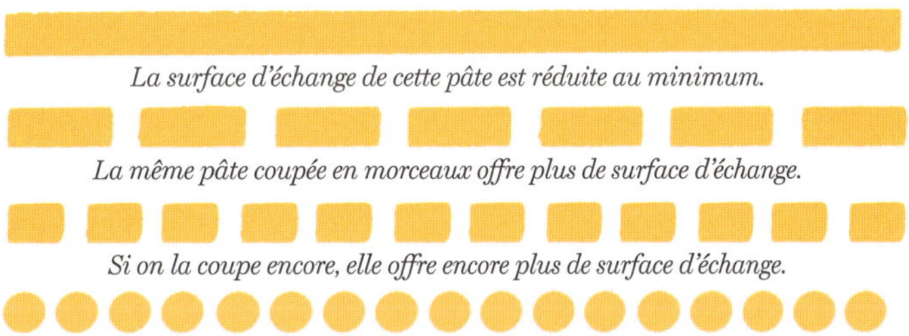

La surface d'échange de cette pâte est réduite au minimum.

La même pâte coupée en morceaux offre plus de surface d'échange.

Si on la coupe encore, elle offre encore plus de surface d'échange.

Et si on coupe encore plus fin, tout en obtenant une forme ronde, la surface d'échange est encore plus grande.

2°) C'est la capillarité de la sauce liquide. Vous vous souvenez de vos cours de physique-chimie ? Non ? Petit rappel : la capillarité, c'est l'ensemble des forces dites « capillaires » en liaison avec le phénomène de tension superficielle d'un liquide. Simple, non ? Bon, on reprend : lorsque 2 pâtes sont en contact, la sauce liquide va avoir tendance à se tendre pour recouvrir la surface, mais aussi pour se blottir au niveau du contact des pâtes. Et plus il y a de surface de contact entre les pâtes, plus il y aura de sauce. Et avec ces pâtes fines et longues, il y en a de la surface de contact ! Je vous fais un autre dessin, vous allez visualiser tout ça.

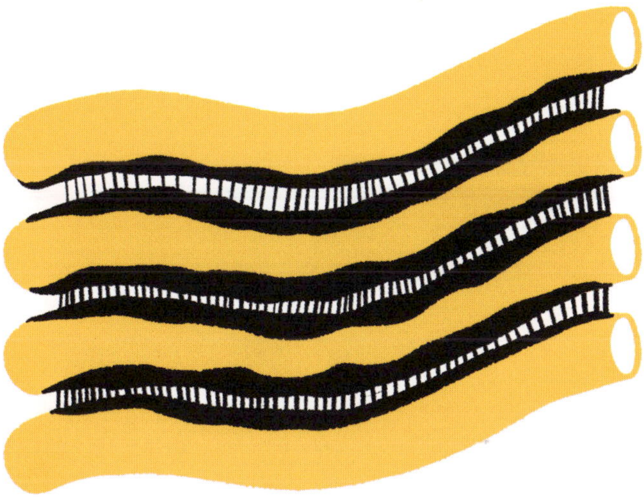

La sauce se place au niveau du contact entre les pâtes, par capillarité. Plus les pâtes sont fines, plus il y a de surface de contact et donc plus il y a de sauce qui s'accroche.

LES PÂTES

PÂTES LONGUES ET PLEINES

Ces pâtes longues s'accompagnent à merveille de sauces légères, liquides, voire très légèrement épaisses. La sauce recouvre facilement la surface des pâtes, et de très petits morceaux peuvent aussi se prendre dans l'enchevêtrement des pâtes.

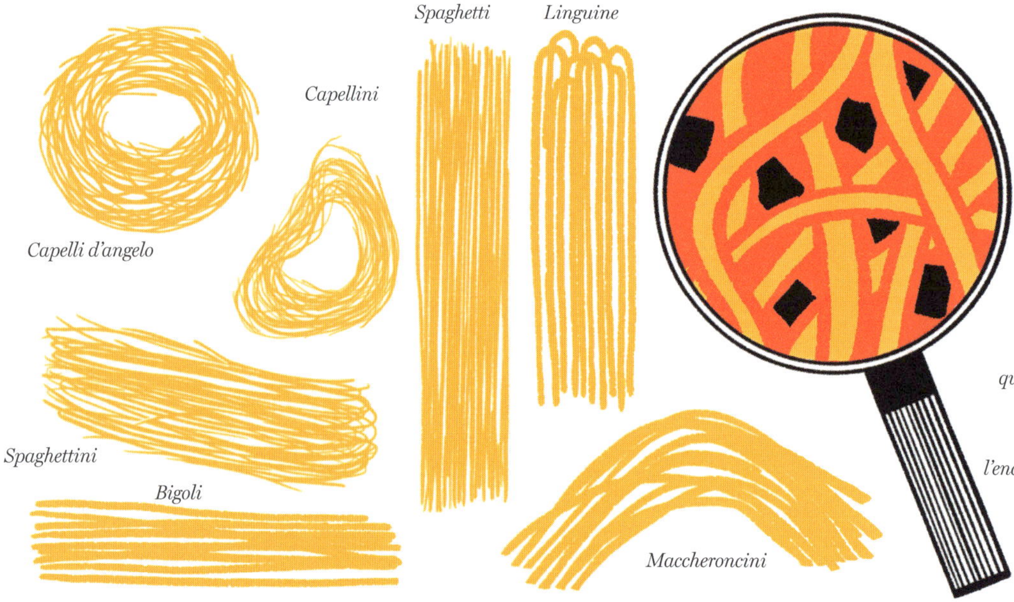

Les sauces liquides recouvrent facilement les pâtes et quelques petits morceaux se prennent dans l'enchevêtrement des pâtes.

Et aussi : Vermicelli, Capellini, Spaghettoni, Spaghetti rigate, Maccheroncini

PÂTES LONGUES ET CREUSES

On retrouve les mêmes spécificités que pour les pâtes longues et pleines, avec plus de mâche et la possibilité de voir un peu de sauce liquide s'introduire dans les trous aux extrémités.

Un peu de sauce pénètre dans les trous des extrémités, et quelques petits morceaux restent coincés dans l'enchevêtrement des pâtes.

PÂTES EN FORME DE RUBAN

La surface plate de ces pâtes permet d'accrocher des sauces plus riches et épaisses que celle des pâtes fines. Des morceaux de taille importante (jusqu'à des foies de volaille) peuvent aussi se retrouver bloqués dans l'enchevêtrement des pâtes.

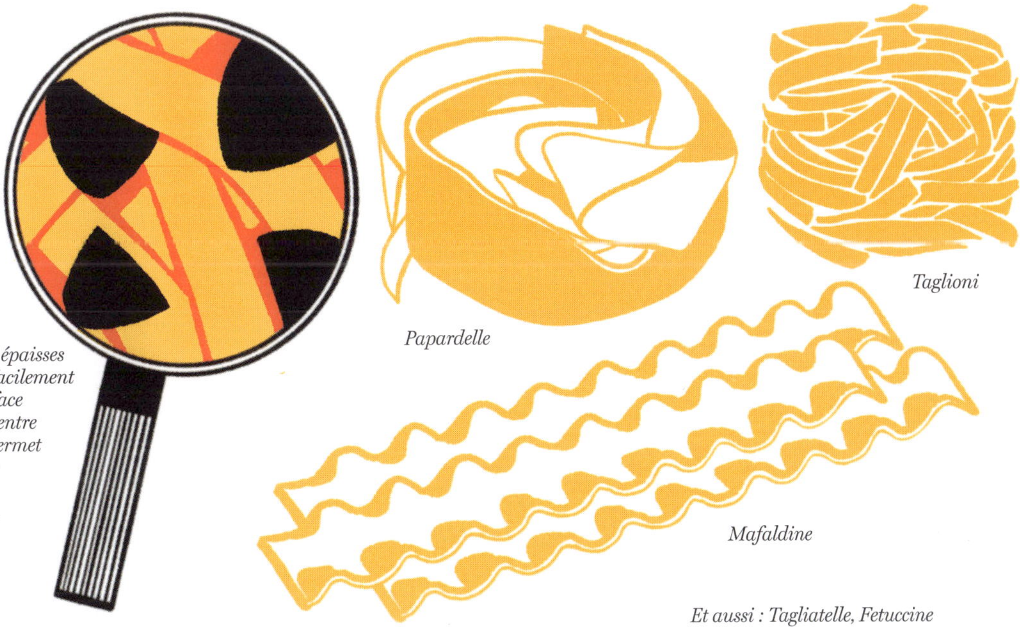

Les sauces épaisses se posent facilement sur la surface et l'espace entre les pâtes permet de bloquer de gros morceaux.

PÂTES PLATES

Ces grandes pâtes lisses offrent une grande surface de contact plane aux sauces qu'elles accompagnent. Les lasagnes se préparent généralement en gratin, alors que les fazzoletti se posent simplement au-dessus des aliments.

La surface plane de ces pâtes permet d'absorber une grande quantité de sauce.

LES PÂTES

PÂTES LISSES

Ces pâtes se marient bien avec des sauces mijotées, légères ou épaisses. Des morceaux peuvent venir se nicher dans les anfractuosités, et plus les pâtes sont grandes plus de gros morceaux peuvent se loger dans leurs creux.

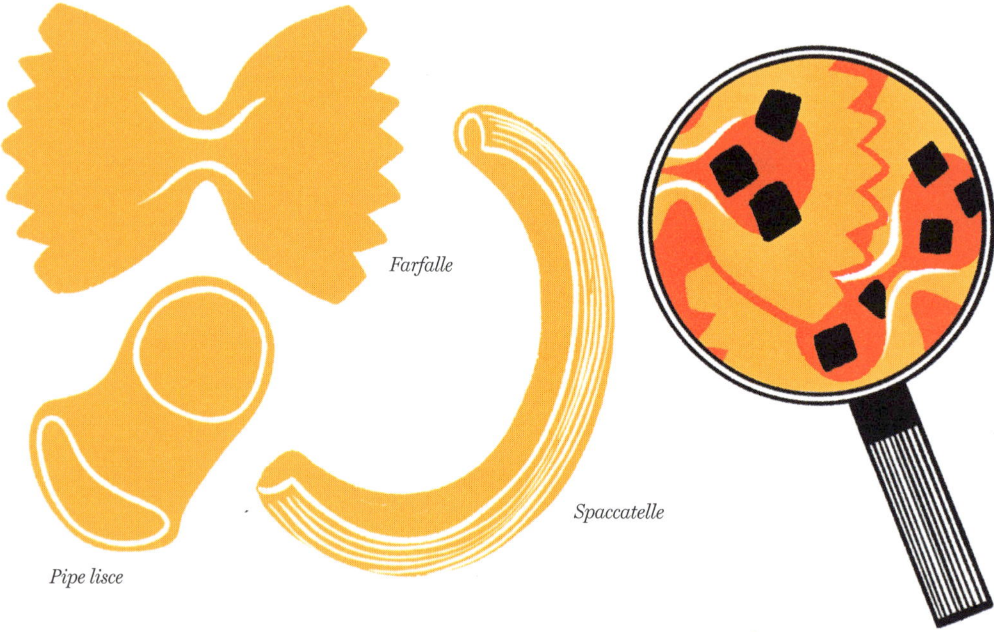

PÂTES À STRIES

Ce qui est important dans ces pâtes, généralement pas très grandes, ce sont les stries : c'est là que se niche une partie de la sauce, qui doit être assez légère pour pouvoir y pénétrer, mais assez épaisse pour bien y adhérer. La surface est souvent assez rugueuse, pour accrocher les sauces les plus épaisses.

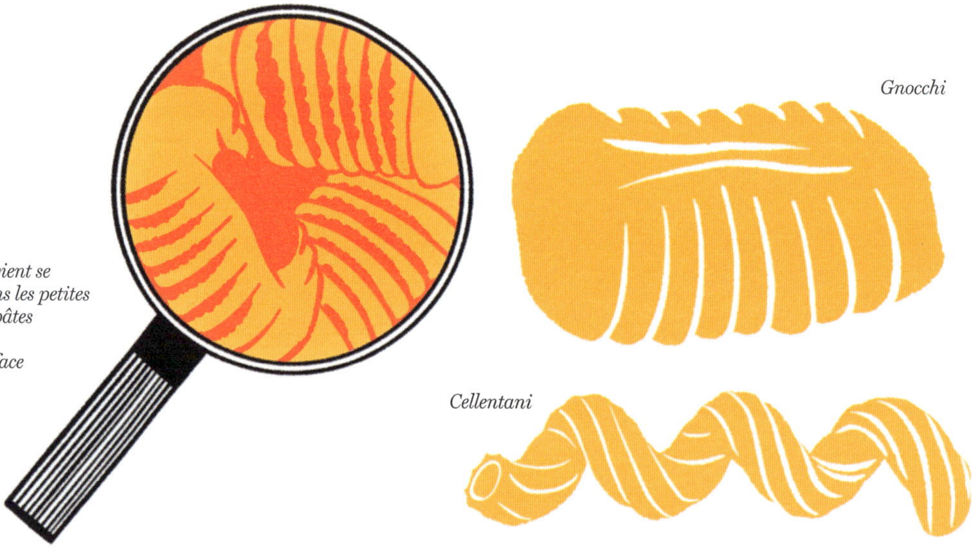

PÂTES CREUSES EN FORME DE COQUILLAGE

Ici, ce qui est intéressant, c'est le creux ! C'est là que de petits morceaux de légume ou de viande vont venir se cacher. Les sauces doivent être légères à moyennement épaisses pour bien recouvrir l'ensemble de la surface. On en trouve des versions sans stries qui retiendront moins les sauces.

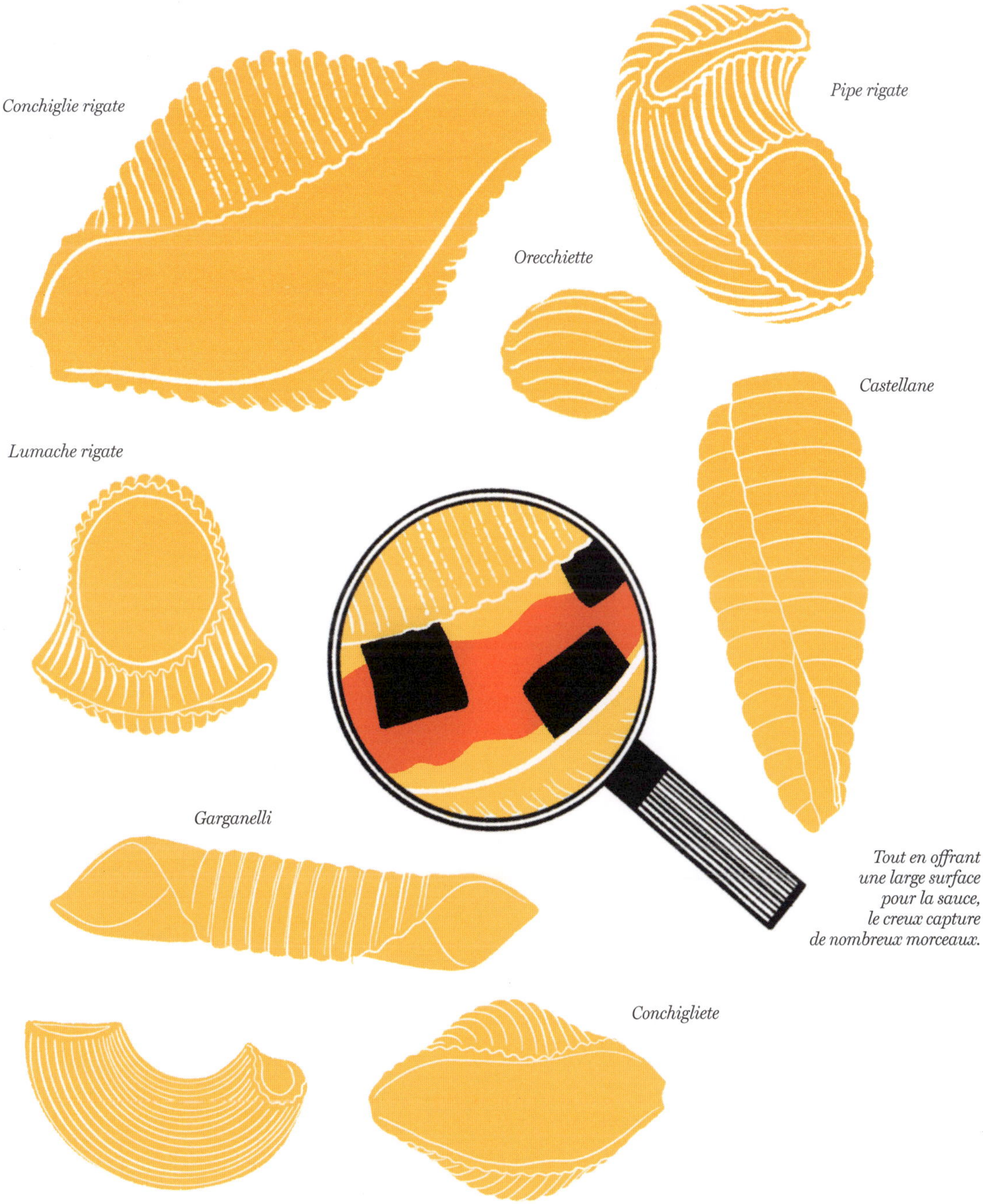

Et aussi : Conchiglie rigate

LES PÂTES

PÂTES TORSADÉES OU À AILETTES

Plus les torsades et les ailettes seront larges, plus elles vont accrocher et coincer les sauces épaisses. À l'inverse, de fines torsades ou des ailettes très rapprochées conviendront mieux à des sauces peu épaisses comme le pesto.

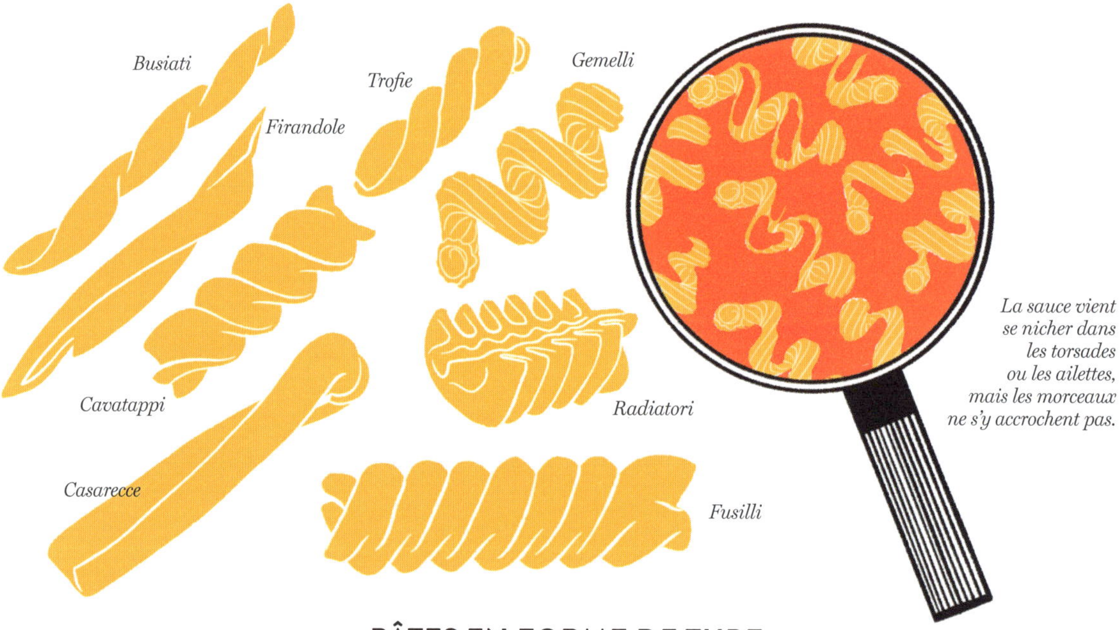

PÂTES EN FORME DE TUBE

Plus ces tubes sont épais, plus la sauce et de gros morceaux peuvent s'y engouffrer. Ces pâtes conviennent aussi parfaitement à des cuissons en gratin. Elles s'accommodent mieux de sauces un peu épaisses et/ou mijotées.

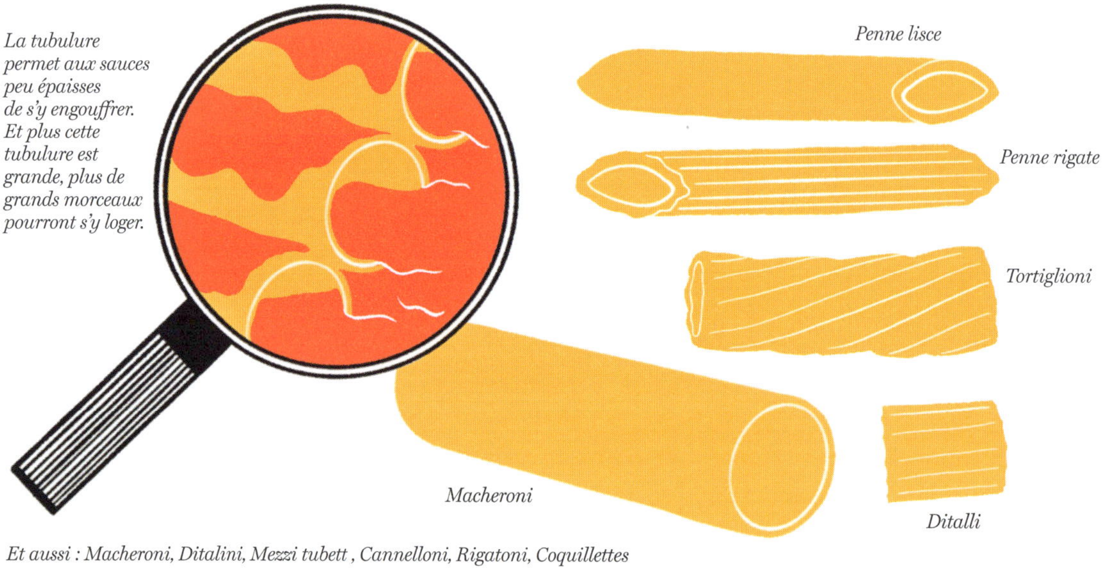

Et aussi : Macheroni, Ditalini, Mezzi tubett , Cannelloni, Rigatoni, Coquillettes

PÂTES À FARCIR

On sert généralement ces pâtes avec une sauce assez simple et peu épaisse pour ne pas noyer les saveurs de la farce. Oubliez tout de suite les ravioli baignant dans une sauce tomate au goût trop fort de la cantine, les pâtes à farcir demandent une sauce raffinée.

PÂTES À POTAGE OU À SAUCE ÉPAISSE

Là on est dans un type de pâtes qui peuvent se cuire dans des bouillons pour faire de délicieuses soupes, ou carrément les noyer dans une sauce épaisse pour lui ajouter de la matière. Une autre possibilité est de les cuire en sauce au four.

LES PÂTES

POURQUOI CERTAINES PÂTES SONT-ELLES VENDUES EN NIDS ?

Certaines pâtes sont trop fines et trop fragiles pour être vendues telles quelles, comme les capelli d'angelo, par exemple. Lorsqu'elles sont roulées en nid, elles sont moins fragiles et supportent mieux le transport.
Pour d'autres pâtes, généralement longues comme les tagliatelles, l'intérêt se situe dans la hauteur d'eau nécessaire à leur cuisson : en nids, elles prennent moins de place dans la casserole et nécessitent donc moins d'eau.

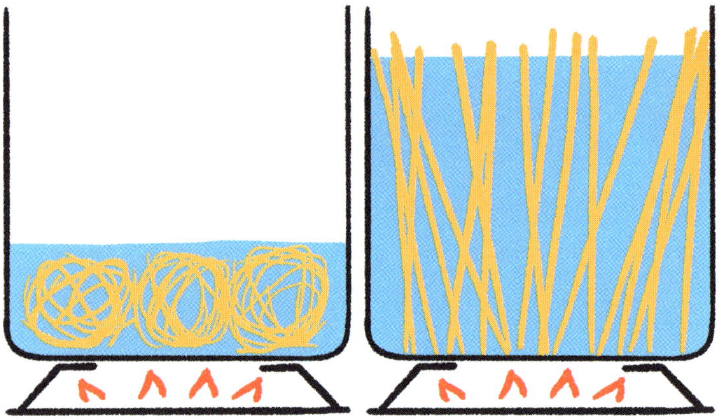

Les pâtes en nid sont moins fragiles et peuvent cuire dans un plus petit volume d'eau que les pâtes déroulées.

POURQUOI FAUT-IL SALER L'EAU DES PÂTES ?

Il y a 2 raisons à cela.
La première est d'ordre technique : dans de l'eau claire, l'amidon des pâtes se gélifie autour de 85 °C, mais dans de l'eau salée, la gélification commence à partir de 90 °C. Cette température de gélification plus élevée augmente le temps de cuisson, ce qui permet aux pâtes de cuire de manière plus homogène à l'extérieur et au centre.
La seconde est d'ordre gustatif : pendant la cuisson, les pâtes absorbent de l'eau, et si l'eau est légèrement salée, elles auront plus de saveurs.
« Oui mais si on sale après la cuisson, ce sera pareil ! », me dit ma femme.
– Euh, non chérie, pas tout à fait. Si on sale l'eau de cuisson, les pâtes seront salées de l'intérieur (en langage scientifique on parle "d'isosaveur"), alors que si on sale après la cuisson, seule leur surface sera salée. »
Et ce n'est pas du tout pareil en termes de goût, parce que plus les pâtes seront savoureuses, moins elles disparaîtront sous les saveurs de la sauce. On déguste bien des pâtes avec une sauce, et pas une sauce avec des pâtes, non ?
Quant à savoir s'il faut saler l'eau avant ou après ébullition, ça ne change rien. Certes, une eau salée bout à une température plus élevée qu'une eau non salée, mais vu la quantité de sel qu'on ajoute, la différence de température d'ébullition est tout au plus d'un tiers de degré Celsius, soit une différence de 2 ou 3 secondes environ de temps de chauffe. Salez quand vous voulez, mais salez !

ZOOM

POURQUOI Y A-T-IL DES TROUS DANS CERTAINES PÂTES LONGUES ?

Pour les pâtes à grand diamètre, comme les bucatini, par exemple, le temps que la chaleur pénètre et cuise le centre, on se retrouve avec l'extérieur trop cuit.
La solution pour que la cuisson soit plus homogène a été de faire une tubulure (un trou sur toute la longueur) dans laquelle l'eau peut s'engouffrer et cuire les pâtes par le centre.

POURQUOI L'EAU DES PÂTES DÉBORDE-T-ELLE SOUVENT ?

Lorsque les pâtes cuisent, elles perdent de l'amidon. Cet amidon flotte à la surface en formant une sorte de « couvercle » qui bloque les bulles d'air qui sont en train de remonter. De la vapeur se forme sous ce couvercle, le poussant de plus en plus vers le haut jusqu'à ce que ça déborde. Mais pour éviter ce désagrément, il y a des trucs infaillibles (voir la suite)...

POURQUOI FAUT-IL AJOUTER DE L'HUILE DANS L'EAU DES PÂTES ?

Tiens, ça c'est un truc pour gentiment abaisser le caquet de beau-papa quand il vous explique, en vous regardant de haut, que « mettre de l'huile dans l'eau des pâtes leur permet de ne pas coller entre elles ». Eh bien non, ce n'est pas du tout pour cette raison qu'on met de l'huile… On va éduquer beau-papa ;-)
L'eau et l'huile ne se mélangent pas, et l'huile flotte au-dessus de l'eau, ça on le sait. Ce qui est intéressant, c'est que cette huile s'intercale entre les particules d'amidon qui flottent et les sépare, empêchant cet amidon de former le fameux « couvercle » sur l'eau qui la fait déborder (voir question précédente).
Et bim, beau-papa !
Et si vous voulez l'agacer un peu plus, expliquez-lui que mettre une cuillère en biais dans l'eau en la faisant reposer sur un des côtés de la casserole donne le même résultat, mais grâce à un phénomène différent : celui de rassembler l'amidon autour d'elle et de laisser une partie de la surface sans « couvercle ».

L'amidon des pâtes forme un couvercle en surface, la vapeur s'accumule et l'eau déborde.

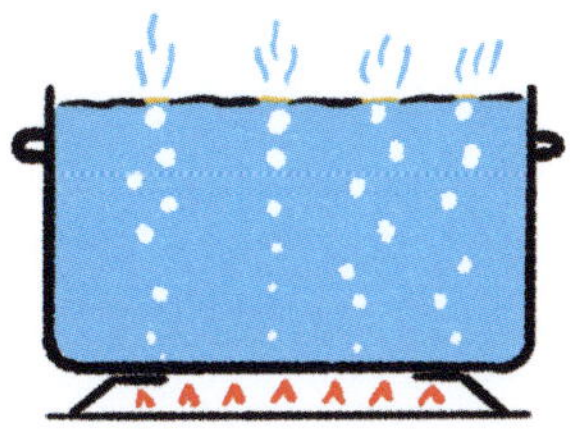

L'huile sépare les particules d'amidon, la vapeur passe et l'eau ne déborde pas.

LE POURQUOI DU COMMENT

POURQUOI CUIRE LES PÂTES DANS UN GRAND VOLUME D'EAU N'A AUCUN INTÉRÊT ?

Ça, c'est un truc que je lis très souvent : « *Faites cuire les pâtes dans un grand volume d'eau, au minimum 1 l pour 100 g de pâtes* ».
Franchement, quelle hérésie ! Bon, j'explique ;-)
La sauce adhère mieux aux pâtes lorsqu'elle contient de l'amidon et qu'il reste aussi de l'amidon sur les pâtes. Et plus il y a d'amidon, plus la sauce adhère.

Option n° 1 : si vous faites cuire 100 g de pâtes dans 1 l d'eau, soit une grande quantité d'eau, l'amidon des pâtes sera dilué. Lorsque vous ajouterez un peu de cette eau de cuisson à la sauce, cela ne changera pas grand-chose à sa consistance vu qu'elle contient peu d'amidon. Et puis, il y aura aussi peu d'amidon sur les pâtes pour faire accrocher ladite sauce. Résultat : une sauce qui n'accroche ni mieux ni moins bien.

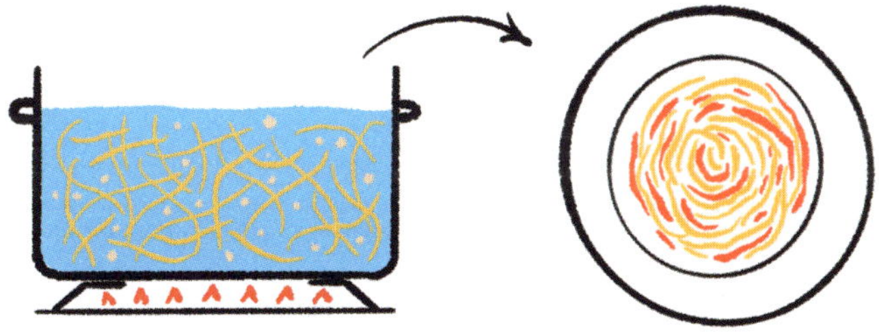

Si on cuit les pâtes dans un trop grand volume d'eau, l'amidon se dilue et la sauce ne tient pas sur les pâtes.

Option n° 2 : si vous faites cuire vos 100 g de pâtes dans 50 cl d'eau, soit 2 fois moins que dans l'option n° 1, la concentration en amidon dans l'eau sera 2 fois plus forte. On est d'accord ? Lorsque vous ajouterez un peu de cette eau de cuisson à la sauce, celle-ci adhérera mieux aux pâtes, qui en seront aussi mieux recouvertes et qui la feront mieux adhérer. Résultat : une sauce qui accroche beaucoup plus.

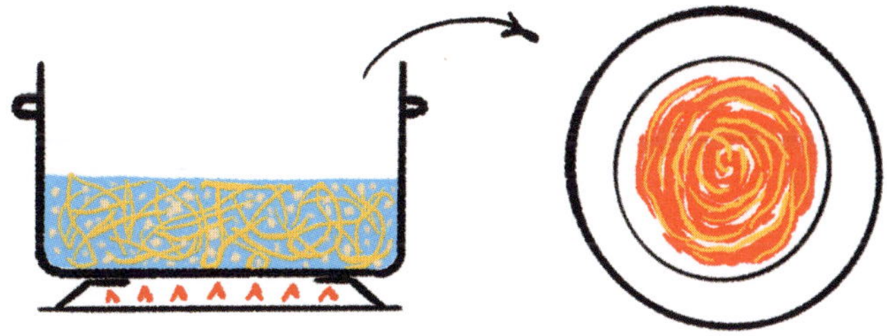

Si on cuit les pâtes dans un plus petit volume d'eau, l'amidon est plus concentré et la sauce tient sur les pâtes.

CONCLUSION : faites cuire vos pâtes dans un volume d'eau bien moins important que d'habitude et vous obtiendrez une cuisson qui permettra à la sauce de mieux adhérer. Vous êtes convaincu. Non ? Faites l'expérience et vous verrez une énorme différence de qualité entre les deux. Et pour information, les pâtes absorbent entre 1,5 et 1,8 fois leur poids en eau pendant la cuisson.

LES PÂTES

ATTENTION !

POURQUOI EST-IL IMPORTANT DE BIEN MÉLANGER LES PÂTES EN DÉBUT DE CUISSON ?

C'est primordial pour éviter que les pâtes ne collent entre elles. Au début de la cuisson, l'amidon contenu dans les pâtes s'hydrate et se transforme en gel (avant de durcir et ne plus coller). Si les pâtes ne sont pas remuées à ce moment, l'amidon gélifié de chacune des pâtes va s'assembler à celui des autres pâtes, et vous vous retrouvez avec une masse de pâtes collées entre elles au fond de la casserole, comme celles de belle-maman ;-)
Mais si les pâtes sont bien remuées pendant les 2 ou 3 premières minutes de cuisson, le gel d'amidon va en partie se diluer dans l'eau et les pâtes ne vont pas adhérer entre elles.

POURQUOI DIT-ON DE CUIRE LES PÂTES « AL DENTE » ?

Ça, c'est un truc qui m'énerve : « Faites cuire les pâtes al dente ! » Non mais, si je veux, d'abord, et puis si c'est justifié ensuite ! Déjà, cuire les pâtes al dente, c'est une pratique très récente de l'entre-deux-guerres, pas du tout une pratique ancestrale : jusqu'au début du XXe siècle, on cuisait souvent les pâtes dans des plats en sauce pendant des heures.
En fait, la cuisson al dente convient particulièrement aux pâtes fraîches qu'on a préalablement laissé sécher quelques heures pour les raffermir. En limitant le temps de cuisson, on évite une surcuisson de l'extérieur tout en obtenant un centre juste cuit et ferme. Pour les pâtes sèches, ça n'a aucun intérêt parce que, du coup, le centre n'est pas assez cuit.
Bon, je ne dis pas non plus de transformer vos pâtes en bouillie, hein ! Faites comme vous aimez, c'est ça l'important, parce que c'est vous qui les mangez, ces pâtes.

SPLASH !

POURQUOI NE FAUT-IL PAS AJOUTER D'HUILE SUR LES PÂTES « POUR ÉVITER QU'ELLES COLLENT ENTRE ELLES » ?

Si beau-papa insiste sur l'huile et qu'il vous explique qu'il faut en ajouter un peu sur les pâtes après la cuisson « pour éviter qu'elles collent », vous lui expliquerez qu'effectivement les pâtes ne vont plus coller entre elles, mais que la sauce ne va pas coller aux pâtes non plus, et que son plat sera sans intérêt ;-)

Avec l'huile, la sauce n'adhère pas aux pâtes.

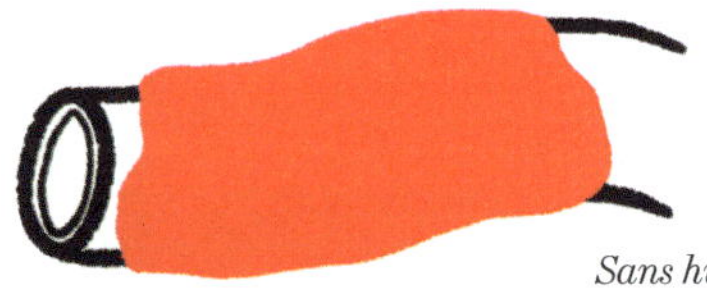

Sans huile, la sauce adhère aux pâtes.

POURQUOI LES PÂTES PRÉPARÉES AU FOUR SONT-ELLES ABSOLUMENT DÉLICIEUSES ?

On se limite souvent à la cuisson des pâtes à l'eau, mais je peux vous assurer que des pâtes cuites au four, avec une épaule d'agneau, par exemple, sont absolument délicieuses. Ce qu'il faut, c'est assez de bouillon dans le plat pour qu'elles puissent gonfler et cuire. En fait, c'est exactement le même principe que la cuisson des pommes boulangère, mais avec des pâtes. Classiquement on met les pâtes, puis on ajoute des tomates, des aromates, du bouillon à hauteur et on place la viande au milieu ou au-dessus. Les pâtes se gorgent du bouillon et du jus de la viande pendant la cuisson. C'est d'ailleurs souvent de cette façon qu'on cuisinait les pâtes au XIXe siècle. Franchement, c'est dément ce truc !

LES BONS GESTES

POURQUOI FAUT-IL METTRE LES PÂTES DANS LA SAUCE PLUTÔT QUE LE CONTRAIRE ?

Quelle idée de mettre les pâtes dans un plat puis de verser la sauce dessus avant de mélanger ! Avec cette méthode, le mélange n'est jamais parfait. Faites plutôt comme les Italiens : préparez la sauce dans une grande poêle puis ajoutez les pâtes très al dente et égouttées, et un peu d'eau de cuisson. Remuez sans cesse 1 ou 2 minutes pour que tout se mélange parfaitement, au chaud, et que les pâtes absorbent une belle quantité de sauce. Versez ensuite le tout dans un grand plat chaud avant d'apporter à table.

POURQUOI FAUT-IL TOUJOURS AJOUTER UN PEU D'EAU DE CUISSON DANS LES SAUCES ?

L'amidon libéré par les pâtes pendant la cuisson est le même que celui qu'on retrouve dans la farine ou la fécule de pomme de terre : c'est un épaississant qui apporte aussi un petit côté crémeux (comme pour le risotto). De plus, lorsque l'amidon est dilué dans un liquide, il a une structure « collante » qui permet à la sauce de bien adhérer aux pâtes.
Et des pâtes avec une sauce qui adhère, c'est bien meilleur qu'avec une sauce qui glisse et qui se retrouve au fond du plat, non ?
Ajoutez donc un peu d'eau de cuisson, qui contient de l'amidon, à votre sauce !

POURQUOI N'Y A-T-IL PAS DE CRÈME NI DE LARDONS DANS LA CARBONARA ?

Ce truc lourd, avalé par des étudiants affamés après les cours, qu'ils appellent « carbonara » n'a rien à voir avec la finesse de la vraie *carbonara*.
Qu'on se le dise : la vraie carbonara ne contient pas de crème, mais des jaunes d'œufs mélangés avec du poivre, du pecorino et/ou du parmesan et un peu d'eau de cuisson des pâtes. Elle ne contient pas non plus de lardons mais du *guanciale* (de la joue de porc frottée avec des épices). Ces deux versions de la carbonara n'ont rien à voir. Préparer de la carbonara avec de la crème et des lardons, c'est comme faire une pizza avec de l'emmental ou du gruyère, c'est un péché !

LES SPAGHETTI BOLOGNESE

Ah, les spaghetti bolognese *! Comment ça « bolognese » ? Oui, «* bolognese *» ou « à la bolognaise » en français...*
Enfin, ça n'a pas grande importance puisque, de toute façon, les spaghetti bolognese *n'existent pas.*

LA PETITE HISTOIRE

POURQUOI LA « SAUCE BOLOGNESE » EST-ELLE TRÈS CERTAINEMENT D'ORIGINE FRANÇAISE ?

Je vais sans doute me faire mal voir par nos amis italiens, mais oui, la « *sauce bolognese* » est très certainement d'origine française. Bologne est une ville dont les étudiants représentent le quart de la population, et ce, depuis 900 ans. Son université était très réputée pendant la Renaissance, et de nombreux étudiants français venaient y acquérir un savoir de qualité. Ce sont ces étudiants français qui auraient apporté avec eux des recettes de viandes longuement cuites, en ragoût, comme ça se faisait en France (mais pas du tout en Italie). D'ailleurs, le mot *ragù* en italien, qui vient du mot français « ragoût », désigne cette sauce : on dit les pâtes *al ragù*.

POURQUOI LES « SPAGHETTI BOLOGNESE » N'EXISTENT-ILS PAS ?

Tout simplement parce que les spaghetti sont des pâtes du Sud de l'Italie, alors que Bologne est une ville du Nord, à plus de 800 km de distance. Les « *spaghetti bolognese* » sont une invention des Italo-américains qui voulaient manger des pâtes avec de la viande et qui ne trouvaient pas de tagliatelles aux États-Unis. Ils faisaient avec ce qu'ils avaient sous la main, mais c'est très différent de la recette originale.

PIQÛRE DE RAPPEL

POURQUOI ASSOCIER DES SPAGHETTI AVEC DE LA SAUCE BOLOGNESE N'EST PAS TRÈS MALIN ?

Les spaghetti sont des pâtes fines et longues, je ne vous apprends rien.
La *sauce bolognese* est une sauce épaisse, avec de la viande en petits morceaux et des légumes.
Les spaghetti sont bien trop fins pour retenir autant de poids et une sauce aussi épaisse ; du coup, on se retrouve avec peu de sauce sur les pâtes et la viande au fond de l'assiette.
La lose, quoi !

LES BONS GESTES

POURQUOI FAUT-IL METTRE DU VIN BLANC PLUTÔT QUE DU VIN ROUGE DANS LA BOLOGNESE ?

La *bolognese* est une sauce riche. Le vin blanc lui apporte de légères notes acides qui relèvent les saveurs en excitant nos papilles gustatives, et la rendent plus légère (exactement comme dans un risotto). Le vin rouge, au contraire, « éteint » ces saveurs. C'est un petit secret des Italiens… Essayez, ça change tout !

POURQUOI AJOUTE-T-ON DU LAIT OU DE LA CRÈME À LA FIN DE LA BOLOGNESE ?

À Bologne, on incorpore du lait entier ou de la crème entière à mi-cuisson ou en fin de cuisson pour donner de la rondeur à la sauce et diminuer l'acidité que pourraient conférer les tomates. On ne vous l'avait jamais dit ? Les Italiens sont cachottiers vous savez, ils gardent leurs petits secrets pour eux ;-) Les coquins !

ATTENTION !

POURQUOI CUISINER UNE SAUCE BOLOGNESE AVEC DE LA VIANDE HACHÉE EST UNE ABERRATION ?

Ah non ! Vous n'allez pas préparer une *bolognese* avec de la viande hachée, ce truc qui perd son jus en quelques minutes pour devenir tout sec ! Non, non et non ! On va le voir en détail dans LA VIANDE HACHÉE ET LES SAUCISSES, lors du hachage, toutes les fibres de la viande sont découpées ; du coup, elle perd rapidement son jus à la cuisson. Impossible de la faire dorer : elle bout dans tout le jus qu'elle perd ! Et franchement, à quoi bon faire mijoter pendant des heures une viande qui cuit en 5 minutes ? Vous feriez cuire un beefsteak pendant des heures, vous ? Non, bien sûr… Il faut des viandes qui cuisent lentement, comme celles du pot-au-feu. La différence de goût est abyssale.

Mais si (et ça m'arrache le cœur de vous voir le faire) vous n'aviez que de la viande hachée sous la main, la meilleure solution consiste à la faire cuire par toutes petites quantités pour que le jus s'évapore rapidement et qu'elle puisse dorer un peu ou, encore mieux, à faire des boulettes que vous ferez dorer de tous côtés avant de les écraser quand vous verserez le bouillon.
Et ne pensez pas que votre viande desséchée lors de la cuisson va se ré-humidifier dans la sauce, hein ? Vous vous mettez le doigt dans l'œil. Ça ne se passe pas comme ça.
Roooh, de la viande hachée pour faire de la ***bolognese***, franchement…

La bolognese*, ça se respecte ! Tout d'abord, on fait dorer la viande pour créer des sucs, puis on baisse le feu et on ajoute les légumes coupés, puis le vin blanc qu'on laisse un peu réduire, puis du coulis de tomate, du bouillon et quelques herbes. On laisse cuire tranquillement 3 à 4 heures avant d'ajouter de la crème liquide ou du lait, et de prolonger la cuisson encore 1 heure.*

LA QUALITÉ DES VIANDES

Ah, une bonne viande ! Mais attention, pas une viande vendue sous film au rayon boucherie du supermarché, hein ? Non, je vous parle de la viande issue d'animaux sélectionnés, élevés avec amour et passion. Parce que la qualité de vie des bestiaux fait la qualité de leur viande.

POURQUOI Y A-T-IL DES SAISONS PENDANT LESQUELLES LES VIANDES SONT MEILLEURES ?

Toutes les saisons n'offrent pas la même nourriture à nos animaux chéris, et comme la nourriture change, la qualité des viandes évolue de mois en mois.
Au printemps, l'herbe grasse et fleurie donne des saveurs délicates aux bœufs et aux agneaux, mais plus animales en été avec de l'herbe qui a séché au soleil.
En automne, les vers de terre sortent et donnent une nourriture de grande qualité aux volailles.
En hiver, les cochons trouvent des glands en grande quantité, qui leur donnent des chairs délicieuses.

Comme pour les fruits et légumes, il y a des saisons pour apprécier les viandes au meilleur de leur qualité.

ÉTONNANT !

POURQUOI LA QUALITÉ DE LA NOURRITURE A-T-ELLE BEAUCOUP D'INFLUENCE SUR LA QUALITÉ DE LA VIANDE DES COCHONS ET DES VOLAILLES…

Le cochon, comme les volailles (ou l'être humain), a un seul estomac. Ce système digestif, dit monogastrique, a la particularité de transmettre aux chairs les saveurs de ce qui est mangé. C'est la raison pour laquelle les cochons et les volailles, élevés en liberté et qui doivent trouver leur nourriture dans la nature, donnent des chairs de meilleure qualité que s'ils sont nourris de farines ou de céréales, en batterie.

… MAIS PAS SUR CELLE DES BŒUFS ET DES AGNEAUX ?

À la différence des cochons ou des volailles, les bœufs et les agneaux sont des ruminants dont le système digestif est composé de plusieurs estomacs afin de digérer la cellulose contenue dans l'herbe. Du coup, l'impact de la nourriture sur les saveurs des chairs est infime, voire inexistant. En revanche, ces saveurs se fixent sur le gras et lui confèrent beaucoup de goût. Une viande de bœuf sans gras a beaucoup moins de saveur qu'une autre joliment marbrée.

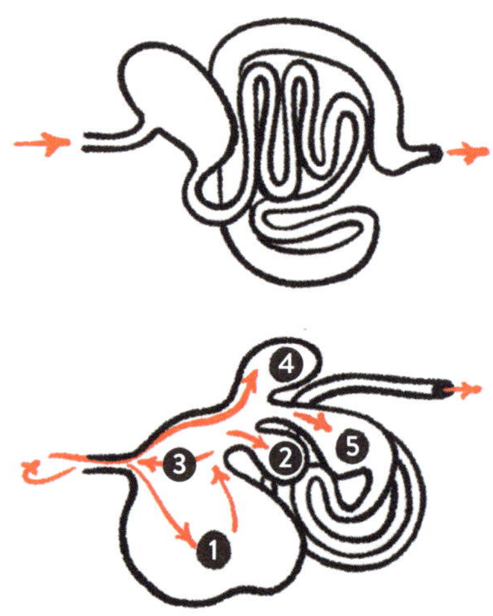

Après avoir été mâchée, l'herbe descend dans la panse du bœuf, remonte pour être ruminée puis redescend dans le système digestif.

LA QUALITÉ DES VIANDES

POURQUOI LE BŒUF PEUT-IL ÊTRE SERVI « SAIGNANT », MAIS PAS LE COCHON NI LE POULET ?

Tout d'abord, la cuisson « saignante » n'existe pas vraiment pour le cochon et le poulet car leur viande est rose pâle et leur jus n'est pas rouge. Leur cuisson « rosée » se rapproche de la cuisson « à point » du bœuf.

Chez le bœuf, les bactéries dangereuses, lorsqu'il y en a, restent en surface de la viande et ne pénètrent pas à l'intérieur. Lorsqu'on fait dorer, braiser ou pocher la viande de bœuf, la température à la surface est assez importante pour les détruire ; l'intérieur peut être « saignant » voire bleu à 45 °C, ça n'a pas d'importance car les bactéries ont été éradiquées. Attention quand même aux tartares et à la conservation de la viande crue !

Chez le cochon, c'est à peu près la même chose sauf que, si l'animal a été mal nourri, il peut attraper des vers qui pénètrent à l'intérieur des muscles et y pondent des œufs.
Si l'intérieur de la viande ne monte pas à une température assez élevée, les œufs resteront vivants. Aujourd'hui, ces contaminations sont extrêmement rares et une cuisson « rosée » à 60 °C est suffisante.

Chez le poulet, qui marche dans ses excréments, les bactéries prolifèrent sur les pattes. Le problème se situe au moment du transport des carcasses lorsqu'elles sont entreposées les unes sur les autres. Les bactéries se déplacent et peuvent contaminer les chairs. Une cuisson courte à haute température ou plus longue à une température plus basse suffit à s'en débarrasser. La viande est alors « rosée », à 65 °C, mais saine.

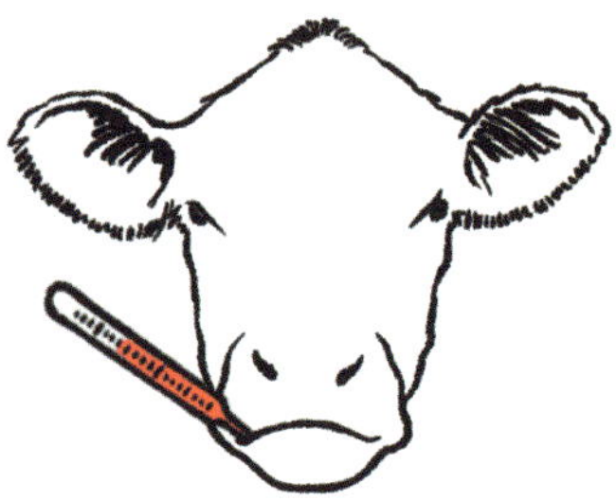

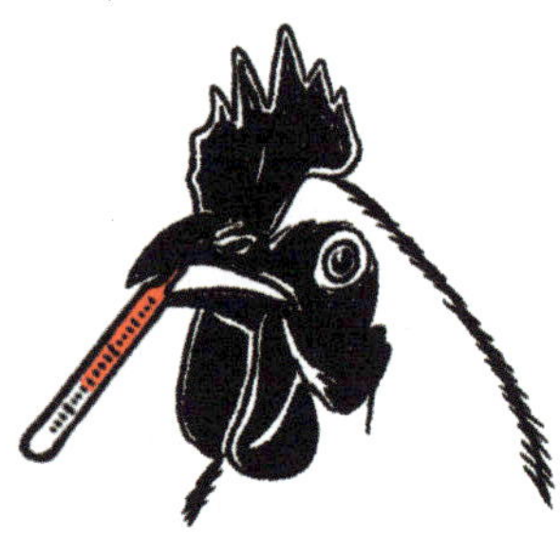

POURQUOI LES MORCEAUX DE VIANDE QUI CONTIENNENT DES OS ONT-IL PLUS DE GOÛT ?

Qui n'a pas gratouillé les derniers morceaux de viande encore accrochés aux os ? On adore ces morceaux, et à raison. La partie qui se trouve près des os est souvent la plus goûteuse et il y a plusieurs explications à cela : tout d'abord parce que, pendant la cuisson, la moelle contenue dans certains os sort et crée des sucs ; ensuite, beaucoup d'autres sucs se créent sur l'os dont une grande quantité coule et se dépose aux alentours pour donner beaucoup de saveurs à la viande. Et puis, il y a aussi tout le tissu conjonctif qui accroche la viande aux os qui est délicieux. Une viande avec os, c'est le top !

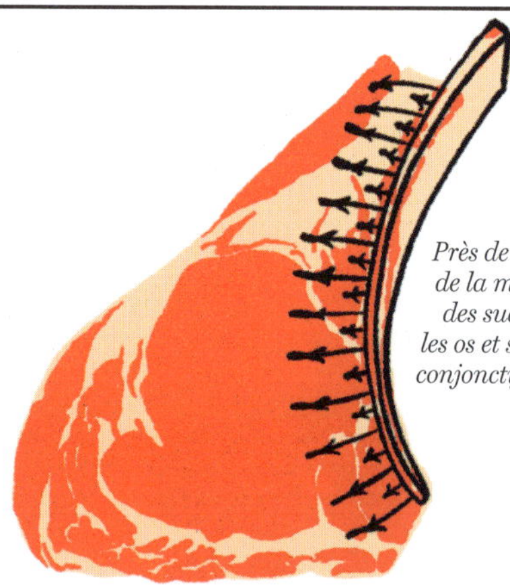

Près de l'os, la chair profite de la moelle qui se diffuse, des sucs qui se créent sur les os et s'écoulent, et du tissu conjonctif qui la retient à l'os.

LE WAGYU EN 3 QUESTIONS

❶ POURQUOI PARLE-T-ON SI SOUVENT DE LA VIANDE DE WAGYU ?

Vous ne connaissez pas le wagyu ? Faut que je vous explique alors, parce que c'est une viande absolument divine : les wagyus sont des bœufs japonais : « *wa* » signifie « Japon », et « *gyu* » « bœuf ». Ces bœufs de petite taille servaient jadis aux travaux d'agriculture, principalement dans les rizières. Leur viande est littéralement marbrée de gras car les travaux qu'ils effectuaient demandaient beaucoup d'énergie, et cette énergie était fournie par le gras contenu dans les muscles. Aujourd'hui, ils sont engraissés dans des fermes, comme on le fait avec les oies ou les canards pour obtenir du foie gras. On leur passe même de la musique pour qu'ils soient bien détendus... Et pour ne rien gâcher, ces animaux ne reçoivent aucun antibiotique.

❷ ET POURQUOI EST-ELLE SI BONNE ?

Dans un morceau, le gras est important parce que c'est lui qui donne la majeure partie du goût au morceau. Et du gras, notre wagyu en a à revendre : dans les bons morceaux des meilleurs animaux, on a de la viande perdue au milieu du gras plutôt que du gras autour de la viande. La nourriture des wagyus est composée de céréales, de riz entier et des enveloppes des grains d'orge inutilisés lors de la fabrication de la bière. C'est cette nourriture très particulière qui donne beaucoup de saveurs au gras.

❸ MAIS POURQUOI LES WAGYUS VENDUS AILLEURS QU'AU JAPON NE SONT-ILS PAS VRAIMENT DES WAGYUS ?

En dehors du Japon, l'utilisation du mot « wagyu » est possible parce que le nom et la signification de *wagyu* ne sont pas déposables juridiquement. Des éleveurs se sont engouffrés dans la brèche, et donnent le nom de « wagyu » à des animaux issus de croisements, généralement avec de la Black Angus américaine, une race bourrée d'antibiotiques développée aux États-Unis dans d'immenses parcs d'engraissement. Le résultat obtenu n'a strictement rien à voir : ces « wagyus » étrangers sont vendus en steaks épais avec un gras sans intérêt alors que le vrai wagyu se déguste coupé en tranches fines qu'on laisse fondre délicatement sur la langue. Le wagyu élevé en dehors du Japon c'est exactement comme la mozzarella fabriquée à Shangaï ou le camembert fait avec du lait UHT aux États-Unis. Ça en porte le nom, mais les saveurs et la texture n'ont strictement rien à voir.

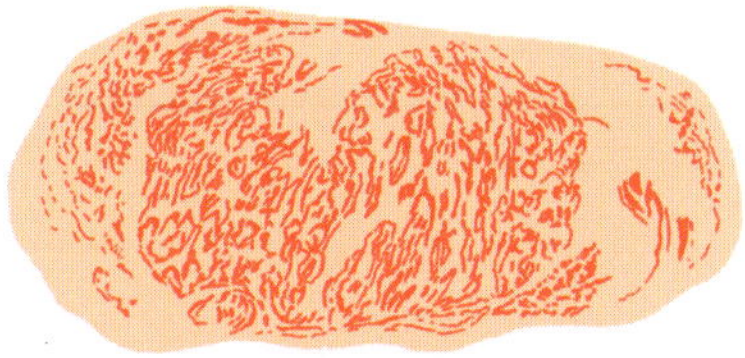

Faux-filet de véritable wagyu

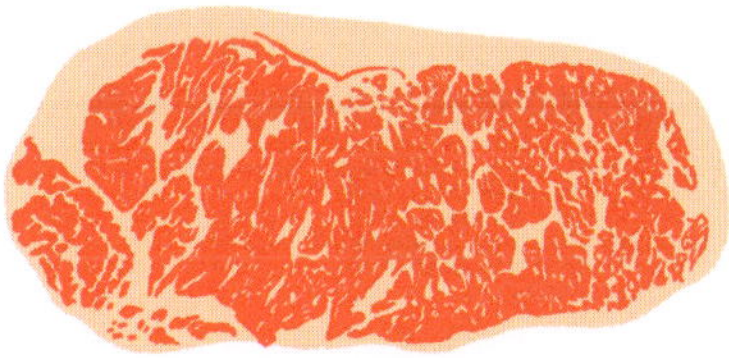

Faux-filet de faux wagyu

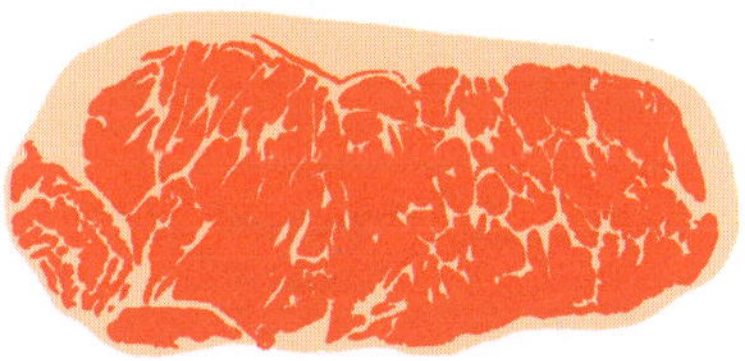

Faux-filet de bœuf de race normande

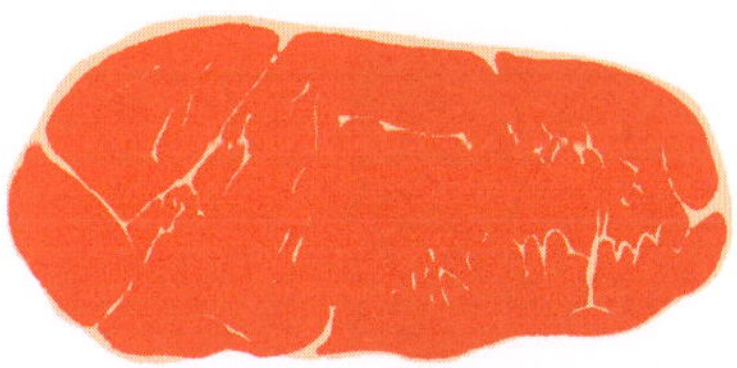

Faux-filet de bœuf de race courante

LA COULEUR DES VIANDES

Mais non, le jus qui sort de la viande n'est pas du sang ! Et puis, comme on entend un peu tout et n'importe quoi sur les couleurs des viandes, on va regarder ça d'un peu plus près...

POURQUOI LES VIANDES NE SONT-ELLES PAS TOUTES DE LA MÊME COULEUR ?

La couleur des viandes est due à la quantité de myoglobine contenue dans les muscles. La myoglobine est une protéine qui transporte l'oxygène dans les muscles. Plus les muscles font des efforts prolongés, plus ils contiennent de myoglobine pour leur apporter cet oxygène. Par exemple, les canards qui sont faits pour voler longtemps ont des muscles très rouges, alors que les poulets, qui ne font que se balader tranquillement, ont des muscles très pâles.

POURQUOI LE JUS ROUGE QUI SORT DE LA VIANDE N'EST-IL PAS DU SANG ?

Tout simplement parce que l'animal a été saigné et qu'il ne contient plus de sang. Avez-vous remarqué qu'il n'y a pas de jus rouge qui sort de la viande de veau mais qu'il en sort de la viande de bœuf ? Et pourtant, les veaux ont bien du sang en eux. Le jus rouge qui sort des viandes est lié à la quantité de myoglobine qu'elles contiennent. Il est rouge pour le bœuf, et presque incolore pour le veau ou le poulet.

POURQUOI LES VIANDES CONSERVÉES SOUS VIDE REDEVIENNENT-ELLES ROUGES À L'AIR AMBIANT ?

Lorsque les viandes sont emballées sous vide, elles sont par définition dans un environnement sans air, donc sans oxygène. Et parce qu'il n'y a pas d'oxygène fixé sur la myoglobine, elles sont plus foncées que les autres. Dès qu'on ouvre le sachet, la myoglobine peut à nouveau fixer l'oxygène contenu dans l'air et redonner une couleur rouge à la viande.

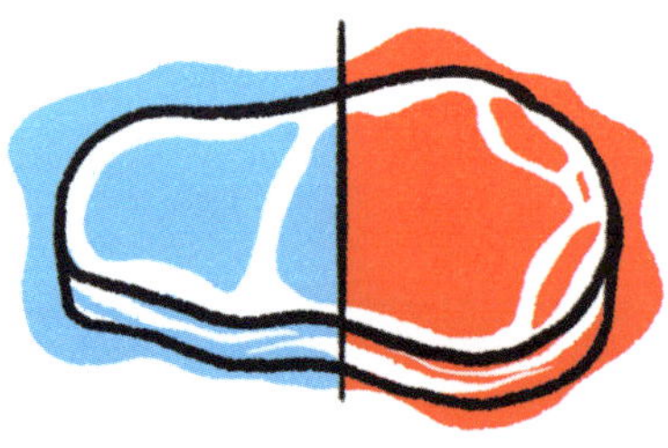

Une viande emballée sous vide, rouge très foncé, redevient rouge une fois déballée et donc en contact avec l'oxygène.

POURQUOI LA COULEUR DE LA VIANDE DE BŒUF NE DONNE-T-ELLE PAS D'INFORMATIONS JUSTE SUR SA FRAÎCHEUR ?

Une viande de qualité peut être d'un rouge vif éclatant ou, au contraire, très foncée.
C'est principalement la myoglobine qui donne la couleur de la viande. Celle-ci varie en fonction de 3 facteurs :

1- son exposition à l'oxygène. On vient de le voir, une viande conservée sous vide est plus foncée qu'une viande exposée à l'air libre ;
2- son niveau de maturation. Une viande maturée 5 ou 6 semaines est naturellement plus sombre qu'une viande simplement rassise pendant 15 jours (voir LA MATURATION) ;
3- l'âge de l'animal. La viande d'un animal âgé contient naturellement plus de myoglobine que celle d'un jeune ; sa viande est donc plus foncée.

La seule couleur de viande de bœuf vraiment fiable est le marronnasse qui vire légèrement au vert.
Là, un conseil, partez en courant !

POURQUOI LE GRAS DE LA VIANDE DE BŒUF PEUT-IL ÊTRE BLANC OU UN PEU JAUNE ?

Cela dépend de l'alimentation du bestiau. Les bœufs nourris uniquement avec des céréales vont avoir un gras bien blanc, alors que ceux qui sont nourris dans les champs vont avoir un gras un peu jaune, grâce au carotène contenu dans l'herbe.

Un gras blanc est le signe d'une alimentation à base de céréales...

... alors qu'un gras jaune est le signe d'une alimentation à base d'herbe.

POURQUOI LA VIANDE DE VEAU PEUT-ELLE ÊTRE TRÈS BLANCHE À ROUGE FONCÉ ?

Les veaux nourris au lait de leur mère ou au lait en poudre présentent une carence en fer (le lait contient peu de fer) et donc une viande claire, alors que ceux qui se nourrissent d'herbe, riche en fer, ont des chairs rouge foncé.
L'âge importe aussi puisque plus l'animal vieillit, plus la quantité de myoglobine contenue dans les muscles augmente et plus la viande est rouge foncé.

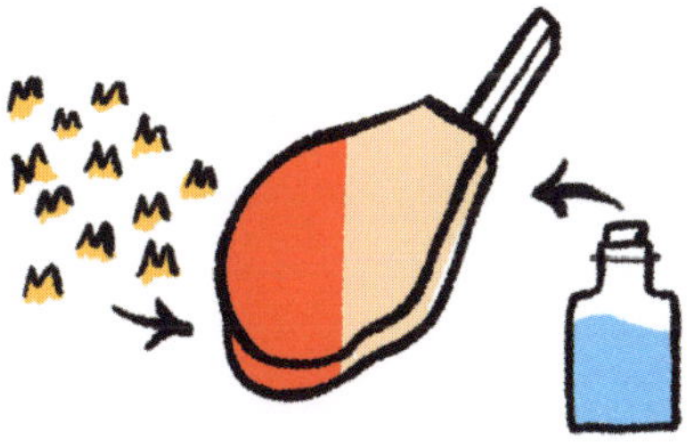

Un veau nourri à l'herbe riche donne une viande rouge foncé avec des saveurs soutenues, alors qu'un veau nourri au lait de sa mère donne une viande très pâle, aux saveurs douces.

POURQUOI LES VIANDES DE CERTAINES RACES DE COCHONS SONT-ELLES TRÈS ROUGES ?

Comme pour les veaux, certaines races de cochons ont des chairs naturellement plus rouges, mais le type d'élevage joue également sur sa qualité : les cochons d'élevages industriels ont des chairs claires parce qu'ils vivent en porcherie sans bouger suffisamment ; les cochons élevés en liberté gambadent dans les champs et les sous-bois, marchent beaucoup et mangent de la nourriture de qualité. Leurs chairs sont d'un rouge plus foncé.

LE GRAS, C'EST BON !

Poh, poh poh ! Je vous vois déjà tourner du nez en vous disant que quand c'est gras, c'est pas bon... Eh bien si, justement, le goût de la viande, on le doit au gras, pas à la chair. Et plus il y en a, mieux c'est. Réhabilitons le gras !

POURQUOI UNE VIANDE MARBRÉE DE GRAS A-T-ELLE PLUS DE GOÛT...

Pendant la cuisson, le gras cuit, fond légèrement et développe beaucoup de saveurs. S'il y a du gras dans les muscles, à chaque bouchée vous allez en capter le goût. Ensuite, ce gras va se déposer sur votre langue et former une sorte de pellicule savoureuse qui va mettre du temps avant de disparaître, c'est ce qu'on appelle la « longueur en bouche ».

... ET EST-ELLE AUSSI PLUS TENDRE ET PLUS JUTEUSE ?

En fait elle ne l'est pas réellement, mais c'est la perception qu'on en a. Lorsque les protéines des viandes sont chauffées, elles durcissent, mais le gras, lui, a tendance à fondre. Lorsqu'on mâche une viande avec du gras, la tendreté de celui-ci apporte du « liquide », donc de la « jutosité ».

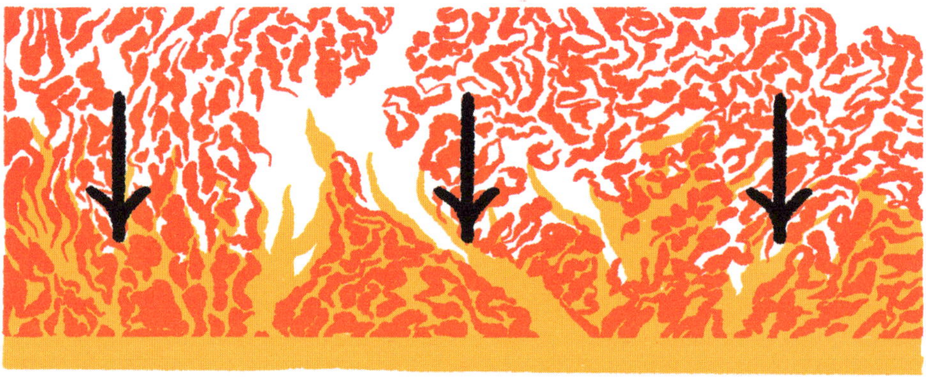

Lorsque le morceau de viande persillé de gras cuit, la chaleur pénètre plus lentement, évitant qu'il se dessèche trop vite. En fondant sous l'effet de la chaleur, le gras apporte aussi de la tendreté et de la longueur en bouche.

CQFD !

POURQUOI UNE VIANDE GRASSE SUPPORTE-T-ELLE D'ÊTRE PLUS CUITE QU'UNE VIANDE MAIGRE ?

La première raison est que le gras va contrebalancer le côté sec des viandes trop cuites. C'est d'ailleurs la raison pour laquelle, autrefois, on lardait certaines viandes qui pouvaient souffrir de surcuisson.
La seconde, c'est que le gras conduit moins vite la chaleur que la viande elle-même. Quand une viande est « veinée » de gras, la chaleur met du temps à pénétrer, du coup le centre du morceau reste tendre et juteux plus longtemps.

ÉTONNANT !

POURQUOI LA VIANDE DE BŒUF EST-ELLE PLUS GRASSE QUE CELLE DE COCHON ALORS QUE LE BESTIAU EST « MOINS GRAS » ?

Le gras du bœuf est un gras intramusculaire, c'est à dire qu'il est à l'intérieur des muscles. D'ailleurs, on voit bien dans certains morceaux, comme une côte de bœuf bien persillée, où se trouve le gras. Chez le cochon, le gras se situe surtout sous la peau du dos et de la poitrine. Il y en a aussi entre les muscles, mais très peu à l'intérieur. D'ailleurs, lorsqu'on fait un régime pauvre en graisses, il est préférable de manger de la viande de cochon que de bœuf. La viande pas le gras, bande de petits gourmands !

ET POURQUOI LA VIANDE D'AGNEAU EST-ELLE LA PLUS GRASSE DE TOUTES ?

La petite bête gambade du matin au soir, court beaucoup, saute dans tous les sens... bref, elle se dépense sans compter. Et pour faire autant d'exercice, il lui faut de l'énergie, beaucoup d'énergie ! La nature n'étant pas trop mal faite, son corps fabrique du gras à partir de la nourriture ingurgitée, qui va servir d'énergie à ses muscles. C'est pour cette raison que la viande d'agneau est une viande avec du gras autour ET à l'intérieur des muscles.

MIAM !

POURQUOI UNE CÔTE DE BON COCHON A-T-ELLE BEAUCOUP DE GRAS SUR L'EXTÉRIEUR ?

Les cochons élevés industriellement et abattus à l'âge de 6 mois sont tellement bourrés d'hormones pour les faire grandir rapidement que leur organisme n'a pas le temps de développer du gras.
Un bon cochon de race, en revanche, est élevé plus lentement jusqu'à ses 2 ans et a le temps de se nourrir de bonnes choses.
Tout ce temps et cette nourriture permettent de développer des chairs de grande qualité et aussi un gras magnifique autour des côtes.
Si vous voyez des côtes de cochon avec du gras sur le pourtour, c'est un signe de qualité. Jetez-vous dessus !

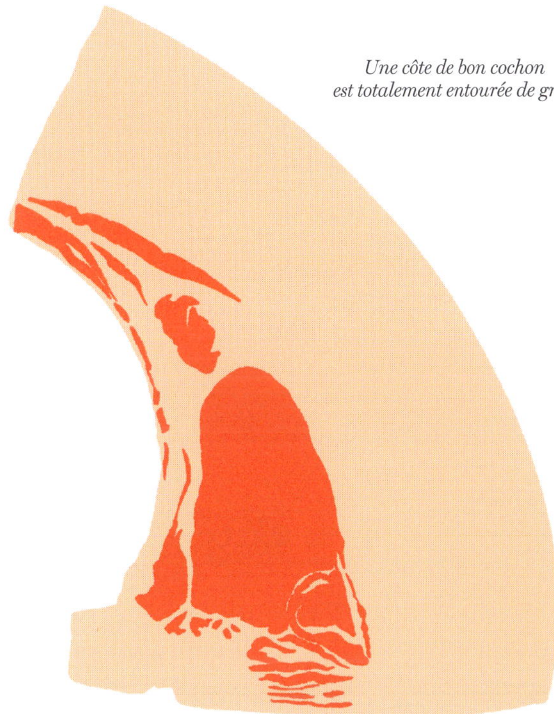

Une côte de bon cochon est totalement entourée de gras.

POURQUOI LES VIANDES DE VEAU ET DE COCHON SÈCHENT-ELLES RAPIDEMENT À LA CUISSON ?

Ces deux viandes maigres contiennent peu de gras à l'intérieur des muscles, ce qui joue sur 3 facteurs :
1- le gras freine la montée en température des viandes ; les viandes maigres chauffent et s'assèchent plus vite ;
2- le gras fond en chauffant et ajoute de la jutosité à la viande. Comme ces viandes en contiennent peu, elles sont moins juteuses ;
3- le gras fait travailler nos glandes salivaires qui produisent plus de salive. Et qui dit plus de salive dans la bouche, dit aussi plus de liquide ajouté à chaque bouchée, donc la sensation d'avoir plus de jus.

Un conseil : faites dorer les viandes de veau et de cochon en début de cuisson, mais ensuite, il est impératif de les cuire doucement, à une température pas trop élevée, pour éviter de les dessécher.

DURETÉ ET TENDRETÉ DES VIANDES

Comment ça elle est dure ma viande ? Oui, elle est dure ! Et c'est pas parce qu'elle est dure qu'elle est moins bonne. Elle demande juste un peu plus de temps de cuisson. Et après vous vous régalerez, voilà !

POURQUOI IL Y A DES VIANDES DURES ET DES VIANDES TENDRES ?

C'est une question de quantité de collagène. Le collagène est un tissu conjonctif qui forme une gaine autour des fibres musculaires, comme les gaines en plastique autour des fils électriques. Chaque fibre est entourée de collagène, puis une autre gaine de collagène entoure les regroupements de centaines de fibres musculaires, puis une autre gaine encore entoure le regroupement de centaines de faisceaux… Plus les muscles travaillent et plus l'animal est âgé, plus il y a de collagène, plus la viande est dure.

Le collagène entoure chaque fibre musculaire comme une gaine, qui est elle-même enveloppée d'une autre gaine de collagène, etc.

ATTENTION, C'EST TECHNIQUE !

POURQUOI LE SENS DE COUPE DE LA VIANDE PEUT-IL LA RENDRE PLUS TENDRE OU PLUS DURE ?

Le sens dans lequel vous coupez votre viande conditionne une grande partie de sa tendreté. On ne vous l'avait jamais dit ? Vous allez voir, c'est surprenant…

Les viandes sont constituées de fibres qui ressemblent à des pailles (comme celles qui font le bonheur de nos enfants pour boire leur grenadine). Quand on coupe un morceau parallèlement aux fibres, on a en bouche « de longues pailles » et une mâche ferme. Mais quand on coupe un morceau perpendiculairement aux fibres, on obtient de « fines tranches de pailles ». Et bien sûr, c'est plus facile de mâcher de petits morceaux de fibres que des longs.

Attendez ! Ce n'est pas fini. Il y a un autre truc très important : le jus contenu dans les fibres va sortir plus facilement des tranches fines que des longues. Et en mâchant, la jutosité des petites fibres ressortira davantage. Au final, en coupant perpendiculairement aux fibres, vous obtenez une viande plus tendre et plus juteuse, donc plus savoureuse.

Coupé dans le sens de ses fibres, le morceau de viande demande une mâche ferme.

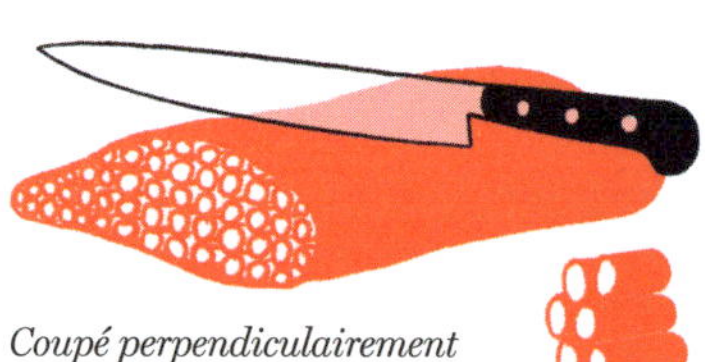

Coupé perpendiculairement à ses fibres, le morceau de viande est plus facile à mâcher.

POURQUOI TROUVE-T-ON PLUS DE VIANDES DURES CHEZ LE BŒUF QUE CHEZ LES AUTRES ANIMAUX ?

Le bœuf est beaucoup plus lourd que les veaux, cochons, agneaux et autres poulets. Certains de ses muscles sont amenés à faire plus d'efforts ; ils contiennent donc plus de collagène épais et dur, qui donne les viandes dures.
Chez le veau aussi il y a des viandes dures, comme celles qu'on utilise pour la blanquette par exemple, mais leur collagène est plus fin et la cuisson est plus rapide. D'ailleurs, la poitrine de veau supporte aussi bien des cuissons courtes lorsqu'elle est coupée en tranches, que longues, lorsqu'elle est entière.
Chez le cochon, ce sont surtout les jarrets qui sont fermes. Et comme pour le veau, certains morceaux comme le jambon ou l'épaule, lorsqu'ils sont coupés en tranches, s'accommodent de cuissons rapides.
Chez l'agneau, c'est encore pareil pour le gigot et l'épaule.
Et chez le poulet, les seuls muscles qui contiennent du collagène sont les pattes, mais leur cuisson est rapide.

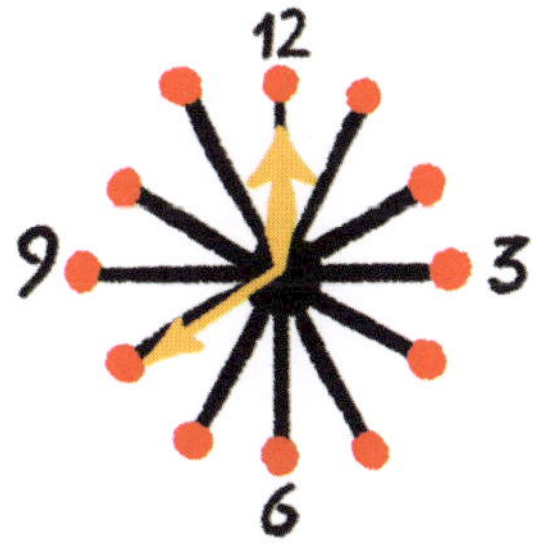

POURQUOI LES VIANDES DURES SE TROUVENT-ELLES PRINCIPALEMENT À L'AVANT DU BŒUF ?

Parce que les membres avant portent plus de poids que les membres arrière. Et c'est encore plus important pour notre bœuf qui tire avec ses antérieures pour avancer (à l'opposé du cochon qui pousse sur ses postérieures). C'est exactement comme pour les voitures, il y a des animaux typés « traction », comme le bœuf, et d'autres typés « propulsion », comme le cochon.

POURQUOI LE FILET DE BŒUF EST-IL UN MORCEAU TRÈS TENDRE ET TRÈS CHER ?

Le filet, situé sous le rumsteck et le faux-filet, est un muscle qui travaille très peu et qui contient très peu de gras. Parce qu'il ne travaille pas, il est très tendre, et parce qu'il contient peu de gras, il a aussi très peu de goût. Ces deux particularités lui permettent de plaire à beaucoup de personnes, d'où son prix exorbitant. Les vrais amateurs de viande se détourneront de ce morceau de peu d'intérêt pour aller vers des morceaux plus goûteux avec plus de mâche.

POURQUOI LES VIANDES DURES DEMANDENT-ELLES DES TEMPS DE CUISSON TRÈS LONGS ?

Lorsqu'il est cru, le collagène est élastique et dur, et donne une viande immangeable. Mais lorsqu'il est cuit doucement et longtemps, il se transforme en une délicieuse gélatine, et la viande ramollit. C'est ce qui fait le bonheur des amoureux du pot-au-feu et autre bœuf bourguignon.

LES SECRETS DES BONS MORCEAUX

Savez-vous reconnaître une bonne côte de bœuf ? Choisir les meilleurs morceaux pour la fondue bourguignonne ? Magnifier un gigot ? Pfff, faut tout vous dire...

LA CÔTE DE BŒUF EN 3 QUESTIONS

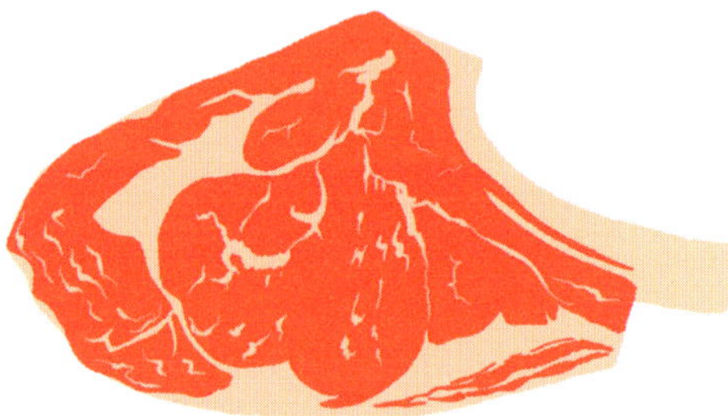

1 POURQUOI UNE BONNE CÔTE DE BŒUF DOIT-ELLE AVOIR DU GRAS À L'INTÉRIEUR ?

On a vu que le gras est un vecteur de goût très important. Peu de gras = moins de goût. Choisissez une côte de bœuf bien marbrée, elle n'en sera que plus savoureuse.

2 ET POURQUOI SÈCHE-T-ELLE MOINS VITE À LA CUISSON QU'UNE ENTRECÔTE ?

L'entrecôte est le même morceau que la côte de bœuf. Elle peut être placée entre les côtes, mais peut aussi être une côte dont on a retiré l'os. La différence importante intervient à la cuisson parce qu'une bonne partie de la viande est accrochée à l'os. On l'a vu dans LA QUALITÉ DES VIANDES, à l'endroit où elle est attachée, elle ne peut pas se contracter, expulser du jus ni s'assécher. C'est la raison pour laquelle une côte de bœuf est toujours plus juteuse qu'une entrecôte.

3 MAIS POURQUOI FAUT-IL LA SALER LA VEILLE ?

On a vu l'effet du sel sur les viandes (voir LE SEL). Mais je répète pour ceux qui ont la flemme de tourner quelques pages : contrairement à ce qu'on croit souvent, une viande salée à l'avance garde plus de jutosité parce que le sel modifie la structure des protéines et les empêche de se tordre à la cuisson en expulsant une partie du jus. Et pour une côte de bœuf, bien épaisse, il faut laisser au sel le temps de pénétrer profondément. Salez-la donc la veille voire même 48 heures à l'avance.

POURQUOI LA POITRINE DE COCHON EST-ELLE UN MORCEAU DE CHOIX...

La poitrine est l'un des morceaux les plus goûteux du cochon (et bon marché aussi). Faites-la rôtir doucement avec la couenne au-dessus pour que celle-ci fonde légèrement, puis terminez la cuisson au gril pour faire dorer cette couenne.
Tiens, encore un petit secret : la veille, posez la poitrine dans un plat, la couenne au-dessus. Saupoudrez-la d'un peu de levure chimique ; celle-ci va modifier le PH de la peau et la rendre plus tendre. Un pur délice !

... TOUT COMME LA POITRINE D'AGNEAU ?

Là, si vous me prenez par les sentiments... C'est mon morceau d'agneau préféré. Lui aussi est peu connu parce qu'il n'est pas très présentable ; on s'en sert pour préparer des couscous ou des fonds d'agneau. Soit il est vendu avec les os sous le nom de « poitrine » ; soit il est désossé et vendu sous le nom « d'épigramme ». Évidemment, il a plus de goût avec les os. Faites-le simplement griller au four, avec de l'origan ou du thym, et cachez-vous des enfants pour grignoter ce qui reste accroché aux os, c'est ce qu'il y a de meilleur !

De bons morceaux de bavette ou d'onglet marinés 24 heures et une huile bien chaude sont les clés d'une fondue bourguignonne réussie.

POURQUOI LA BAVETTE ET L'ONGLET SONT-ILS LES MEILLEURS MORCEAUX POUR LA FONDUE BOURGUIGNONNE ?

Je sais bien que nos amis bouchers ont des morceaux qu'ils appellent « pièces à fondue » qu'ils vous conseillent ardemment. Oubliez tout de suite ces morceaux sans intérêt qui sont généralement des restes de découpe et qui ne sont pas du tout fait pour votre plat ; car même s'ils sont tendres, ils ont peu de goût et dorent difficilement.
Pour une bonne fondue, il vous faut de la viande qui frit et croustille rapidement dans l'huile chaude, et pour ça, il n'y a rien de meilleur que l'onglet, la bavette ou encore la hampe. Avec ces morceaux, vous obtiendrez une magnifique croûte, très croustillante, et un l'intérieur tendre et juteux, comme un bonbon. La hampe et l'onglet auront un goût plus soutenu que la bavette.
Tiens, d'ailleurs j'ai deux petits secrets pour la fondue.
Secret n°1 : je coupe des morceaux de la taille de 2 bouchées, pas plus grand surtout, et je fais mariner la viande 24 heures dans un mélange d'huile d'olive, d'ail, de poivre, de thym et d'une bonne rasade de piment de Cayenne moulu.
Secret n°2 : en général, les poêlons ne chauffent jamais assez fort pour faire dorer plusieurs morceaux à la fois pendant tout le repas, alors je préchauffe mon huile à 180 °C à la cuisine et surtout, tout autour de la base je place un maximum de petites bougies chauffe-plat pour garder la température de cuisson au taquet. Du coup, mon huile reste chaude beaucoup plus longtemps.

POURQUOI PIQUER UN GIGOT AVEC DE L'AIL N'EST PAS TRÈS MALIN ?

En fait, il faut comprendre que la température intérieure de la viande n'est pas assez chaude pour cuire les gousses d'ail qu'on pique dans les grosses pièces de viande, comme un gigot : la viande étant saignante à 60 °C et à point à 65 °C, comment voulez-vous que l'ail soit cuit ? Au final, vous vous retrouvez avec une viande parfaitement cuite et de l'ail cru et très fort en goût dedans.
Mais il y a des solutions, si vous aimez l'ail avec votre gigot : placez des lamelles d'ail juste sous la peau du gigot, là où la température sera la plus élevée et l'ail cuira.
Ou bien, précuisez les gousses environ 10 minutes dans une casserole avec un peu d'huile d'olive, à feu très très doux, puis introduisez-les profondément dans la viande.
Mais dans les deux cas, la diffusion aromatique du goût aillé sera extrêmement faible, de moins de 1 mm.

LE VRAI DU FAUX

POURQUOI FAUT-IL ÉVITER LES RÔTIS ENTOURÉS DE BARDES ?

On met ces bardes aux rôtis depuis des lustres pour 3 mauvaises raisons.
1- « *Ça évite à la viande de sécher à la cuisson* ». C'est faux et cela a été prouvé scientifiquement il y a une vingtaine d'années. La barde n'empêche en rien l'évaporation du jus contenu dans la viande : avec ou sans barde, la viande perd exactement le même poids à la cuisson.
2- « *Ça nourrit la viande pendant la cuisson* ». Là aussi c'est faux pour la simple raison que même une marinade ne pénètre pas de 1/10ᵉ de millimètre en 1 heure (voir LES MARINADES). Et vous voudriez que du gras pénètre plus rapidement ?
3- Je ne vais pas me faire des copains mais bon… Une fois que la barde entoure un rôti, elle est pesée avec la viande et vendue au même prix alors qu'elle ne coûte rien. Ni vu, ni connu…
Mais la principale raison pour laquelle il faut éviter les rôtis entourés de barde, c'est qu'elle les empêche de griller là où elle recouvre la viande. Et moins un rôti dore, moins il développe de saveurs. Les rôtis bardés ont donc moins de goût que les rôtis non bardés. Voilà tout !

LES JAMBONS

« Tout est bon dans le cochon ? » Oui, madame ! Et avec le jambon, on peut carrément atteindre des sommets de perfection gustative. Petit tour de cuissot…

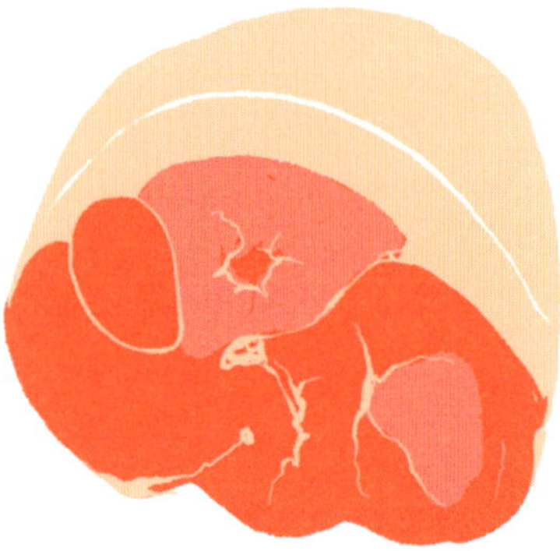

POURQUOI LE JAMBON CUIT EST-IL ROSE ALORS QUE LE JAMBON CRU EST ROUGE ?

Un même morceau et deux couleurs très différentes… J'explique. **Le jambon « blanc »** est mis en saumure dans un mélange d'eau, d'épices, de sucre et de sel pendant plusieurs jours avant d'être cuit dans un bouillon ou à la vapeur. La couleur rose est due la présence du sel nitrité utilisé pour fixer la couleur rose pâle. Un jambon naturel, sans sel nitrité, est gris clair.

Le jambon cru lui, est couvert d'un mélange d'épices et de sel avant d'être mis à sécher pendant plusieurs mois. Durant ce séchage, des réactions de Maillard, les mêmes que celles qui font dorer la viande ou donnent la bonne odeur du poulet rôti, se réalisent ; les sucres se concentrent et les graisses s'oxydent. La couleur évolue doucement pour passer au rouge foncé.

POURQUOI UN BON JAMBON BLANC A-T-IL DES ZONES DE COULEURS TRÈS DIFFÉRENTES ?

La jambe des cochons est formée de plusieurs muscles qui ont des fonctions distinctes : certains servent à marcher, alors que d'autres lui permettent juste de rester debout. De ce fait, certains muscles contiennent plus de myoglobine et ont une couleur rouge plus soutenue. La présence de ces différentes couleurs est le signe d'un animal bien élevé et d'une préparation de qualité. Ne pensez surtout pas le contraire !

ZOOM

POURQUOI LES ITALIENS ET LES ESPAGNOLS ONT-ILS DES JAMBONS DÉLICIEUX ?

C'est une question de races de cochons et de savoir-faire. Les principales races qu'on trouve en Italie et en Espagne descendent de la race Ibérico, l'une des trois races pleines et entières avec la race celtique et la race asiatique. Les descendants en droite ligne de la race Ibérico sont de loin les meilleurs, les plus fins, ceux qui donnent les meilleurs jambons.

LE PATA NEGRA EN 2 QUESTIONS

1 POURQUOI DIT-ON QUE LE PATA NEGRA EST LE MEILLEUR JAMBON DU MONDE ?

Ah, les on-dit… Franchement, si ce n'est pas le meilleur du monde, il fait partie du top 5, c'est sûr ! Le pata negra est fait à partir d'une race particulière de cochon, le porc noir Ibérico, qui a la particularité de fixer l'acide oléique dans son gras. Ces cochons, élevés en semi-liberté dans le Sud-Ouest de l'Espagne, profitent d'une nourriture de très grande qualité l'hiver : des glands à profusion, des racines, des écorces, des légumes, etc. C'est cette nourriture qui leur donne des chairs délicieuses. Ensuite, c'est la nature et la qualité du travail des artisans qui fait la différence pour ces jambons crus, affinés pendant 3 à 5 ans.

2 ET POURQUOI EST-IL SI CHER ?

Le jambon cru, c'est un peu comme le champagne, il y a le tout-venant, et il y a des crus exceptionnels. Le pata negra, c'est un cru exceptionnel, très rare, avec des saveurs légèrement sucrées, de noix, de noisette, de sous-bois, une longueur en bouche phénoménale… et la rareté a un prix.
Mais attention ! Sous le nom de pata negra on trouve aussi des jambons de qualité inférieure.

Le véritable pata negra est vendu sous la dénomination Bellota 100 % Ibérico (100 % de race Ibérico). C'est un jambon exceptionnel vendu avec une bague noire pour le reconnaître.

Le jambon ibérique Bellota est de qualité inférieure parce que la race n'est pure qu'à 75 %, même s'il a eu droit à la même nourriture. Lui a une bague rouge.

L'ibérique Cebo de Campo est encore inférieur même s'il est de race Ibérico à 75 % : il n'a pas mangé de glands mais a été élevé en liberté. Sa bague est verte.

L'ibérique de Cebo est de race pure à 50 % et a uniquement vécu enfermé dans des granges sans réellement pouvoir se promener. Et sa bague est blanche.

POURQUOI TROUVE-T-ON MAINTENANT DU JAMBON DE BŒUF ?

En fait, ça existe depuis 2 000 ans en Espagne ou en Italie, rien de nouveau sous le soleil, donc !
Le plus réputé, mais pas le plus connu du grand public, est la Cecina de León, qui vient du Nord-Ouest de l'Espagne. Ce jambon est fait à partir de muscles des jambes arrière de bœufs âgés d'au moins 5 ans, et a subi à peu près la même transformation que certains jambons secs : il est salé, fumé, puis séché et affiné. On le sert généralement arrosé d'un filet d'huile d'olive, comme la bresaola, qui, elle aussi, provient des quartiers arrière de bœufs italiens.

LE POULET ET LE CANARD

Ah, le poulet du dimanche et le canard à l'orange de tante Hortense ! Que de bons souvenirs... Bon, une mise à jour s'impose quand même !

ÉTONNANT !

POURQUOI LES POULETS ONT-ILS DES ÉCAILLES SUR LES PATTES ?

Les poulets trainent un peu partout : tas de fumier, mauvaises herbes, etc. Les écailles protègent leurs pattes et leur évitent d'attraper des maladies.

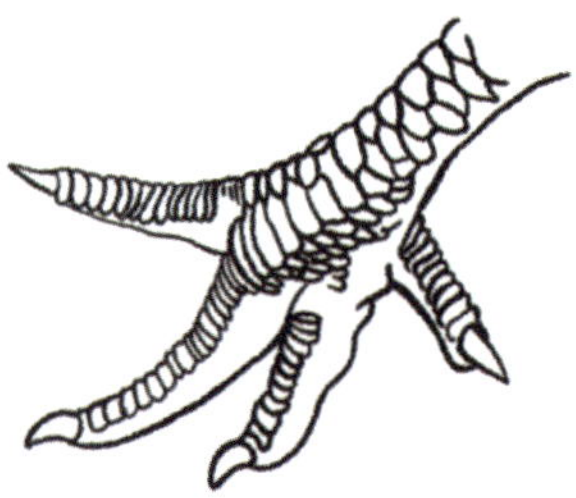

POURQUOI LES POULETS ONT-ILS UN GÉSIER ?

Les poulets ont un bec, mais pas de dents. Pour broyer les aliments, ils ingèrent des tout petits cailloux qu'ils stockent dans une poche musculaire appelée « gésier » et qui constitue l'un de ses deux estomacs. Le choix des petits cailloux ne se fait pas au hasard. La taille, plus ou moins grosse, la forme, plus ou moins ronde, la qualité du caillou, etc. sont choisies avec soin en fonction de la nourriture et des besoins de l'animal.

POURQUOI LES CUISSES DE POULET SONT-ELLES PLUS FONCÉES QUE LES FILETS ?

Ce sont les muscles des cuisses qui portent l'animal, l'aident à se déplacer, à courir. Comme ils travaillent beaucoup plus, ils ont besoin de plus d'oxygène. Et cet oxygène leur est apporté par une protéine de couleur rouge, la myoglobine. Les muscles des filets, eux, sont de gros feignants et ne servent qu'à respirer ; ils n'ont donc pas besoin de myoglobine. Voilà pourquoi la chair des cuisses, est plus foncée.

ZOOM

POURQUOI LE SOT-L'Y-LAISSE N'EST-IL PAS LÀ OÙ ON LE CROIT ?

Ce fameux morceau que tout le monde adore, qu'on appelle le « sot-l'y-laisse », n'est pas du tout le véritable sot-l'y-laisse. D'ailleurs, aucun sot ne l'y laisserait, il est bien trop gros et trop visible. Le nom de ce morceau est « huître de poulet », parce qu'il ressemble à... une huître. Le vrai sot-l'y-laisse est bien plus petit et presque invisible. Il se cache sous la peau, dans les rainures des os du coccyx, juste à côté du croupion. La définition originale, parue dans le dictionnaire de l'Académie en 1798, a été modifiée par erreur au XIXᵉ siècle. Aujourd'hui, les dictionnaires reviennent petit à petit sur leur définition et redonnent enfin la position exacte du sot-l'y-laisse.

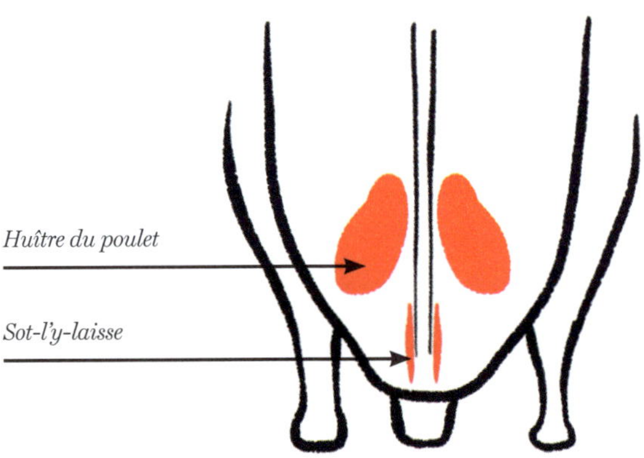

NUANCE !

POURQUOI Y A-T-IL UNE DIFFÉRENCE IMPORTANTE ENTRE LES CANARDS SAUVAGES ET LES CANARDS DE BASSE-COUR ?

La plupart des canards sauvages sont des oiseaux migrateurs. La graisse sert d'énergie pour faire face à de longs vols. Lorsqu'ils se posent et sont chassés, ils sont généralement plus maigres que les canards de basse-cour, mais ils ont des saveurs plus relevées. On retrouve une bonne partie de leurs spécificités dans la race Kriaxera, une race délicieuse, amoureusement élevée par quelques éleveurs du Pays basque.

LE MAGRET DE CANARD EN 3 QUESTIONS

1 POURQUOI NE TROUVE-T-ON DES MAGRETS QUE SUR LE CANARD GRAS ?

Un canard engraissé pour faire du foie gras est plus gras qu'un canard normal, d'où son nom de « canard gras ». Ses flancs sont commercialisés sous le nom de « magrets » avec une belle quantité de gras sous une peau épaisse, alors que ceux des autres canards, plus petits, moins gras et avec une peau plus fine, le sont sous le nom de « filets ».

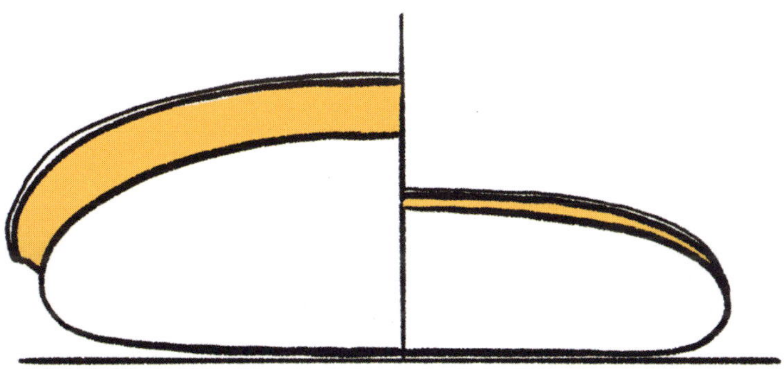

Magret de canard (gras) *Filet de canard (tout court)*

2 POURQUOI LE MAGRET EST-IL UNE DÉCOUVERTE RÉCENTE ?

Les canards à foie gras étaient cuits en confit ou, quelquefois, en rôti. C'est en 1959 qu'André Daguin, un cuisinier d'Auch, une petite ville du Gers, se mit à le cuisiner grillé comme une viande rouge. Il inventa par la suite la sauce au poivre vert pour l'accompagner.
Mais c'est en 1970, et via les États-Unis, qu'arriva la reconnaissance lorsque Robert Daley, un auteur de romans à succès, écrivit un article dithyrambique dans le *New York Times*, expliquant qu'il avait découvert une nouvelle viande en France : le magret.

3 ET POURQUOI CE NOM DE « MAGRET » ?

Même s'il est recouvert de gras, le magret est une viande maigre. Vous avez fait le rapprochement ? Non ? Rohhh... Viande maigre -> magret. D'ailleurs, on trouve aussi l'appellation « maigret » pour ce morceau.

LE POULET ET LE CANARD

LE POURQUOI DU COMMENT

POURQUOI LAVER SON POULET À L'EAU AVANT DE LE CUIRE EST UNE BÊTISE...

Il y a beaucoup de bactéries sur la peau des poulets parce que, vivants, ils traînent leurs pattes dans les fientes. Pendant longtemps, on les a passés sous l'eau pour les nettoyer avant de les conserver. Le hic, c'est qu'en faisant cela, on disperse une grande partie des bactéries un peu partout autour de l'évier et sur nos mains. Ne lavez jamais vos poulets sous l'eau courante ; les bactéries seront éliminées à la cuisson de toute façon !

... ALORS QUE LE FAIRE TREMPER DANS UNE SAUMURE AVANT DE LE RÔTIR EST INTÉRESSANT ?

Quand on fait tremper un poulet une nuit dans une saumure, le sel a le temps de pénétrer profondément dans les chairs. Ce sel va modifier la structure des protéines et éviter qu'elles se tordent et expulsent du jus lors de la cuisson. Les chairs resteront plus juteuses. Pour que ce soit efficace, faites tremper votre poulet une nuit dans une saumure à 6 % de sel, soit 60 g de sel par litre d'eau. Sortez-le, rincez-le et essuyez-le avec du papier absorbant avant de le rôtir.

Faire tremper son poulet dans une saumure pendant 12 à 24 heures permet de saler les chairs en profondeur et d'obtenir une viande plus juteuse après cuisson.

ET POURQUOI FAUT-IL AUSSI LE LAISSER SÉCHER 2 JOURS AU RÉFRIGÉRATEUR ?

Si vous déballez votre beau poulet et que vous le placez sur une grille au réfrigérateur pendant 2 jours, la peau va lentement sécher. C'est grâce à ce séchage que vous obtiendrez une peau fabuleusement croustillante à la cuisson. Si vous êtes vraiment méticuleux, salez-le aussi pour accélérer le processus d'évaporation.
Et si vous avez oublié de le laisser sécher 2 jours, il existe un truc qui marche très bien : placez le volatile sur une grille, au four, en mode décongélation. Ce mode met en route le ventilateur et crée un courant d'air qui accélère le séchage. Comptez au minimum 8 heures ou une nuit pour un bon résultat.

LES BONS GESTES

MAIS POURQUOI BLANCHIT-ON LES CANARDS AVANT DE LES LAQUER ?

Le principe du canard laqué, c'est d'avoir une peau très très très croustillante. Et, comme pour le poulet, la peau du canard devient croustillante quand elle a longuement séché. Pour le canard laqué, on pousse même le vice jusqu'à le laisser sécher dans un léger courant d'air. Pour éviter que ce courant d'air ne disperse les bactéries présentes sur l'animal, on le blanchit à l'eau bouillante pendant 2 ou 3 minutes. Et pffft, toutes les bactéries sont tuées et on peut laisser notre beau canard sécher sans s'inquiéter pour les autres denrées alimentaires.

Blanchir le canard avant de le faire sécher détruit les bactéries.

POURQUOI FAUT-IL HACHURER LA PEAU DES MAGRETS AVANT DE LES CUIRE ?

L'explication courante est que « cela évite la rétractation de la peau ». Désolé, mais c'est idiot ! La peau se rétracte exactement de la même façon puisque les espaces créés entre les hachures sont dus à la rétractation de la peau. Ceci dit, c'est quand même important de le faire, mais pour une tout autre raison : une fois que la peau des magrets s'est rétractée, elle laisse le gras fondre et couler plus facilement. Une fois cuits, les magrets ont un gras plus fin et la viande est plus goûteuse.

Faire des entailles dans la peau des magrets permet au gras de fondre et de s'écouler plus facilement.

LE VRAI DU FAUX

POURQUOI LE FOIE GRAS DE CANARD SERAIT-IL MEILLEUR QUE LE FOIE GRAS D'OIE ?

Ah non, mais non, non, non ! Le foie gras de canard n'est pas meilleur, mais alors pas du tout ! Le foie gras de canard a des saveurs plus marquées et plus fortes, il est aussi plus tendre et a une jolie couleur beige orangé. Le foie gras d'oie est beaucoup plus fin, plus délicat, plus long en bouche, il perd moins de volume à la cuisson, mais sa couleur un peu grisée le rend moins appétissant. Si on trouve plus facilement du foie gras de canard, c'est parce qu'il y a plus de débouchés pour les viandes de canard que pour celles d'oie.

POURQUOI NE PEUT-ON PAS « DÉNERVER » UN FOIE GRAS ?

Pour la simple et bonne raison qu'il n'y a pas de nerf. Et s'il n'y a pas de nerf, on ne peut pas en retirer. Par contre, il y a des veines. Donc on « déveine » un foie gras, mais on ne le « dénerve » pas.

VIANDE HACHÉE ET SAUCISSES

Le steak haché du mercredi et les saucisses-purée de Mamie Colette... Le bonheur des petits et le cauchemar des grands à l'idée de ce qu'il y a dedans. Heureusement, il y a des solutions !

POURQUOI FAUT-IL CHOISIR SON MORCEAU DE VIANDE AVANT DE LE FAIRE HACHER PAR SON BOUCHER ?

Vous n'êtes pas obligé de prendre le morceau que le boucher a déjà mis dans son hachoir ; vous pouvez très bien lui demander de hacher le morceau que vous voulez. Un bon boucher le fera avec plaisir. Et là, vous aurez une viande qui correspond à votre goût.

BEURK !

POURQUOI NE FAUT-IL PAS ACHETER DE LA VIANDE HACHÉE SOUS FILM PLASTIQUE EN SUPERMARCHÉ ?

Dans ces amas de (pseudo) viandes hachées vendues sous film plastique, on ne sait jamais quels morceaux peuvent s'y trouver (en fait, ils sont faits avec les pires morceaux, les invendables qu'on hache pour les rendre méconnaissables).
Pire encore, on ne se sait jamais de combien d'animaux cette viande provient : en fait, on met les restes de viandes par centaines de kilos dans d'immenses machines. Tout est mélangé avant d'être haché menu. Au final, on peut retrouver des viandes d'une centaine d'animaux différents dans une seule boîte. Je ne rigole pas, c'est carrément une horreur ce truc !

POURQUOI EST-CE UNE TRÈS TRÈS BONNE IDÉE DE HACHER VOTRE VIANDE VOUS-MÊME ?

Ah ben là, rien à voir... Vous choisissez le morceau et ça change tout ! Vous pouvez opter pour de l'onglet, si vous aimez des saveurs soutenues, ou prendre du paleron, si vous préférez une viande moins forte. Vous choisirez aussi la quantité de gras que vous souhaitez selon la recette : pour des cuissons longues, il vous en faut 20 %, pour des cuissons très courtes, 10 à 15 % seront suffisants. Vous pouvez aussi hacher du veau, du porc ou de la volaille. Inutile d'avoir un hachoir ; un robot avec une lame marche très bien aussi. Il faut juste l'utiliser par à-coups pour que la viande garde de la texture et ne se transforme pas en purée.

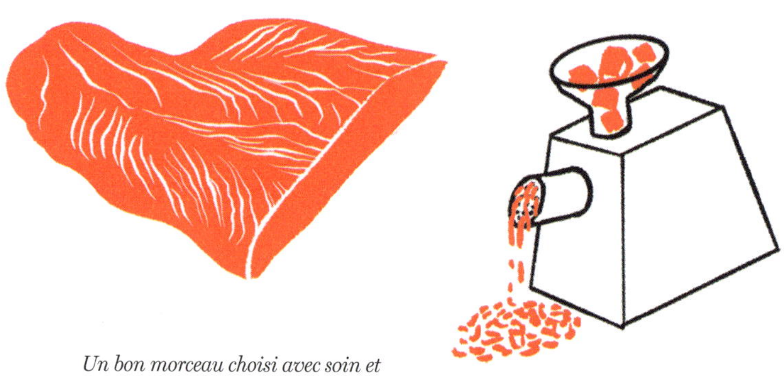

Un bon morceau choisi avec soin et un hachoir pour faire ses steaks hachés maison.

POURQUOI FAUT-IL TOUJOURS DÉCONGELER LES STEAKS DE VIANDE HACHÉE AVANT DE LES FAIRE CUIRE ?

On s'est tous retrouvé un jour avec des steaks hachés surgelés trop cuits, secs, limite immangeables. En plus, on donne ça à nos enfants. Franchement, on devrait avoir honte…
Ce qui se passe, c'est que le temps que la chaleur décongèle l'extérieur puis arrive jusqu'au centre, les 4/5e du steak sont déjà beaucoup trop cuits. On peut faire beaucoup mieux… en reprenant nos cours de mathématiques du CM1. Vous allez voir, c'est très simple.

Si vous cuisez votre steak surgelé, il doit passer de -18 °C (la température du congélateur) à + 50 °C (pour une viande saignante). Notre steak doit donc gagner la différence de température entre -18 °C et + 50 °C, soit 68 °C. C'est énorme ! Résultat, le temps de cuisson est trop long et la viande devient sèche.

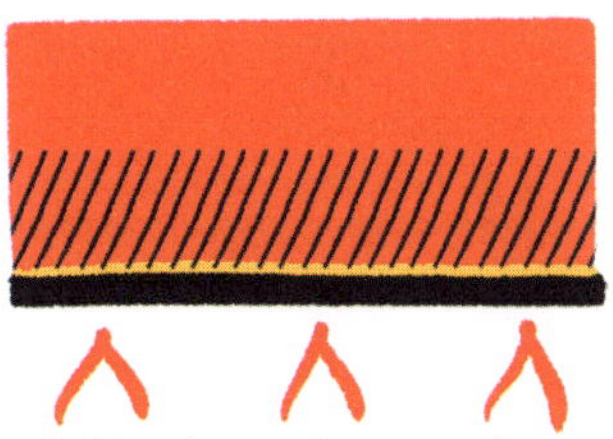

68 °C est la température que le centre du steak doit gagner avant d'être cuit. Le temps que la chaleur arrive au centre, l'extérieur est trop cuit sur une grosse épaisseur.

Si vous cuisez un steak préalablement décongelé au réfrigérateur, il en sort à 5 °C et ne devra plus gagner que la différence entre +5 °C et + 50°C, soit 45 °C. Le temps de cuisson est plus court et la viande est légèrement juteuse. C'est déjà beaucoup mieux…

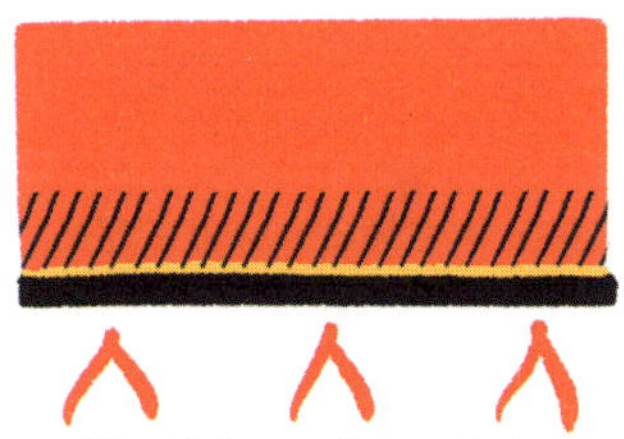

45 °C est la hausse de température que doivent gagner les steaks décongelés au réfrigérateur. L'extérieur est encore un peu trop cuit avant que le centre ne soit chaud.

Si vous cuisez un steak décongelé au réfrigérateur puis remis à température ambiante, il ne devra plus gagner que la différence entre 20 °C et 50 °C, soit 30 °C. Là, on est vraiment très bien ! La cuisson est courte, le centre devient chaud et juteux, l'extérieur bien doré avant que le reste ne soit trop cuit et sec.

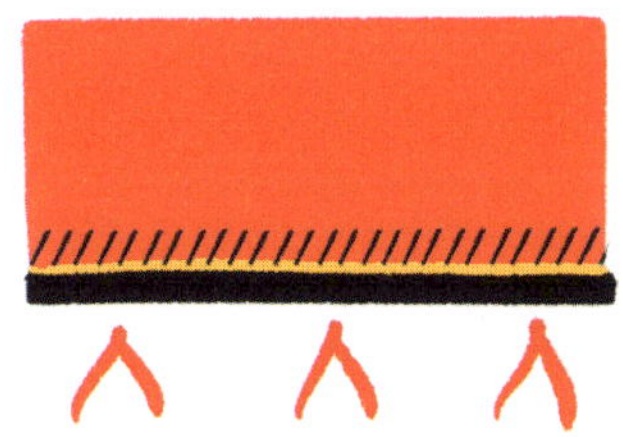

30 °C est ce que doit gagner notre steak à température ambiante. La chaleur a le temps de pénétrer profondément avant que la surface ne soit trop cuite.

POURQUOI LA VIANDE HACHÉE NE SE CONSERVE-T-ELLE PAS ?

Lorsqu'elle est hachée, la viande offre à la fois plus de superficie et beaucoup, beaucoup plus d'anfractuosités aux bactéries pour se développer. C'est donc une viande très fragile qu'il faut à la fois manipuler avec soins et consommer très rapidement, soit dans les 24 heures suivant l'achat, au maximum.

ATTENTION, C'EST TECHNIQUE !

POURQUOI LA VIANDE HACHÉE PERD-ELLE BEAUCOUP DE JUS À LA CUISSON ?

La viande est constituée de fibres et d'à peu près 70 % d'eau. Lorsqu'elle cuit, les fibres chauffent, se contractent, expulsant un peu de jus par leurs extrémités. Mais lorsqu'elles sont hachées dans tous les sens, ces fibres perdent immédiatement une grosse quantité de jus, et la viande bout littéralement dans son jus plutôt que de s'assécher et dorer. Au final, on se retrouve avec un agrégat de viande presque sans goût, parce qu'elle a peu doré, et sèche, parce qu'elle a perdu tout son jus. La lose totale…

VIANDE HACHÉE ET SAUCISSES

POURQUOI FAUT-IL ÉVITER D'UTILISER DE LA VIANDE HACHÉE POUR FAIRE LA SAUCE BOLOGNESE...

Puisque la viande hachée ne développe pratiquement aucun goût et s'assèche rapidement quand on la fait dorer, c'est un peu idiot d'en utiliser pour préparer une sauce à la viande, non ? D'ailleurs, en Italie, on ne dit pas sauce ***bolognese***, on dit sauce *al ragù* et on utilise des viandes à cuisson longue, comme celles du pot-au-feu (voir LES SPAGHETTI BOLOGNESE)
Mais si vous décidez quand même de préparer une bolognaise avec de la viande hachée, voici un petit secret : n'en faire dorer qu'un tiers (qui s'assèchera mais captera des saveurs de doré) dans une grande poêle et à feu très vif, puis ajouter les deux autres tiers (qui resteront juteux et donneront du goût) avec les tomates.

... MAIS AUSSI POUR LES TARTARES ?

La viande hachée n'a pas de tenue et on ne la mâche pas puisqu'il n'y a rien à mâcher. On lui fait faire un tour dans la bouche puis on l'avale sans sentir ses saveurs. Lorsqu'elle est coupée au couteau, là il y a des morceaux à mâcher. Et puisqu'on mâche, on a le temps de percevoir toutes ses saveurs ainsi que celles de la sauce et des herbes.
En plus, là aussi vous pouvez choisir votre morceau. Ma femme, qui n'aime pas les viandes trop fortes, adore pourtant le tartare préparé avec de l'onglet. Mais vous pouvez aussi prendre des viandes plus douces.
Faites comme vous aimez, c'est ça l'important ;-)

Dans un tartare coupé au couteau, il y a de la mâche et on perçoit bien toutes les saveurs, alors que dans un tartare préparé avec de la viande hachée, il n'y a rien à mâcher et on l'avale sans rien savourer.

POURQUOI AJOUTE-T-ON DES ŒUFS, UN PEU DE CHAPELURE ET D'AUTRES TRUCS DANS LES BOULETTES MAISON ?

Le problème des boulettes qu'on cuit dans une sauce, c'est qu'on doit les cuire longuement pour qu'elles s'enrichissent de ses saveurs. Du coup, pour éviter que nos boulettes ne se dessèchent et se délitent, on ajoute tout un tas de trucs dedans : du jaune d'œuf pour garder de l'humidité, du blanc d'œuf pour lier l'ensemble, de la chapelure trempée dans du lait pour de l'humidité (encore) et de la tendreté...

LES BONS GESTES

POURQUOI FAUT-IL SALER LES VIANDES HACHÉES À L'AVANCE POUR LES SAUCISSES MAISON ?

Si vous préparez vous-même vos saucisses, salez la farce la veille de la mise en boyau. C'est exactement le même principe que pour les terrines et les pâtés : le sel pénètre en profondeur dans la viande, modifie la structure des protéines et la farce perd beaucoup moins de jus à la cuisson (voir TERRINES ET PÂTÉS et LE SEL). C'est ça le secret des saucisses juteuses et délicieuses ;-)

POURQUOI NE FAUT-IL JAMAIS PIQUER LES SAUCISSES, LES MERGUEZ ET AUTRES CHIPOLATAS ?

Le boyau retient l'humidité de la farce. Mais il retient aussi le gras qui se liquéfie un peu pendant la cuisson. Si vous piquez vos saucisses, vous allez laisser l'humidité et le gras s'échapper et vous vous retrouvez avec des saucisses plus sèches que ce qu'elles auraient dû être. L'autre effet, si vous faites un barbecue, c'est que le gras s'écoule, tombe sur les braises, s'enflamme et brûle vos belles saucisses. On ne pique jamais les saucisses, ja-mais !

Et voilà ! Tout ce qui doit rester dans la saucisse s'écoule et brûle... La lose totale !

POURQUOI FAUT-IL ÉVITER D'ACHETER DE LA CHAIR À SAUCISSE ET PLUTÔT LA FAIRE SOI-MÊME ?

Mais parce que vous ne savez pas exactement ce qu'il y a dedans, pardi ! En général, on y met les morceaux qui ne sont pas très beaux, ni très bons, ni très tendres, mais surtout les très gras. On assaisonne fortement et on met des herbes séchées pour donner du goût. Ce truc tout prêt, c'est un peu comme la viande hachée de la grande distribution : à fuir ! Alors que si vous préparez vous même votre chair à saucisse, vous pourrez faire votre mélange comme vous le voulez, mettre de vraies et bonnes herbes fraîches, mélanger différents morceaux, etc.

CQFD !

POURQUOI CERTAINES SAUCISSES ÉCLATENT-ELLES À LA CUISSON ?

Quand l'intérieur d'une saucisse chauffe, une partie de l'eau qu'elle contient se transforme en vapeur. Le truc, c'est que la vapeur occupe beaucoup plus de volume que l'eau, mais vraiment, beaucoup, beaucoup plus : 1 700 fois plus pour être précis. Donc une partie de l'eau contenue dans la saucisse se transforme en vapeur et fait gonfler l'ensemble. Et la seule chose qui retient tout ça, c'est le boyau. S'il est de qualité, il supporte l'augmentation du volume, mais s'il est de mauvaise qualité, il se déchire sous la pression. Il peut aussi éclater parce qu'il a chauffé trop fort et brûlé. Donc, une saucisse qui éclate, c'est le signe d'une mauvaise qualité du boyau ou d'une cuisson à une trop forte température.

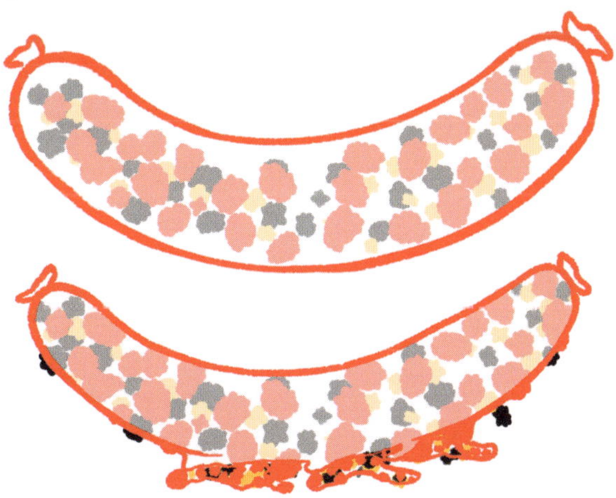

LES QUALITÉS DES POISSONS

Quand je pense que certains enfants croient que les poissons sont naturellement carrés et recouverts de chapelure… Les poissons sont des trésors de saveurs, de textures et de qualités diététiques. Des poissons carrés, non mais…

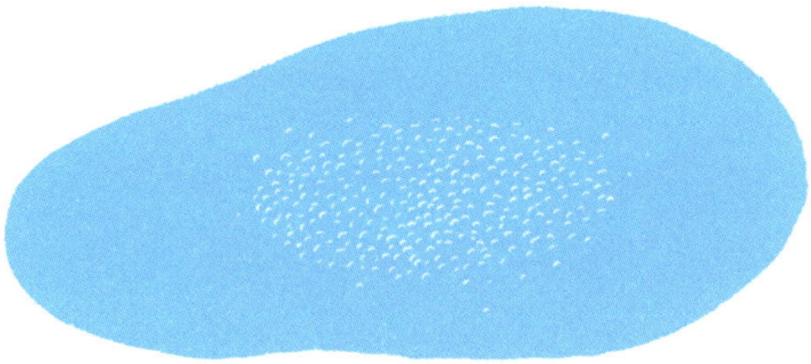

POURQUOI CERTAINS POISSONS ONT-ILS LE DOS BLEU-VERT ?

Ces poissons, qui regroupent les maquereaux, les anchois, les sardines, les éperlans et même les thons et les bonites, sont tous des poissons pélagiques, c'est-à-dire qu'ils nagent en permanence et très près de la surface de l'eau. La couleur bleu-vert de leur dos serait un moyen de rester le plus discret possible vis-à-vis de leurs prédateurs en reproduisant la réflexion du ciel sur l'eau. Ils vivent généralement en groupe et se déplacent en bancs, ce qui limite la possibilité pour chacun d'être attrapé, perdu au milieu des autres.

ÉTONNANT !

POURQUOI LES POISSONS PLATS SONT-ILS PLATS ?

Ces poissons naissent exactement comme les autres, avec un œil de chaque côté de la tête. Puis, lorsqu'ils sont encore au stade de larves, ils choisissent de nager à plat, et là, petit à petit, l'œil de dessous se déplace sur le dessus. Adultes, ils vivent posés à plat sur les fonds sableux, de vase ou de gravier, la face grise tournée vers le haut pour se cacher des prédateurs. Le turbot et la barbue sont gauchers parce que leur bouche se trouve à gauche des yeux ; alors que la sole est droitière car sa bouche se trouve à droite de ses yeux.

ATTENTION, C'EST TECHNIQUE !

POURQUOI LES REQUINS ONT-ILS DES ÉCAILLES TRÈS PARTICULIÈRES ?

Les écailles de la plupart des poissons sont de formes arrondies et plates, et leur servent surtout de protection. Celles des requins sont très différentes : elles sont courbées et pointues vers l'arrière, avec des micro-rainures qui les font ressembler à des dents.
Ces formes et ce relief particuliers créent des tourbillons qui attirent l'eau vers les creux, diminuant la résistance de l'eau, les turbulences et la traînée, et permettant aussi des déplacements beaucoup plus silencieux. Des études comparatives ont démontré que ces écailles rendent le requin bien plus rapide que s'il avait des écailles plates et arrondies.
Cette spécificité, qui porte le nom d'« Effet Riblet », est d'ailleurs utilisée par les aérodynamiciens aéronautiques et en Formule 1.

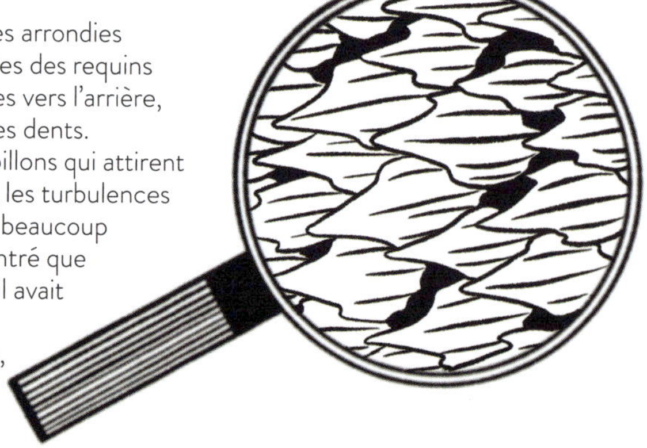

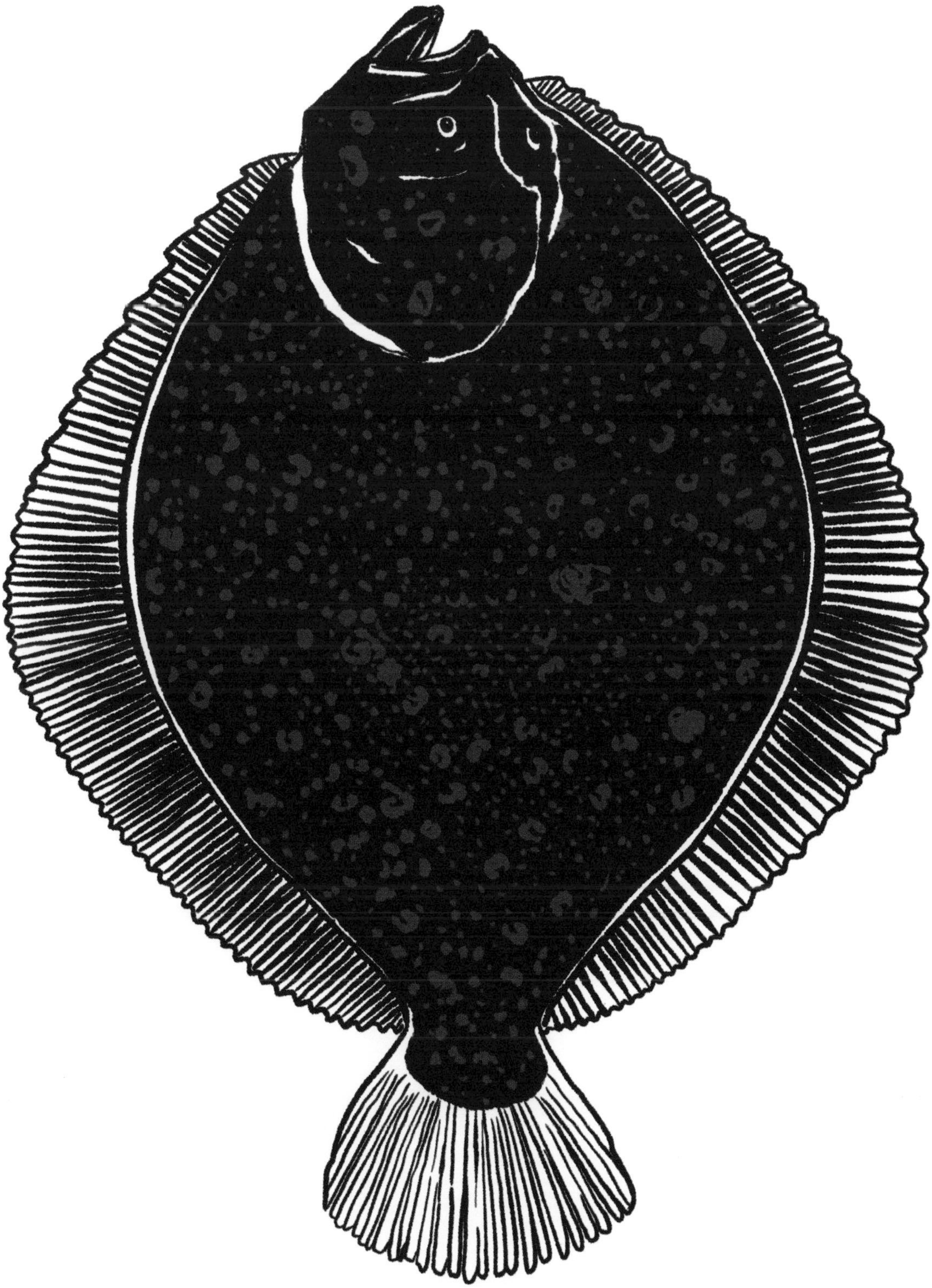

LES QUALITÉS DES POISSONS

NUANCES !

POURQUOI LA CHAIR DE LA PLUPART DES POISSONS EST-ELLE BLANCHE ?

Les poissons n'ont pas besoin de muscles pour les porter puisqu'ils flottent dans l'eau. Tout au plus ont-ils besoin de muscles pour échapper rapidement à un prédateur. Or ces muscles, qui demandent des efforts rapides et violents, contiennent peu de myoglobine, la protéine rouge qui apporte de l'oxygène aux muscles endurants (voir LA COULEUR DES VIANDES). Et lorsque les muscles contiennent peu de myoglobine rouge, ils sont pâles voire blancs.

Le cabillaud

ALORS POURQUOI LA CHAIR DU THON EST-ELLE ROUGE…

Les poissons de la famille du thon nagent vite et longtemps. Et plus la vitesse augmente, plus la résistance de l'eau est grande. Comme leurs muscles doivent être puissants et endurants, ils contiennent beaucoup plus de myoglobine et sont donc rouges.

Le thon

… ET CELLE DU SAUMON ET DES TRUITES, ORANGE ?

Ah ! Pour ces poissons, c'est un peu différent : ils ont la particularité de fixer dans leurs muscles la couleur d'une protéine rouge vif, l'astaxanthine, qui se trouve en grande quantité dans les petits crustacés, crevettes, etc. qui composent leur nourriture. D'ailleurs, c'est cette même protéine qui donne sa belle couleur rouge au homard cuit (voir LE HOMARD).

Le saumon

LE SAUMON EN 3 QUESTIONS

❶ POURQUOI LE SAUMON SAUVAGE EST-IL MEILLEUR QUE LE SAUMON D'ÉLEVAGE ?

Tout d'abord la nourriture du saumon sauvage varie selon les saisons et son lieu de pêche, ce qui lui permet de développer des saveurs riches et complexes. Comme il fait plus d'efforts pour la trouver, sa chair a une texture plus ferme et moins grasse que celle de son cousin élevé dans de grands filets en mer ou dans de grandes cuves sur terre, et nourri toute l'année de la même façon avec des aliments choisis pour le faire grandir et grossir rapidement.

❷ POURQUOI LES PARTIES BRUNES DU SAUMON SONT-ELLES PEU SAVOUREUSES ?

Ces parties correspondent aux muscles qui servent à la nage d'endurance et qui contiennent donc beaucoup de myoglobine. C'est pareil avec les muscles centraux du thon et qui ont, eux aussi, une saveur âcre et légèrement métallique.

❸ POURQUOI LA COULEUR DU SAUMON N'EST PAS UN SIGNE DE QUALITÉ ?

On a vu que la couleur rose du saumon est en grande partie due à sa nourriture. Pour le saumon d'élevage, la nourriture est choisie avec beaucoup d'attention afin d'obtenir des chairs orange, brillantes et régulières tout au long de l'année. Il existe même des nuanciers de couleurs (comme pour la peinture) comme guide de dosage de l'astaxanthine, la protéine qui lui donne sa couleur orangée !
Pour le saumon sauvage, la couleur des chairs dépend de ce qu'il trouve à manger dans sa région d'origine : le saumon d'Alaska est très rouge parce qu'il se nourrit principalement de krills, de petites crevettes d'eau froide ; alors que celui de la mer Baltique est d'un rose très pâle et laiteux, parce qu'il a une alimentation riche en harengs et en sparts.

Saumon d'Alaska

Saumon d'élevage

Saumon de la mer Baltique

POURQUOI DIT-ON QUE MANGER DU POISSON REND INTELLIGENT ?

On l'a assez répété à nos enfants : « *Mange ton poisson, ça rend intelligent !* » Eh bien, c'est tout à fait vrai, mais attention, ça dépend des poissons et aussi de la façon de les cuire :
Ce sont les poissons gras qui « rendent intelligent » : les oméga-3 qu'ils contiennent en quantité permettent aux cellules nerveuses du cerveau de mieux travailler, participent aux connexions entre certains neurones qui facilitent l'apprentissage, développent les capacités mentales, accélèrent la réflexion, etc. Ils sont aussi très bénéfiques pour le système nerveux central et même pour la rétine.
Mais ne gâchez pas tous ces oméga-3 en préparant votre poisson n'importe comment ! Oubliez les fritures et optez pour des cuissons à la vapeur ou au four. Et pour faire passer la pilule, n'hésitez pas à ajouter des petits légumes revenus au beurre ou quelques herbes fraîches. Au menu des enfants, ce sera saumon, maquereau, hareng, sardine, thon, truite, lotte. Mais pas tous en même temps, soyez raisonnable.

CHOIX ET CONSERVATION DU POISSON

Il n'y a pas que le poisson surgelé dans la vie, y'a le frais aussi ! Quelques trucs à savoir quand même pour bien choisir et conserver son poisson frais dans les meilleures conditions. Rien de bien compliqué, je vous assure !

POURQUOI NE FAUT-IL JAMAIS CONSERVER LES POISSONS DIRECTEMENT SUR DE LA GLACE ?

Jamais on ne pose des poissons directement sur de la glace ! Jamais, jamais... Les bons poissonniers placent toujours une feuille de papier entre la glace et le poisson pour 2 raisons :
1°) ils savent que la glace « cuit » le poisson et abîme définitivement les chairs en modifiant leur structure moléculaire ;
2°) ils savent aussi qu'une fois la glace transformée en eau, les bactéries vont y trouver un terrain super propice à leur développement, diminuant d'autant la conservation et la qualité du poisson.

POURQUOI Y A-T-IL DES SAISONS POUR LE POISSON ?

Au cours de l'année, certains poissons migrent, se reproduisent, ne trouvent pas de nourriture de qualité, etc. La qualité des chairs n'est pas linéaire : jusqu'à la reproduction, le poisson accumule des stocks d'énergie, et il est au top de ses qualités gustatives. Puis il puise dans ses réserves pour migrer et se reproduire, il est alors sans goût, avec des chairs spongieuses. Par exemple, le bar est au top de ses saveurs en fin d'année, alors que le saint-pierre l'est en plein été. Renseignez-vous sur les poissons de saison disponibles. Cela varie selon les pays voire même d'une région à l'autre.

LE BON CHOIX

POURQUOI FAUT-IL CHOISIR LES POISSONS QUI ONT DE BEAUX YEUX, DES OUÏES BIEN ROUGES, ET UNE PEAU BRILLANTE ET UN PEU VISQUEUSE ?

Mais parce qu'ils donnent de précieux indices sur leur fraîcheur, pardi.
Les yeux contiennent de l'eau, c'est ce qui leur donne de la transparence et du volume. Lorsque cette eau s'évapore avec le temps, ils perdent du volume, la transparence disparaît et un voile gris pâle les obscurcit. Donc on ne choisit que des poissons qui ont de beaux yeux.
Les ouïes sont rouges parce qu'elles contiennent beaucoup de myoglobine qui fonce au contact de l'oxygène. Donc, plus les ouïes sont foncées voire maronnasses, plus le poisson a été exposé à l'air et moins il est frais.
La peau est recouverte d'un mucus visqueux qui protège l'animal de son environnement aquatique. Lorsque le poisson est frais, le mucus est humide et légèrement gluant, mais s'il est sec, c'est que le poisson est sorti de l'eau depuis longtemps.

BEURK !

POURQUOI LES POISSONS SENTENT-ILS MAUVAIS SI RAPIDEMENT ?

Tous les poissons ne sentent pas mauvais à la même vitesse : les poissons de rivière, même avariés, sentent peu, alors que les poissons de mer sentent mauvais très vite. Et parmi ces poissons de mer, certaines espèces, comme le cabillaud ou le merlan, dont la peau est fine, sentent plus rapidement que les autres. Il y a 3 raisons à cette mauvaise odeur :
1°) les poissons de mer vivants régulent leur teneur en sel : l'eau de mer en contient 3 % alors que les poissons en contiennent 3 fois moins. Après la mort, la substance régulatrice de cette teneur en sel se dégrade et produit, en petite quantité, un gaz dérivé de l'ammoniac ;
2°) lorsque le poisson est vivant, son système immunitaire le protège des bactéries qui se trouvent sur sa peau, mais aussi dans ses branchies et ses intestins. Une fois pêché, son système immunitaire s'arrête, certaines bactéries pénètrent dans les chairs et produisent du méthylamine, un autre gaz dérivé de l'ammoniac, mais en plus grande quantité ;
3°) d'autres réactions chimiques se produisent encore provoquant des odeurs soufrées d'œuf pourri, de vinaigre voire même de rance. Bref, un poisson de mer pas frais, ça sent très mauvais !

POURQUOI FAUT-IL RAPIDEMENT RINCER ET SÉCHER UN POISSON ENTIER AVANT DE LE CONSERVER AU RÉFRIGÉRATEUR ?

Si le poisson n'a pas été vidé par votre poissonnier, rincez-le le plus rapidement possible sous l'eau courante pour retirer une partie des bactéries contenues dans les intestins, mais aussi à l'intérieur, et sur la peau, qui ne doit plus être gluante **(1)**. Ensuite, séchez-le parfaitement pour éviter que d'autres bactéries se développent au contact de l'eau **(2)**. Enfin, enveloppez le poisson avec le papier du poissonnier ou du film alimentaire pour limiter tout contact avec l'oxygène de l'air **(3)**.

POURQUOI FAUT-IL ATTENDRE PLUSIEURS JOURS POUR CUIRE LES SOLES ?

Tout d'abord, parce que pendant les jours qui suivent la pêche, les chairs sont dures comme du bois et peu goûteuses ; et surtout, lors de la cuisson, le tissu conjonctif se resserre et le poisson s'enroule sur lui-même empêchant le contact avec la poêle. Un vrai désastre ! Impossible donc de cuire une sole pêchée du jour ; il faut attendre 3 jours après la pêche pour que les chairs s'attendrissent et que les graisses insaturées « mûrissent » pour développer énormément de saveurs.

ATTENTION, C'EST TECHNIQUE !

POURQUOI FAUT-IL SOUVENT CHANGER L'EAU QUAND ON DESSALE UN POISSON ?

Au cours du dessalage, les chairs du poisson perdent du sel (c'est le but ;-)) qui se déplace vers l'eau dans lequel il trempe, c'est le principe d'osmose. Le truc, c'est que l'eau ne peut contenir qu'une quantité limitée de sel (au bout d'un moment, elle est saturée) et le sel du poisson s'y déplace de plus en plus difficilement et lentement. En changeant l'eau régulièrement, vous évitez ce phénomène et votre dessalage est beaucoup plus rapide et efficace.

LE POISSON AU JAPON

Oubliez la chasse à la baleine et les sushis faits avec du poisson congelé. Au Japon, le poisson, c'est toute une philosophie, tout un art. De quoi nous inspirer aussi...

LA PETITE HISTOIRE

POURQUOI MANGE-T-ON BEAUCOUP DE POISSON AU JAPON ?

D'abord, le Japon est un archipel composé de près de 7 000 îles, dont la majeure partie de la population vit près des côtes. La mer est présente partout.
Ensuite, il faut savoir qu'à partir de l'arrivée du bouddhisme, au VIIe siècle, la consommation de viande a été interdite, avant d'être de nouveau autorisée par l'Empereur Meiji en 1870. L'alimentation a donc été tournée vers les produits de la mer pendant plus de mille ans au Japon ; ça laisse des traces.
Enfin, le pays est principalement composé de montagnes et de volcans ; il est très difficile d'y développer l'agriculture. Autant le dire, les Japonais ont développé au cours de siècles une véritable expertise pour ne pas dire un art de la pêche et du traitement du poisson.

ATTENTION, C'EST TECHNIQUE !

POURQUOI L'IKÉ-JIMÉ DONNE-T-IL AUX POISSONS UNE SAVEUR ET UNE TEXTURE EXCEPTIONNELLES ?

Là, on touche à quelque chose qui offre des textures et des saveurs totalement nouvelles pour un non-Japonais : le vrai goût du poisson ! Oh, mais je vous entends dire que vous connaissez le goût du poisson... Non ! Pardon, mais non ! Vous ne connaissez pas le « vrai goût du poisson » ; vous connaissez le « goût du poisson mort », comme disent les Japonais : le goût du poisson qui a lentement agonisé sur le pont des bateaux.
Or le stress subit par les poissons a les mêmes effets que pour les autres animaux : il donne des chairs dures dont les muscles se sont rigidifiés si rapidement et fortement que les fibres ont littéralement craquées sous la tension. Une fois la rigidité cadavérique passée, elles n'auront plus aucune tenue.
Le principe de l'*iké-jimé,* c'est d'éviter cela : au lieu de trépasser asphyxié en 15 minutes, l'animal meurt en une fraction de seconde sans rien sentir, sans aucun stress.

1°) Chaque poisson est tué individuellement, doucement, en perforant son cervelet entre les yeux avec une tige en métal. C'est simple, rapide, sans douleur, et l'animal est cliniquement mort à ce moment-là.
2°) On le saigne par une entaille faite au niveau de la queue.
3°) On insère une autre tige en métal dans l'arête centrale pour retirer la moelle épinière.
Avec cette méthode, la rigidité cadavérique arrive lentement, les fibres musculaires se contractent doucement, sans se déchirer puis se détendent de nouveau.
Enfin, on fait « maturer » ou plutôt « mûrir » le poisson jusqu'à deux semaines, ce qui va donner des chairs tendres mais avec de la tenue, et la libération d'une grande quantité d'acides aminés très goûteux (voir LA MATURATION).

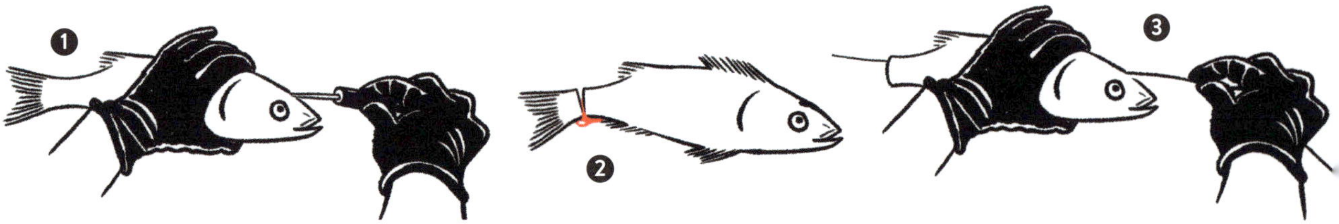

POURQUOI LA MÉTHODE ASIATIQUE D'OVER-CHILLING CONSERVE-T-ELLE LE POISSON PLUS LONGTEMPS ?

On pense souvent que conserver le poisson au réfrigérateur, à une température comprise entre 0 et 4 °C, est le plus efficace. Mais en Asie, et particulièrement au Japon ou en Corée du Sud, on conserve les poissons dans des ambiances plus sèches et à des températures un peu plus basses, entre -2 et -3 °C. À cette température le poisson n'est pas congelé, puisque la congélation n'existe que lorsque la température à cœur atteint -18 °C. Cette méthode appelée « *over-chilling* », qu'on pourrait traduire par « trop froid », « fige » l'eau et diminue grandement le développement des bactéries. Ces poissons ont une durée de conservation doublée sans que la qualité de leurs chairs n'en souffre.

POURQUOI NE TROUVE-T-ON PAS DE SUSHIS AU SAUMON AU JAPON ?

Le saumon peut contenir des parasites qui ne peuvent être tués que par la cuisson ou la congélation. Mais, surtout, les Japonais lui trouvent un arrière-goût de vase déplaisant. Dans un bon *sushiya*, au Japon, on ne trouve donc jamais de sushis de saumon.

POURQUOI LE THON CRU PEUT-IL AVOIR DIFFÉRENTS GOÛTS ?

Les muscles placés tout autour de l'arête centrale du thon, les plus puissants car destinés à la nage, renferment une grande quantité de myoglobine et ne sont pas servis crus. Pour le thon servi dans les restaurants japonais, on trouve 3 parties différentes, de la plus maigre à la plus grasse, et donc de la plus foncée à la plus claire : l'**haka-mi,** le **chû-toro** et le **ô-toro**. Ce dernier demande une légère maturation pour que ses fibres se déstructurent et deviennent fondantes. Plus le morceau est gras, plus il fond sur la langue, comme le fait le gras d'un wagyu.

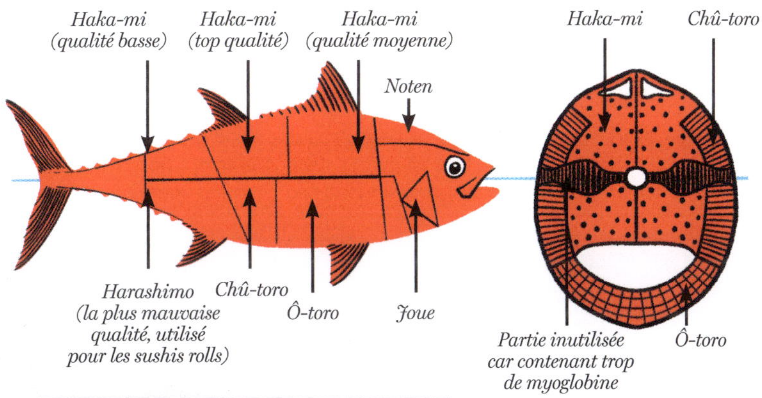

LE FUGU EN 2 QUESTIONS

POURQUOI LE FUGU PEUT-IL ÊTRE MORTEL ?

Le fugu est un poisson japonais qui contient un poison mortel dans le foie, les intestins, l'ovaire, le rein, les branchies et les yeux : la tétrodoxine. Soyons clairs : il n'existe pas d'antidote à ce poison. Cette substance bloque d'abord les signaux du système nerveux, puis paralyse les muscles et le diaphragme. Le consommateur périt par suffocation au bout de quelques heures pendant lesquelles il reste tout à fait conscient de ce qui lui arrive... Aujourd'hui, la grande majorité des fugus proviennent d'élevages et ne contiennent pas de poison, mais la qualité de leurs chairs n'a rien à voir avec celles des fugus sauvages.

ET POURQUOI EST-IL SI RARE ET RECHERCHÉ ?

Au Japon, seuls les chefs qui ont fait plusieurs années d'études et obtenu le diplôme d'État de cuisinier de fugu peuvent le préparer. C'est vous dire la complexité de la préparation. Bien sûr, lors de la dégustation du sashimi de fugu, la peur entre en considération, mais la texture craquante et fondante, légèrement sucrée et acide ravit les amateurs.

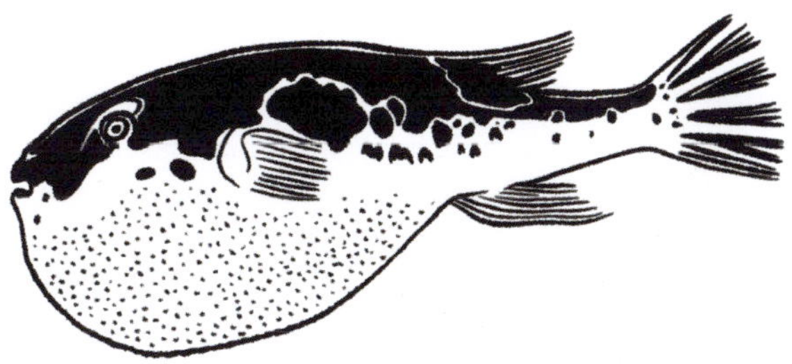

CAVIAR ET AUTRES ŒUFS DE POISSON

Oui, le caviar, c'est cher. Oui, c'est un produit de luxe, comme les très grands vins. Mais que c'est bon ! Franchement, essayez un bon caviar ou une poutargue parfaitement maturée, et on en reparle...

ÉTONNANT !

POURQUOI L'ESTURGEON EST-IL UN POISSON SI PARTICULIER ?

L'esturgeon est un poisson osseux, sans écailles, qui se déplace lentement, tel un reptile, sur les fonds vaseux. Il se nourrit d'invertébrés et de petits poissons, et il a la particularité de pouvoir vivre plusieurs heures à l'air libre. Comme le saumon, c'est un poisson anadrome : sa reproduction s'effectue en eau douce. Après sa naissance, le petit esturgeon descend les fleuves pour vivre dans les estuaires, puis dans la mer avant de remonter les fleuves pour se reproduire à nouveau. C'est la plus ancienne race vivante de poisson : on en retrouve des traces de plus de 100 millions d'années, contemporaines des dinosaures !

POURQUOI TROUVE-T-ON DES CAVIARS DE DIFFÉRENTES COULEURS ?

Les couleurs des œufs dépendent de l'espèce mais aussi des individus au sein de chaque espèce. L'étape du salage a aussi une incidence puisqu'il a tendance à foncer la couleur : l'Osciètre est doré à brun clair, le Beluga est d'un gris anthracite plus ou moins clair, le Sevruga est d'un gris sombre, le Baeri, l'espèce la plus commune dans les élevages européens, donne des œufs brun-bordeaux foncé, l'Esturgeon blanc lui, donne des grains noir foncé.

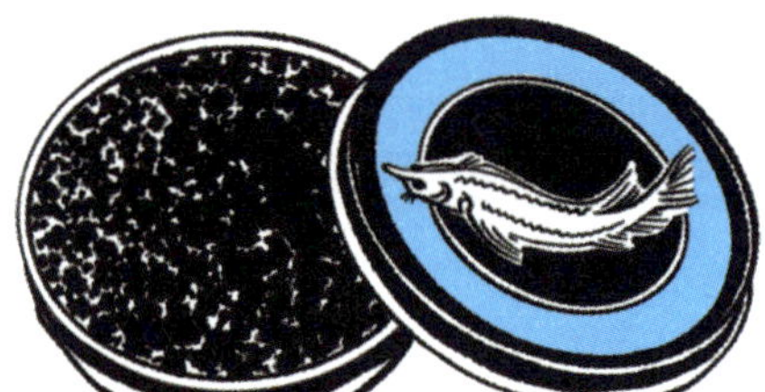

POURQUOI TROUVE-T-ON DIFFÉRENTES TAILLES DE GRAINS ?

Là aussi, cela dépend de l'espèce et de sa taille : plus l'animal est grand, plus les œufs seront gros.

Les plus petits grains, de 2 à 2,5 mm :
Le Baeri (0,50 à 1 m et de 7 à 30 kg)
Le Sevruga (0,70 à 1,50 m et de 30 à 80 kg)
L'Esturgeon blanc (0,70 à 1,30 m et de 20 à 80 kg)

Les grains moyens, de 2,5 à 3,5 mm :
L'Osciètre (1,50 à 2 m et de 80 à 150 kg)
L'Esturgeon du fleuve Amour (1,50 à 2 m et de 100 à 190 kg)

Les plus gros grains, de 3,5 à 4 mm :
Le Kaluga (1,50 à 6 m et de 100 à 1 000 kg)
Le Beluga (1,50 à 6 m et de 100 à 1 000 kg)

LE POURQUOI DU COMMENT

POURQUOI LE CAVIAR EST-IL SI CHER…

Tout d'abord, les esturgeons ont été tellement exploités pour leurs œufs que la race a pratiquement été décimée à la fin du XXe siècle. Aujourd'hui, la pêche est interdite pratiquement partout et la presque totalité des caviars provient d'élevages.
Ensuite, les esturgeons n'atteignent leur maturité sexuelle que très tard : on ne reconnaît leur sexe que vers 3 ans. Les femelles produisent des œufs entre 6 et 9 ans pour les petites espèces, et pas avant 15 ou 20 ans pour les grandes comme le Beluga. Évidemment, chaque poisson ne donne des œufs qu'une fois puisqu'il faut le tuer pour les récupérer…

La récupération puis la préparation des œufs sont le fruit d'un savoir-faire délicat et totalement fait à la main, afin de valoriser ce produit d'exception.
1°) La récupération de la rogue, la poche qui contient les œufs, est pratiquée sur un esturgeon préalablement assommé et saigné.
2°) Le tamisage est fait pour retirer les petites peaux et les membranes.
3°) Le salage contribue à la conservation, mais la qualité et la quantité de sel apportées peuvent aussi modifier la structure et la qualité des œufs : trop peu de sel et le caviar s'abîme rapidement, trop de sel et les œufs s'assèchent et deviennent collants. La concentration en sel varie de 3 % pour les caviars Molossol, qui se conservent donc peu de temps, jusqu'à 10 % pour les plus salés et moins périssables, mais aussi les moins fins.
4°) Le séchage permet de retirer l'eau perdue par les grains après le salage. Trop de séchage et les œufs deviennent secs et collants, pas assez, et les saveurs vont être diluées dans un trop-plein d'eau. Cette opération dure entre 5 et 15 minutes.
5°) La mise en boîte est encore une opération délicate : il faut retirer les bulles d'air et le trop-plein d'eau, tout en conservant assez d'humidité et d'espace pour que les grains ne soient pas compressés.
6°) L'affinage peut alors commencer dans des chambres froides réglées à -3 °C, le sel empêchant les œufs de geler à cette température. Selon l'espèce et donc la taille des grains, l'origine de l'élevage, la destination de la production, cet affinage sera mené de façon différente sachant que le caviar développe ses saveurs les plus intéressantes après 3 mois.

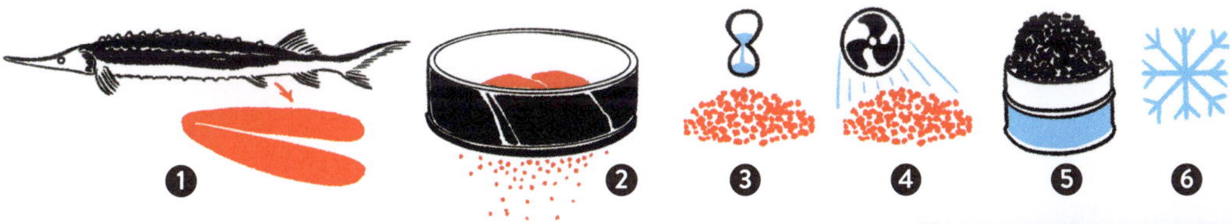

… ET SI BON ?

La dégustation commence avec les yeux : la brillance, les reflets, la couleur, du doré au noir anthracite en passant par le gris profond, la taille des œufs et leur homogénéité. En bouche, on fait rouler le caviar entre la langue et le palais pour sentir la structure du grain, sa fermeté, son élasticité. Puis on découvre toute une palette complexe de saveurs fraîches, légèrement ou plus profondément iodée, des notes de noisette, de noix de cajou, de beurre…
Le Beluga donne des œufs avec une membrane très fine et des notes de noisette et de beurre très délicates et très longues en bouche. C'est le caviar le plus prestigieux ;
L'Oscière a des œufs plutôt fermes qui roulent facilement sur la langue, des notes marines et de fruits secs, subtiles et très équilibrées. Un grand classique ;
Le Baeri possède des œufs assez fermes, dont les premières saveurs sont fruitées, avant de laisser la place à des notes minérales, puis boisées ;
L'Esturgeon blanc donne un caviar puissant, long en bouche, avec des saveurs assez complexes, légèrement iodées et des notes de noix fraîches.

POURQUOI FAUT-IL UTILISER UNE CUILLÈRE EN CORNE OU EN NACRE POUR DÉGUSTER DU CAVIAR ?

Le contact entre l'argent des cuillères et les œufs produit une réaction chimique qui donne des saveurs métalliques au caviar. Pour éviter ce problème, on utilise des cuillères en corne ou en nacre, qui sont totalement neutres.

CAVIAR ET AUTRES ŒUFS DE POISSON

Œufs de saumon

Œufs de lump

Œufs de mulet

POURQUOI LES POISSONS FEMELLES PORTENT-ELLES AUTANT D'ŒUFS ?

Tout simplement parce que la majorité de ces œufs va être mangée par d'autres poissons et qu'une autre partie ne sera pas fécondée : d'après une estimation, un œuf a entre 1 chance sur mille et 1 chance sur deux millions d'éclore ! Et ceux qui écloront seront encore, à l'état de larves puis d'alevins, une nourriture de choix pour un grand nombre de prédateurs…

MIAM !

POURQUOI LES ŒUFS DE POISSON SONT-ILS SI BONS ?

Comme les œufs de poule, chaque œuf de poisson est constitué d'une cellule centrale qui peut donner la vie, entourée d'un liquide épais qui renferme tous les nutriments dont l'œuf peut avoir besoin s'il est fécondé. Ces nutriments, extrêmement concentrés, contiennent jusqu'à 20 % de gras et beaucoup d'acides aminés savoureux.

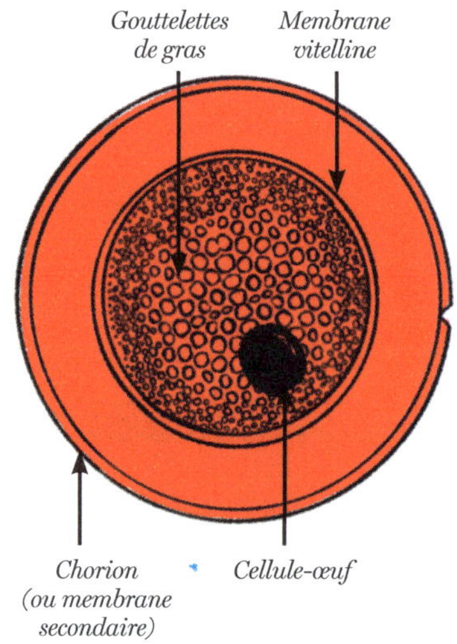

SPLASH !

POURQUOI LES ŒUFS DE POISSON EXPLOSENT-ILS EN BOUCHE QUAND ON LES CROQUE ?

Les œufs sont protégés par une fine membrane qui doit être percée par le sperme des mâles en cas de fécondation. Plus l'œuf est jeune, plus il est ferme ; et plus il est vieux, plus il est tendre pour permettre justement la fécondation. Plutôt que de les croquer, essayez de les faire exploser entre la langue et le palais ; vous profiterez pleinement de leurs saveurs et de leurs arômes.

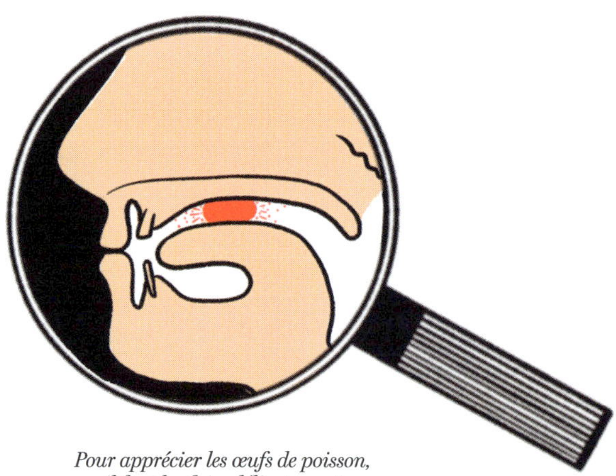

Pour apprécier les œufs de poisson, il faut les faire délicatement exploser entre la langue et le palais.

LES ŒUFS DE SAUMON EN 2 QUESTIONS

1 **POURQUOI Y A-T-IL UNE SAISON POUR LES ŒUFS DE SAUMON ?**

Les saumons sont des poissons anadromes, c'est-à-dire qu'ils vivent dans la mer, mais naissent et se reproduisent en eau douce. Les œufs de saumon sont récupérés juste avant la ponte et selon leur lieu de vie (et donc de pêche) et les espèces, la période varie : au nord, elle est précoce pour éviter les grands froids et les rivières gelées ; plus au sud, elle peut avoir lieu à l'automne.

2 **POURQUOI LES ŒUFS DE SAUMON ET DE TRUITE SONT-ILS ORANGE ?**

On a vu dans LA QUALITÉ DES POISSONS que les saumons et les truites ont des chairs orange parce qu'ils consomment des crustacés contenant de l'astaxanthine, un pigment naturel de la famille des caroténoïdes. Lorsque la femelle se prépare à se reproduire, l'astaxanthine est acheminée vers les ovaires et donne cette couleur orangée aux œufs. Elle a pour qualité de les protéger des dégâts que peut causer la lumière et aussi de permettre aux mâles de les trouver plus facilement afin de les féconder.

BEURK !

POURQUOI CERTAINS ŒUFS DE LUMP SONT-ILS ROUGES ET D'AUTRES NOIRS ?

Les lumps (ou lompes) sont des petits poissons qui vivent dans l'Atlantique Nord ou en mer Baltique. Naturellement gris, leurs œufs se voient ajouter des colorants rouge ou noir pour les rendre plus appétissants. Rien de bien naturel dans ces couleurs…

POURQUOI TROUVE-T-ON DU TARAMA BLANC ET DU TARAMA ROSE ?

Les œufs de cabillaud donnent un tarama blanc, et ceux de mulet, un tarama naturellement plus rosé. Quant au tarama qu'on trouve en grandes surfaces, il est rose parce qu'on y ajoute un colorant. Oubliez-le tout de suite : le vrai tarama a une structure légère et veloutée, et ne contient que des œufs de poisson, de la mie de pain, de l'huile et/ou de la crème fraîche. C'est tout !

POURQUOI LA POUTARGUE EST-ELLE ENROBÉE DE CIRE ?

Après avoir été salées puis mises à sécher pendant près de 2 semaines, les poches d'œufs de mulet sont ensuite pressées puis enrobées de cire. Cette cire est une protection qui empêche l'oxydation par l'air, et qui bloque la maturation au meilleur moment, permettant une conservation plus longue. Attention, on ne mange pas cette cire, on la retire ! Mais seulement au dernier moment, pour éviter que la poutargue ne sèche.

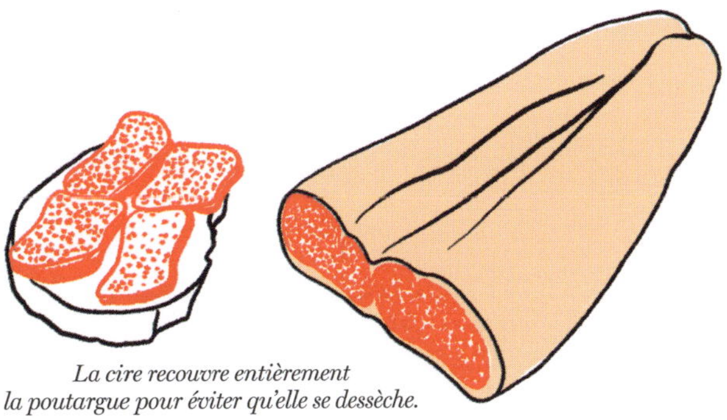

La cire recouvre entièrement la poutargue pour éviter qu'elle se dessèche.

LES COQUILLAGES

Barbes, byssus, bave, vase, mais aussi corail, triploïde et première eau... les saveurs iodées et raffinées des coquillages, ça s'apprend. Petit tour d'un lexique qui fleure bon la marée basse.

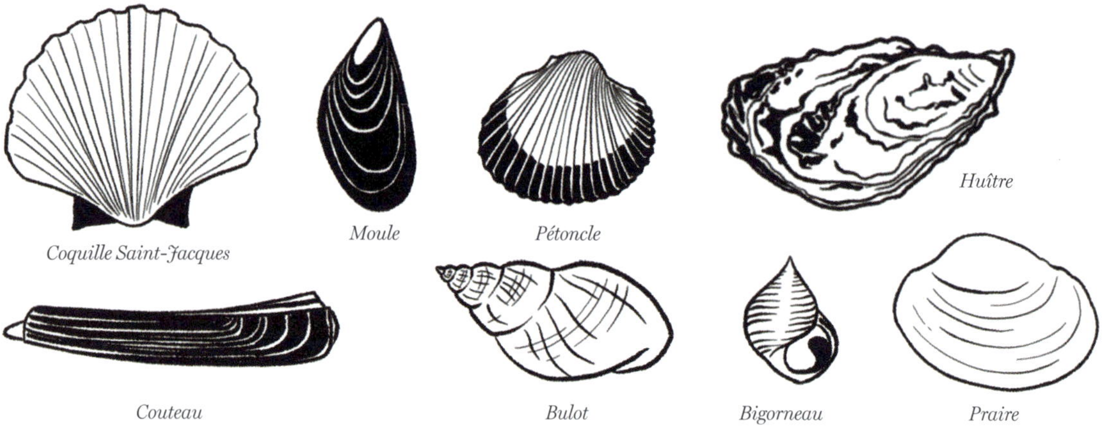

POURQUOI TROUVE-T-ON SOUVENT DES BULOTS SUR LES PLAGES APRÈS LES TEMPÊTES ?

Le bulot est carnivore et nécrophage, comme la langouste. Au cours des tempêtes, il se laisse prendre par les déferlantes pour se rapprocher du rivage et déguster les petits animaux tués par les éléments déchaînés.

ET POURQUOI FAUT-IL BATTRE LES ORMEAUX AVANT DE LES MANGER ?

Les ormeaux ont des fibres solides qui doivent maturer, comme certaines parties du bœuf. Après les avoir décoquillés (ils meurent aussitôt, rassurez-vous), il faut les battre une dizaine de fois avec le fond d'une casserole ou un rouleau à pâtisserie. Puis il est généralement conseillé de les masser quelques minutes avant de les faire maturer 3 ou 4 jours au réfrigérateur ; leurs saveurs s'y affinent.

POURQUOI FAUT-IL RETIRER LES BARBES DES COQUILLAGES AVANT DE LES CONSOMMER ?

Ces barbes servent aux coquillages à filtrer l'eau de mer pour que leur nourriture soit la plus pure possible. C'est donc dans ces tissus que l'on retrouve la pollution des mers. Même si elle est très faible, mieux vaut éviter de les consommer.

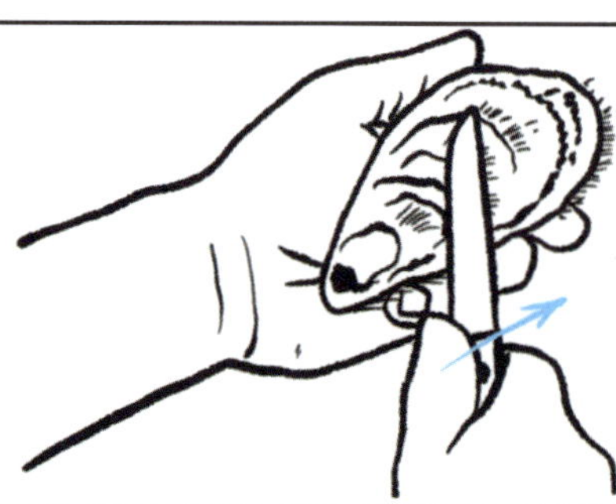

LES BONS GESTES

POURQUOI FAUT-IL FAIRE DÉGORGER LES BIGORNEAUX ET LES BULOTS AVANT DE LES CUIRE ?

Ce sont des escargots de mer, et comme les escargots qu'on trouve sur terre, ils sont pleins de bave. Si vous les faites cuire sans les avoir préalablement fait dégorger, vos bigorneaux et bulots vont se couvrir d'une masse gluante, la bave qu'ils auront perdu pendant la cuisson. Pour éviter ce désagrément, faites-les tremper dans une eau très salée avec un peu de vinaigre pendant 1 heure, en changeant l'eau à plusieurs reprises.

POURQUOI FAUT-IL RETIRER LE BYSSUS DES MOULES APRÈS LES AVOIR NETTOYÉES MAIS JAMAIS AVANT ?

Le byssus, ce sont les petits filaments que la moule fabrique pour s'accrocher à un support, comme les bouchots ou de longues lianes. Ce byssus est solidement attaché à la chair de la moule, et lorsque vous l'arrachez, le coquillage peut rester légèrement entrouvert. Si vous l'arrachez avant de les nettoyer, les moules vont absorber une partie de l'eau de nettoyage et perdre beaucoup de leur intérêt gustatif. Retirer le byssus est la dernière opération à faire avant de passer à la cuisson.

POURQUOI FAUT-IL FAIRE TREMPER LES COQUES, LES PALOURDES, LES PRAIRES OU LES TELLINES AVANT DE LES MANGER OU DE LES CUIRE...

Ce sont des coquillages fouisseurs qui vivent dans le sable ou la vase. Ils ont souvent du sable à l'intérieur de leurs coquilles et pour le retirer, ou plus exactement, pour que les coquillages le rejettent, il faut les laisser tremper 2 à 3 heures dans de l'eau très salée (comme l'eau de mer).

Le trempage des coques permet de leur faire rejeter le sable et la vase qu'elles contiennent.

... MAIS SURTOUT PAS LES MOULES ?

À la différence des coques, palourdes, etc., la moule ne vit pas sur les fonds sableux et est un coquillage filtreur : elle filtre l'eau pour se nourrir de plancton. Si vous la laissez tremper dans de l'eau, elle se remet à la filtrer et y perd une grande partie de ses saveurs. Nettoyez donc vos moules à l'eau courante.

Un nettoyage à l'eau courante évite aux moules de filtrer l'eau et de perdre une partie leurs saveurs.

POURQUOI LES MOULES DE MÉDITERRANÉE SONT-ELLES LES PLUS GROSSES ?

C'est une autre famille de moules que celles qu'on trouve couramment dans l'Atlantique et dans la Manche, même si on commence à en trouver un peu partout. Son nom scientifique est *Mytilus galloprovincialis*, elle est plus grosse et un peu moins savoureuse que la *Mytilus edulis*. La moule de Méditerranée, couramment appelée « moule d'Espagne » est d'ailleurs souvent farcie ou servie crue sur les plateaux de fruits de mer.

Moule de Bouchot

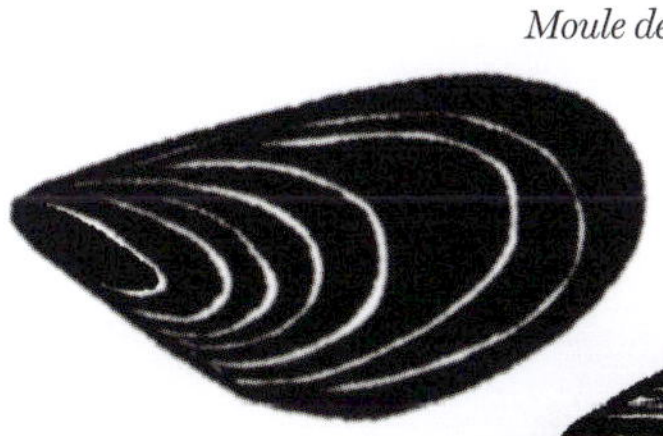

Moule d'Espagne

LES COQUILLAGES

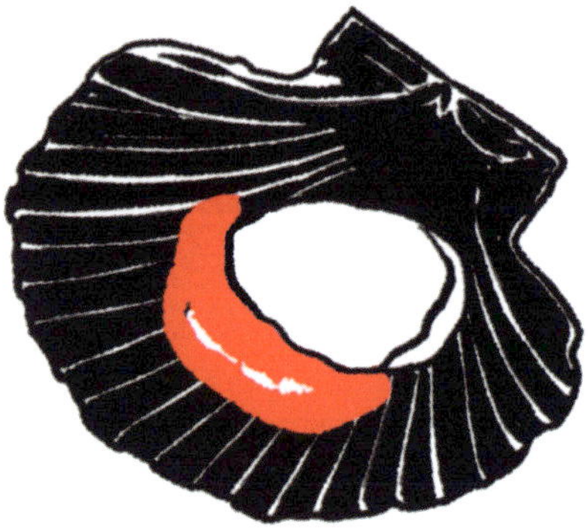

Coquille Saint-Jacques

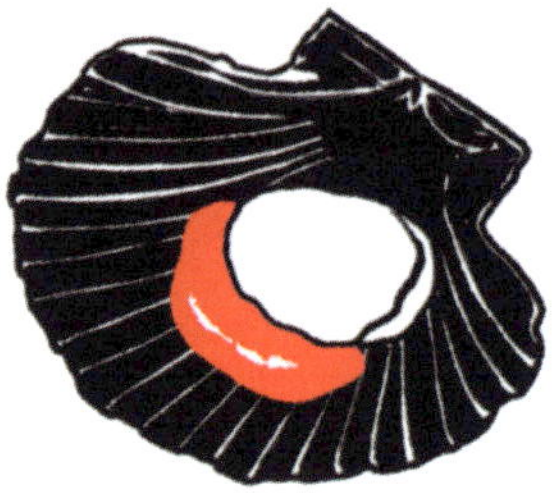

Pétoncle

POURQUOI TROUVE-T-ON DES COQUILLES SAINT-JACQUES EN DEHORS DES PÉRIODES DE PÊCHE ?

La pêche de la coquille Saint-Jacques est très encadrée en France ; elle est autorisée du 1er octobre au 15 mai, sur des périodes de 5 heures par jour qui fluctuent en fonction des marées. Mais la réglementation est différente dans d'autres pays, par exemple les Britanniques et les Irlandais sont autorisés à en pêcher toute l'année. En dehors de la période de pêche française, les coquilles mises en vente viennent donc de l'étranger.

NUANCES !

POURQUOI NE FAUT-IL PAS CONFONDRE LES COQUILLES SAINT-JACQUES ET LES PÉTONCLES ?

Même s'ils font partie de la même famille, les pectinidés, les deux coquillages sont très différents : le pétoncle européen est beaucoup plus petit, possède deux coquilles bombées alors que la saint-jacques a une coquille plate, celle du dessus, et une autre bombée. Mais surtout, c'est au niveau du goût que la différence est la plus flagrante : le pétoncle est beaucoup moins fin et a peu de saveurs.

ÉTONNANT !

POURQUOI LE CORAIL DES COQUILLES SAINT-JACQUES CHANGE-T-IL DE COULEUR AU COURS DE LEUR VIE ?

La coquille Saint-Jacques est hermaphrodite : la partie blanche est son organe mâle et la partie orangée est l'organe femelle. Cette glande génitale est blanche à la naissance car la coquille naît mâle, puis elle passe à l'orange lorsqu'elle change de sexe pour devenir femelle. Entre les deux, elle a les deux sexes. Plus on se rapproche de la période de reproduction, de mai à septembre, plus ce corail augmente de volume.

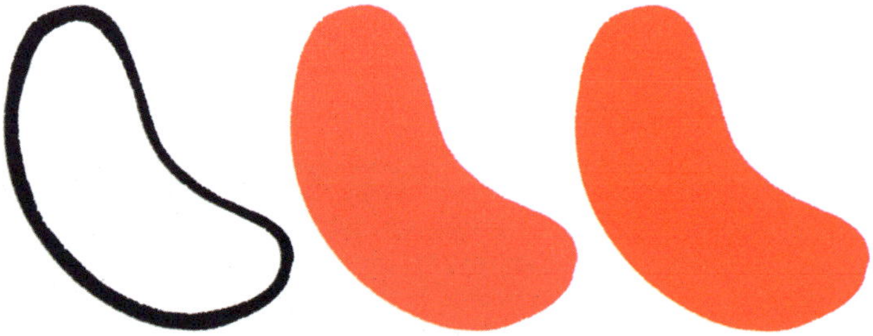

POURQUOI LES COQUILLES SAINT-JACQUES SONT-ELLES PLUS SUCRÉES PAR MOMENT ?

Juste avant la période de reproduction, la coquille Saint-Jacques est remplie de glucose qui servira de ressource énergétique à tous ses futurs petits. Le glucose étant un sucre, il donne des saveurs sucrées à notre coquillage et, en plus, il favorise une jolie caramélisation à la cuisson.

LES HUÎTRES EN 4 QUESTIONS

1 POURQUOI FAUT-IL JETER L'EAU QU'ON TROUVE DANS LES HUÎTRES QUAND ON LES OUVRE ?

Cette eau qu'on appelle « première eau », c'est de l'eau de mer, ni plus ni moins. Une fois vidée de cette eau, l'huître lâche une deuxième eau qui vient de ses tissus et qui est beaucoup plus fine et savoureuse.

2 POURQUOI Y A-T-IL UNE SUBSTANCE LAITEUSE DANS LES HUÎTRES EN ÉTÉ ?

L'été est la période de reproduction des huîtres : les fameux mois sans « r », de mai à août. Pendant cette période, elles produisent une substance laiteuse qui sert à nourrir leur ponte et dont le goût douceâtre peut masquer la finesse de l'huître. Cela n'est pas du goût de tout le monde et peut rebuter certaines personnes... Goûtez et faites comme bon vous semble.

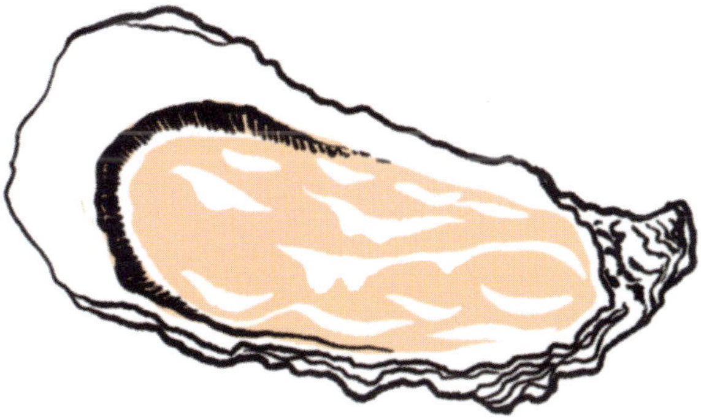

3 POURQUOI Y A-T-IL UNE DIFFÉRENCE ENTRE LES HUÎTRES DIPLOÏDES ET LES HUÎTRES TRIPLOÏDES ?

Les huîtres ont 2 jeux de chromosomes (diploïdes), comme les êtres humains et la majorité des êtres vivants. Pour pallier le problème de consommation que pose la substance laiteuse produite pendant la période de reproduction, des scientifiques ont introduit des huîtres à 3 jeux de chromosomes (triploïdes) qui ne peuvent pas se reproduire, et qui n'ont donc pas de période laiteuse. Cela fait le plus grand plaisir des consommateurs qui peuvent déguster ces huîtres toute l'année. Attention, ces huîtres triploïdes ne sont pas des OGM, puisqu'on n'y a pas introduit de gène étranger !

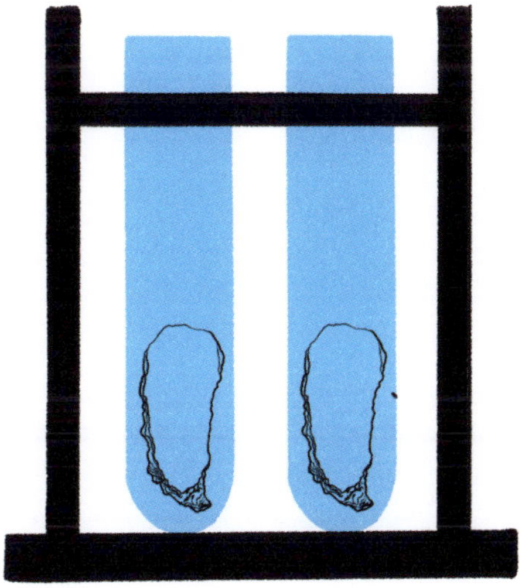

4 POURQUOI LES HUÎTRES NE RESSENTENT-ELLES RIEN ALORS QU'ON LES MANGE VIVANTES ?

Les huîtres n'ont pas de système nerveux central, donc pas de cerveau. Même si elles se contractent lorsque vous les arrosez de quelques gouttes de citron et semblent donc ressentir l'acidité, et qu'aucune étude scientifique n'ait pu le prouver, la possibilité qu'elles puissent ressentir de la douleur (ou du plaisir d'ailleurs) est quasiment nulle.

LE HOMARD

Je suis bleu mais on m'aime rouge, on me sert trop souvent au menu des fêtes de fin d'année, et non, je ne crie pas dans mon bain. Je suis, je suis ?

POURQUOI LE HOMARD A-T-IL DES PINCES ET PAS LA LANGOUSTE ?

Le homard est un ogre qui mange tout ce qui passe devant lui : petits poissons, crabes, mollusques, coquillages... Il a besoin de pinces pour attraper et broyer ses proies avant de les engloutir. La langouste, elle, se nourrit d'algues, d'invertébrés et aussi de charognes : elle est nécrophage, comme les hyènes. Et tous ces trucs tout mous n'ont pas besoin d'être découpés. Donc elle n'a pas besoin de pinces.

ET POURQUOI SES PINCES SONT-ELLES DIFFÉRENTES ?

Le homard possède deux grosses pinces qui ont des fonctions bien distinctes.

L'une, fine, longue, coupante et munie de nombreuses petites dents pointues, appelée **« pince coupante »** ou **« ciseau »**, sert à saisir des proies souples comme des petits poissons, et à les découper.
L'autre, appelée **« la broyeuse »** ou **« le marteau »**, est plus épaisse avec de grosses dents. Elle permet de broyer les coquilles et les carapaces de certaines proies, comme celle d'un autre homard... car le bestiau est cannibale !

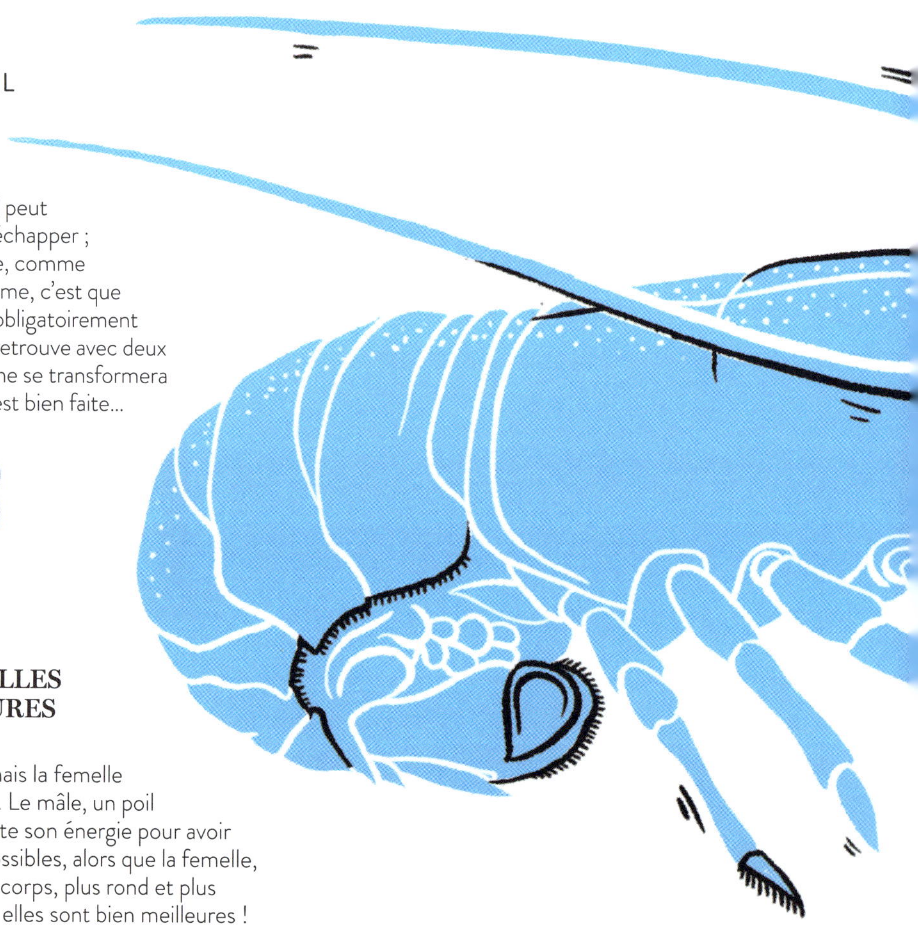

ÉTONNANT !

POURQUOI ARRIVE-T-IL QU'ON PÊCHE DES HOMARDS AVEC UNE SEULE PINCE ?

Lorsqu'il est coincé, le homard peut abandonner une pince pour s'échapper ; une autre repoussera à la place, comme la queue des lézards. Le problème, c'est que la pince qui va repousser sera obligatoirement une pince coupante. Et s'il se retrouve avec deux pinces coupantes, celle d'origine se transformera en pince broyeuse. La nature est bien faite...

POURQUOI LES FEMELLES SONT-ELLES MEILLEURES QUE LES MÂLES ?

Le mâle a de grosses pinces mais la femelle un corps charnu et savoureux. Le mâle, un poil frimeur, préfère dépenser toute son énergie pour avoir les pinces les plus énormes possibles, alors que la femelle, plus maligne, entretien un joli corps, plus rond et plus charnu. Préférez les femelles, elles sont bien meilleures !

POURQUOI LE HOMARD MUE-T-IL ?

Généralement, le squelette se trouve à l'intérieur du corps et grandit en même temps que les muscles. Mais chez le homard, comme chez la langouste, le crabe et les insectes, le squelette, appelé « exosquelette », est externe. Et comme ce squelette ne grandit pas, le bestiau est bien obligé d'en changer quand il grossit. Pour ce faire, notre homard cesse de se nourrir et maigrit ; son exosquelette, trop grand, finit par se casser. Une ouverture se crée alors, par laquelle il s'extirpe. Puis il se gonfle d'eau pour acquérir une taille supérieure et fabrique un nouvel exosquelette qu'il changera à chaque fois qu'il grandira, tout au long de sa vie, soit pendant environ 40 ans. Et oubliez tout de suite l'idée de déguster un homard lorsqu'il mue : soit il est maigrichon, soit il est rempli d'eau. Dans les deux cas, il n'a aucune saveur !

BON À SAVOIR !

POURQUOI FAUT-IL ÉVITER DE MANGER DU HOMARD BRETON PENDANT LES FÊTES DE FIN D'ANNÉE ?

La pêche du homard breton s'interrompt au début de l'automne. Du coup, ceux qu'on trouve pour les fêtes sont soit des homards gardés dans des casiers plusieurs mois durant, dont les chairs sont plus maigres, peu savoureuses et souvent abîmées par les bagarres entre congénères ; soit des homards américains qui n'ont aucun goût. C'est pas la saison, c'est tout !

NUANCES !

ET POURQUOI LE HOMARD BRETON EST-IL PLUS FIN QUE LE HOMARD CANADIEN ?

Ils sont cousins car tous deux issus de l'Atlantique : le homard bleu (ou homard breton) est pêché sur les côtes bretonnes, alors que le homard canadien est pêché sur les côtes nord-américaines. Mais ils n'ont rien à voir en termes de qualité : le homard bleu vit dans les rochers où il trouve une nourriture de grande qualité qui lui confère une chair subtile, ferme, iodée. Son cousin canadien, lui, vit sur des fonds vaseux sans intérêt qui lui donnent une chair molle, cotonneuse et sans réelle saveur.

LE HOMARD

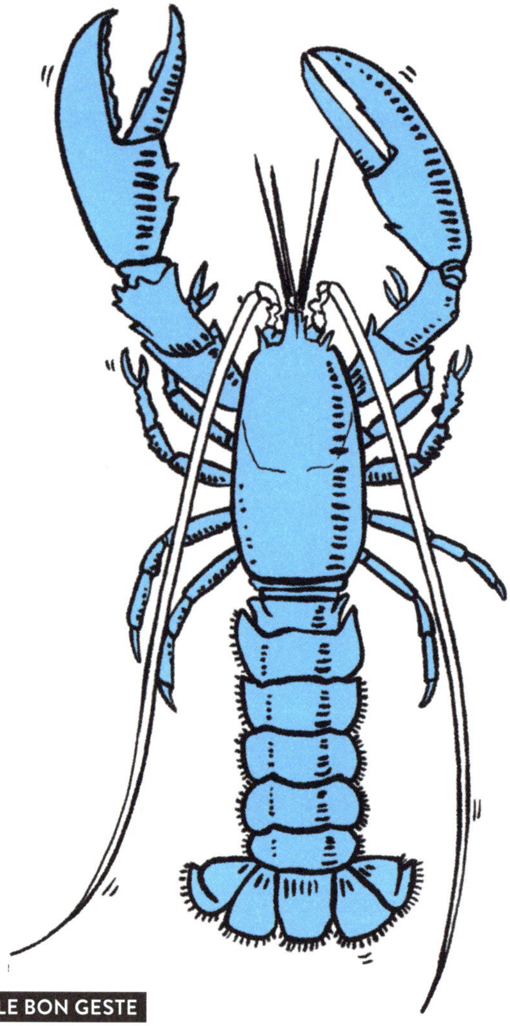

POURQUOI FAUT-IL BIEN VÉRIFIER QUE LE HOMARD EST VIVANT QUAND ON L'ACHÈTE ?

Après la mort, les chairs du homard dégagent des enzymes et des bactéries qui s'attaquent aux tissus. Vérifiez avant l'achat que le bestiau se débat quand vous le soulevez, qu'il replie bien sa queue sous son thorax et que ses antennes sont bien mobiles.

POURQUOI FAUT-IL LE CHOISIR AVEC UNE CARAPACE BIEN DURE ?

Le pire moment pour déguster un homard, c'est au moment de sa mue, on vient de le voir. Plus la carapace est dure et épaisse, plus on est éloigné de la période de mue.

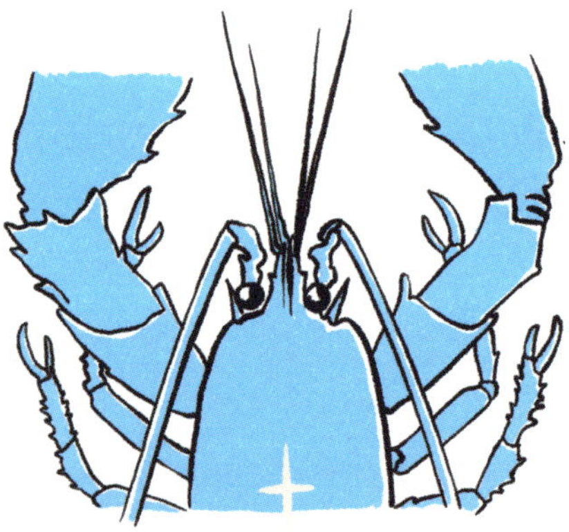

POURQUOI FAUT-IL PLANTER UN COUTEAU DANS LA CROIX DESSINÉE SUR SA TÊTE POUR LE TUER ?

Le homard ne possède pas de système central nerveux ou alors il est très rudimentaire. Des études montrent que le homard répond à des stimuli mais on ne sait pas si c'est parce qu'il ressent de la douleur. Dans le doute, la meilleure façon de l'occire , c'est encore de lui planter la pointe d'un couteau au niveau de la croix dessinée sur sa tête ; vous le tuerez net sans qu'il ait le temps de ressentir une quelconque douleur.

LE BON GESTE

POURQUOI FAUT-IL COMMENCER LA CUISSON D'UN HOMARD COUPÉ EN DEUX CÔTÉ CHAIR ?

Pendant la cuisson, la chair va perdre un peu de jus. Si vous retournerez votre homard après l'avoir saisi côté chair, ce jus va rester dans la carapace, se transformer en vapeur et délicatement cuire notre bestiau. Alors que si vous faites l'inverse, ce jus va se répandre et se perdre. Ce serait dommage…

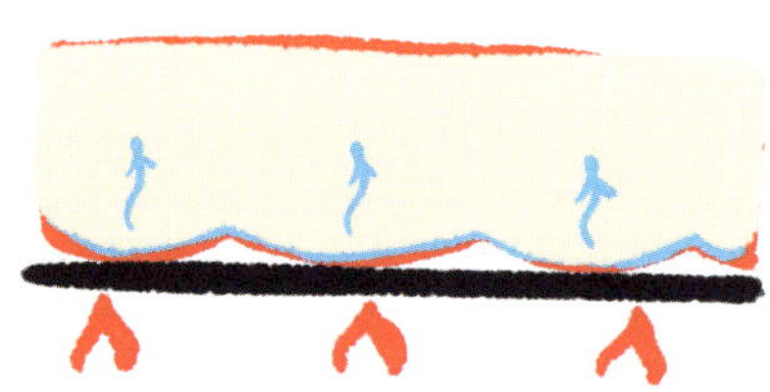

La cuisson des chairs se termine à la vapeur de leur eau de constitution.

LE POURQUOI DU COMMENT

POURQUOI LIGOTE-T-ON LE HOMARD AVANT DE LE POCHER ?

Lors du pochage, l'animal a tendance à se recroqueviller sur lui-même, resserrant ses anneaux. Son dos se retrouve en extension alors que le ventre est en contraction ; la chaleur ne pénètre pas à la même vitesse des deux côtés. Résultat, la cuisson ne sera pas homogène et la découpe se fera plus difficilement.
En ligotant le homard, vous l'empêchez de se recroqueviller et la cuisson sera homogène.

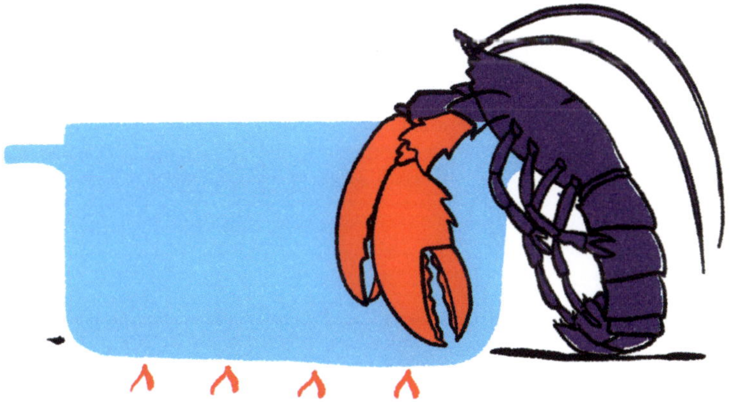

POURQUOI FAUT-IL D'ABORD POCHER LES PINCES AVANT DE PLONGER LE HOMARD EN ENTIER ?

Les pinces nécessitent un temps de cuisson plus long que le corps ; 4 ou 5 minutes suffisent pour avoir une cuisson équilibrée. Tenez l'animal par le coffre et plongez les pinces dans le fumet ou le court-bouillon. Pour éviter de vous brûler avec la vapeur, tenez l'animal sur le rebord de la casserole, le coffre à l'extérieur.

POURQUOI LE HOMARD BLEU DEVIENT-IL ROUGE À LA CUISSON ?

La carapace du homard contient un pigment rouge, l'astaxanthine. C'est ce fameux pigment que contiennent aussi les crevettes, les crabes, les langoustes et même les plumes des flamants roses.
Sur la carapace des homards, cette molécule est associée et cachée par une protéine, la crustacyanine. Lors de la cuisson, ces protéines se délitent et laissent apparaître le joli rouge du homard.

La carapace du homard devient rouge au contact de la chaleur.

POURQUOI FAUT-IL POCHER LE HOMARD DANS UN FUMET OU UN COURT-BOUILLON MAIS PAS DANS L'EAU ?

On l'a déjà vu plusieurs fois mais j'y reviens. Les saveurs passent par osmose du plus dense vers le moins dense. Si vous pochez votre homard dans de l'eau, il va y perdre des saveurs. Alors que si vous le pochez dans un bouillon ou un fumet, le liquide sera déjà chargé de saveurs et aura du mal à en accepter d'autres. Votre homard restera plus savoureux !

LE VRAI DU FAUX

POURQUOI LE HOMARD CRIE-T-IL QUAND ON LE CUIT ?

Arrêtez de croire tout ce qu'on vous dit : le homard ne crie pas quand on le plonge dans de l'eau bouillante. Il émet un petit bruit aigu, qui n'a rien à voir avec un cri : ce ne sont que les poches de gaz contenu dans sa carapace qui gonflent sous l'effet de la chaleur et qui la fissurent.
Non mais, « *le homard en train de crier* »... Pfff, faut vraiment avoir beaucoup d'imagination quand même !

CRABES ET ARAIGNÉES DE MER

S'ils sont faciles à identifier, crabes et araignées de mer cachent quelques petits secrets qu'il est bon de lever pour les apprécier pleinement.

TOURTEAU

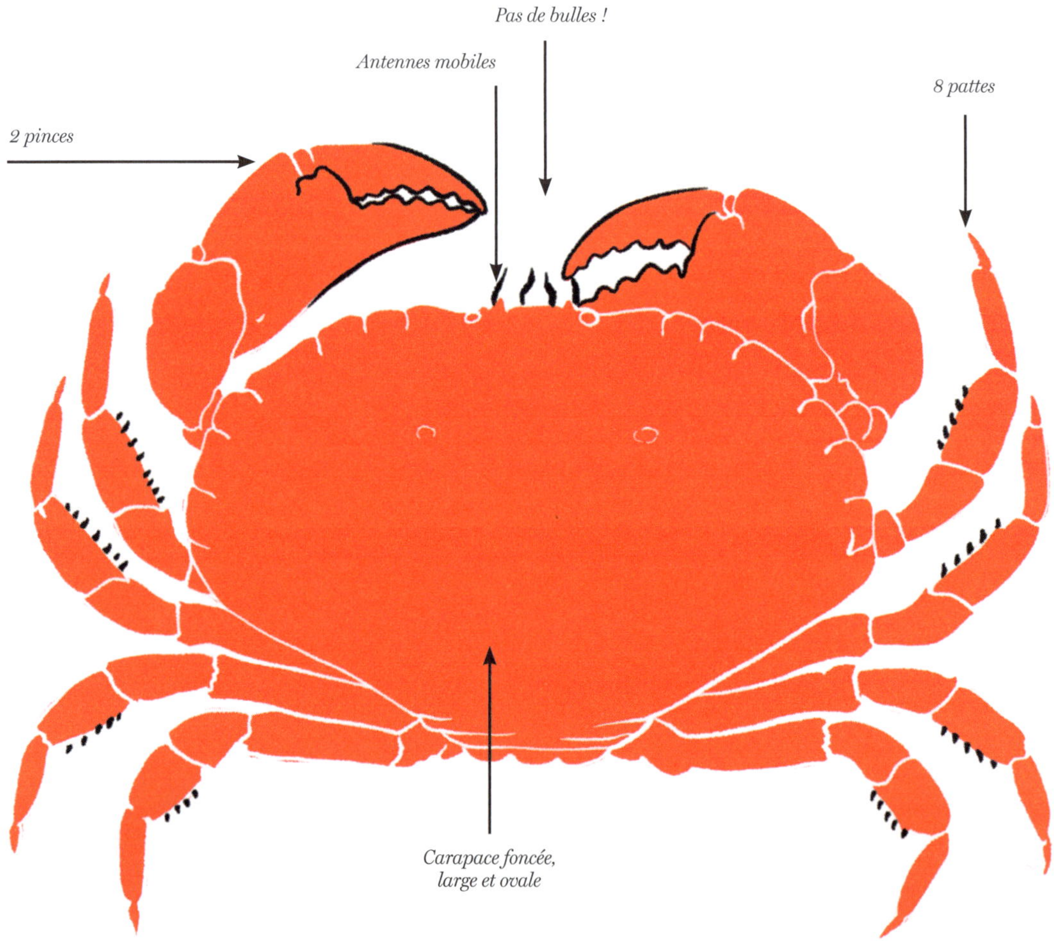

LE BON CHOIX

POURQUOI FAUT-IL ACHETER LES CRABES ET LES ARAIGNÉES DE MER VIVANTS ?

Après la mort, leurs chairs se dessèchent rapidement et leur goût s'altère. Lors du choix, vérifiez que les antennes du tourteau sont mobiles. Évitez les bestiaux qui font des bulles : c'est leur moyen de garder certains organes vitaux humides ; ils sont sans doute en déshydratation et à l'article de la mort. Vérifiez aussi que votre crustacé a bien ses 2 pinces et ses 8 pattes. Choisissez plutôt un tourteau mâle et une araignée femelle. Pour identifier une araignée de mer femelle, regardez le cloaque qui doit être large et arrondi pour retenir les œufs, alors que celui du mâle est fin et triangulaire. De toute façon, choisissez vos crustacés bien lourds, c'est le signe qu'ils sont bien pleins.

ARAIGNÉE DE MER

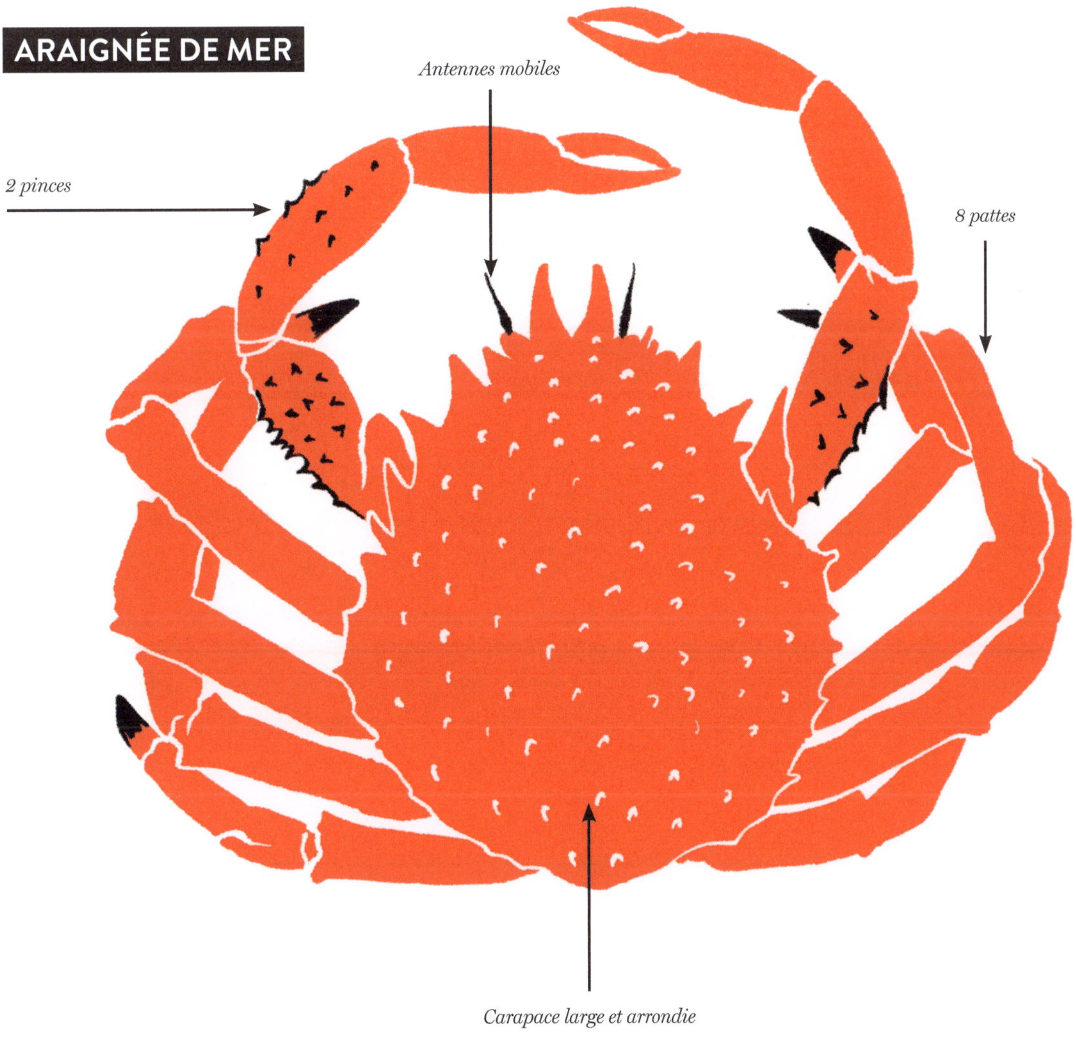

CRABES ET ARAIGNÉES DE MER

ZOOM

POURQUOI LES TOURTEAUX PÊCHÉS AU CASIER SONT-ILS MEILLEURS ?

Les crabes attrapés dans les filets sont stressés lors de la prise, de la traînée du filet puis de la remontée dans le bateau. Ils donnent des chairs sèches, granuleuses et sans aucun intérêt. Alors que ceux pêchés en casier y vivent entre quelques heures et quelques jours, et s'acclimatent à cet environnement avant d'être remontés sans être traînés sur des kilomètres.

ÉTONNANT !

POURQUOI NE TROUVE-T-ON PAS D'ARAIGNÉES DE MER EN HIVER ?

Au printemps et en été, l'araignée de mer reste près des côtes pour pondre. Mais pendant les mois les plus froids, elle s'en va copuler dans des profondeurs plus conséquentes, jusqu'à 70 mètres. C'est une marcheuse ; vous avez vu la longueur de ses pattes par rapport à son corps ? L'hiver, elle effectue une vraie migration, parcourant jusqu'à 500 km ! Une fois arrivée sur le lieu d'accouplement, l'araignée est assez volage et pas jalouse : elle est capable de stocker le sperme d'une dizaine de mâles, sperme qui reste efficace même après plusieurs mois.

POURQUOI LA COULEUR DE LA CARAPACE DONNE-T-ELLE UNE INDICATION SUR LA QUALITÉ DU TOURTEAU ?

Au moment de la mue, le tourteau ne se nourrit plus pour maigrir et sortir de sa carapace ; ses chairs sont alors insipides. Après la mue, la nouvelle carapace est beige clair, puis elle fonce avec le temps et devient brune. Il faut éviter les carapaces claires, signe de la proximité avec la période de mue et de chairs peu goûteuses.

BON À SAVOIR

POURQUOI LE TOURTEAU MÂLE EST-IL MEILLEUR QUE SA FEMELLE...

Les mâles et les femelles ne vivent pas au même endroit : les mâles préfèrent les fonds durs alors que les femelles fraient sur des fonds plus vaseux. L'habitat du mâle propose une nourriture de bien meilleure qualité : plus de coquillages, de mollusques et de crustacés. Ses pinces sont aussi plus grosses, et il est plus lourd que sa femelle.

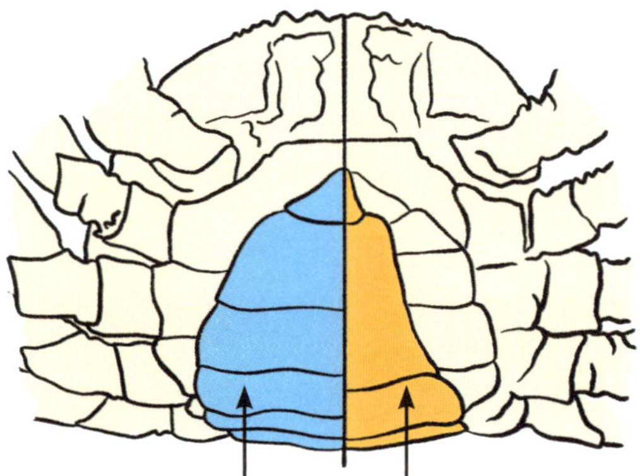

Cloaque large et arrondi du crabe femelle

Cloaque fin et triangulaire du crabe mâle

... ALORS QUE L'ARAIGNÉE DE MER FEMELLE EST MEILLEURE QUE SON MÂLE ?

Les chairs de l'araignée de mer femelle sont plus fines et plus juteuses que celles de son mâle qui sont plus fortes. La raison ? On n'en sait rien. Oh, hé, ça arrive qu'on ne sache pas, hein ! Leur nourriture et leur lieu de vie sont les mêmes. Et pourtant...

LA CUISSON DES CRABES EN 4 QUESTIONS

1

POURQUOI LA CUISSON À LA VAPEUR EST-ELLE À RECOMMANDER POUR LE TOURTEAU ET L'ARAIGNÉE ?

Lorsque vous faites cuire votre crustacé à l'eau, même très salée, une partie de ses saveurs vont filer à l'anglaise pour se retrouver dans le liquide, alors qu'avec une cuisson à la vapeur, il garde tout son goût. Si vous choisissez malgré cela de le cuire à l'eau, un départ à froid est préférable pour que la chaleur pénètre doucement et évite aux chairs de se dessécher.

3

POURQUOI FAUT-IL GARDER LES CRABES ENFONCÉS SOUS L'EAU AU DÉBUT D'UNE CUISSON PAR POCHAGE ?

Il y a de l'air sous la carapace. Pour éviter que le crabe ne flotte et que la cuisson ne soit hétérogène, il faut appuyer dessus et le garder au fond de la cocotte 2 ou 3 minutes. Après vous pourrez le lâcher, il ne remontera pas...

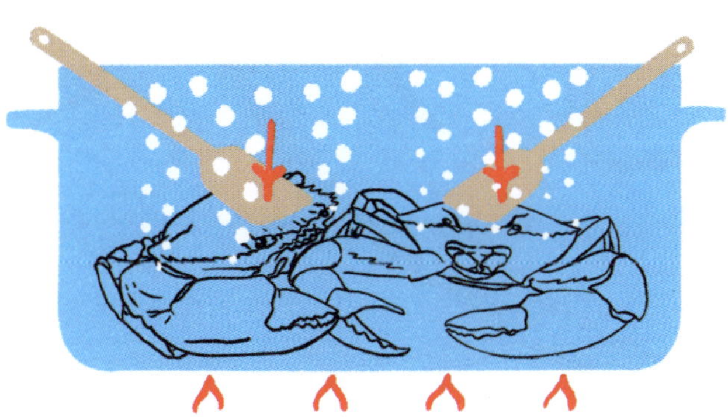

2

MAIS POURQUOI MÂLES ET FEMELLES DOIVENT-ILS FAIRE COCOTTE À PART ?

On vient de voir que les araignées de mer femelles sont bien plus fines et goûteuses que les mâles. Alors, sachez qu'on ne cuit pas ensemble les mâles et les femelles pour éviter que leurs saveurs ne se mélangent.

4

ET POURQUOI LES CRABES SONT-ILS MEILLEURS CUITS LA VEILLE ?

Pendant la nuit, les chairs cuites vont se raffermir légèrement en laissant s'évaporer un peu de l'eau qu'elles contiennent ; mais surtout, les saveurs vont se développer et devenir plus fines et longues en bouche, un peu comme une terrine qu'on oublie au réfrigérateur 2 ou 3 jours avant de la dévorer...

POULPES, CALMARS ET SEICHES

Ne vous laissez pas impressionner par les tentacules, cœurs multiples, gros yeux proéminents et autres becs ou poches d'encre des céphalopodes. Ils finiront dans votre assiette, un point c'est tout.

POURQUOI LES POULPES, SEICHES ET CALMARS ONT-ILS UNE POCHE D'ENCRE ?

C'est leur système de défense. Quand ils sont attaqués, ils lâchent un peu d'encre formant une sorte de nuage noir qui aveugle leur assaillant et leur permet de fuir. Et ne jetez pas cette encre, malheureux, elle est délicieuse ! On s'en sert dans certains *risotti* et paellas (voir LE RISOTTO ET LA PAELLA) pour leur donner une jolie couleur noire et des saveurs extraordinaires.

POURQUOI FAUT-IL ATTENDRIR LE POULPE, MAIS PAS LES CALMARS NI LES SEICHES ?

Les fibres du poulpe sont très minces, mais elles sont entourées de plusieurs gaines disposées les unes sur les autres et renforcées par du collagène. L'ensemble forme une structure extrêmement dure qui demande des heures et des heures de cuisson pour être supprimée.

La solution consiste à casser ces gaines. Longtemps, les pêcheurs ont eu pour habitude de projeter les poupes sur les rochers jusqu'à ce que les chairs s'attendrissent, mais on obtient le même résultat en les mettant simplement au congélateur pendant 48 heures.

Rappelez-vous vos cours de physique-chimie… Mais si, rappelez-vous : l'eau congelée occupe plus de volume que l'eau liquide. Et c'est exactement ce qui nous intéresse. En gelant, l'eau contenue dans les chairs de l'animal augmente de volume et casse les fibres dans lesquelles elle est emprisonnée. Et boum, les gaines hyper dures explosent sous l'augmentation du volume de l'eau pour donner des chairs tendres et savoureuses ! Laissez ensuite le poulpe décongeler 24 heures au réfrigérateur avant de le cuire.

POULPES, CALMARS ET SEICHES

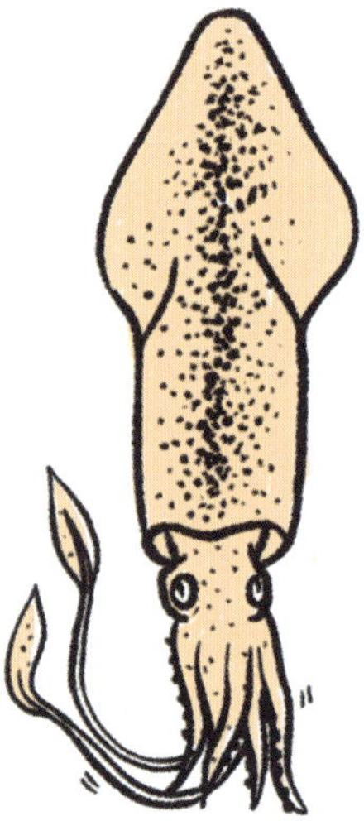

Calmar

Poulpe

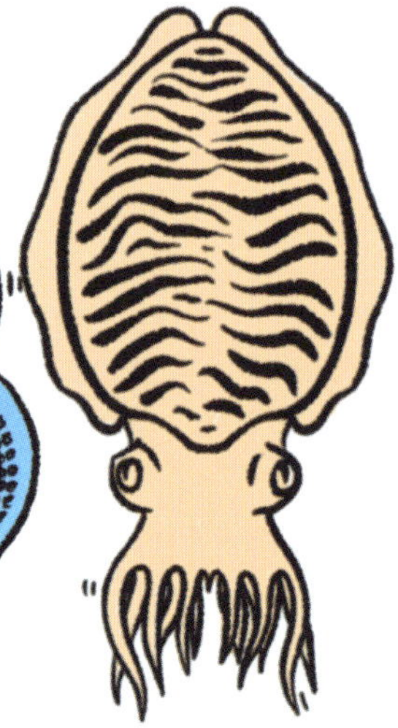

Seiche

Chipiron

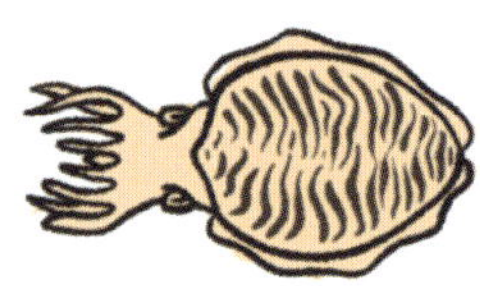

Supion

NUANCES !

POURQUOI NE FAUT-IL PAS CONFONDRE CHIPIRON ET SUPION ?

Le chipiron est un tout petit calmar. Le supion, lui, n'a rien à voir, car c'est une petite seiche. Son nom vient de l'occitan « *supi* » qui veut dire « seiche ».

POURQUOI Y A-T-IL UNE DIFFÉRENCE ENTRE LE CALMAR BLANC ET LE CALMAR ROUGE ?

Les calmars côtiers sont blancs alors que les calmars océaniques, pêchés au large, au-dessus de grandes profondeurs, sont rouge-grenat. Ces derniers sont aussi beaucoup plus gros, pouvant atteindre jusqu'à plusieurs kilos. Leurs saveurs sont aussi très différentes : les chairs du calmar blanc sont plus fermes et plus goûteuses.

POURQUOI FAUT-IL QUADRILLER LA CHAIR DES SEICHES ET DES GROS CALMARS AVANT DE LES CUIRE ?

Ces deux-là nécessitent une cuisson très rapide pour ne pas devenir caoutchouteux. Lorsque vous faites des petites entailles régulières sur leurs chairs, vous permettez à la chaleur de pénétrer plus vite au centre et d'éviter de surcuire l'extérieur.

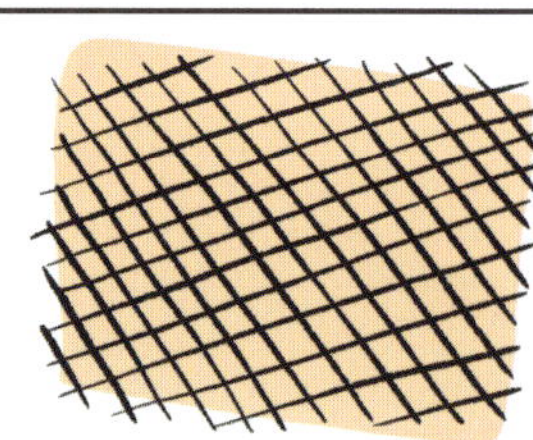

POURQUOI CUIRE UN POULPE À L'EAU BOUILLANTE EST UNE HÉRÉSIE ?

Grand Dieu, mais parce que l'eau bouillante est bien trop chaude pour notre céphalopode ! Un peu de délicatesse et de respect, s'il vous plaît ! Il faut le cuire à une température bien plus basse, juste en dessous du frémissement, pour éviter que ses chairs ne deviennent trop fermes et sans goût. C'est fragile, une bête comme ça, alors on la chouchoute…

POURQUOI UN POULPE SURGELÉ N'EST-IL PAS UN SIGNE DE MAUVAISE QUALITÉ ?

On vient de voir qu'il faut congeler le poulpe pour casser ses fibres. S'il a déjà été surgelé, c'est autant de travail en moins à faire à la maison. N'hésitez pas devant un poulpe surgelé ; il n'a pas été mal préparé !

LE BON GESTE

POURQUOI FAUT-IL FRISER LE POULPE ?

Cette opération consiste à faire doucement pénétrer la chaleur à l'intérieur du poulpe pour obtenir un rétrécissement homogène des chairs.
Pour cela il faut uniquement plonger les tentacules dans le bouillon pendant 10 secondes, puis les sortir 1 minute pour laisser la chaleur pénétrer à l'intérieur et refroidir l'extérieur. Et répéter ainsi l'opération 3 ou 4 fois.
Ensuite on peut plonger le poulpe entièrement dans le bouillon pour finir la cuisson.

LE VRAI DU FAUX

POURQUOI DIT-ON QU'UN BOUCHON DE LIÈGE DANS LE BOUILLON ATTENDRIT LE POULPE ?

Cette tradition perdure alors qu'elle n'a strictement, mais alors strictement aucun intérêt : autrefois, on cuisait les poulpes dans d'énormes faitouts sur les ports. Pour vérifier leur niveau de cuisson et les remonter facilement, on les accrochait à des bouchons en liège qui flottaient à la surface. Avec le temps, on a interprété cette méthode de cuisson en prétendant qu'un bouchon en liège contribuait à attendrir le poulpe, ce qui est complètement idiot, car en fait, les tanins contenus dans le bouchon contribuent à stabiliser le collagène et à garder les fibres du poulpe dures. Donc, pas de bouchon dans le bouillon, s'il vous plaît !

LA QUALITÉ DES LÉGUMES

Oh là ! J'en connais qui tournent de l'œil à l'idée d'écosser trois poignées de petits pois, certains qui les découpent à l'avance pour la semaine, et d'autres encore qui jurent à leurs enfants que la peau des pommes de terre est pleine de vitamines ! Le monde est fou, gardons les pieds dans la terre...

BON À SAVOIR

POURQUOI FAUT-IL CONSERVER CERTAINS LÉGUMES AU RÉFRIGÉRATEUR ET PAS D'AUTRES ?

Après avoir été cueillis ou ramassés, les légumes se mettent en « mode survie » et commencent à puiser dans leurs réserves pour vivre le plus longtemps possible. Dès ce moment, leurs saveurs et leur texture commencent à s'appauvrir. En mettant les légumes au réfrigérateur, on diminue la dégradation cellulaire et les attaques microbiennes. C'est parfait pour les légumes cultivés dans les régions tempérées et qui sont habitués à la fraîcheur, mais pour ceux qui viennent des régions plus chaudes, on obtient l'effet inverse : les parois cellulaires se dégradent plus rapidement et les saveurs se perdent. Il est donc préférable de conserver ces légumes-là à l'ombre et à température ambiante, comme les tomates, aubergines, concombres, courgettes, haricots verts, potirons, courges, navets, pommes de terre, gousses d'ail, oignons et échalotes.
En revanche, les asperges, carottes, brocolis, salades ou les champignons, par exemple, se conservent au réfrigérateur, enveloppés de papier absorbant pour leur éviter un surplus d'humidité en surface.

POURQUOI MES LÉGUMES TROP VIEUX DEVIENNENT-ILS MOUS ?

Les légumes sont majoritairement composés d'eau qui presse sur les parois des cellules et leur donne leur rigidité. Les légumes puisent naturellement l'eau dans le sol et la perdent par évaporation, mais une fois cueillis ou ramassés, ils ne sont plus hydratés et leur eau de constitution continue de s'évaporer sans être renouvelée, laissant les cellules s'effondrer petit à petit. Et les légumes se ramollissent... C'est pourquoi on conserve généralement les légumes dans des endroits frais et humides, pour limiter cette évaporation.

MAIS ALORS POURQUOI MA SALADE SOUS SACHET PLASTIQUE SE CONSERVE-T-ELLE PLUS LONGTEMPS QU'UNE SALADE FRAÎCHE DU MARCHÉ ?

Dans ce sachet plastique, il y a un gaz qui permet de limiter l'évaporation et de conserver les feuilles coupées beaucoup plus longtemps. On dit que ces salades sont conservées « sous atmosphère modifiée ».
C'est exactement le même système de conservation que pour les tranches de jambon dans les barquettes en plastique.

LA QUALITÉ DES LÉGUMES

ÉTONNANT !

POURQUOI LA SALADE EST-ELLE PLUTÔT SERVIE APRÈS LE PLAT PRINCIPAL QU'EN ENTRÉE ?

Bien sûr, le côté légèrement acide de la vinaigrette donne un coup de peps et aide à la digestion, mais la salade a aussi une autre particularité beaucoup moins connue : elle diminue la mauvaise haleine. Incroyable, non ? Évidemment, il y a une raison : la salade, comme les champignons ou le basilic, a des composés aromatiques (des phénols) qui se combinent avec les composés organiques contenant du soufre (comme ceux de l'ail et les oignons) pour former des molécules non odorantes. Pour faire simple, dès qu'on associe de la salade avec de la nourriture soufrée, l'odeur disparaît. Magique !

POURQUOI LES HARICOTS VERTS PEUVENT-ILS PERDRE LEUR BELLE COULEUR VERTE ?

Là, c'est un problème de température et de qualité d'eau de cuisson. Une température d'eau de cuisson trop faible, et les haricots jaunissent ; une eau trop acide, et ils deviennent maronnasses. Heureusement, il y a 2 solutions :

1- cuire les haricots verts dans un grand volume d'eau bouillante ;
2- ajouter, si nécessaire, une pincée de bicarbonate de sodium pour éliminer l'acidité de l'eau (voir LA CUISSON DES LÉGUMES).

POURQUOI LES CHAMPIGNONS DIMINUENT-ILS AUTANT À LA CUISSON ?

Tout d'abord, je précise que les champignons ne sont pas des légumes mais… des champignons. Ils forment à eux seuls un règne à part, comme les végétaux, les animaux, etc. Mais comme ils sont cuisinés, traitons-les parmi les légumes ;-)
Revenons à nos moutons : les cellules des champignons, à la différence de celles de la majorité des légumes, sont fines et très fragiles. Lorsque le champignon cuit, ses membranes cellulaires se déchirent rapidement et laissent filer l'eau qu'elles contiennent. Et comme notre champignon est constitué de près de 90 % d'eau, son volume fond littéralement à la cuisson.

POURQUOI LA FRAISE ET LA POMME SONT-ELLES DES LÉGUMES ?

Hé oui, la fraise et la pomme sont des légumes ! Je sais, ça surprend, mais ce sont bien des légumes… J'explique.
Pour les cuisiniers, la différence entre un fruit et un légume est simple : un fruit est sucré, et se sert plutôt en dessert ; alors qu'un légume ne l'est pas ou si peu. Ça, on le dit par « habitude » mais si on regarde les définitions des dictionnaires, on trouve :
*« **Légume :** un légume est une plante potagère dont une partie au moins (racine, bulbe, tige, fleur, graine, fruit) est utilisée pour l'alimentation. »*
*« **Fruit :** Un fruit est un organe végétal, issu du développement de l'ovaire fécondé, qui succède à la fleur et qui contient les graines nécessaires à la reproduction. »*
Vous avez compris ? Un fruit est un légume puisqu'il provient d'une plante dont une partie est consommée (en l'occurrence le fruit). Par extension, le concombre, la tomate, le haricot sont des fruits (et donc aussi des légumes), mais la rhubarbe, par exemple est juste un légume, pas un fruit.
Et puis, il y a aussi les faux fruits ou « fruits multiples » pour les botanistes, ceux pour lesquels la formation d'ovaire n'est pas « le seul tissu participant », comme les fraises (encore elles), les framboises, les figues, les ananas, les pommes, les poires… Pour faire simple, tous les fruits sont des légumes, mais tous les légumes ne sont pas des fruits !

LES LÉGUMES SECS EN 4 QUESTIONS

1 POURQUOI CERTAINS LÉGUMES SECS DONNENT-ILS DES FLATULENCES ?

Les légumes secs sont plus difficiles à digérer que les autres légumes. Les aliments sont principalement digérés par l'estomac et l'intestin grêle mais pas les légumes secs : ils ont besoin de la flore bactériologique qui se trouve dans le gros intestin pour être décomposés et assimilables par notre organisme par fermentation. Le problème, c'est que cette fermentation produit des gaz dont il va bien falloir se libérer. Une seule sortie possible… Mais pas d'inquiétude, sachez que le corps évacue tout de même entre 0,5 et 1 litre de gaz quotidiennement.

2 POURQUOI FAUT-IL FAIRE TREMPER LES LÉGUMES SECS AVANT DE LES CUIRE ?

Les légumes secs sont… secs : ils ne contiennent pas d'eau, et sans eau à l'intérieur, ils restent durs et ne peuvent cuire. Il existe deux solutions.
Option n° 1 : on les fait préalablement tremper pour qu'ils absorbent de l'eau et cuisent plus facilement.
Option n° 2 : on les met à cuire tels quels dans de l'eau, et le temps de cuisson est beaucoup plus long avec une différence de cuisson entre l'extérieur et le centre. À vous de choisir…

Lors du trempage, les légumes secs absorbent de l'eau ; leur cuisson sera plus rapide que celle de légumes secs non trempés.

3 ET POURQUOI EST-IL PRÉFÉRABLE DE SALER L'EAU DE TREMPAGE ?

Les légumes secs sont remplis d'amidon qui gonfle en absorbant une partie de l'eau contenue dans le légume. Et s'il y a beaucoup d'eau à l'intérieur, l'amidon gonfle énormément et fait craquer la peau. En salant l'eau de trempage, vous diminuez de près d'un tiers l'absorption d'eau par le légume, donc l'absorption par l'amidon, donc son gonflement et le risque d'éclatement de la peau. Et voilà comment on obtient de beaux légumes secs bien cuits…

4 POURQUOI FAUT-IL AJOUTER UNE PINCÉE DE BICARBONATE DANS L'EAU DE CUISSON DES LÉGUMES SECS ?

Lorsque l'eau de cuisson est calcaire (le calcaire étant en fait du carbonate de calcium, composé de calcium et de magnésium), elle contient du calcium. Et le calcium renforce le ciment entre les cellules du légume, de sorte qu'elles ne se ramollissent plus, même après des heures de cuisson. Et on se retrouve avec des légumes secs qui ne cuisent jamais… Mais si on ajoute une petite pincée de bicarbonate, on précipite le calcaire qui disparaît, et la cuisson se fait parfaitement.

Le bicarbonate de sodium précipite le calcaire de l'eau et les légumes secs cuisent correctement.

LA PRÉPARATION DES LÉGUMES

Une fois dans nos assiettes, nos beaux légumes, choisis avec amour, ont souvent un aspect peu engageant. « Mais que se passe-t-il dans ma cuisine pour qu'ils se métamorphosent comme ça ? », vous dites-vous ? Décryptage.

LA CONGÉLATION DES LÉGUMES EN 2 QUESTIONS

1 POURQUOI LES LÉGUMES CONGELÉS À LA MAISON PERDENT-ILS BEAUCOUP D'EAU À LA CUISSON…

Il se produit le même phénomène pour les légumes congelés à la maison que pour les herbes aromatiques (voir LES PLANTES AROMATIQUES) : l'eau contenue à l'intérieur des cellules augmente de volume et brise leur structure. Lorsque vous faites cuire les légumes, la structure des cellules brisée ne retient plus l'eau, qui s'écoule lamentablement et vous donne des légumes avachis et sans texture.

2 … MAIS PAS CEUX QUE J'ACHÈTE SURGELÉS ?

Les industriels ont des congélateurs beaucoup, beaucoup plus puissants que le vôtre, qui peuvent atteindre jusqu'à -50 °C et dotés de courants d'air froid qui accélèrent le refroidissement. Ce qui est primordial dans la congélation des légumes, c'est le temps nécessaire pour que chaque légume entier atteigne la température de surgélation, soit -18 °C. Si ce temps est extrêmement court, l'eau contenue dans les légumes n'a pas le temps d'augmenter de volume et ne brise pas ses cellules.

MIAM !

POURQUOI LES LÉGUMES GLACÉS SONT-ILS SI BONS ?

Ah, les carottes et les navets glacés ! Alors, pour les incultes, je rappelle que les légumes glacés sont cuits dans un tout petit peu d'eau avec du beurre et du sucre ;-) On dit « glacés » parce qu'après la cuisson, le mélange beurre-sucre leur donne une brillance qui rappelle celle des glaces… les vitres, hein, pas celles qu'on mange dans des cornets !

Les légumes glacés sont si bons pour 3 raisons :

1°) pendant la cuisson, les sucres contenus dans ces légumes caramélisent ;

2°) ils perdent une grande partie de l'eau qu'ils contiennent, si bien que leurs saveurs se concentrent et qu'ils sont plus goûteux ;

3°) en plus, le gras du beurre de cuisson donne de la longueur en bouche, ce qui fait qu'on sent plus longtemps les saveurs de ces légumes glacés.

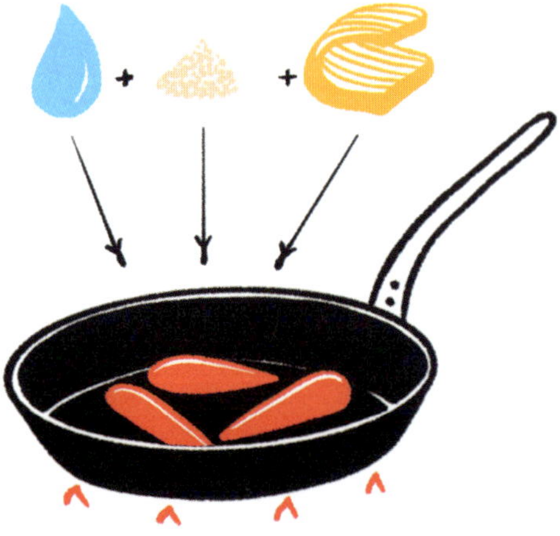

Les légumes cuits sont « glacés » dans un mélange d'eau, de sucre et de beurre.

POURQUOI FAUT-IL TOUJOURS DÉCOUPER LES LÉGUMES JUSTE AVANT DE LES CUIRE OU DE LES MANGER CRUS ?

Les cellules des légumes sont construites comme des ballons avec, au centre, une sorte de liquide appelé « vacuole », et tout autour, des enzymes, des acides, des sucres, etc. qui sont en contact entre eux, mais sans se mélanger.
Lorsque vous découpez un légume, vous découpez un grand nombre de cellules et aussi tout ce qu'il y a à l'intérieur. Tout ce qui compose le légume au niveau cellulaire et qui ne se mélangeait pas, interagit d'un seul coup et crée des réactions enzymatiques, comme celles qui nous font pleurer quand on découpe des oignons. C'est pour éviter ces réactions qui dénaturent les saveurs et la texture des légumes qu'il faut toujours les couper au dernier moment, juste avant de les cuire ou de les manger.

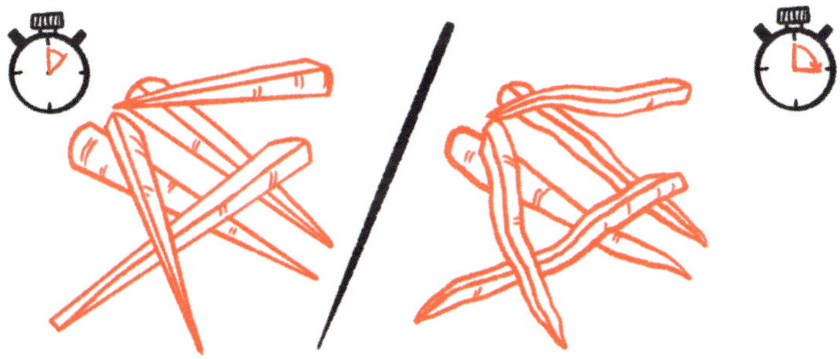

Les légumes coupés ne conservent leur texture ferme et leurs saveurs que peu de temps.

Passées 15 minutes, ils se ramollissent et perdent leurs saveurs.

POURQUOI FAIRE UNE INCISION À LA BASE DES TOMATES AVANT DE LES ÉBOUILLANTER PERMET DE LES PELER ?

L'eau bouillante ramollit la peau de la tomate. Et cette petite incision de rien du tout va permettre à l'eau bouillante de suffisamment décoller la peau pour que vous puissiez facilement l'attraper et la retirer.
Sans incision, la peau sera juste molle mais vous n'arriverez pas à l'attraper.
Bon, si vos tomates sont un peu fermes, utilisez un épluche-légumes, ça marche très bien aussi ;-)

POURQUOI FAUT-IL FAIRE DÉGORGER LES LÉGUMES AVANT DE LES CUIRE DANS DE L'HUILE ?

Ça, c'est un truc très important parce que ça permet aux légumes de rester bien croquants et d'être moins gras après cuisson.
Comment ça marche ? On découpe les légumes (en tranches ou en cubes), puis on les mélange avec du sel dans une passoire et on attend 1 heure. Pendant cette heure, le sel aspire l'eau contenue à la surface des légumes et crée une croûte qui freinera l'absorption d'huile par les légumes au cours de la cuisson. C'est particulièrement important pour les courgettes et les aubergines qui ont tendance à absorber une grande quantité d'huile de cuisson.

Les légumes qui ont dégorgé absorbent moins d'huile à la cuisson.

POURQUOI LES LÉGUMES RAMOLLISSENT-ILS À LA CUISSON ?

Les cellules des légumes ressemblent un peu à un tissu très solide. Lors de la cuisson, une grande partie des fils de ce tissu se désagrègent, se fragilisent et le tissu perd une grande partie de sa solidité.
En langage plus scientifique, ça donne ceci : les cellules sont reliées entre elles par une sorte de ciment très rigide fait de pectines, de cellulose et d'hémicellulose. Lors de la cuisson, le ciment se fragilise et se ramollit en perdant une grande partie des pectines.
Voilà, la prochaine fois que Belle-maman fera des haricots verts trop cuits, vous pourrez lui expliquer pourquoi ils n'ont aucune tenue...

PATATES ET CAROTTES

La base ! Avec des carottes et des pommes de terre, vous pouvez cuisiner des jours entiers sans faire deux fois la même chose. Comprenez comment elles fonctionnent et vous tirerez le meilleur de leurs saveurs.

LA PETITE HISTOIRE

POURQUOI LES CAROTTES SONT-ELLES ORANGE ?

La carotte est connue depuis longtemps, mais autrefois, son goût était âcre et piquant, si bien qu'on l'utilisait plutôt pour ses vertus médicinales. À partir du XIXe siècle, aux Pays Bas, sa culture s'est développée pour la rendre plus comestible et en standardisant sa couleur… Et l'orange était (et est toujours) la couleur nationale. Vous avez saisi ? Aujourd'hui, avec le désir de retrouver des légumes anciens, on redécouvre les variétés de carottes d'origine telles que les carottes blanche, jaune, rouge ou violette.

POURQUOI FAUT-IL CONSERVER LES CAROTTES SANS LEURS FANES ?

Oui je sais, c'est très beau, ces carottes avec leurs fanes chez le maraîcher. Le problème, c'est qu'une fois coupées, les carottes vont puiser dans leurs ressources pour apporter des nutriments aux fanes et éviter qu'elles ne se dessèchent. Et plus elles puisent dans leurs ressources, plus elles s'appauvrissent et perdent de leurs saveurs. Allez un bon coup de couteau et zou les fanes !

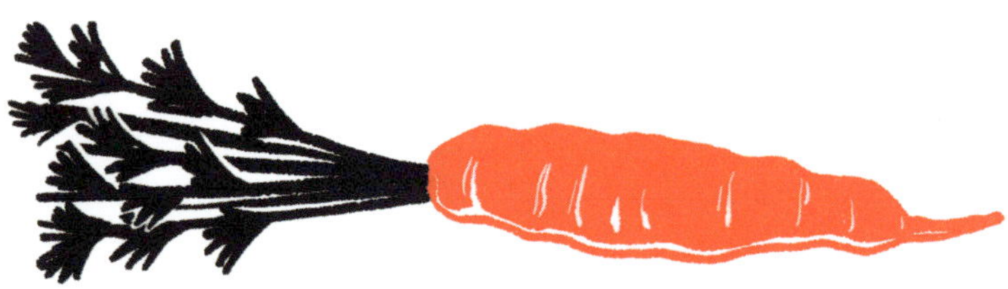

CQFD !

POURQUOI PUIS-JE MANGER UNE CAROTTE CRUE MAIS PAS UNE POMME DE TERRE CRUE ?

C'est juste que la pomme de terre contient beaucoup d'amidon, alors que la carotte, peu. L'amidon ? Mais si, c'est ce que la farine et la fécule contiennent et qui fait épaissir les sauces ! Bref, l'amidon cru est indigeste, mais cuit, il devient moelleux en absorbant une partie de l'eau contenue dans les cellules du légume. Les carottes, contenant très peu d'amidon, sont consommables crues, mais pas les pommes de terre.

LA PEAU DES POMMES DE TERRE EN 3 QUESTIONS

1 POURQUOI LES POMMES DE TERRE DEVIENNENT-ELLES PARFOIS VERTES ?

Lorsqu'elles sont stockées à la lumière, une photosynthèse de la chlorophylle se produit, favorisant la concentration d'une substance toxique et impropre à la consommation : la solanine. Il faut absolument retirer les parties vertes qui donnent un goût amer et qui peuvent aussi provoquer des vomissements, vertiges, hallucinations, etc. si elles sont consommées en trop grande quantité.

2 POURQUOI EST-IL PRÉFÉRABLE DE LAISSER LA PEAU DES POMMES DE TERRE POUR LES CUIRE…

La peau est une protection contre les agressions extérieures. Elle permet aussi aux légumes de garder toutes leurs vitamines et sels minéraux qui sont hydrosolubles, c'est à dire qu'ils se dissolvent dans l'eau. Lorsque vous laissez la peau des pommes de terre pendant la cuisson, vous conservez 4 fois plus de vitamines et sels minéraux que si vous les cuisez épluchées. Par contre, il faut la retirer assez vite après la cuisson pour éviter qu'elle ne leur donne un goût terreux.

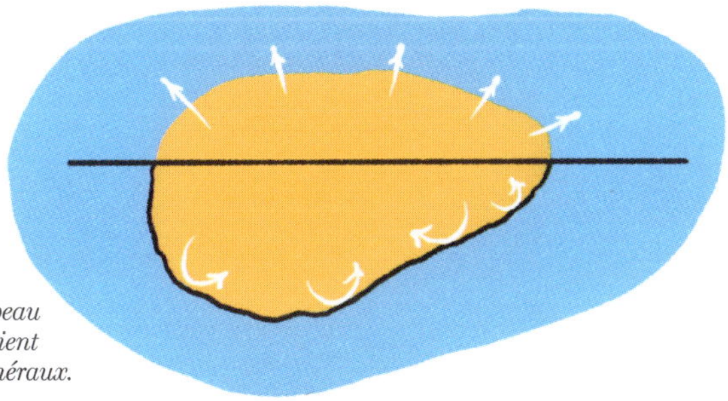

Pendant la cuisson, la peau des pommes de terre retient les vitamines et les sels minéraux.

3 … MAIS NE SURTOUT PAS LA MANGER, QU'ELLE SOIT CUITE À L'EAU OU FRITE ?

Et voilà, c'est encore cette solanine qui pose problème. La solanine, qui sert à la pomme de terre à se défendre contre les insectes, est un véritable poison pour l'être humain : consommée en trop grande quantité, elle peut être mortelle !
Donc, on évite absolument les frites avec la peau dans tous les restaurants de burgers…

POURQUOI TROUVE-T-ON DU PRINTEMPS AU DÉBUT DE L'ÉTÉ DES POMMES DE TERRE « NOUVELLES » ?

Ah… Là on touche ce qui se fait de mieux dans la pomme de terre. Ces pommes de terre qu'on qualifie de « nouvelles » ou « primeur » sont des variétés précoces récoltées alors qu'elles sont encore immatures. Elles contiennent moins d'amidon mais plus d'eau, et sont aussi fondantes que du beurre. Et parce qu'elles sont immatures et qu'elles contiennent peu de solanine, vous pouvez consommer leur peau.

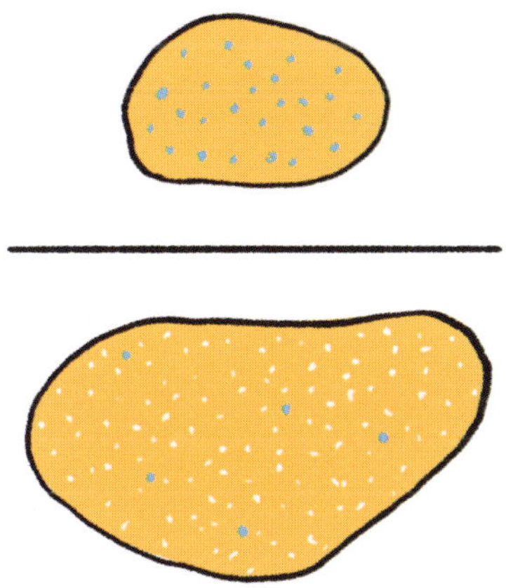

Les pommes de terre nouvelles contiennent plus d'eau mais moins d'amidon et de solanine que les « matures ».

ET POURQUOI NE PEUT-ON PAS FAIRE DE PURÉE AVEC CES POMMES DE TERRE NOUVELLES ?

Oh que si, vous pouvez faire des purées avec ces pommes de terre ! Et même d'excellentes purées. Mais elles resteront plus liquides qu'avec d'autres variétés « pas nouvelles » parce que leur faible teneur en amidon leur confèrera moins de tenue.

PATATES ET CAROTTES

ATTENTION, C'EST TECHNIQUE !

POURQUOI MES POMMES DE TERRES CRUES ET DURES DEVIENNENT-ELLES MOELLEUSES À LA CUISSON ?

C'est un peu technique, mais comme vous avez un peu de temps et moi aussi (ma femme est au téléphone avec sa sœur jumelle et ça dure toujours des heures), je vais vous expliquer.
Dans une pomme de terre crue, les granules d'amidon sont durs et compactés contre les bords des cellules. En chauffant, les membranes des cellules de la pomme de terre s'assouplissent puis se brisent, en même temps que l'amidon gonfle et se transforme en gélatine par absorption d'une partie de l'eau contenue dans le tubercule. Au final, on obtient une pomme de terre fondante. Notez tout de même que plus la pomme de terre est « nouvelle »,. plus sa chair est moelleuse ; et que plus elle est vieille, plus sa chair est farineuse.

POURQUOI ÉCLATENT-ELLES PARFOIS ?

Parce qu'elles sont trop cuites, pardi !
Et c'est encore la faute de ce satané amidon…
Pendant la cuisson, les grains d'amidon gonflent et prennent jusqu'à 50 fois leur volume initial. Le volume intérieur augmente tellement que la pomme de terre éclate. Et c'est la catastrophe !

ET POURQUOI FAUT-IL LES CUIRE À L'EAU À MOINS DE 60 °C POUR LES MANGER EN SALADE ?

Raaah ! Les salades avec des pommes de terre qui s'écrasent et qui partent en purée quand on mélange. Rien de pire ! Mais il y a une solution : si vous les faites cuire à moins de 60 °C, vos tubercules vont cuire plus longuement et garder une certaine fermeté. Vos salades seront ainsi plus présentables et bien meilleures…

POURQUOI CUIRE LES POMMES DE TERRE À LA POÊLE PREND PLUS DE TEMPS QU'À L'EAU ?

Les pommes de terre cuites à la poêle sont généralement coupées en morceaux et pourtant cela prend plus de temps que de grosses pommes de terres cuites à l'eau. C'est normal : pour un cube de pomme de terre, il faut que chacune des 6 faces du cube soit en contact avec la poêle pour chauffer et cuire. Je rappelle que dans une poêle, il n'y a que la surface en contact direct avec la source de chaleur qui chauffe et cuit. Alors que dans l'eau, les 6 faces du même cube sont en contact avec le liquide chaud et cuisent, donc la cuisson est beaucoup plus rapide.
Oh, je vous entends : « *Et les pommes de terre coupées en tranches, elles n'ont que 2 côtés à cuire !* » Oui, c'est vrai. Mais toutes ces tranches ne sont pas posées à plat dans votre poêle ; certaines se superposent et donc ne cuisent pas. Là aussi, c'est plus long que dans l'eau, mais aussi tellement meilleur si vous rajoutez un peu de graisse de canard ;-)

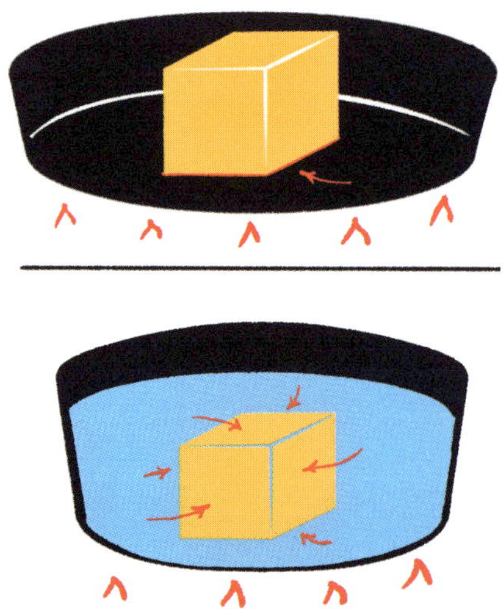

Dans la poêle, seule une face du morceau est en contact avec la surface de cuisson, alors que dans l'eau, toutes les faces cuisent en même temps.

POURQUOI FAUT-IL COMMENCER LA CUISSON DES POMMES DE TERRE À L'EAU FROIDE ET PAS À L'EAU BOUILLANTE…

Ah oui, c'est vrai ça ! On ne le dit pas assez, mais les pommes de terre se mettent à l'eau froide et jamais à l'eau chaude. Et en plus, il faut faire monter la température de l'eau doucement. Franchement, c'est pénible, non ? Oui, mais il y a une raison toute simple : la pomme de terre transmet très difficilement la chaleur, tellement difficilement que vous pouvez tenir une frite par un bout pendant que l'autre est en train de frire dans une huile à 180 °C sans vous brûler. En mettant vos pommes de terre directement dans une eau bouillante, l'extérieur sera cuit bien avant que la chaleur n'arrive au centre. Et le temps que le centre soit cuit, l'extérieur le sera trop ; il aura même déjà éclaté. Donc on fait chauffer l'eau progressivement pour que la chaleur pénètre tout aussi progressivement jusqu'au centre de la pomme de terre, et la cuisson de vos patates sera homogène.

… MAIS À L'EAU BOUILLANTE ET PAS À L'EAU FROIDE POUR LES CAROTTES ?

Là, c'est très différent : les carottes contiennent des protéines qui, en chauffant progressivement jusqu'à 70 °C, renforcent le ciment et rigidifient les parois cellulaires. Une fois rigidifiées, ces parois ne ramolliront plus et les carottes resteront dures. Pour éviter ce problème, il faut les plonger directement dans de l'eau bouillante pour immédiatement dépasser les 70 °C.

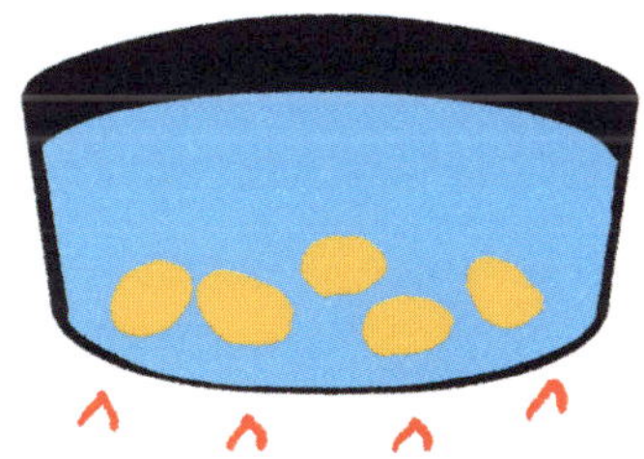

La cuisson des pommes de terre doit commencer à l'eau froide pour que la chaleur pénètre doucement dans les tubercules…

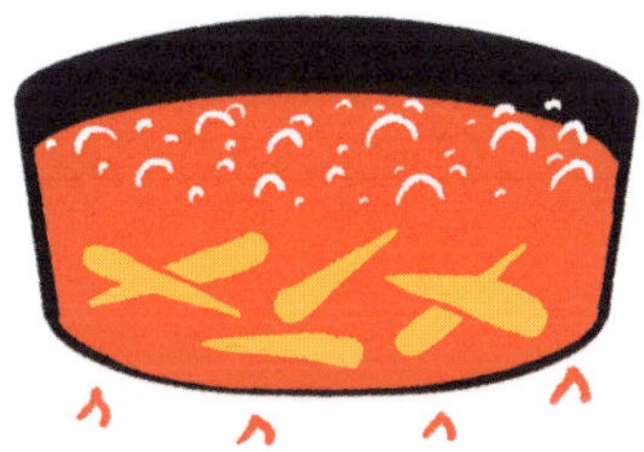

… mais à l'eau bouillante pour les carottes qui doivent être rapidement saisies.

MIAM !

POURQUOI LA PURÉE DE JOËL ROBUCHON EST-ELLE LA MEILLEURE PURÉE DU MONDE ?

Sa recette a fait le tour du monde. Franchement, c'est la meilleure purée que j'aie jamais mangée ! Alors oui, il y a du beurre, 250 g pour 1 kg de pommes de terre épluchées. Oui, il choisit des petites rattes plutôt que d'autres variétés de pommes de terre. Oui, il ajoute le beurre froid et le lait chaud. Mais ce n'est pas uniquement pour ces raisons que c'est la meilleure purée du monde. Les vraies raisons, mais ça on ne vous le dit jamais, c'est que cette purée est passée à travers un double tamis très fin pour affiner sa texture, puis elle est battue au fouet à la main pendant au moins une demi-heure pour y incorporer de l'air. Le résultat est une purée aérienne et d'une finesse absolue…

CQFD !

POURQUOI LES POMMES DE TERRE SOUFFLÉES SOUFFLENT-ELLES ?

Quand vous plongez des tranches de pomme de terre dans le premier bain de friture à 140 °C, l'extérieur de la tranche va s'assécher à la chaleur et former une petite croûte imperméable. Lors du second bain à 180 °C, l'eau encore contenue à l'intérieur se transforme en vapeur et pousse sur la croûte pour gonfler. Je rappelle à ceux que ça intéresse que la vapeur occupe plus de 1 700 fois son volume d'eau initial…

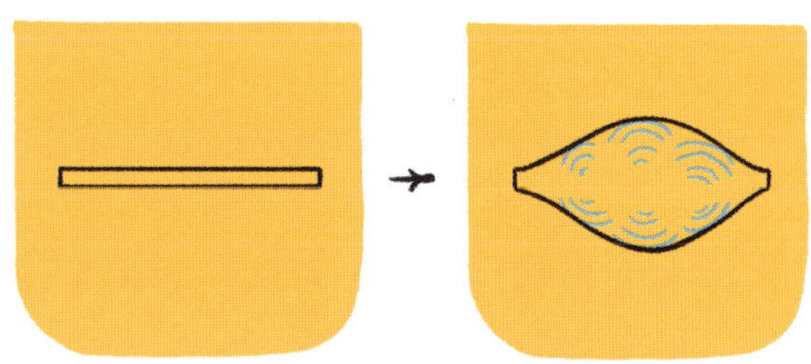

Lors du 1er bain, une croûte se forme en surface de la tranche.

Lors du 2nd bain, la vapeur interne pousse la croûte.

LA MATURATION

Vous avez certainement entendu parler de la maturation des viandes. Tout le monde en parle sans faire la différence entre une viande juste rassise et une autre maturée avec soin. Mais saviez-vous qu'on peut aussi faire maturer certains poissons ?

ATTENTION, C'EST TECHNIQUE !

POURQUOI LA MATURATION AMÉLIORE-T-ELLE LA QUALITÉ DES VIANDES ?

Après l'abattage, la carcasse passe en rigidité cadavérique, les cellules produisant de l'acide lactique ; puis des enzymes cassent la rigidité des muscles et la carcasse se ramollit. Pendant cette seconde période, les protéines cassées donnent de délicieux acides aminés, certains glucides se transforment en sucre, pour donner des saveurs intenses à la viande. Mais ce n'est pas tout ! La viande a aussi été attendrie au cours de ce processus : le collagène le plus dur se transforme en tissu conjonctif qui donnera plus facilement de la gélatine au cours de la cuisson. Il limitera la contraction de la chair à la cuisson, et donc la perte de jus.

POURQUOI FAIT-ON SURTOUT MATURER LA VIANDE DE BŒUF ?

Si la viande de bœuf gagne à maturer, mais ce n'est pas le cas de toutes les viandes : les carcasses de poulets, d'agneaux et de cochons peuvent maturer une semaine, mais au-delà, les chairs deviennent rances. Pour le bœuf, c'est très différent : certains morceaux comme les côtes, le faux-filet et le rumsteck peuvent facilement maturer jusqu'à 8 semaines ; 80 % de la tendreté est obtenue dans les deux semaines qui suivent l'abattage. Mais c'est après, généralement pendant encore 50 jours environ, qu'on fait maturer certaines viandes pour développer leurs saveurs. Certains bouchers poussent même la maturation jusqu'à 200 voire 300 jours, mais le gain de saveurs et de tendreté entre 8 semaines et 300 jours de maturation est infime.

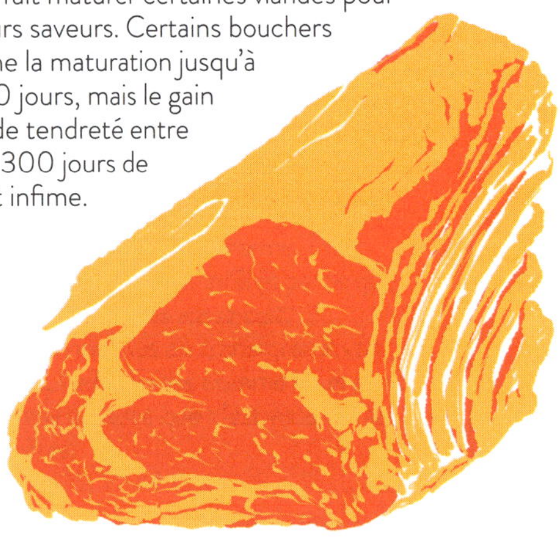

POURQUOI LES VIANDES MATURÉES SONT-ELLES SI BONNES ?

La maturation, ou plutôt « l'affinage », comme disent les spécialistes, consiste à développer les saveurs et la texture intrinsèques de la viande en jouant sur la température, l'hygrométrie et le déplacement de l'air dans la cave de maturation. Les caves sont généralement réglées entre 1 et 3 °C, et 70 à 80 % d'humidité, mais, selon la race et l'âge de l'animal, la quantité et la qualité de gras, la qualité et le grain des muscles, on peut modifier certains paramètres. C'est là tout le travail d'un affineur de qualité.
Pendant ce temps d'affinage, une partie de l'eau contenue dans les viandes s'évapore (jusqu'à 40 % du poids initial), les sucres se concentrent, les graisses s'oxydent, certaines saveurs se concentrent et d'autres se développent. On trouve dans une viande de bœuf bien affinée tout une palette de saveurs qu'on ne trouve pas dans les viandes classiques : fromage, caramel, beurre, fruits secs, fruits rouges, etc.

NUANCE !

POURQUOI Y A-T-IL UNE DIFFÉRENCE ENTRE UNE VIANDE MATURÉE ET UNE VIANDE RASSISE ?

Beaucoup de viandes dites « maturées » ne sont en fait que rassises dans des chambres froides pendant 4 à 6 semaines. Certes, on obtient ainsi un gain de saveurs et de tendreté, bien sûr, mais ça n'a rien à voir avec une viande maturée.

POURQUOI FAIT-ON AUSSI MATURER LE POISSON ?

Vous ne le saviez pas ça ? Oui, on fait maturer le poisson, même si le terme « maturation » n'est pas le plus approprié : au lieu de renforcer les saveurs et la tendreté, comme pour le bœuf, c'est la dégradation des chairs qui est recherchée chez le poisson, pour apporter de nouvelles saveurs, de nouvelles textures et la libération d'acides aminés très goûteux.

LE POURQUOI DU COMMENT

POURQUOI EST-CE SI PARTICULIER DE FAIRE « MATURER » LES POISSONS ?

Avant de faire « maturer » les poissons, il faut que l'abattage soit fait dans des conditions particulières pour éviter une rigidité cadavérique trop rapide et trop puissante. Une fois pêchés, les poissons sont ramenés à terre dans de grands aquariums à température ambiante. Pendant le retour sur terre, le poisson se détend et reconstitue une partie du stock de glycogène perdu avec le stress de la capture. Sans glycogène dans le corps, la rigidité cadavérique arrive plus rapidement et plus fortement, dénaturant irrémédiablement la qualité des chairs. Une fois ce stock de glycogène reconstitué, chaque poisson est tué individuellement dans les meilleures conditions, sans souffrance ni stress, selon la méthode *iké-jimé* (voir LE POISSON AU JAPON). Ensuite, on le saigne, on lui retire la moelle épinière avec une grande aiguille, et enfin on retire la peau en faisant extrêmement attention à ce que le mucus qui la recouvre ne soit pas en contact avec les chairs pour ne pas transférer de bactéries. Pour vous donner une idée de la précision et de la propreté nécessaire, à chaque opération, on nettoie parfaitement le couteau et on change de planche de découpe. Les chairs sont ensuite prêtes à « maturer » ou à « mûrir ». Chihiro Masui, grande spécialiste de la cuisine nippone, parle de « cuisine du temps » pour évoquer la transformation que subissent ces chairs, sans aucun autre artifice que le temps qui s'écoule.

POURQUOI NE FAIT-ON PAS MATURER DE POISSONS AILLEURS QU'AU JAPON ?

Ça se fait, mais c'est très rare. D'abord il faut que le poisson soit de qualité, puis tué selon la méthode *iké-jimé*, et enfin, il faut maîtriser l'art de la préparation. La durée de maturation dépend des poissons et des conditions de conservation. Sachez que pour un thon ou un cabillaud, une semaine est un minimum, et qu'un turbot, entre des mains expertes, pourra mûrir jusqu'à deux semaines et donnera des saveurs exceptionnelles.

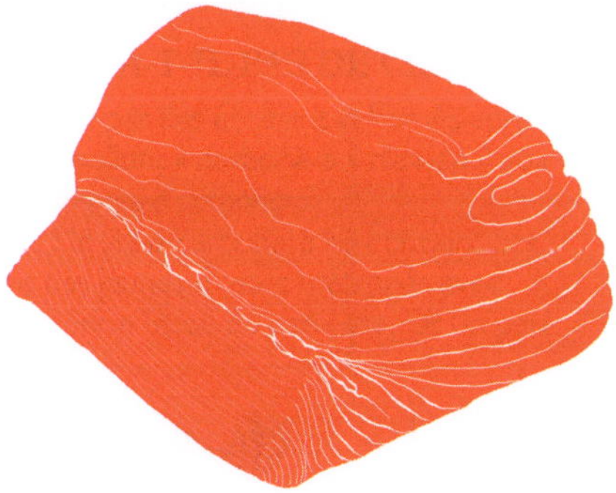

MIAM !

POURQUOI CES POISSONS MATURÉS SONT-ILS SERVIS PRINCIPALEMENT DANS LES RESTAURANTS DE SUSHIS ?

Les sushis proposent le poisson dans son plus simple appareil, sans artifice. Il faut que le poisson soit parfait, simplement parfait.
Les grands *sushiyas* maturent eux-mêmes leurs poissons et choisissent chacun d'eux au moment idoine pour assurer une texture tendre, mais croquante et fondante pour certains, une mâche plus ferme pour d'autres et un umami de qualité.

LES MARINADES

Oui, les marinades conservent et aromatisent les aliments, mais non, elles ne les attendrissent pas. On fait le point.

LA PETITE HISTOIRE

POURQUOI FAISAIT-ON MARINER LES VIANDES AU MOYEN ÂGE ?

Il y avait 2 bonnes raisons à cela : **1°)** elles permettaient de conserver les viandes plus longtemps. En les recouvrant de liquide, on empêchait les viandes d'être en contact direct avec l'air, et on ralentissait l'oxydation et le pourrissement ; **2°)** elles cachaient l'état des viandes qui, devenant plus foncées, ne permettaient plus de distinguer les pourries des bonnes. Et puis, les saveurs de la marinade masquaient les mauvaises odeurs et le goût des viandes avariées.

MAIS POURQUOI LES MARINADES PÉNÈTRENT-ELLES PLUS FACILEMENT DANS LES POISSONS ?

Les fibres des poissons sont très différentes de celles des animaux terrestres et contiennent très peu de collagène. Les marinades se faufilent plus facilement à l'intérieur des chairs des poissons. Mais ne les laissez pas mariner plus de quelques heures, cela recouvrirait leurs saveurs originelles. Et là, ce serait vraiment dommage !

ÉTONNANT !

POURQUOI LES MARINADES N'ATTENDRISSENT-ELLES PAS LES VIANDES ?

Tout simplement parce qu'elles ne pénètrent presque pas dans les morceaux ; les molécules des marinades sont trop grosses pour se faufiler à l'intérieur des fibres des viandes. Des scientifiques ont mesuré la pénétration d'une marinade sur un morceau de bœuf : en 4 jours, la marinade avait pénétré de moins de 5 mm dans la viande.

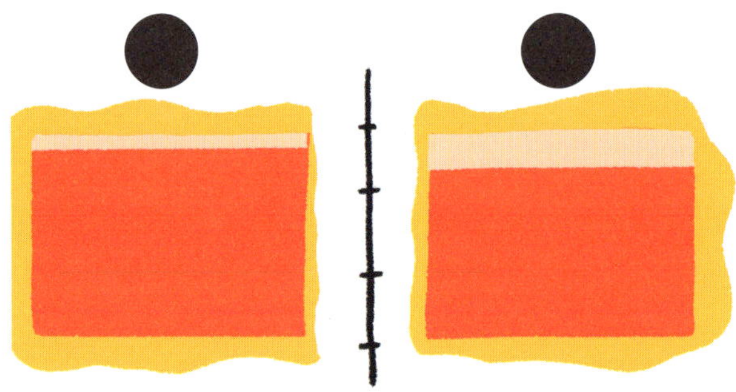

POURQUOI FAUT-IL COUPER LA VIANDE EN PETITS MORCEAUX AVANT DE LA FAIRE MARINER ?

On a vu que les marinades pénètrent très peu dans les viandes, de l'ordre de 2 ou 3 mm, pas plus en conditions normales. Pour un cuissot de sanglier, la marinade n'aura d'efficacité que sur moins de 1 % du poids total. Mais si vous coupez ce cuissot en petits morceaux de 3 cm, une pénétration de 2 ou 3 mm représentera plus de 30 % du poids. Et là, notre bonne marinade donnera beaucoup, beaucoup, beaucoup plus de saveurs !

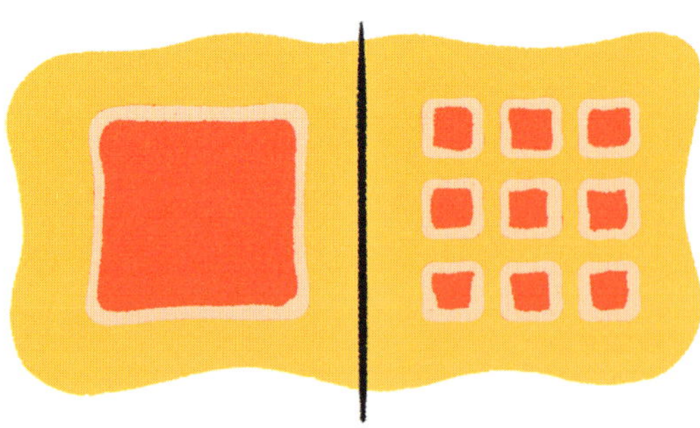

La marinade ne pénètre que de 2 ou 3 mm dans un morceau de viande, qu'il soit gros ou petit.

POURQUOI MET-ON SOUVENT DE L'HUILE DANS LES MARINADES…

L'huile est un buvard à saveurs et arômes : une grande partie des composés aromatiques y sont solubles. Du coup, l'huile accélère le transfert des saveurs et des arômes vers les aliments marinés.

… AINSI QU'UN ACIDE (VIN, CITRON, VINAIGRE, ETC.) ?

Autrefois, l'intérêt d'ajouter un acide dans les marinades était de permettre des conservations plus longues : l'acide tuait certains microbes et, comme il aspire l'eau, il asséchait les viandes qui se conservaient plus longtemps. Aujourd'hui, on en met beaucoup moins ; l'idée c'est d'apporter un peu de peps et de fraîcheur mais en aucun cas « d'attendrir une viande », comme on le lit souvent.

LE POURQUOI DU COMMENT

POURQUOI FAUT-IL FAIRE DORER CERTAINES VIANDES AVANT DE LES FAIRE MARINER ?

Les marinades qui contiennent un acide, comme du vin rouge ou du vinaigre, modifient les protéines qui se trouvent à la surface des morceaux. Une fois modifiées, ces protéines empêcheront les viandes de bien dorer. Il faut donc les faire dorer avant de les faire mariner.

ET POURQUOI LES MARINADES AGISSENT-ELLES PLUS EFFICACEMENT SUR LES VIANDES DÉJÀ DORÉES ?

Quand on fait cuire les viandes, de minuscules crevasses se forment, augmentant de manière considérable la surface des morceaux.
Et comme il y a plus de surfaces en contact avec la marinade, il y a plus de transferts de saveurs vers la viande. Résultat, l'efficacité de notre marinade est largement multipliée. Le top du top !

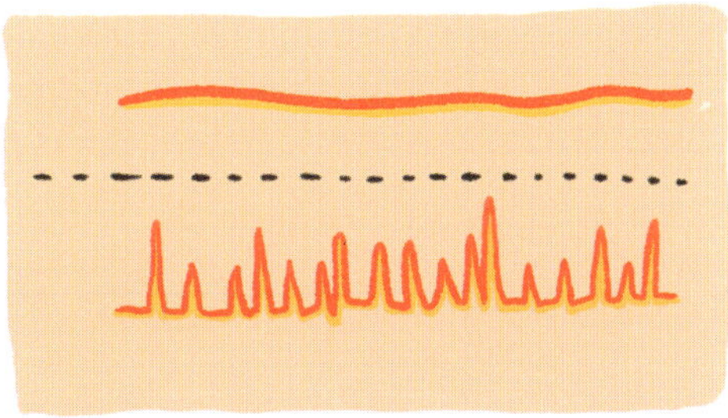

La surface d'échange entre la chair et la marinade est plus grande quand la viande a doré, formant des anfractuosités.

MAIS ALORS POURQUOI FAIT-ON QUAND MÊME MARINER LES ALIMENTS QU'ON CUIT ENSUITE AU BARBECUE ?

Ne croyez pas les recettes qui vous disent de « *laisser mariner vos viandes entre 1 et 4 heures* », ça ne sert à rien : la marinade n'aura pas le temps de pénétrer d'un seul petit millimètre ! Le truc intéressant dans la cuisson au barbecue, c'est ce qui coule sur les braises et fait de la fumée.
Cette fumée, en remontant, donne beaucoup de saveurs et d'arômes aux aliments. Certains cuisiniers projettent même quelques gouttes d'huile aromatisée pour créer de la fumée et donner plus de saveurs.

LES VINAIGRETTES

Mmmh ! Ce petit goût acide de la vinaigrette qui réveille les papilles quand on s'assure qu'elle est bien équilibrée... Vous avez remarqué que dans toutes les familles il y a un préposé à la vinaigrette ? Cette page leur est dédiée...

CQFD !

POURQUOI FAUT-IL COMMENCER SA VINAIGRETTE PAR LE SEL ET LE VINAIGRE ?

« *Super-méga-giga facile !* », dirait mon fils de 6 ans : le sel se dissout dans l'eau (contenue dans le vinaigre) et pas dans l'huile. Si vous mettez le sel dans l'huile, il ne se dissoudra pas et restera en cristaux.
Oh oh oh... Mais je vous vois venir : « *Si on verse le vinaigre après, le sel s'y dissoudra, donc ça ne change rien.* » Eh bien si, ça change tout, parce que ça ne se passe pas tout à fait comme vous le croyez : une fois mis dans l'huile, vos cristaux de sel se recouvrent d'une infime couche de gras qui les empêche d'entrer en contact avec le vinaigre. Et ils auront beaucoup de mal à se dissoudre. Mais bien essayé quand même ;-)

POURQUOI L'HUILE ET LE VINAIGRE DE MA VINAIGRETTE NE SE MÉLANGENT-ILS PAS ?

Ils peuvent se mélanger mais l'émulsion ne tient pas longtemps parce que les molécules d'huile et les molécules d'eau contenues dans le vinaigre ne s'attachent pas ensemble. Vous pouvez mélanger comme des fous pendant des heures, elles se dissocient inévitablement. Rien à faire, c'est la nature qui décide...

PIQÛRE DE RAPPEL

POURQUOI PEUT-ON UTILISER LE GRAS DE CUISSON DES VIANDES POUR FAIRE SA VINAIGRETTE ?

On l'a vu dans HUILES ET AUTRES GRAS mais je le redis ici : le gras du jus d'un poulet rôti ou d'un gigot remplace avantageusement l'huile dans la vinaigrette de certaines salades ou sur des légumes grillés. Ça leur donne du peps et un petit goût surprenant.
Comment faire ? Laissez votre jus figer au réfrigérateur pendant une nuit, puis récupérez le gras à la surface et dissolvez-le dans le vinaigre de la vinaigrette.

LA CONSISTANCE DE LA VINAIGRETTE EN 2 QUESTIONS

❶ POURQUOI MA VINAIGRETTE A-T-ELLE UNE MEILLEURE TENUE SI J'AJOUTE UN PEU DE MOUTARDE ?

La moutarde, ça change tout car cet ingrédient fait le lien entre les deux composants : elle se lie à l'huile d'un côté et avec le vinaigre de l'autre. Du coup, la vinaigrette épaissit.
D'un ménage à deux problématique, on passe à un ménage à trois qui sent bon le bonheur. Comme quoi, la vie...

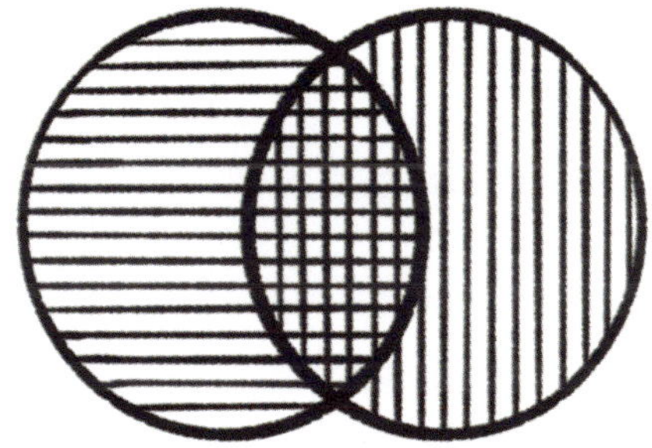

La moutarde lie les molécules d'huile et d'eau (du vinaigre), donnant une belle texture à la vinaigrette

❷ ET POURQUOI EST-CE MIEUX D'AVOIR UNE SAUCE UN PEU ÉPAISSE ?

Si la vinaigrette est très liquide, votre sauce glisse rapidement le long des feuilles et se retrouve au fond du saladier. Mais plus la sauce est épaisse, plus elle adhère aux feuilles et mieux votre salade est assaisonnée.
Et pour épaissir votre vinaigrette, à la place de la moutarde, vous pouvez aussi incorporer un jaune d'œuf pour un rendu crémeux, ou du miel pour un petit goût sucré.

Une vinaigrette liquide tombe au fond du saladier, alors qu'une vinaigrette plus consistante adhère à la salade.

LE VRAI DU FAUX

POURQUOI MA SALADE FLÉTRIT-ELLE SI JE LA MÉLANGE TROP TÔT À MA VINAIGRETTE ?

On dit souvent que « le vinaigre cuit les feuilles de salade » parce qu'il est acide. Mais ce n'est pas du tout le vinaigre qui cuit la salade ! J'explique : les feuilles de salade sont recouvertes d'une très fine membrane huileuse protectrice. Comme huile et vinaigre ne font pas bon ménage, le vinaigre glisse sur cette couverture huileuse ! En revanche, l'huile de la vinaigrette, elle, reste sur la feuille, passe à travers cette protection et finit par abîmer les feuilles. Incroyable, non ?

ET POURQUOI LES FEUILLES NOIRCISSENT-ELLES MOINS VITE AVEC UNE VINAIGRETTE À LA MOUTARDE ?

On vient de voir que l'huile qui reste sur les feuilles les abîme. Si vous ajoutez un peu de moutarde à votre mélange vinaigre-huile, et que vous fouettez correctement, vous obtiendrez une belle émulsion compacte. L'huile étant « enfermée » dans cette émulsion, elle ne peut plus rester sur vos belles feuilles de salade ni les noircir aussi facilement.

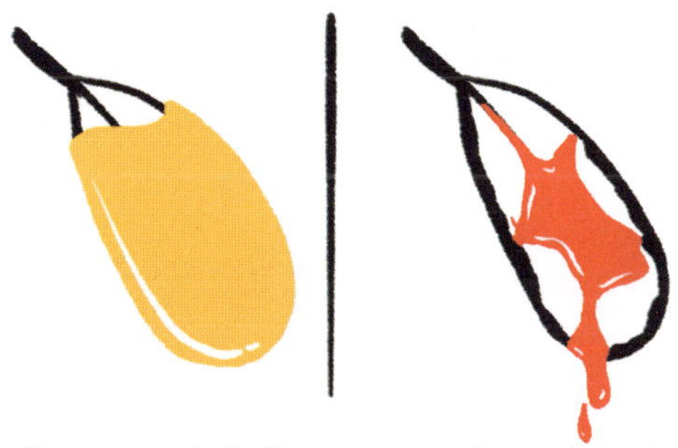

En restant sur la feuille, l'huile la flétrit... *... alors que le vinaigre glisse dessus.*

LES SAUCES

La mayonnaise, la béarnaise et la hollandaise sont toutes des sauces à base d'huile et d'œuf. Encore faut-il savoir bien les émulsionner...

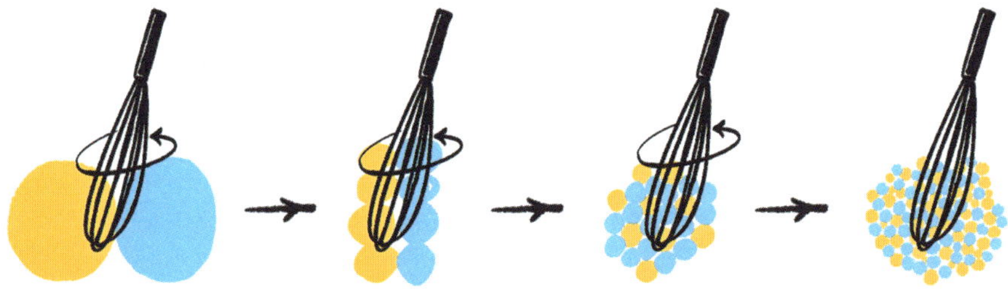

LE BON GESTE

POURQUOI FAUT-IL COMMENCER UNE MAYONNAISE EN VERSANT L'HUILE PETIT À PETIT ?

Quand on bat ensemble un peu d'huile et du jaune d'œuf, on divise les gouttes d'eau – contenues dans le jaune – et celles d'huile en gouttelettes. Et plus on bat, plus on divise les gouttelettes en mini-gouttelettes. C'est là que la magie opère : les mini-gouttelettes du jaune s'accrochent aux mini-gouttelettes d'eau d'un côté et, de l'autre, aux mini-gouttelettes d'huile. L'ensemble épaissit et se tient.
Mais si vous mettez trop d'huile au départ, vous n'arriverez pas à diviser ce trop-plein d'huile en mini-gouttelettes et votre mayonnaise ne prendra pas. Donc, doucement sur l'huile au début, et dès que ça commence à prendre, vous pouvez y aller plus franchement.

POURQUOI LA TEMPÉRATURE DES INGRÉDIENTS D'UNE MAYONNAISE N'A-T-ELLE AUCUNE IMPORTANCE ?

À moins que vous ne gardiez votre huile au réfrigérateur, ce qui la fait figer et l'empêche de se disperser en mini-gouttelettes, la température des ingrédients n'a strictement aucune importance : l'eau contenue dans le jaune et/ou dans la moutarde, si vous en ajoutez, ne fige pas au frais. Ne vous embêtez pas avec des croyances qui datent d'un autre âge !

ET POURQUOI UNE MAYONNAISE TOURNE-T-ELLE ?

Ça arrive quand on ajoute trop d'huile d'un coup et que les gouttelettes d'eau et d'huile ne sont plus accrochées entre elles.
Comment la rattraper ?

Solution 1 : versez l'huile qui surnage dans un bol, battez vigoureusement votre mayonnaise jusqu'à ce qu'elle épaississe à nouveau avant de rajouter petit à petit l'huile que vous avez retirée.

Solution 2 : ajoutez une demi-cuillerée à café d'eau et battez à nouveau jusqu'à ce que ça épaississe.

POURQUOI CUIT-ON L'ESTRAGON DANS DU VINAIGRE AU DÉBUT DE LA BÉARNAISE POUR LE RETIRER ENSUITE, PUIS EN REMETTRE À LA FIN ?

On fait cuire des feuilles d'estragon au départ pour en récupérer le maximum de saveurs car elles vont former les notes de fond de la sauce. Puis on les retire parce que, en cuisant, ces feuilles vont ramollir et former un amas informe et inesthétique, comme des épinards trop cuits. On en remet des fraîches à la fin pour obtenir un goût frais et pimpant, ainsi qu'une jolie sauce.

TRUC DE PRO

POURQUOI LES SAUCES HOLLANDAISE ET BÉARNAISE PEUVENT-ELLES « TRANCHER » ?

Lorsque les sauces hollandaise ou béarnaise chauffent trop longtemps ou trop fort, l'eau versée en début de cuisson ou contenue dans le vinaigre et dans le jaune d'œuf s'évapore. Quand il n'y a plus assez d'eau pour que l'émulsion soit stable, la sauce « tranche » : le jaune cuit trop et devient ferme, comme dans un œuf dur, et se sépare de la sauce en formant des grumeaux. Quand on prépare ces sauces, il faut qu'il y ait toujours assez d'eau, et que la température soit assez chaude pour épaissir le jaune, mais sans le rendre dur.

ET POURQUOI SE RATTRAPENT-ELLES FACILEMENT ?

1°) Retirez les trois quarts de la sauce dans un bol et versez 1 ou 2 cuillerées à café d'eau dans ce qui reste dans la casserole. Fouettez vigoureusement.
2°) Lorsque l'émulsion se reforme, versez un peu de la sauce réservée et continuez de fouetter.
3°) Incorporez le reste de la sauce petit à petit, toujours en fouettant jusqu'à ce que la sauce reprenne une consistance normale.

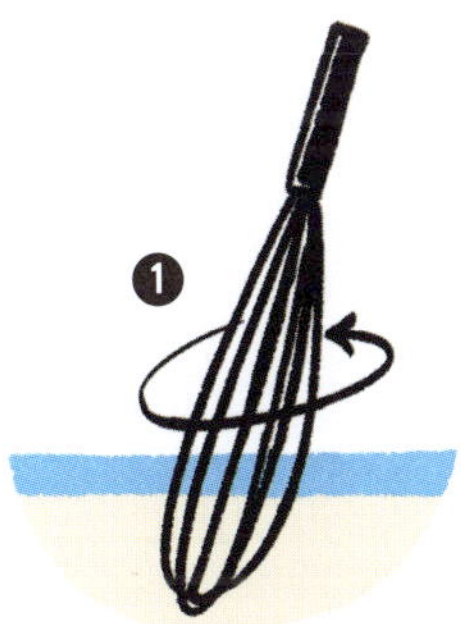

POURQUOI LES SAUCES HOLLANDAISE ET BÉARNAISE ÉPAISSISSENT-ELLES ?

Pensez à la cuisson des œufs. Quand on met un œuf dans de l'eau bouillante, le jaune liquide, devient coque au bout de 3 minutes, c'est-à-dire légèrement épais, puis il devient mollet ou pâteux, et enfin il devient dur, donc ferme.
Pour la cuisson de la hollandaise et de la béarnaise, c'est la même chose : le jaune épaissit à la chaleur tout en se mêlant au beurre pour donner une sauce délicieuse.

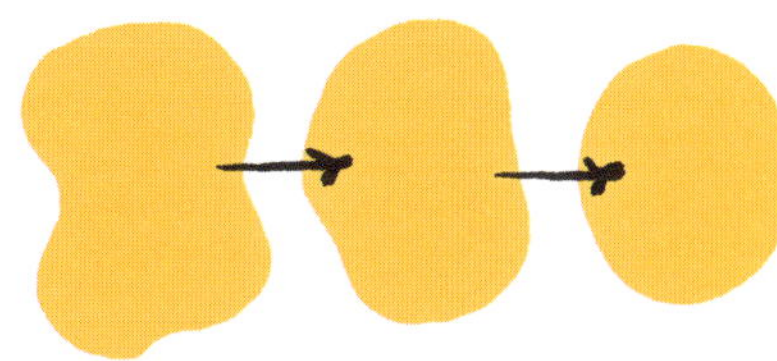

Plus le jaune d'œuf chauffe, plus il épaissit.

LE VRAI DU FAUX

POURQUOI FOUETTER EN 8 EST INUTILE ?

Oubliez ce vieux précepte qui ne servait qu'à embêter les jeunes commis en cuisine ! L'important, c'est de fouetter dans toutes les parties de la casserole. Les molécules se fichent bien de savoir si elles sont fouettées en 8 ou en 4. Ça ne change strictement rien !

FONDS ET BOUILLONS

Non, non, non, préparer un fond ou un bouillon, ce n'est pas jeter un cube séché dans une casserole d'eau bouillante ! Un bon bouillon, ça se cuisine...

MIAM !

POURQUOI Y A-T-IL DES FONDS ET DES BOUILLONS PLUS SAVOUREUX QUE D'AUTRES ?

L'idée, quand on prépare un bouillon, un fond ou un fumet, c'est de déplacer un maximum de saveurs d'ingrédients solides (viandes, légumes, aromates, etc.) vers un liquide (eau). Exactement comme quand on prépare un thé ou une infusion avec des feuilles séchées. Quand on prépare un bouillon ou un fond, en fait, on réalise une infusion de viande.

Fonds et bouillons sont des infusions.

L'EAU DU BOUILLON EN 2 QUESTIONS

1 POURQUOI LA QUALITÉ DE L'EAU DE CUISSON EST-ELLE PRIMORDIALE ?

L'eau va non seulement cuire les ingrédients du bouillon, mais surtout, elle en est l'ingrédient principal : les bouillons, fonds et fumets sont majoritairement composés d'eau (à laquelle on ajoute des saveurs). Si l'eau a un goût au départ (de Javel ou autre), on retrouvera ce goût dans notre bouillon en fin de cuisson. Il faut donc une eau la plus neutre possible pour que son goût n'interfère ni ne couvre les saveurs des autres ingrédients.

2 ET POURQUOI NE FAUT-IL PAS UTILISER L'EAU CHAUDE DU ROBINET ?

Avant que l'eau chaude n'arrive au niveau du robinet, la chaleur dissout quelques minéraux accrochés à l'intérieur de la tuyauterie, qui donnent un mauvais goût à l'eau.
En base de fond ou de bouillon, comme pour toute autre préparation en cuisine d'ailleurs, il faut utiliser de l'eau froide et jamais, jamais de l'eau chaude. L'eau chaude, c'est juste bien pour laver la vaisselle...

POURQUOI NE FAUT-IL PAS SALER LE BOUILLON, NI AVANT NI PENDANT LA CUISSON ?

Tout ce qui peut gêner le transfert de saveurs des morceaux vers le liquide est à éviter. Quand vous salez l'eau en début de cuisson, vous ajoutez de la densité au liquide. Et plus le liquide est dense, moins il peut absorber de nouvelles saveurs. Donc, on ne sale jamais un bouillon en début de cuisson.

Bouillon non salé

Bouillon salé

ET POURQUOI NE FAUT-IL PAS LE POIVRER NON PLUS ?

Autrefois, les viandes n'étaient pas d'une propreté absolue ; on ajoutait du poivre pour profiter de ses propriétés antiseptiques et tuer les microbes. Aujourd'hui, heureusement, cette finalité n'a plus cours.
Le poivre, comme le thé ou la verveine, infuse lorsqu'il est chauffé dans un liquide.
Et comme eux, il devient amer et âcre, s'il infuse trop longtemps.
À moins que vous ne souhaitiez ajouter de l'âcreté et de l'amertume à votre bouillon, ne le poivrez jamais en début ni en cours de cuisson.

CQFD !

POURQUOI LA QUANTITÉ D'EAU EST-ELLE IMPORTANTE...

À partir d'un certain point, l'eau est saturée de saveurs et ne peut plus en absorber de nouvelles, même si on prolonge la cuisson pendant des heures. En gros, c'est comme une valise : quand elle est pleine, elle est pleine, et vous ne pouvez plus rien ajouter dedans. Le truc, c'est d'avoir une assez grande quantité d'eau au départ pour qu'elle puisse capter le maximum de saveurs des viandes.

... AINSI QUE LE MATÉRIAU DE CUISSON ?

Certains matériaux, comme la fonte, accumulent la chaleur dans leur épaisseur avant de la restituer sur toute leur surface.
Ainsi, le liquide est chauffé de la même façon, en bas ou sur les côtés, et on a une cuisson homogène partout.
D'autres, comme le fer ou l'Inox, n'accumulent pas la chaleur et la restituent uniquement à l'endroit où ils la reçoivent. Là, ça chauffe très fort en dessous, mais pas du tout sur les côtés. Du coup, la cuisson est différente selon l'endroit où se trouvent les ingrédients dans la cocotte et le résultat est moins bon.
Enfin, et c'est un peu plus technique, la fonte émet une chaleur rayonnante et douce, alors que le fer et l'Inox émettent une chaleur rayonnante et violente. Et nous, ce qu'on recherche dans la réalisation des bouillons et des fonds, c'est de la douceur.
Donc exit fer et Inox !

En fer ou en Inox

En fonte

FONDS ET BOUILLONS

POURQUOI FAUT-IL FAIRE DORER LES OS AVANT DE LES METTRE DANS L'EAU ?

Les os en eux-même ne donnent pas de goût, ils sont majoritairement composés de calcaire. Ce qui donne des saveurs, ce sont les cartilages des articulations, la moelle contenue au cœur de certains os et les petits morceaux de viande restés accrochés dessus.
Quand vous faites dorer les os, vous profitez des saveurs créées par les réactions de Maillard sur les petits morceaux de viande restés dessus, sur certaines parties des cartilages et sur la moelle.
Les os auront donc beaucoup plus de saveurs à diffuser dans le bouillon.

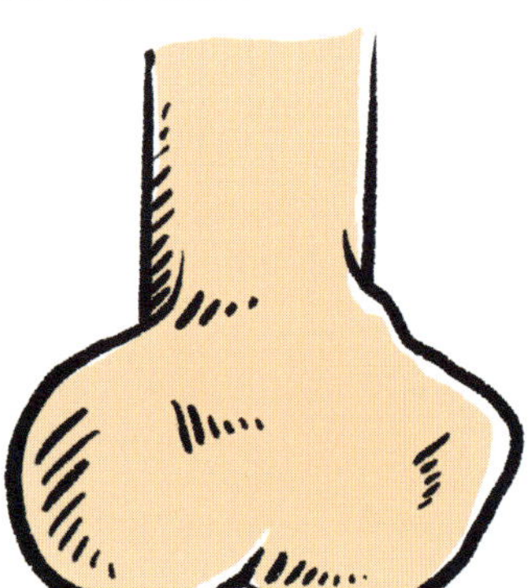

POURQUOI LA TAILLE DES MORCEAUX DE VIANDE EST-ELLE IMPORTANTE ?

Je reviens sur l'objectif principal quand on prépare un fond ou un bouillon : récupérer le maximum de saveurs des différents ingrédients. Si vous mettez un gros morceau de viande, les saveurs contenues au centre du morceau doivent traverser une grande quantité de matière pour arriver vers le liquide. Cette distance est beaucoup trop longue et une grande partie des saveurs n'y arrive pas. C'est un peu idiot…
Alors que si vous coupez des morceaux de viande en tranches pas trop épaisses, la distance à parcourir par les saveurs depuis le cœur du fin morceau sera réduite, ce qui facilite leur transfert vers le liquide.
Et vous obtenez alors un bouillon bien plus savoureux.

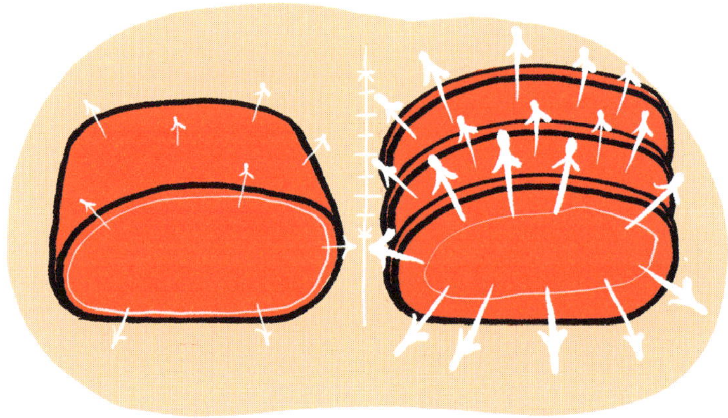

Plus le morceau de viande est fin, plus rapide est la diffusion des saveurs dans l'eau du bouillon.

TRUC DE PRO

POURQUOI FAUT-IL CUIRE DOUCEMENT ET LONGUEMENT LES BOUILLONS ?

Pour la réalisation des bouillons et des fonds, il faut utiliser des viandes qui contiennent du collagène parce qu'en chauffant, ce collagène se transforme en gélatine et confère beaucoup de saveurs.
Petit problème : pour se transformer en délicieuse gélatine, le collagène doit chauffer longtemps et à une température pas trop forte. Voilà pourquoi un bon bouillon doit être cuit longuement et doucement, aux alentours de 80 °C, mais jamais à petits bouillons ni même à frémissement.
Comment vérifier la température ? Dès que vous voyez 1 ou 2 petites bulles remonter doucement, vous y êtes… et vous verrez, le résultat n'aura rien à voir avec ce que vous avez connu jusqu'à présent ;-)

POURQUOI LIT-ON SOUVENT : « RETIREZ LES IMPURETÉS » DU BOUILLON ?

Autant vous le dire tout de suite, c'est une des pires âneries qu'on entend en cuisine ! Il n'y a pas d'impuretés dans un bouillon, à moins que vous n'ayez laissé de la terre sur vos légumes. Les particules minuscules qui se baladent dans le bouillon, ce sont des petits morceaux de viande détachés, pas des impuretés. D'ailleurs, vous en faites quoi des impuretés quand vous préparez une côte de bœuf ? Rien, pour la simple raison qu'il n'y en a pas...

POURQUOI FAUT-IL D'ABORD CUIRE UN FOND À COUVERT ET LE RÉDUIRE ENSUITE ?

Si vous ne couvrez pas, une partie de l'eau va s'évaporer et la quantité de liquide va diminuer au fur et à mesure, comme pour une réduction. Le liquide va être saturé bien avant que les viandes aient perdu tout ce qu'elles avaient à donner. Quel dommage ! En couvrant, vous empêchez cette évaporation, et vous laissez le maximum de saveurs de votre viande migrer vers le liquide. C'est après ce transfert qu'il faut réduire, surtout pas en même temps !

ET POURQUOI APPELLE-T-ON « GLACE » UN FOND TRÈS RÉDUIT ?

Plus le fond perd de l'eau, plus il réduit et plus sa teneur en gélatine augmente. C'est cette gélatine, brillante, qui donne au fond très très réduit un aspect brillant, qui reflète la lumière... comme une glace.

L'ÉCUME EN 2 QUESTIONS

1 POURQUOI CE QU'ON NOMME COURAMMENT « ÉCUME » N'EST PAS DE L'ÉCUME ?

L'écume est un mélange de liquide et d'impuretés à la surface d'un liquide. Dans notre cas, il n'y a pas d'impuretés, donc il n'y a pas d'écume, point final.

2 ET POURQUOI FAUT-IL « ÉCUMER », MÊME SI CE N'EST PAS DE L'ÉCUME ?

Ce qu'on prend pour de l'écume, c'est une mousse blanchâtre en surface. Elle est composée de protéines et de gras de viande qui coagulent, et d'air (c'est la raison pour laquelle c'est une mousse). Elle va donner un goût amer au bouillon ; il faut donc la retirer. Cette mousse se développe si on cuit le bouillon à feu trop fort. Mais si vous faites chauffer à une température plus basse, vous n'en aurez pratiquement pas.

FONDS ET BOUILLONS

LES BONS GESTES

POURQUOI FAUT-IL DÉGRAISSER (OU PAS) LES BOUILLONS ?

Le gras contenu dans un bouillon ou dans un fond recouvre légèrement nos papilles gustatives qui, selon sa quantité, perçoivent plus ou moins finement les saveurs et de façon plus ou moins longue. Un bouillon non dégraissé donne des saveurs longues et moins précises alors qu'un bouillon dégraissé donne des saveurs plus courtes mais très précises. Vous pouvez aussi ne dégraisser que partiellement votre bouillon pour avoir des saveurs longues ET précises.
Mais si vous le dégraissez, ne jetez pas ce petit trésor gustatif qu'est ce gras, grands dieux ! Il se conserve 4 à 5 jours au frais, et remplace très avantageusement l'huile dans une vinaigrette (voir LES VINAIGRETTES). Vous pourrez aussi en arroser des légumes grillés, l'utiliser pour faire sauter des poissons, etc. Laissez-le se liquéfier à température ambiante 1 ou 2 heures avant de l'utiliser.

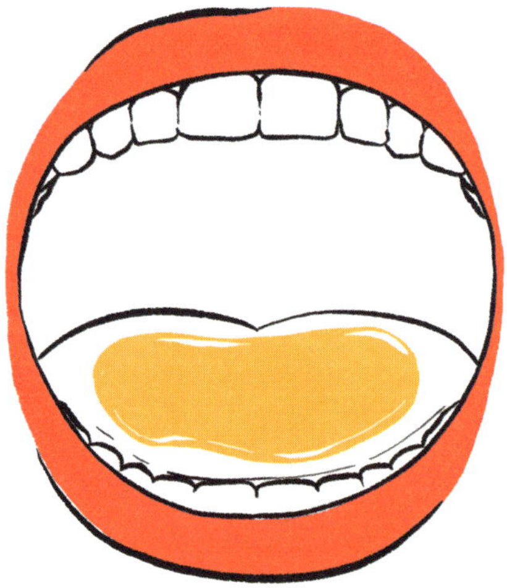

Le gras du bouillon couvre les papilles gustatives, modifiant la perception et la longueur des saveurs.

POURQUOI PEUT-ON UTILISER DU PAIN DE MIE POUR DÉGRAISSER LE BOUILLON ?

Généralement, on laisse reposer le bouillon une nuit au frais pour que le gras fige à la surface avant de le retirer. Mais si vous êtes pressé, vous pouvez le dégraisser à chaud en passant rapidement des tranches de pain de mie à plat sur la surface du bouillon. Le pain va absorber une partie du liquide dans lequel se trouve le gras et le bouillon s'en trouvera en partie dégraissé.

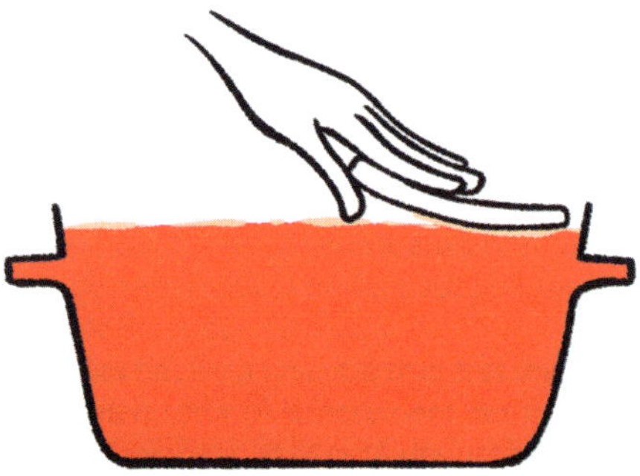

On peut partiellement dégraisser un bouillon encore chaud en passant une tranche de pain de mie sur sa surface.

POURQUOI UN BON BOUILLON GÉLIFIE-T-IL?

Pendant la cuisson, le collagène contenu dans les viandes se transforme en une délicieuse gélatine. Si on a utilisé des viandes de qualité, contenant assez de collagène, ou beaucoup d'os de volaille, le bouillon va se transformer en gélatine pendant la nuit. Cette gélification est signe de qualité et de beaucoup de saveurs.

CLARIFIER LE BOUILLON EN 2 QUESTIONS

❶ POURQUOI CLARIFIE-T-ON LES BOUILLONS…

La clarification sert à retirer le maximum des particules en suspension pour obtenir un bouillon le plus limpide possible. Elle se réalise avec un mélange de blancs d'œufs, de viande hachée et de légumes coupés en très petits morceaux. Dans un premier temps, on verse des blancs d'œufs qui, en cuisant, vont emprisonner les particules en suspension, et rendre le bouillon limpide.

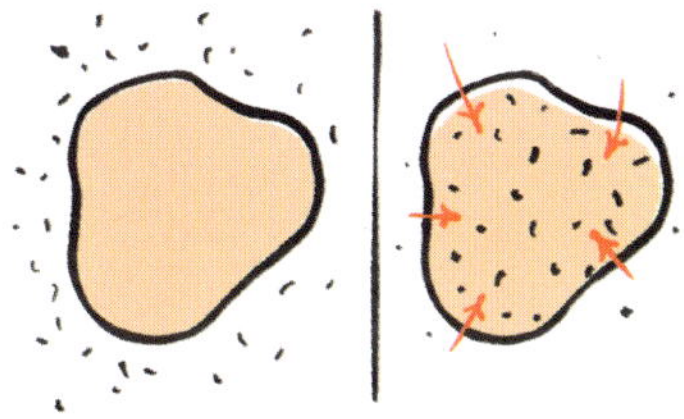

En cuisant, les blancs d'œufs emprisonnent les particules et clarifient le bouillon.

La clarification consiste à retirer des particules chargées de saveurs d'un côté, et à redonner du goût en ajoutant de la viande et des légumes de l'autre.

❷ … TOUT EN Y AJOUTANT DE LA VIANDE HACHÉE ET DES LÉGUMES ?

En clarifiant le bouillon, on retire les particules en suspension. Le problème, c'est que ces particules donnaient beaucoup de saveurs à notre bouillon ; en les retirant on l'a énormément appauvri. Du coup, pour contrebalancer cette perte de goût, on ajoute de la viande hachée et des légumes qui redonneront des saveurs le temps de la clarification.

MIAM !

POURQUOI EST-IL « AGRÉABLE » D'INCORPORER UN TRAIT DE SAUCE SOJA DANS LE BOUILLON ?

Vous avez déjà entendu parler de l'umami ? Non ? Certaines personnes le considèrent comme le 5e goût mais ce n'est pas exact. Plus précisément, il apporte une sensation de bien-être. Si vous versez un trait de sauce soja, ou si vous ajoutez une croûte de parmesan pendant la préparation de votre bouillon ou de votre fond, vous allez ajouter un peu d'umami. Vous ne distinguerez pas leurs saveurs, mais uniquement l'agréable sensation procurée.

LES FUMETS

Les fumets sont des bouillons de poisson. Bon, faites-moi plaisir, préparez vos fumets vous-même, vous verrez à quel point ça n'a rien à voir avec ces cubes déshydratés qu'on jette dans la cocotte. C'est plus que bon, c'est très très bon !

PIQÛRE DE RAPPEL

POURQUOI LA QUALITÉ DE L'EAU EST-ELLE PRIMORDIALE ?

Comme pour les bouillons de viande, l'eau est l'ingrédient principal du fumet. Avec une eau de qualité moyenne qui risque de donner un arrière-goût désagréable, vous n'obtiendrez jamais un bon fumet. Non, non, non, il vous faut une eau sans goût, la plus neutre possible !

LES ARÊTES DU FUMET EN 3 QUESTIONS

1 POURQUOI FAUT-IL BIEN RINCER LES ARÊTES POUR PRÉPARER UN FUMET ?

C'est important de retirer toutes traces de sang, de mucus, de tout ce qui a pu être en contact avec les écailles. Bien retirer les branchies aussi et faire attention à ce qu'il ne reste pas d'intestin, etc. Des arêtes, des têtes et des parures, oui, mais dans leur plus simple appareil.

2 POURQUOI FAUT-IL LES COUPER EN PETITS MORCEAUX...

Si vous coupez vos arêtes de poisson en morceaux, elles occuperont moins de place dans votre cocotte et vous aurez besoin de moins de liquide pour les couvrir. Votre fumet sera plus dense et savoureux que si les saveurs sont noyées dans trop d'eau.

3 ... ET LES FAIRE SUER 5 MINUTES AVANT D'AJOUTER LES AUTRES INGRÉDIENTS ?

En chauffant doucement les parures de poisson avec du beurre ou de l'huile d'olive, vous créez des saveurs plus riches, plus complexes et plus profondes que vous n'obtiendriez jamais en plongent les arêtes et têtes directement dans l'eau. Faites-les donc suer 5 minutes, ajoutez les légumes et laissez encore suer 5 minutes **(1)**. Versez le vin blanc, laissez réduire 2 ou 3 minutes **(2)** et, enfin, versez l'eau **(3)**.

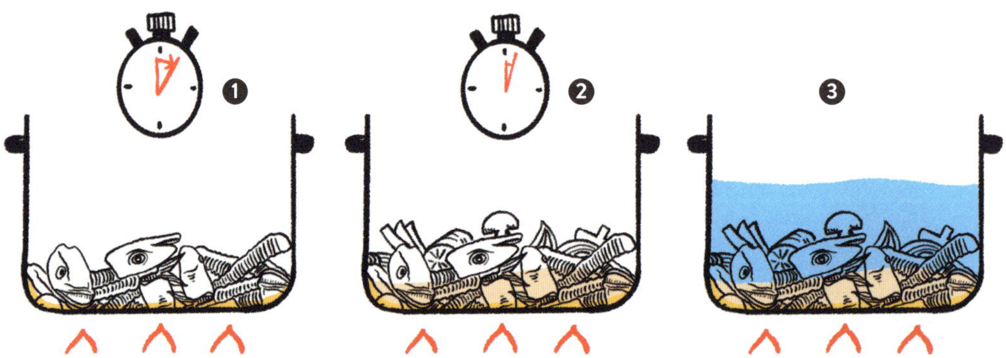

LE BON GESTE

POURQUOI FAUT-IL CUIRE EN DESSOUS DE L'ÉBULLITION ?

Un fumet c'est une infusion d'arêtes et de têtes de poisson, pas une cuisson. La température doit être assez chaude pour effectuer un transfert des saveurs vers le liquide, mais pas trop forte pour cuire. On chauffe en dessous du frémissement, à une température de 80 °C à peu près, c'est-à-dire que vous devez juste voir 1 ou 2 bulles remonter doucement vers la surface. Pas plus chaud surtout !

POURQUOI UN FUMET GÉLIFIE-T-IL APRÈS UNE NUIT AU RÉFRIGÉRATEUR ?

Les arêtes contiennent du collagène qui s'est transformé en gélatine pendant la cuisson. En refroidissant, cette gélatine épaissit et prend la consistance d'une gelée, exactement comme dans un bouillon de viande.

POURQUOI FAUT-IL LAISSER REPOSER LE FUMET 30 MINUTES…

Pendant la cuisson, des microparticules ont pu se détacher des légumes, des arêtes ou des têtes de poisson. En laissant reposer le fumet 30 minutes, vous laissez ces particules retomber au fond de la cocotte. Et vous éviterez d'en transvaser une grande partie dans le chinois…

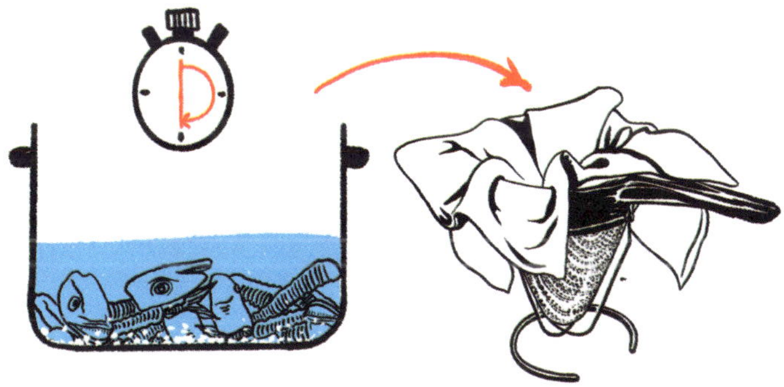

… AVANT DE LE PASSER À TRAVERS UN CHINOIS ?

Un bon fumet de poisson doit être parfaitement limpide. Pour obtenir cette limpidité, il faut retirer toutes les parties solides. Alors, on le passe à travers un chinois pour obtenir un fumet de champion du monde !

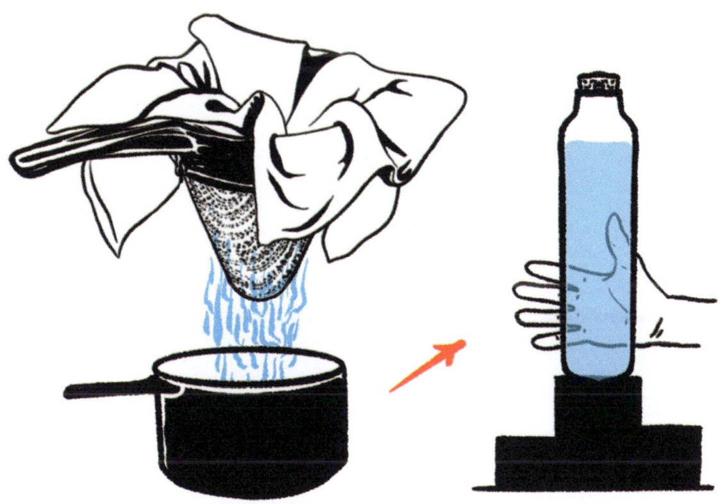

POURQUOI FAUT-IL LE FAIRE RÉDUIRE ENCORE UN PEU ?

Pour la cuisson, on a versé assez d'eau pour recouvrir les têtes et les arêtes, et éviter qu'elle ne sature trop vite de saveurs. Maintenant qu'elle est chargée de goût, on va la concentrer un peu plus en la faisant réduire d'un tiers pour obtenir un fumet encore plus délicieux…

CUISSON ET TEMPÉRATURE DES VIANDES

Qui n'a pas entendu son boucher (ou son beau-frère) dire : « Le rôti, vous le sortez bien du frigo une heure avant de le cuire, hein, pour éviter le choc thermique ! *» Alors, oubliez ce mauvais conseil et donnons-leur discrètement quelques tuyaux sur la température des viandes à cuire.*

LE VRAI DU FAUX

POURQUOI DIRE QU'IL FAUT SORTIR LES VIANDES À L'AVANCE POUR « ÉVITER UN CHOC THERMIQUE » EST UNE BÊTISE ?

Alors ça, franchement, c'est un des trucs les plus bêtes que j'ai entendu ! Essayez donc de faire griller un steak dans une poêle à température ambiante, sans aucun choc thermique, et vous m'en direz des nouvelles… Il faut bien une différence de température entre la viande et le plat de cuisson pour la faire griller, non ? Sans choc thermique, pas de réactions de Maillard, pas de doré. Alors, oui, il faut sortir certaines viandes à l'avance, mais certainement pas pour éviter un choc thermique.

ET POURQUOI LE CHOC THERMIQUE FERAIT-IL DURCIR LA VIANDE ?

L'idée serait que la viande durcit si elle est cuite directement de la sortie du réfrigérateur à la poêle brûlante. Mais qu'elle ne durcit pas si elle est cuite en ayant été préalablement repassée à température ambiante ? Eh bien non, ça ne se passe pas du tout comme ça, voyons !
La différence entre la température du réfrigérateur (5 °C) et la température ambiante (20 °C) est de 15 °C. Vous croyez vraiment que vous maîtrisez à 15 °C près la température de votre poêle ou de votre gril quand vous faites griller votre viande ? Vous utilisez à chaque fois un thermomètre laser pour régler la température du plat de cuisson au degré près ? Ha, ha, ha, la bonne rigolade ! Vous pensez vraiment qu'une différence de 15 °C a tant d'incidence sur les quelques 200 °C qu'atteint votre poêle en début de cuisson ? Je ne vous parle même pas de celles atteintes au barbecue, qui avoisinent les 400 °C !
Si votre viande devient dure et sèche, c'est parce qu'il a fallu cuire l'extérieur trop longtemps pour que le centre chauffe et soit mangeable.
Rien à voir avec un choc thermique.

Pour obtenir une cuisson saignante avec un steak tout juste sorti du réfrigérateur, vous devrez passer de 5 °C (température au réfrigérateur) à 50 °C (température de la viande saignante), donc gagner 45 °C au cours de la cuisson. Alors que si votre viande est déjà à température ambiante, soit à 20 °C, vous n'aurez plus à gagner que 30 °C. Donc la cuisson sera plus courte, évitant une surcuisson de l'extérieur tout en chauffant le cœur du morceau, et votre viande sera plus tendre et plus juteuse. C'est l'unique raison pour laquelle il faut sortir des viandes à l'avance !

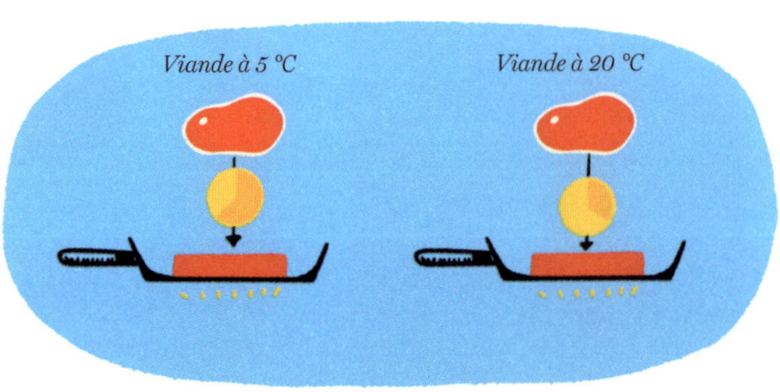

Plus une viande est sortie à l'avance du réfrigérateur, moins le temps de cuisson sautée est long.

DU COUP, POURQUOI IL FAUT QUAND MÊME LES SORTIR À L'AVANCE… MAIS ALORS, TRÈS TRÈS À L'AVANCE ?

« *Sortez votre viande 30 minutes à l'avance !* », disent certains. « *Au moins 1 heure avant la cuisson…* », disent les autres. Pfff ! C'est pourtant simple de vérifier avec un thermomètre en combien de temps la viande repasse à température ambiante, non ? Bon, vous êtes bien assis ? On y va.

Pour une bavette de 200 g, il faut près de 2 heures pour que le cœur revienne à 20 °C, pour une côte de bœuf de 4 cm d'épaisseur, c'est pratiquement 4 heures, et pour un rôti de 7 cm de diamètre, 5 heures ne sont pas assez. Sortir ses viandes à l'avance c'est bien, mais 30 minutes avant, ça ne sert à rien…

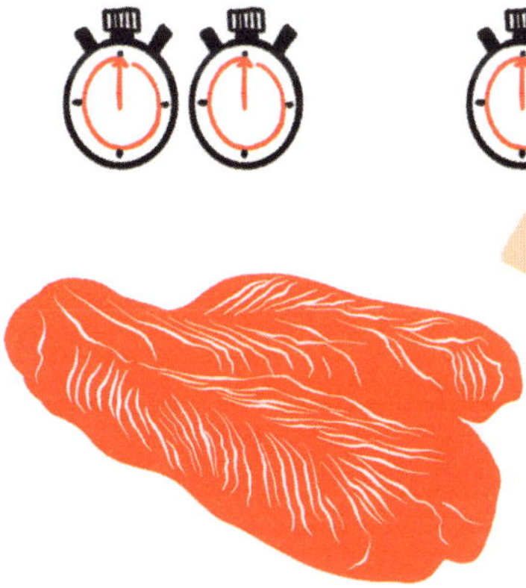

2 heures pour la bavette

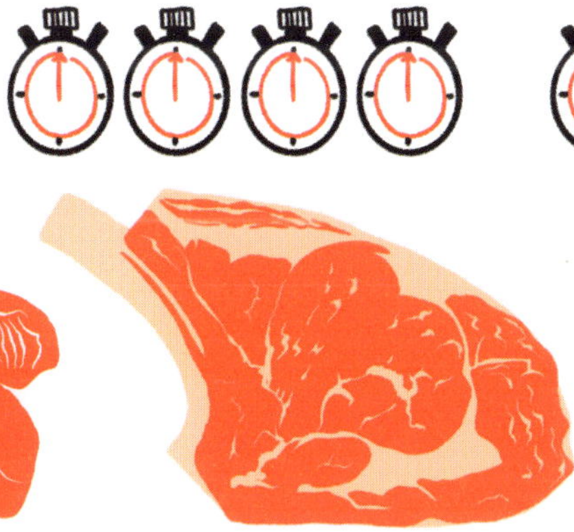

4 heures pour la côte de bœuf

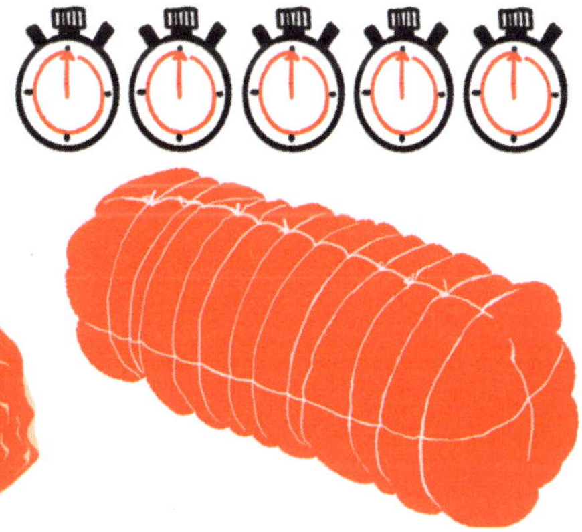

Plus de 5 heures pour le rôti de bœuf

POURQUOI EST-CE L'ÉPAISSEUR DU MORCEAU QUI DÉTERMINE LE MOMENT DE LE SORTIR DU RÉFRIGÉRATEUR ?

Pour les grosses pièces (poulet, gigot, etc.) dont la cuisson est longue, la vitesse de pénétration de la chaleur vers le centre du morceau est tellement lente, qu'une différence de température de 15 °C au départ n'a aucun impact sur la tendreté ou la jutosité, sinon un allongement de quelques minutes du temps de cuisson. De toute façon, pour que le centre d'un poulet ou d'un gigot revienne à température ambiante, il faut au moins 6 à 7 heures ! C'est largement assez pour que la viande soit contaminée par des bactéries. Donc inutile de les sortir avant de les cuire.

Pour les petites pièces (steak, escalope, etc.), c'est différent puisque le temps de cuisson est très court. Là, il faut absolument que la température intérieure soit déjà assez élevée pour éviter une surcuisson de l'extérieur avant de chauffer le centre. Il faut sortir toutes ces petites pièces du réfrigérateur 2 heures à l'avance pour que le centre du morceau se rapproche de la température ambiante, soit 20 °C, et n'ait plus que 30 °C à acquérir pour une cuisson saignante.

TRUC DE PRO

POURQUOI LE TRUC DE MON AMI THOMAS POUR LES GROSSES PIÈCES DE VIANDE MARCHE-T-IL SI BIEN ?

Le système de cuisson de mon ami Thomas, diplômé de chimie et gastronome invétéré, donne un résultat absolument dément qui va pourtant à l'encontre de toutes les pratiques habituelles : un choc thermique énorme puis une cuisson lente pour des grosses pièces de bœuf !

1°) Thomas sort ses rôtis ou les grosses pièces directement du réfrigérateur pour les mettre dans une cocotte brûlante. La surface de la viande monte immédiatement en température et dore en un clin d'œil (exactement comme une viande qui aurait été repassée à température ambiante), mais la montée en température, juste sous la surface, est très ralentie parce que la viande est froide. Du coup, la partie grise, généralement trop cuite des viandes cuites à forte température est réduite au minimum, soit moins d'un seul demi-millimètre !

2°) Il sort sa viande de la cocotte et la laisse reposer quelques minutes.

3°) Il baisse le feu pour avoir une température de cuisson d'environ 70 °C, remet son rôti dans la cocotte, couvre et attend que le centre soit arrivé à la bonne température pour la servir.

Pour faire simple, il fait dorer très rapidement et termine la cuisson à basse température. Et le résultat est sublime !

COUVRIR OU NE PAS COUVRIR ?

Faut-il couvrir ? Ne pas couvrir ? Couvrir avant de découvrir, ou le contraire, ou les deux ? Pffiou, on ne sait jamais comment faire... Pourtant, il y a des explications toutes simples pour répondre à de telles questions.

POURQUOI COUVRIR ?

La cuisson couverte présente des avantages : d'une part, lorsqu'on couvre, on retient toute l'humidité qui sort des aliments à l'intérieur du plat de cuisson. Ils se dessèchent moins parce qu'ils cuisent dans un environnement humide.
D'autre part, on accélère la cuisson parce que l'air humide transmet beaucoup mieux la chaleur que l'air sec, comme dans un four, par exemple.
Mais l'inconvénient d'une cuisson couverte, c'est que les aliments sont « mouillés » et dorent difficilement.

POURQUOI NE PAS COUVRIR ?

Quand le plat n'est pas couvert, les jus s'évaporent, l'humidité qui sort des aliments s'échappe et la cuisson est plus longue.
Le plus, c'est que comme les aliments s'assèchent, ils peuvent dorer plus facilement.
Attention cependant aux grosses pièces, dont l'extérieur cuit et s'assèche rapidement, avant que l'intérieur soit cuit ! Pour pallier ce problème, il faut les cuire à une température pas trop élevée.

La cuisson découverte permet à la vapeur de s'échapper et d'obtenir des aliments dorés et des sucs délicieux.

LE BON GESTE

POURQUOI FAUT-IL COUVRIR LES FILETS DE POISSON D'UNE PAPILLOTE ?

La papillote agit comme une cocotte fermée permettant au filet de cuire dans un environnement très humide qui l'empêche de se dessécher. On peut ajouter des aromates, des légumes coupés en très petits morceaux, un filet d'huile d'olive, etc. La cuisson en papillote convient aussi pour des poissons entiers quand il n'est pas nécessaire de les faire dorer.

POURQUOI NE FAUT-IL PAS COUVRIR LES LÉGUMES SAUTÉS...

L'intérêt des légumes sautés, c'est d'être saisis et cuits rapidement à cœur au moment où l'extérieur commence à dorer. Et pour que ces légumes gardent leur croquant, il faut absolument que la cuisson se fasse à feu moyen-vif pour que l'eau qu'ils contiennent à la surface s'évapore. Donc on ne couvre pas.

... MAIS COUVRIR LES LÉGUMES RÔTIS EN DÉBUT DE CUISSON ?

Les légumes rôtis au four demandent à être couverts de papier aluminium en début de cuisson pour permettre à la chaleur de pénétrer profondément à l'intérieur, sans les dessécher. Une fois la cuisson bien avancée, on retire ce papier ; la vapeur s'échappe et on laisse les légumes dorer sous l'air chaud et sec du four.

La cuisson couverte garde la vapeur à l'intérieur du plat.
Les aliments cuisent doucement dans une atmosphère humide.

ATTENTION, C'EST TECHNIQUE !

POURQUOI FAUT-IL DÉCOUVRIR PUIS COUVRIR CERTAINES VIANDES...

Une grosse côte de veau a besoin d'une cuisson douce pour éviter de se dessécher. On démarre donc en faisant dorer la côte sur toutes ses faces pour développer ses saveurs, puis on baisse à feu doux et on couvre pour laisser la chaleur pénétrer doucement dans la viande tout en gardant de l'humidité. De cette façon, la viande est cuite sans être desséchée.

... ET DÉCOUVRIR, COUVRIR PUIS REDÉCOUVRIR LES VIANDES RÔTIES ?

Après avoir fait dorer un rôti ou un beau poulet à découvert dans une cocotte, on couvre pour garder l'humidité à l'intérieur et éviter que la viande se dessèche.
En fin de cuisson, on retire le couvercle, et on remonte le feu pour assécher à nouveau l'extérieur et le rendre croustillant.

LES VIANDES SAUTÉES

Normalement, les viandes sautées sont cuites dans une sauteuse (mais vous pouvez très bien les faire sauter dans une poêle), alors que les viandes poêlées sont cuites dans un poêlon. Ah, les particularités de la langue française ! Bon, regardons quand même ce qui se passe dans ces viandes sautées...

POURQUOI FAUT-IL ESSUYER LES VIANDES SORTIES À L'AVANCE ?

Quand vous laissez votre viande froide à l'air libre, l'humidité de l'air se condense sur la surface et un film d'eau s'y dépose. Il faut absolument retirer cette humidité, sinon la viande risque de bouillir dans cette eau plutôt que de griller.

L'humidité résiduelle de la viande reste coincée dessous et l'empêche de bien dorer.

LES BONS GESTES

POURQUOI NE FAUT-IL PAS METTRE TROP DE MORCEAUX À DORER EN MÊME TEMPS ?

Si vous recouvrez votre poêle de morceaux alors que vous voulez qu'ils dorent, vous courrez à la catastrophe ! J'explique.

1°) Plus il y a de morceaux dans la poêle, plus ces morceaux vont la refroidir, et comme elle ne sera plus assez chaude pour rapidement transformer l'eau qu'ils perdront en vapeur, vous allez vous retrouver avec une viande toute flasque et sans croûte.

2°) Si les morceaux sont collés les uns aux autres, il n'y aura pas de place pour que l'eau transformée en vapeur s'échappe. Ils vont donc cuire à la vapeur plutôt que dorer.

Il faut donc laisser de la place entre les morceaux pour laisser la vapeur s'échapper.

ET POURQUOI FAUT-IL ARROSER LA VIANDE PENDANT LA CUISSON SAUTÉE ?

Dans une poêle ou une sauteuse, sur un gril, etc., votre viande ne cuit que par le dessous.
En l'arrosant avec du jus de cuisson très chaud, la viande va cuire aussi sur le dessus ; la cuisson sera plus homogène entre le dessous et le dessus.
Le truc canon à savoir, c'est qu'en arrosant, vous déposez aussi un peu des sucs récupérés au fond du plat de cuisson.
Résultat, une viande encore plus savoureuse !

Le jus de cuisson cuit la viande par le dessus tout en lui conférant plus de saveurs.

POURQUOI LES VIANDES SÈCHENT ET DURCISSENT-ELLES À LA CUISSON ?

Pendant la cuisson, une partie de l'eau contenue dans les viandes s'évapore, c'est vrai, mais ce n'est pas uniquement cette évaporation qui rend les viandes sèches. Quand on les chauffe, certaines protéines coagulent et se lient en formant une sorte de filet. Si on chauffe encore plus, d'autres protéines coagulent en formant un second filet, puis d'autres, etc. Tous ces filets enferment si fermement l'eau contenue dans les chairs, que vous ne pouvez plus la percevoir quand vous mâchez. En fait il y a pratiquement autant de jus entre une viande très cuite et une autre peu cuite, mais c'est juste que vous ne le percevez plus.

POURQUOI LA POÊLE OU LE GRIL DOIVENT-ILS ÊTRE TRÈS CHAUDS AVANT D'Y FAIRE CUIRE UN STEAK ?

La viande contient pratiquement 70 % d'eau. Et si vous avez bien appris vos leçons à l'école, vous savez que l'eau ne chauffe pas à plus de 100 °C. Du coup, l'eau contenue dans la viande empêche la surface du steak de monter à plus de 120-130 °C, même sur une poêle chauffée à 200 °C. Quand vous déposez votre steak sur une poêle ou un gril très chauds, la viande va les refroidir. Pour éviter qu'ils ne refroidissent trop rapidement, il faut qu'ils soient très chauds dès le début de la cuisson.

MIAM !

POURQUOI UNE FUMÉE BLANCHE SORT-ELLE DES VIANDES QUAND ON LES CUIT ?

Ça c'est super simple : les viandes, comme tous les aliments contiennent beaucoup d'eau. En chauffant, une partie de cette eau se transforme en vapeur. Cette vapeur emporte souvent avec elle des composés aromatiques qui ont beaucoup d'odeur. C'est pour cette raison qu'il y a de la fumée que ça sent bon quand on fait la cuisine...

CQFD !

ET POURQUOI PROJETTENT-ELLES DES ÉCLABOUSSURES PARTOUT ?

S'il y a du gras dans le fond du plat ou de la poêle, la vapeur qui sort de la viande explose à son contact et en projette partout autour.

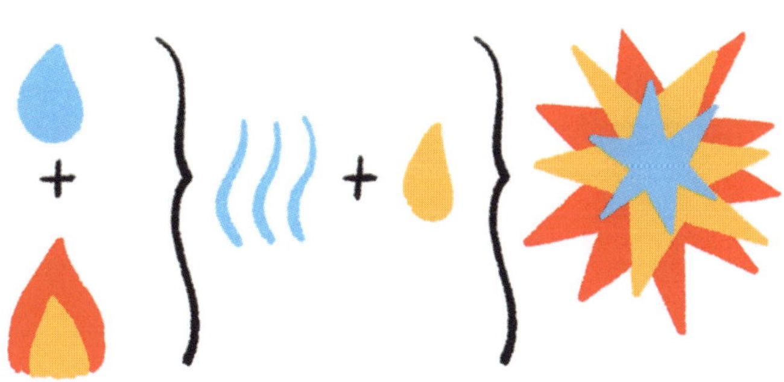

LES VIANDES SAUTÉES

CQFD !

POURQUOI RETOURNER UNE VIANDE SAUTÉE UNE SEULE FOIS EST IDIOT ?

On lit souvent qu'« *il ne faut retourner la viande sautée qu'une seule fois !* » Alors j'ai vérifié : j'ai pris un tournedos de 6 cm d'épaisseur que j'ai coupé en 2 morceaux de 3 cm d'épaisseur, et que j'ai fait cuire en même temps, dans la même poêle. J'en ai retourné un toutes les 30 secondes, et n'ai retourné l'autre qu'une fois au bout de 3 minutes.
J'ai sorti les tournedos quand leurs cœurs sont arrivés à 50 °C et ai pu observer :

d'une part, il a fallu 42 secondes de plus au steak retourné une seule fois pour arriver à la même température que l'autre ;

d'autre part, j'ai coupé les tournedos en deux pour voir les différences de cuisson, et là, le résultat est sans appel : pour arriver au même niveau de cuisson saignant, donc à la même température au cœur, la viande retournée 1 seule fois **(1)** est trop cuite, très sèche sur plus de 5 mm de chaque côté (soit près de la moitié de son épaisseur au total !), alors que la viande retournée toutes les 30 secondes **(2)** n'est trop cuite que sur 1 seul petit millimètre.
Fin de la discussion entre retourner 1 seule fois ou souvent une viande sautée !

1

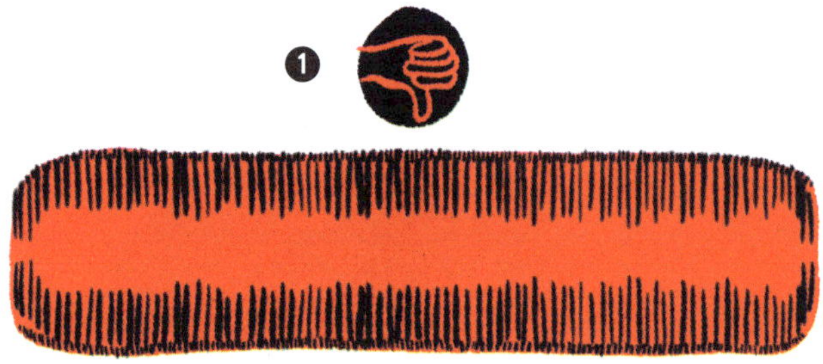

Une viande retournée une seule fois est trop cuite sur une grosse épaisseur.

2

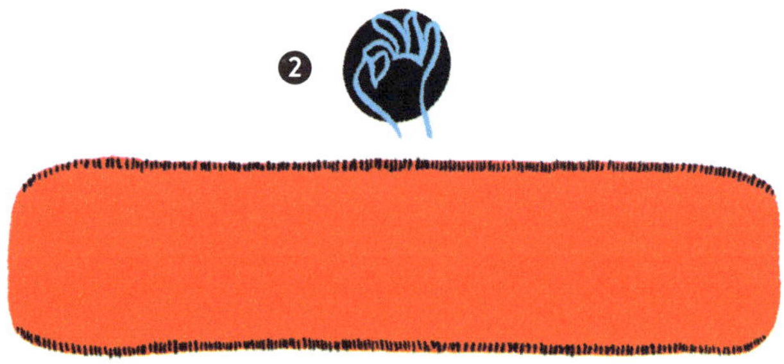

Une viande retournée toutes les 30 secondes est trop cuite sur une très fine épaisseur.

DU COUP, POURQUOI EST-CE VRAIMENT MIEUX DE LA RETOURNER SOUVENT ?

Le transfert de chaleur dans la viande se fait principalement par l'eau qu'elle contient. Pas d'eau = pas de conduction de chaleur (ou si peu…). Lorsqu'une viande cuit, la surface en contact avec la poêle perd de l'eau par évaporation, et s'assèche. Et plus elle s'assèche, moins elle laisse passer la chaleur, donc plus elle a besoin de cuire longtemps pour que la chaleur arrive au cœur du morceau. Et la viande est trop cuite !
Alors que si vous retournez souvent la viande, sa surface n'a pas le temps de s'assécher et la chaleur est conduite plus rapidement vers le cœur. Le temps de cuisson est donc réduit, ainsi que l'épaisseur de viande trop cuite.

LE BON GESTE

POURQUOI LAISSER REPOSER LA VIANDE APRÈS LA CUISSON SAUTÉE EST TOP ?

Quand la viande cuit, sa surface s'assèche et durcit. Si on la laisse reposer, cette partie sèche absorbe une partie du jus encore contenu au cœur, se réhumidifie et redevient juteuse. En refroidissant légèrement, le jus s'épaissit, s'écoule plus difficilement quand on coupe la viande et donne une mâche plus juteuse.

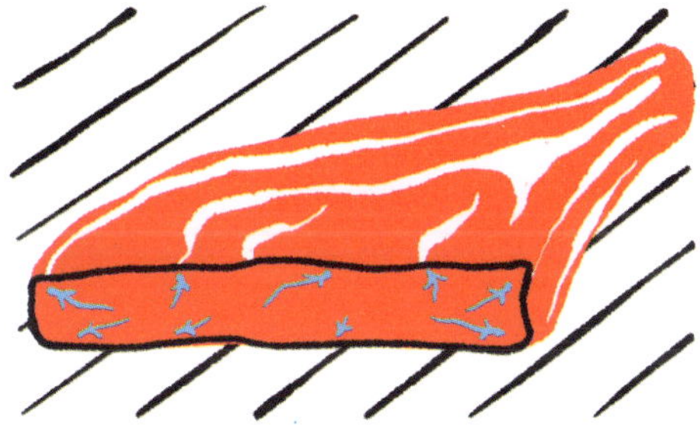

Pendant le repos, le jus circule et épaissit.

LE VRAI DU FAUX

POURQUOI ARROSER UNE VIANDE NE LA « NOURRIT » PAS ?

Pour la « nourrir », il faudrait que le liquide avec lequel on l'arrose pénètre à l'intérieur de la viande. Et là, grosse déception : les liquides de cuisson ne pénètrent pas dans la viande comme ça. Déjà que pour les marinades, il faut plusieurs jours pour 2 ou 3 mm de pénétration (voir LES MARINADES), alors vous imaginez bien que rien ne rentre dans le morceau en quelques minutes !

POURQUOI RETOURNER UNE VIANDE EN LA PIQUANT AVEC UNE FOURCHETTE NE LUI FAIT PAS « PERDRE SON JUS » ?

« Ne piquez surtout pas la viande avec une fourchette pendant la cuisson, elle perdrait tout son jus ! » On l'a entendu combien de fois cette idiotie ? Les gens qui vous expliquent ça imaginent que la viande est remplie d'eau et qu'au moindre petit trou elle se vide de son jus. Ils imaginent aussi que la croûte emprisonne le jus à l'intérieur et qu'en la perçant, le jus sortirait aussi plus facilement. Si on suit leur raisonnement, en piquant la viande, on devrait avoir des geysers de jus ! Mais ça ne se passe pas du tout comme ça.
La viande est constituée d'une multitude de fibres, exactement comme des tuyaux. Quand vous la piquez avec une fourchette, vous percez quelques fibres, mais très très peu en fait. Le nombre de fibres piquées est infinitésimal par rapport à l'ensemble. Ce n'est pas même pas mesurable, tellement c'est infime. Faites comme bon vous semble pour retourner votre viande, ça ne change strictement rien !

POURQUOI LA CROÛTE FORMÉE À LA CUISSON N'EMPRISONNE-T-ELLE PAS LE JUS ?

Mais tout simplement parce que la croûte n'est pas imperméable et sillonnée de fissures par lesquelles le jus peut s'écouler. Rien de plus simple pour le vérifier : lorsque vous avez fait reposer votre viande dans du papier aluminium, il reste du jus dans le fond. Et ce jus est pourtant passé à travers la croûte qui n'est donc pas imperméable…

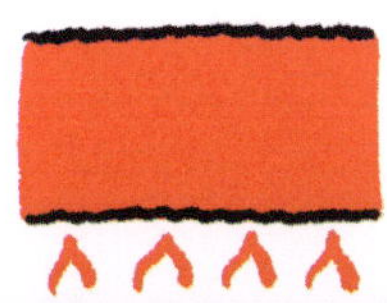

DU COUP, POURQUOI FAUT-IL REDONNER UN COUP DE CHAUD APRÈS LE REPOS ?

Lorsque la viande a reposé, l'extérieur qui était sec et croustillant redevient humide et flasque. Si vous lui redonnez un très rapide coup de chaud, vous allez recréer ce croustillant délicieux. Remettez donc votre viande sur un plat brûlant quelques secondes de chaque côté. Ça c'est un truc secret des grands chefs, mais chut…

LES VIANDES BRAISÉES

Eh non, braiser les viandes ne consiste pas à les cuire sur des braises, mais dans une douce vapeur. C'est à n'y rien comprendre…

LE BON GESTE

POURQUOI FAUT-IL UNE COCOTTE EN FONTE, ET PAS EN FER OU EN INOX, POUR BRAISER LES VIANDES ?

La fonte c'est le matériau idéal pour des cuissons longues et douces (voir LA BATTERIE DE CUISINE) alors que le fer et l'Inox sont parfaits pour des cuissons rapides et puissantes. Pour bien cuire une viande braisée ne lésinez pas sur le matériau, choisissez la fonte et vous obtiendrez un bien meilleur résultat.

ZOOM

POURQUOI UNE BONNE VIANDE BRAISÉE DOIT-ELLE CUIRE LONGUEMENT ?

Le collagène (toujours lui) a besoin de beaucoup de temps pour se dissoudre. Plusieurs heures sont nécessaires pour qu'il se dissolve complètement et pour qu'il relâche dans le jus un grand nombre d'acides aminés particulièrement savoureux (voir DURETÉ ET TENDRETÉ DES VIANDES).

LE POURQUOI DU COMMENT

POURQUOI FAUT-IL UN LIT DE LÉGUMES AU FOND DE LA COCOTTE…

Si vous placez votre viande directement au fond de la cocotte, la partie en contact va cuire beaucoup plus rapidement que le reste, exactement comme pour une viande sautée. Alors que si vous la placez sur un lit de légumes, il n'y a aucun contact direct avec la source de chaleur et la viande cuit intégralement à la vapeur.

La cuisson braisée est une cuisson à la vapeur. En posant un lit de légumes au fond de la cocotte, vous évitez que la viande soit pochée dans le liquide.

… ET PEU DE LIQUIDE ?

Le principe de la cuisson braisée, c'est que les viandes cuisent dans la vapeur produite par les légumes placés sous elles, et du peu de liquide (fond, bouillon, vin, etc.) qu'on y a ajouté. Ce liquide se transforme en vapeur, remonte vers le couvercle, se condense et se retransforme en liquide qui retombe, arrosant la viande. C'est ce processus qui permet à la viande de garder toutes ses saveurs : cet environnement très humide l'empêche de perdre trop de jus, tout en produisant une sauce goûteuse grâce au tissu collagénique qui se dissout.

BRAISER AU FOUR EN 2 QUESTIONS

1 POURQUOI LA TEMPÉRATURE DE CUISSON DOIT-ELLE ÊTRE JUSTE AU-DESSUS DE 60 °C ?

Le collagène commence à se dissoudre aux alentours de 55 °C, et ce pourrait être la température parfaite de cuisson. Mais les micro-organismes (bactéries) ne sont tués qu'à partir de 60 °C ; c'est donc la température minimale de cuisson qu'il faut atteindre, mais aussi la plus chaude pour obtenir une viande délicieuse. Attention, quand je parle de 60 °C, c'est la température de la viande, pas celle du four hein ! Pour le four, une température de 120 °C est généralement parfaite.
Attention aussi à la viande de porc qui doit cuire à une température supérieure à 80 °C pour éliminer tous les parasites (voir LA QUALITÉ DES VIANDES) ! Dans ce cas, réglez la température du four sur 140 °C.

Dans un four, la cocotte est chauffée par le dessus, le dessous et aussi par les côtés.

2 POURQUOI OBTIENT-ON UN MEILLEUR RÉSULTAT EN BRAISANT AU FOUR ?

Les viandes doivent chauffer dessus, dessous et sur les côtés pour que la cuisson soit homogène. Si vous placez votre cocotte sur une plaque, la chaleur vient uniquement du dessous ; alors que dans un four, la chaleur vient des tous les côtés, et même du couvercle.
Là, vous avez une cuisson homogène !

Sur une plaque, la cocotte est uniquement chauffée par le dessous.

LE BON GESTE

POURQUOI EST-IL PRÉFÉRABLE DE LUTER LES COCOTTES ?

S'il y a une perte d'humidité dans la cocotte, la viande se dessèche, la sauce se concentre et risque de brûler. Quand on lute la cocotte avec un mélange de farine, de blanc d'œuf et d'eau, on empêche l'humidité de s'échapper et on obtient une cuisson parfaite.

Sans lut, une partie de la vapeur s'échappe entre la cocotte et le couvercle.

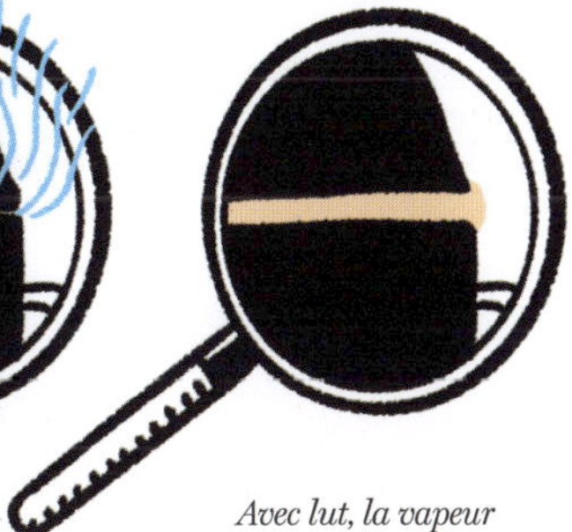

Avec lut, la vapeur reste confinée à l'intérieur et rien ne s'échappe.

LES VIANDES POCHÉES

Alors, les viandes pochées n'ont ni coquard ni poche kangourou, mais elles sont lentement et délicatement cuites par immersion dans un liquide. C'est pourtant évident, non ?

POURQUOI BLANCHIR LES VIANDES AVANT DE LES POCHER EST INUTILE…

On faisait ça il y a longtemps parce que les viandes ne se conservaient pas au réfrigérateur et qu'elles étaient souvent abîmées voire même un peu pourries. Les blanchir permettait de les nettoyer et de se débarrasser du mauvais goût qu'elles pouvaient donner au bouillon. Aujourd'hui, les viandes sont bien conservées et cette habitude n'a plus lieu d'être : ne blanchissez pas vos viandes avant de les pocher, c'est un truc du Moyen Âge !

… MAIS EN FAIRE DORER CERTAINES EST INTÉRESSANT ?

Pour la réalisation du pot-au-feu, certains cuisiniers font dorer la viande avant de la pocher. C'est une bonne idée parce que ça ajoute des saveurs à la viande, ainsi qu'au bouillon. Mieux encore, faites dorer votre viande dans la cocotte qui vous servira à la cuisson, versez ensuite du bouillon à hauteur, puis les légumes avant de couvrir. Les sucs collés dans le fond de la cocotte vont se détacher petit à petit et donner beaucoup de goût à votre bouillon.

Les sucs des viandes préalablement dorées apportent des saveurs au pochage.

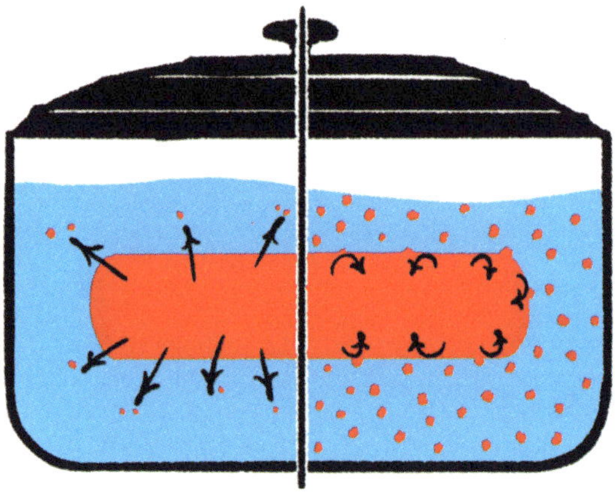

Le secret des grands chefs, c'est de pocher les viandes dans un bouillon et jamais dans de l'eau.

LE BON GESTE

POURQUOI FAUT-IL POCHER LES VIANDES DANS UN BOUILLON ET JAMAIS DANS DE L'EAU ?

Quand vous préparez un fond de viande, vous mettez des viandes et des légumes dans de l'eau et vous laissez cuire plusieurs heures pour que leurs saveurs se déplacent dans l'eau et la transforme en fond.
Si vous pochez votre viande dans de l'eau (même avec des légumes), vous êtes exactement sur le même principe de préparation et votre viande va perdre une grande partie de ses saveurs dans l'eau. C'est carrément idiot. Comment faire, alors ?
L'idée importante à avoir en tête, c'est de faire en sorte que la viande ne perde pas de saveurs pendant la cuisson. Et pour qu'elle n'en perde pas, il faut que le liquide de cuisson soit déjà saturé de saveurs, et qu'il ne puisse plus en accepter de nouvelles. Et là, votre viande restera goûteuse.
Donc on cuit toujours les viandes pochées, comme le pot-au-feu, dans un bouillon et jamais, jamais, jamais dans de l'eau !

POURQUOI NE FAUT-IL PAS AJOUTER DE POIVRE DANS L'EAU DE POCHAGE ?

Je l'ai déjà dit maintes et maintes fois (voir LE POIVRE et FONDS ET BOUILLONS), mais je le répète : le poivre infuse et devient amer et âcre quand il cuit longuement dans un liquide. D'ailleurs, il suffit de faire cuire des grains de poivre dans un peu d'eau pendant 20 minutes pour s'en apercevoir, ou de suivre les conseils des meilleurs marchands d'épices. De toute façon, ne croyez pas que les saveurs du poivre vont pénétrer dans les viandes. Donc, on poivre en fin de cuisson !

Jamais, jamais de poivre dans un liquide de pochage !

POURQUOI LE MATÉRIAU DE LA COCOTTE EST-IL IMPORTANT…

Une cocotte en fonte et une cocotte en fer ne transfèrent pas la chaleur vers la viande de la même façon (voir LA BATTERIE DE CUISINE). La fonte absorbe la chaleur, puis la retransmet d'une manière assez douce sur toute sa surface : par le fond et aussi par les côtés. Le fer, lui, n'absorbe pas cette chaleur et la laisse passer uniquement à l'endroit où il la reçoit ; la chaleur transmise est beaucoup plus violente, et à un seul endroit de la cocotte, le fond. Des pochages faits dans une cocotte en fonte ou une cocotte en fer n'ont rien à voir : choisissez la fonte pour un bien meilleur résultat !

Une cocotte en fonte transmet la chaleur sur toute sa surface.

… TOUT COMME SA TAILLE, D'AILLEURS ?

On a vu que lorsqu'on poche une viande, l'important est qu'elle perde le moins de saveurs possible dans le liquide de cuisson. Et moins il y a de liquide, plus il arrive vite à saturation de saveurs, et donc plus la viande en gardera. Votre cocotte doit être un peu plus grande que la viande que vous allez y placer afin d'avoir le minimum de liquide pour la cuire.

Plus la cocotte est grande, plus il y a de liquide, plus la viande y perd des saveurs.

Moins la cocotte est grande, moins il y a de liquide, moins la viande y perd de goût.

LES VIANDES POCHÉES

UN POCHAGE DE PRO EN 3 QUESTIONS

1 POURQUOI COMMENCER LE POCHAGE DANS UN LIQUIDE FROID OU CHAUD NE CHANGE STRICTEMENT RIEN ?

Je vous le dis tout de suite, les gens qui vous expliquent qu'ils mettent leurs viandes dans un bouillon chaud pour que « *ces viandes se contractent et gardent plus de saveurs* » racontent des imbécillités. La base du raisonnement est fausse puisque, si la viande se contracte, c'est qu'elle expulse du jus, donc des saveurs. Bah oui… ;-) Des scientifiques sont quand même allés vérifier s'il y avait une différence : ils ont coupé un morceau de viande en deux puis en ont mis un dans de l'eau bouillante et l'autre dans de l'eau froide. Ils les ont fait cuire pendant 20 heures en les sortant toutes les 15 minutes pour les peser et les observer.
Le résultat est sans appel : pendant les 15 premières heures de cuisson, les deux morceaux ont perdu exactement le même poids puis, de la 15e à la 20e heure, c'est la viande cuite à l'eau chaude qui en a perdu le plus. Il n'y a donc strictement aucune différence de texture, de saveurs ou de jutosité entre une viande pochée dans un liquide de départ froid ou chaud.

2 POURQUOI FAUT-IL POCHER LES VIANDES EN DESSOUS DE L'ÉBULLITION ET MÊME DU FRÉMISSEMENT ?

Vous avez déjà vu une casserole d'eau en ébullition : il y a des grosses bulles d'air qui remontent et ce qu'elle contient se ballotte dans tous les sens. Si vous pochez votre viande dans un liquide en ébullition, les bulles d'air qui remontent vont petit à petit décrocher des morceaux microscopiques de viandes qui vont remonter à la surface, se mélanger avec le gras fondu de la viande, et un peu d'air contenu dans les bulles pour former une mousse blanchâtre, ce que certains appellent à tort « écume » (voir FONDS ET BOUILLONS). Mais si vous faites pocher en dessous du point d'ébullition, et même du frémissement, vous limitez le mouvement de l'eau, moins de morceaux se détachent, moins de mousse se forme à la surface, et vous obtenez une bien meilleure cuisson. L'autre bonne raison, c'est qu'une viande qui cuit à la température de l'ébullition durcit beaucoup plus qu'une viande qui cuit à une température plus basse.

3 POURQUOI FAUT-IL COUVRIR LA COCOTTE ?

Lorsque la cocotte est couverte, le liquide transformé en vapeur reste à l'intérieur et arrose la viande en retombant. Alors que, si la cocotte est découverte, cette vapeur va s'échapper, le volume de liquide va diminuer et votre viande sera en grande partie découverte et séchera. Ou alors vous devrez rajouter de l'eau au bouillon et la viande y perdra des sucs puisque l'ensemble bouillon + eau sera moins saturé. Donc, on couvre !

LE VRAI DU FAUX

POURQUOI LA MOUSSE QUI SE FORME EN SURFACE N'EST-ELLE PAS DE L'ÉCUME ?

Pour se mettre d'accord, il faut déjà connaître la définition du mot « écume » : *un amas de mousse d'apparence blanchâtre, plus ou moins impur, qui se forme à la surface d'un liquide agité, chauffé ou en fermentation.*
Pour qu'il y ait de l'écume, il faut donc qu'il y ait des impuretés. Et à moins que vous n'ayez laissé de la terre sur vos légumes ou laissez traîner votre viande dans un endroit pas très propre, il n'y a pas d'impuretés. Et s'il n'y a pas d'impuretés, il n'y a pas d'écume. D'ailleurs, vous en faites quoi des impuretés quand vous faites une purée de carottes ou une côte de bœuf ? Rien, parce qu'il n'y a pas d'impuretés ! Et s'il n'y a pas d'impuretés, il n'y a pas d'écume, mais une mousse.

MAIS ALORS, POURQUOI FAUT-IL RETIRER CETTE MOUSSE ?

Déjà, si vous avez de la mousse, c'est que vous faites pocher votre viande à une température trop forte.
Mais si vous en avez quand même, il faut la retirer parce qu'elle a un goût amer et âcre qui se diffuserait dans le liquide.

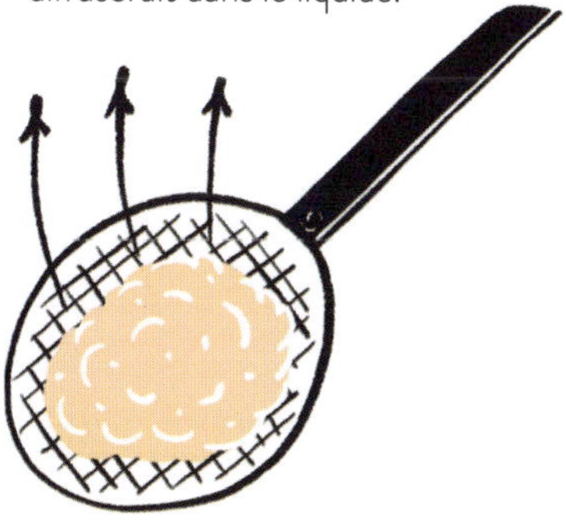

PIQÛRE DE RAPPEL

POURQUOI CLARIFIE-T-ON LES BOUILLONS AVEC DES BLANCS D'ŒUFS, DES LÉGUMES ET DE LA VIANDE HACHÉE ?

On l'a déjà dit dans FONDS ET BOUILLONS, mais j'insiste : les blancs d'œufs sont suffisants pour clarifier efficacement les bouillons. Mais, lorsqu'on clarifie, on retire aussi beaucoup de saveurs au liquide. Alors pour éviter d'avoir un bouillon moins goûteux, on contrebalance la perte de saveurs en ajoutant des légumes coupés très finement et de la viande hachée.

MAIS POURQUOI CLARIFIER AVEC DES BLANCS D'ŒUFS EST DÉPASSÉ ?

On clarifiait les bouillons pour qu'ils soient translucides, sans petits morceaux microscopiques pour les troubler. Aujourd'hui, on a des chinois étamine très très fins qui retiennent parfaitement tous ces petits morceaux microscopiques et donnent des bouillons parfaitement translucides. Ne vous embêtez plus à clarifier, achetez plutôt un bon chinois...

Disposez une étamine dans le chinois pour retenir encore plus de petits morceaux.

MIAM !

POURQUOI EST-IL PRÉFÉRABLE DE POCHER LES VIANDES LA VEILLE DE LES MANGER ?

Lors de la cuisson, le collagène contenu dans la viande se transforme en une gélatine qui a la particularité d'absorber plusieurs fois son poids en liquide. En reposant pendant une nuit, la viande va continuer à absorber une petite quantité du bouillon et devenir plus juteuse. C'est la raison pour laquelle un pot-au-feu est toujours meilleur préparé la veille.

LA CUISSON DU POULET

On a tellement vu et revu des poulets cuire au four ou à la broche qu'on croit savoir bien le faire aussi… Une petite mise au point s'impose !

PIQÛRE DE RAPPEL

POURQUOI NE DOIT-ON JAMAIS POIVRER UN POULET AVANT DE LE RÔTIR ?

La peau est une protection imperméable qui protège l'animal contre les agressions extérieures. Le poivre (tout comme le sel d'ailleurs) ne passera pas à travers et restera en surface pendant la cuisson. Et comme on sait que le poivre brûle à partir de 140 °C (voir LE POIVRE) et donnerait un goût âcre à cette magnifique peau, on n'en met pas. Point.

POURQUOI COMMENCER LA CUISSON DU POULET RÔTI SUR UNE CUISSE PUIS SUR L'AUTRE EST IDIOT ?

Ce truc, ça marche si vous faites cuire votre poulet à la cocotte. Là, effectivement, la cuisse est en contact direct avec la source de chaleur et commence à cuire alors que les blancs, non. Pour une cuisson au four, en revanche, ça ne sert à rien : les cuisses et les blancs sont soumis à la même chaleur. Et bim, on se retrouve avec des blancs secs et trop cuits ! Le type qui vous a donné ce conseil n'a pas réfléchi une seconde à ce qu'il disait…

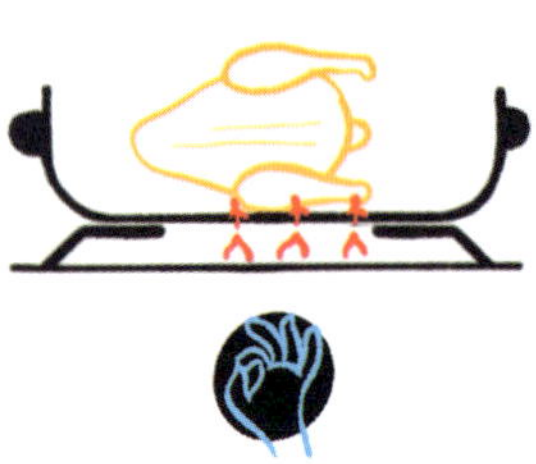

Dans une cocotte, il n'y a que la cuisse qui commence à cuire.

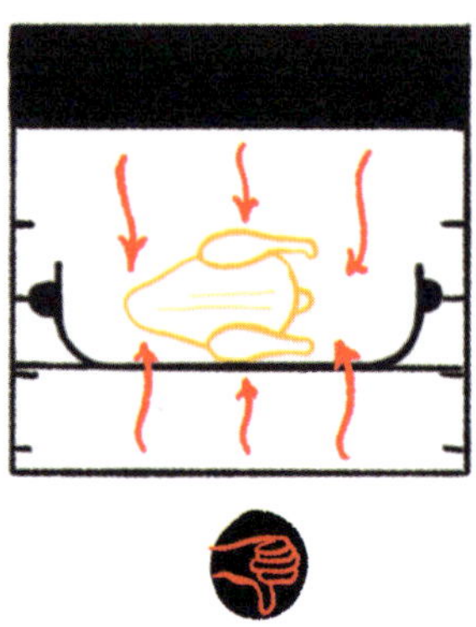

Dans un four, les blancs commencent à cuire en même temps que les cuisses.

POURQUOI LES FARCES NE DONNENT-ELLES PAS NON PLUS DE GOÛT AUX POULETS RÔTIS ?

Déjà, il faut environ 10 heures aux marinades pour pénétrer de 2 ou 3 mm dans les chairs du poulet (voir LES MARINADES), et vous voudriez qu'en beaucoup moins de temps les farces pénètrent encore plus ?
La bonne blague ! Et surtout, entre la farce et les chairs, il y a les os de la cage thoracique. Vous voudriez aussi que les saveurs de la farce passe à travers les os ? Roooh, franchement…

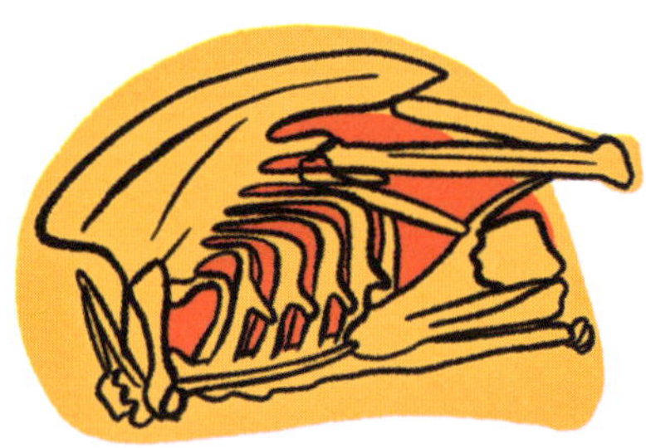

POURQUOI RÔTIR UN POULET À LA BROCHE N'EST PAS LA PANACÉE ?

La cuisson à la broche, c'est celle qu'on voit chez les bouchers avec de beaux poulets qui tournent devant la vitrine. Mais, immanquablement, les blancs de ces poulets sont secs et trop cuits, car bien que la broche tourne, les pauvres blancs sont soumis à la même chaleur que les cuisses et les ailes, alors qu'ils cuisent bien plus vite. Pour obtenir de bons poulets cuits à la broche, il faut arrêter cette broche pendant la majeure partie de la cuisson, avec le dos du poulet face à la source de chaleur. De cette façon, les blancs cuisent plus lentement et restent tendres et juteux.

LE POURQUOI DU COMMENT

POURQUOI LES BLANCS DU POULET SONT-ILS SOUVENT SECS ?

Les blancs cuisent rapidement car ils sont maigres. À l'inverse, les autres muscles du poulet sont gras et contiennent du collagène ; ils ont donc besoin d'une cuisson plus longue. En gros, il faudrait cuire les blancs pratiquement 20 minutes de moins que le reste du poulet.
Évidemment, il y a un truc pour avoir une cuisson homogène... ;-)

DU COUP, POURQUOI FAUT-IL RÔTIR LE POULET AVEC LES BLANCS EN-DESSOUS ET PAS AU-DESSUS ?

Lorsque vous placez les blancs du poulet au-dessus, ils sont directement soumis à la chaleur du four alors que les cuisses, de profil, cuisent moins vite. Vous asséchez les blancs en faisant cuire plus lentement les cuisses et les ailes. C'est ballot !
La solution consiste à positionner le volatile le plus haut possible dans le four, les blancs en dessous. De cette façon, c'est la partie qui demande le plus de temps de cuisson qui est soumise directement à la chaleur, alors que les blancs, eux, cuisent plus doucement.

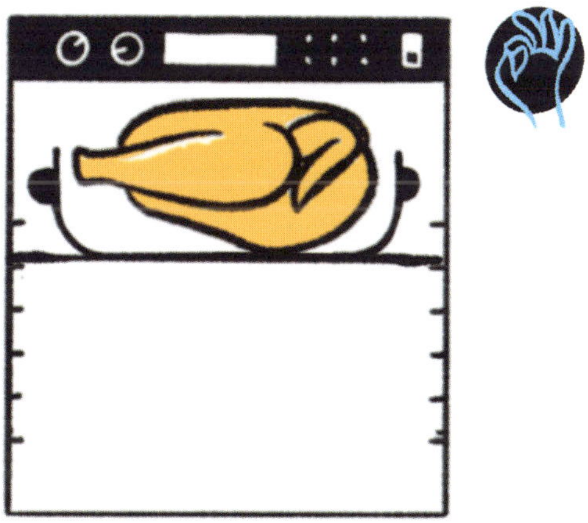

Un poulet rôti se place en haut du four et avec les blancs en dessous.

POURQUOI NE FAUT-IL PAS ARROSER LA PEAU DU POULET AVEC N'IMPORTE QUOI ?

La peau du poulet devient croustillante quand elle s'assèche. Si vous rajoutez de l'eau ou du bouillon pendant la cuisson, vous allez apporter de l'humidité. Et qui dit humidité... Franchement, c'est la peine d'expliquer ?
La seule chose avec laquelle il faut arroser votre poulet rôti, c'est du gras parce qu'il ne contient pas d'eau et va rendre sa peau divinement croustillante...

POURQUOI NE FAUT-IL JAMAIS FAIRE REPOSER UN POULET RÔTI EN TOUTE FIN DE CUISSON ?

Vous courrez au drame si vous faites reposer votre poulet en toute fin de cuisson (et vous mettre définitivement belle-maman à dos), parce que le jus va se disperser dans les chairs, la peau va en absorber une partie et devenir flasque. Adieu la jolie peau croustillante (et bienvenue au conseiller matrimonial) !
Le bon timing, c'est de faire reposer le poulet rôti 15 minutes avant la fin de la cuisson **(1)** puis de le remettre au four très chaud pour finir de le cuire et redonner du croustillant à la peau **(2)**.

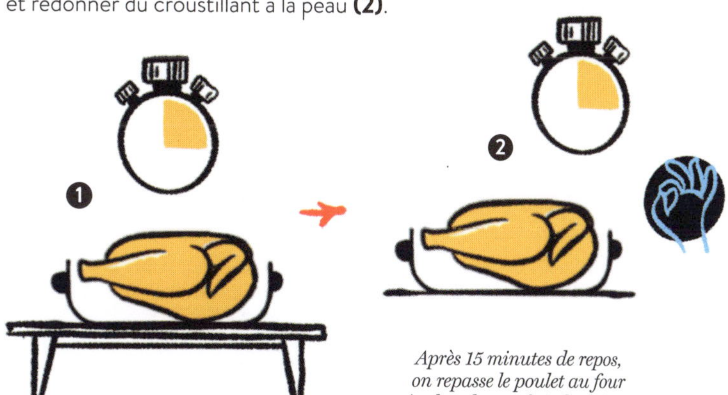

Après 15 minutes de repos, on repasse le poulet au four très chaud pour finir la cuisson.

TERRINES ET PÂTÉS

On prend souvent l'un pour l'autre. Allons... qu'ils soient de volaille, chasseur ou du dimanche, ne mettons pas terrines et pâtés dans le même panier !

NUANCES !

POURQUOI Y-A T-IL UNE DIFFÉRENCE ENTRE TERRINES ET PÂTÉS ?

On peut lire tout et n'importe quoi sur les différences entre pâtés et terrines : grosseur du hachage, qualité des viandes, temps et/ou type de cuisson... J'en passe et des meilleures. Alors qu'il suffit de comprendre l'étymologie des mots : un pâté est une préparation cuite dans une pâte (pâte > pâté) ; alors que la même préparation cuite sans pâte dans une terrine porte le nom de... « terrine ».

LA PETITE HISTOIRE

ET POURQUOI A-T-ON AJOUTÉ UNE PÂTE POUR LA CUISSON DES TERRINES ?

À l'origine, la pâte était une simple pâte à pain qui servait principalement à conserver les terrines. Elle présentait aussi l'avantage de permettre aux farces de rester bien juteuses après cuisson. Ensuite, les pâtissiers se sont emparé de l'idée et ont utilisé des pâtes plus travaillées, comme les pâtes feuilletée ou briochée. Et on se retrouve aujourd'hui avec de véritables sculptures de pâtés.

LE BON GESTE

POURQUOI FAUT-IL « METTRE LES VIANDES AU SEL » ?

« Mettre les viandes hachées au sel », ça veut dire « saler les viandes 24 heures avant la cuisson ». C'est un processus très ancien dont on ne comprenait pas le fonctionnement mais qui donne des farces moins sèches. Aujourd'hui, on sait ce qui se passe : en 24 heures, le sel a le temps de pénétrer en profondeur dans les viandes et de modifier la structure des protéines qu'elles contiennent. Du coup, les protéines ne peuvent plus se tordre pendant la cuisson pour expulser le jus. Et la farce obtenue est plus juteuse.

POURQUOI FAUT-IL ÉVITER LES PLATS OVALES POUR LA CUISSON DES TERRINES ?

Dans un plat ovale, les distances entre le centre et les bords varient. Et comme il y a une grosse masse de farce au centre de la terrine, on se retrouve généralement avec une différence de cuisson entre ce centre et les extrémités.
Préférez un plat rectangulaire avec une même largeur sur toute la terrine.

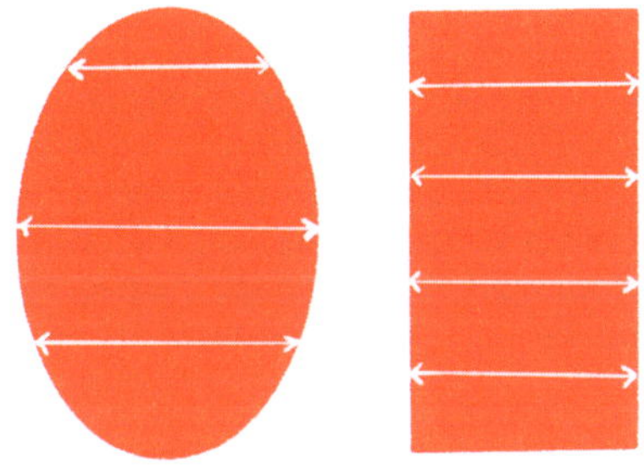

Dans un plat ovale, l'épaisseur est différente entre le centre et les extrémités, alors que dans un plat rectangulaire, cette épaisseur est en tous points identique.

POURQUOI ÇA NE SERT À RIEN DE CUIRE LES TERRINES AU BAIN-MARIE DANS UN FOUR À 160 °C ?

À l'origine, les terrines cuisaient dans des fours à bois. Comme on ne pouvait pas régler précisément leur température, on mettait les terrines dans un bain-marie parce qu'on savait que même si la température du four montait à 400 °C, l'eau ne chaufferait pas à plus de 100 °C. Faire cuire une terrine au bain-marie dans un four à 160 °C n'a pas de sens parce que le fond cuira à 100 °C, alors que le dessus cuira à 160 °C. Ne vous embêtez plus avec le bain-marie, mettez directement votre terrine dans le four chauffé à 120-140 °C, et ce sera encore mieux !

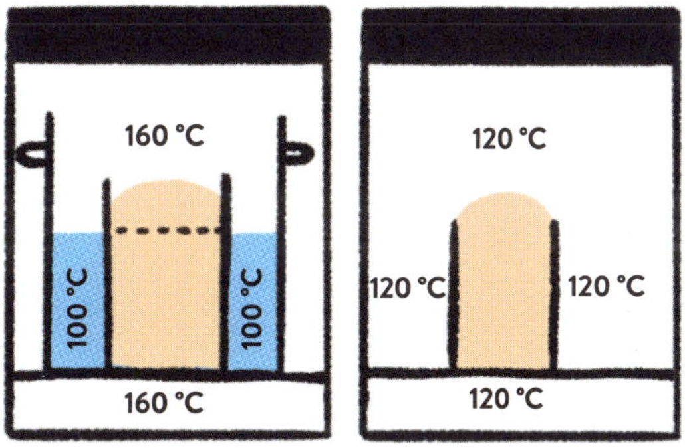

Sans bain-marie, la cuisson est homogène.

UN PÂTÉ DE PRO EN 3 QUESTIONS

1

POURQUOI FAUT-IL FAIRE UNE CHEMINÉE DANS LA PÂTE DU PÂTÉ...

Pendant la cuisson, la farce perd un peu de jus, qui se transforme en vapeur. Si cette vapeur reste coincée sous la pâte, elle la ramollit. En faisant une ou plusieurs cheminées, on permet à la vapeur de sortir, et la pâte reste croustillante.

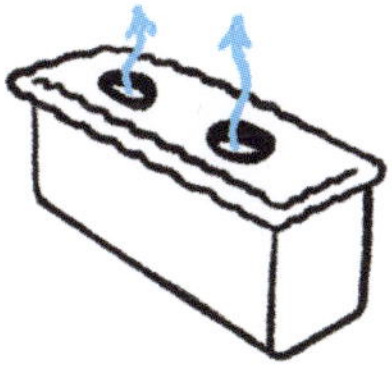

2

... ET PRÉFÉRER UN MOULE À CHARNIÈRES ?

Comme le pâté est entouré d'une pâte souvent fragile, mieux vaut utiliser un moule qui se démonte pour ne pas l'abîmer lors du démoulage.

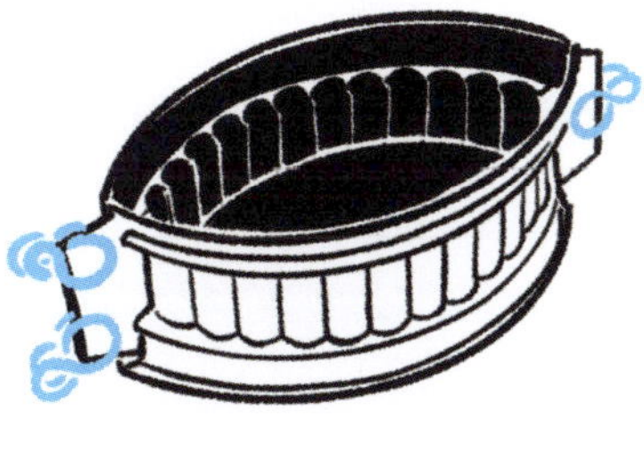

3

POURQUOI MET-ON DE LA GELÉE DANS LE PÂTÉ ?

Pendant la cuisson, la farce gonfle, puis en refroidissant, elle se rétracte, formant des trous disgracieux. Généralement, on met un peu de gelée entre la pâte et la farce, par la cheminée, juste après la cuisson pour éviter le dessèchement, puis, dès que la farce a trouvé sa forme définitive et qu'elle est à température ambiante on ajoute encore un peu de gelée.

LA CUISSON DES POISSONS

À la vapeur, à la poêle, en friture... La cuisson des poissons, ça ne s'improvise pas. Et puis, c'est fragile la chair de poisson, ça se respecte et ça se cuit avec douceur et attention. Je résume.

LE BON GESTE

POURQUOI FAUT-IL SORTIR LE POISSON DU RÉFRIGÉRATEUR À L'AVANCE ?

Comme pour les viandes, il faut sortir et placer sous un linge le poisson afin que les chairs reprennent un peu de température avant de les cuire. Comptez 15 à 20 minutes pour les filets de poisson et 30 à 40 minutes pour les poissons entiers.
Cela vous évitera de surcuire et assécher l'extérieur du morceau avant que le centre ne soit chaud. Mais, attention, ça n'a rien à voir avec le soi-disant « choc thermique » (voir CUISSON ET TEMPÉRATURE DES VIANDES) !

Sortez vos filets de poisson 15 à 20 minutes avant de les cuire.

Sortez vos poissons entiers 30 à 45 minutes avant de les cuire.

LE VRAI DU FAUX

POURQUOI LE JUS DE CITRON NE « CUIT-IL » PAS LE POISSON ?

Alors attention, le citron ne « cuit » pas le poisson, comme on peut le lire souvent ; une cuisson se fait uniquement sous l'action de la chaleur !
Mais c'est vrai que l'effet produit est très proche : le PH des chairs se modifie, elles blanchissent et se raffermissent sous l'effet de l'acidité, mais pas sous l'effet de la chaleur.
Pour autant, la chair n'est pas cuite, mais crue.
C'est plus ou moins la même finalité, mais le processus est différent.

POURQUOI LE POISSON DOIT-IL ÊTRE CUIT À UNE TEMPÉRATURE INFÉRIEURE À CELLE DES VIANDES ?

Les protéines des muscles des poissons se transforment à des températures plus faibles que celles des viandes, et la faible quantité de collagène contenu dans le tissu conjonctif se transforme en gélatine, lui aussi à des températures plus basses. Alors que les viandes perdent beaucoup de jus à partir de 60 °C et sont sèchent dès les 70 °C, les chairs des poissons se contractent à partir de 45 °C et s'assèchent à partir de 50 °C.
Il faut donc absolument éviter que les chairs atteignent des températures trop fortes à la cuisson.

LA CHAIR DE POISSON VS LA VIANDE EN 3 QUESTIONS

1 POURQUOI LES POISSONS N'ONT-ILS PAS BESOIN DE CUISSONS LONGUES COMME CERTAINES VIANDES ?

Les poissons vivent dans l'eau, c'est ça qui change tout. Sur terre, les animaux ont un gros squelette, des muscles puissants et des tissus conjonctifs épais pour pouvoir les porter et les déplacer. Dans les mers et les océans, la densité de l'eau porte les poissons, ils n'ont pas besoin d'avoir des muscles fermes ni de tissu conjonctif épais. Et puisqu'ils n'ont pas de muscles fermes ni de tissu conjonctif épais, la cuisson est beaucoup, beaucoup plus rapide.

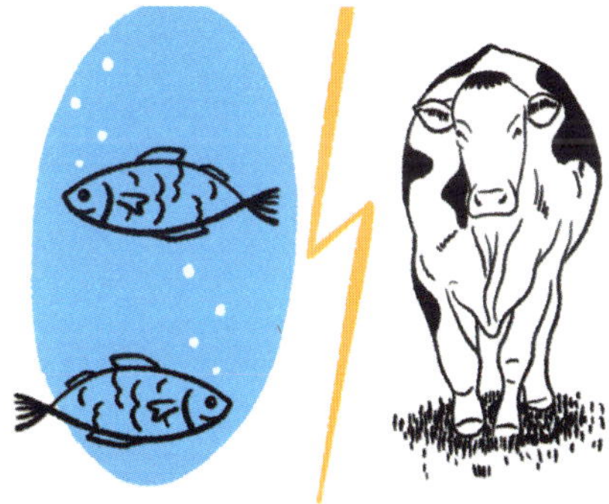

Les poissons sont « portés » par l'eau, alors que, sur terre, ce sont les muscles des animaux qui les portent.

2 POURQUOI LES CHAIRS CUITES DES POISSONS SE DÉTACHENT-ELLES FACILEMENT LES UNES DES AUTRES ?

Les muscles des poissons sont constitués de fibres musculaires entourées de collagène, mais au lieu d'avoir une forme droite comme ceux les animaux terrestres, ces muscles s'emboîtent les uns dans les autres en prenant la forme d'un W. Le problème, c'est que le collagène des poissons se dissout à une température beaucoup plus basse que celui des animaux terrestres, aux alentours de 50 °C. Dès que cette température est atteinte, les muscles ne sont plus maintenus par le collagène, et ils se détachent les uns des autres en s'effeuillant en lamelles.

Une fois le collagène dissout, les muscles se détachent en lamelles.

3 POURQUOI LAISSER REPOSER LES POISSONS COMME LA VIANDE APRÈS LA CUISSON N'A PAS D'INTÉRÊT ?

On laisse reposer les viandes après la cuisson pour que les parties sèches, près de la surface absorbent une partie du jus contenu au centre, et que ce jus épaississe en refroidissant. Pour les poissons, ça ne se passe pas du tout de la même façon parce qu'ils contiennent peu de tissus conjonctifs, que la chute de température est beaucoup plus rapide, et que leurs chairs sont plus fragiles. En laissant reposer votre poisson, vous risquez surtout de le servir froid ;-)

ZOOM

POURQUOI LE THON SÈCHE-T-IL ET DURCIT-IL PLUS VITE QUE D'AUTRES POISSONS À LA CUISSON ?

Les chairs des grands nageurs, comme le thon, contiennent dans leurs cellules musculaires, une grande quantité de protéines qui coagulent à une température élevée, et qui sont en partie expulsées avec le jus lorsque d'autres protéines se contractent. Du coup, les chairs sèchent rapidement. De plus, le reste des protéines non expulsé coagule entre les fibres musculaires, les colle les unes aux autres et fait durcir la chair du poisson.

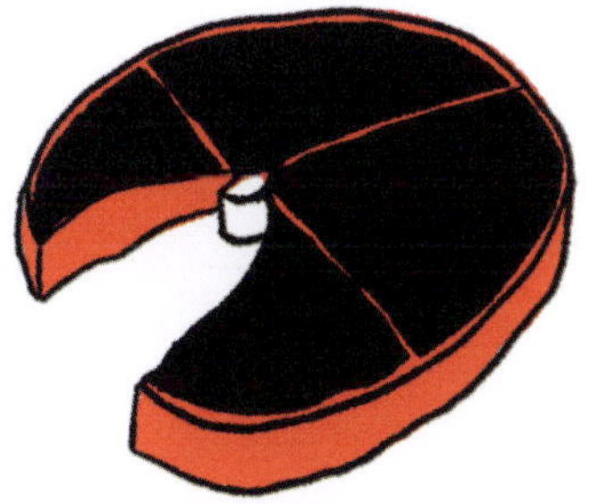

LA CUISSON DES POISSONS

LA CUISSON VAPEUR

POURQUOI LA CUISSON À LA VAPEUR EST-ELLE SI RAPIDE ?

Tout simplement parce que l'humidité de l'air dans le cuit-vapeur accélère la vitesse de cuisson. Ce type de cuisson convient particulièrement à des filets assez fins pour éviter une surcuisson de l'extérieur avant que le centre ne soit parfaitement cuit. Si, malgré tout, vous souhaitiez cuire un poisson entier à la vapeur, il faudra le faire à une température assez basse, aux alentours de 70 °C, pour homogénéiser la cuisson des chairs du centre et de l'extérieur.

POURQUOI FAUT-IL ÉVITER DE SUPERPOSER LES FILETS DANS LE CUIT-VAPEUR ?

La vapeur doit passer tout autour de chaque filet pour les cuire. S'ils se superposent, elle ne pourra pas passer aux points de contact et les filets ne cuiront pas de façon homogène.

POURQUOI LA PEAU DES POISSONS CUITS À LA VAPEUR DEVIENT-ELLE GÉLATINEUSE ET COLLANTE ?

La peau des poissons contient un mucus protecteur, du gras, et aussi une très grande quantité de collagène. Le mucus est généralement retiré avant la cuisson, mais il reste le collagène qui se transforme en gélatine pendant la cuisson à la vapeur et rend la peau… gélatineuse.

Si les filets se superposent, la vapeur ne cuit pas les zones de contact.

Mais si les filets sont disposés bien à plat, la vapeur les cuit uniformément.

POURQUOI FAUT-IL POCHER LES POISSONS DANS UN FUMET PLUTÔT QUE DANS DE L'EAU ?

Si vous goûtez l'eau de pochage d'un poisson cuit à l'eau, même si vous aviez préalablement ajouté des légumes et des aromates, elle aura le goût du poisson. Ce goût, ce sont autant de saveurs perdues par le poisson pendant sa cuisson ; du coup, il sera moins bon que ce qu'il aurait pu être. Dommage… Pour éviter ce transfert de goût pendant le pochage, il faut cuire le poisson dans un liquide déjà saturé de saveurs. Donc on poche les poissons dans un fumet, et surtout pas dans de l'eau, même si la cuisson est rapide…

LE BON GESTE

POURQUOI FAUT-IL ÉVITER DE METTRE LES GROS POISSONS À POCHER DANS UN LIQUIDE TROP CHAUD…

Lorsque vous plongez votre gros poisson dans un liquide très chaud, l'extérieur du bestiau chauffe et cuit rapidement, bien avant que la chaleur n'arrive jusqu'au centre, et cette partie sera trop cuite. Mais si vous pochez votre poisson à feu moyen, le transfert de chaleur se fera doucement, sans surcuire l'extérieur et la cuisson sera homogène. Vous ne devez voir qu'une petite bulle d'air remonter de temps en temps pour être à la bonne température, soit aux alentours de 80 °C.

Plus le poisson est épais, plus lentement la chaleur pénètre vers le centre.

… MAIS PAS LES PETITS ?

Bah, justement, on peut les pocher dans un liquide chaud parce qu'ils sont petits ! La chaleur n'a donc pas une grosse épaisseur à traverser avant d'arriver au centre du poisson, donc l'extérieur n'a pas le temps de surcuire. Le pochage des petits poissons est très rapide.

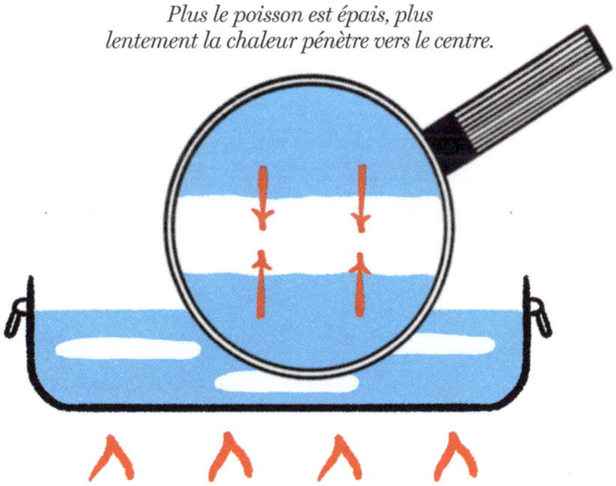

Alors que plus le poisson est fin, plus rapidement la chaleur arrive au centre.

TRUC DE PRO

POURQUOI LE POCHAGE AU FOUR DONNE-T-IL UN RÉSULTAT ABSOLUMENT DIVIN ?

Cette technique a été inventée par Freddy Girardet, un cuisinier suisse élu Meilleur Chef du monde en 1986, puis Cuisinier du siècle par le Gault et Millau en 1989. Sa technique est d'une grande intelligence : en associant la cuisson pochée à la cuisson grillée, il obtient des chairs tendres et fondantes tout en ayant une peau croustillante : on place le filet de poisson sur un lit d'aromates dans une poêle, on ajoute du vin blanc jusqu'au niveau de la peau, sans la recouvrir surtout, et on place le tout sous le gril brûlant du four, à environ 15 cm. La chaleur du gril va dessécher la peau du poisson tout en chauffant le vin, qui cuit le poisson par pochage. Après quelques minutes, on obtient une peau parfaitement croustillante et des chairs pochées. Un truc de dingue !

LA CUISSON DES POISSONS

LA CUISSON SAUTÉE

POURQUOI LA CUISSON SAUTÉE NE CONVIENT-ELLE PAS AUX POISSONS ÉPAIS ?

La cuisson à la poêle est une cuisson généralement rapide à une température assez forte. Si le poisson est trop épais, l'extérieur sera trop cuit avant le centre ne le soit assez. C'est donc un type de cuisson qui convient plutôt aux filets et aux poissons entiers, pas trop épais.

POURQUOI LA PEAU A-T-ELLE UNE GRANDE IMPORTANCE ?

La peau protège les chairs pendant la cuisson : plus elle s'assèche et dore, plus le transfert de chaleur se fait lentement ; et qui dit lent transfert de chaleur, dit cuisson plus homogène. Pour les filets avec peau, commencez toujours la cuisson côté peau à feu fort **(1)**, continuez à feu doux, puis retournez le poisson pour terminer la cuisson côté chair, toujours à feu doux **(2)**.

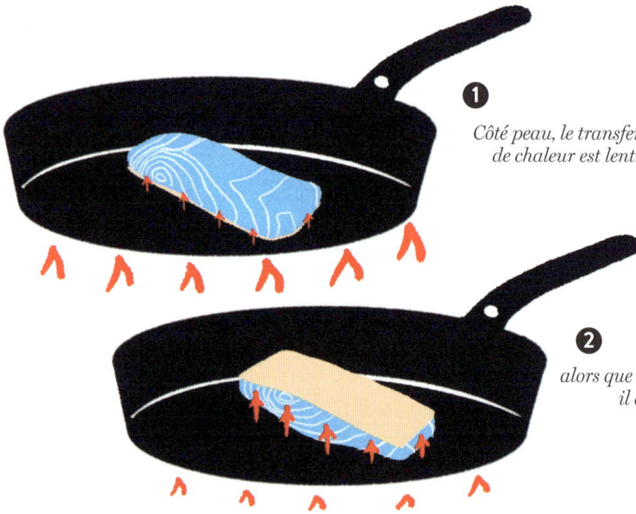

1 *Côté peau, le transfert de chaleur est lent...*

2 *alors que côté chair, il est rapide.*

LA CUISSON GRILLÉE

POURQUOI FAUT-IL FAIRE DES ENTAILLES SUR LES PARTIES ÉPAISSES DES GROS POISSONS GRILLÉS ?

L'épaisseur des poissons n'est pas la même sur tout leur corps : le centre est épais alors que les bords et les extrémités sont fins et demandent un temps de cuisson plus court. Pour homogénéiser la cuisson, la solution la plus simple est de faire des entailles de 4 à 5 mm de profondeur tous les 2 cm ; la chaleur pénétrera plus facilement et rapidement dans la partie la plus épaisse.

Les entailles permettent de réduire la distance à parcourir par la chaleur au cœur des chairs et donc, de cuire le poisson entier de façon homogène.

LA CUISSON EN CROÛTE DE SEL

POURQUOI LA CUISSON EN CROÛTE DE SEL DONNE-T-ELLE DES RÉSULTATS DÉLICIEUX…

Quand un poisson cuit dans une croûte de sel, il n'y a pas d'espace entre la croûte et le poisson. La vapeur perdue par les chairs reste bloquée au plus près, ce qui permet au poisson de conserver toutes ses saveurs sans se dessécher.

… SANS POUR AUTANT SALER LE POISSON ?

Dans ce type de cuisson, on utilise du gros sel mélangé, selon les recettes, à de la farine, des blancs d'œufs, des herbes et/ou épices pour former une pâte. Celle-ci va sécher à la cuisson et empêcher le sel de se dissoudre. Et comme il ne se dissout pas, il ne sale pas les chairs.

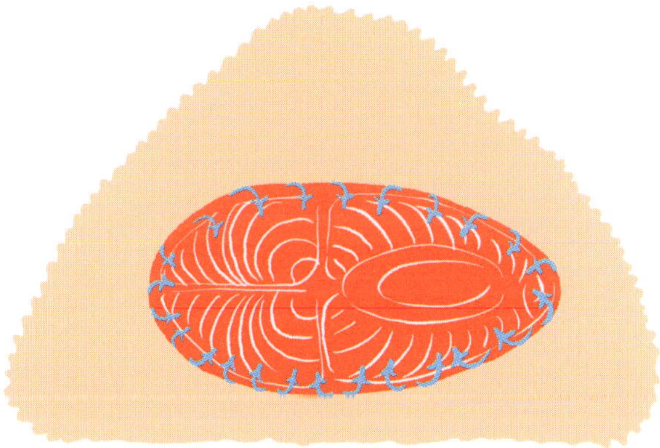

La croûte de sel emprisonne l'humidité du poisson et lui évite de se dessécher à la cuisson.

LA CUISSON EN PAPILLOTE

POURQUOI LA CUISSON EN PAPILLOTE DÉVELOPPE-T-ELLE AUTANT DE SAVEURS ?

Ce type de cuisson emprisonne l'humidité dans un environnement restreint et le poisson cuit dans son propre jus. Il permet aussi d'ajouter des herbes, des épices, un filet d'huile d'olive, etc. qui infuseront et participeront à la création de nouvelles saveurs. Mais évitez les papillotes en aluminium ou bien doublez-les de papier cuisson (voir LES USTENSILES INDISPENSABLES).

LA CUISSON FRITE

POURQUOI LE POISSON FRIT EN BEIGNET EST-IL SI DÉLICIEUX ?

L'extérieur de la pâte à beignet, sèche à la cuisson et devient rapidement croustillante. Elle forme alors une barrière qui ralentit le transfert de chaleur vers le centre du poisson, tout en empêchant l'humidité de la chair de passer à travers et de s'évaporer. Au final, le poisson cuit dans sa propre humidité, développant de nouvelles saveurs, et reste tendre, enveloppé d'une pâte croustillante.

MIAM !

ET POURQUOI PEUT-ON MANGER LES ARÊTES FRITES ?

Ça, c'est vraiment délicieux ! Pas les arêtes de tous les poissons bien sûr ; pas celles des gros poissons, mais les arêtes des soles, par exemple. Les arêtes de poisson contiennent moins de calcium que les os et leur collagène est moins dur que celui des animaux terrestres. Franchement, c'est vraiment un truc à essayer d'urgence !

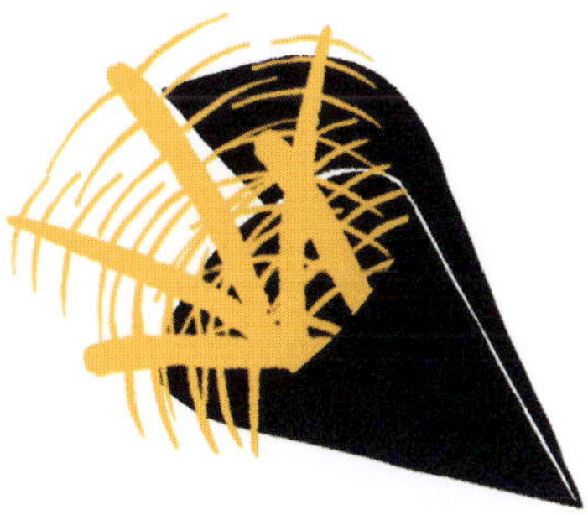

LA DÉCOUPE DES LÉGUMES

Saviez-vous que la façon dont vous découpez vos légumes influe sur leur goût, leur tenue et leur temps de cuisson, mais aussi sur le goût des autres aliments qui cuisent dans la même sauteuse ? Non ? Alors prenons une carotte et découpons...

POURQUOI LA SURFACE D'ÉCHANGE EST-ELLE PRIMORDIALE ?

On en parle peu, pourtant la surface d'échange, c'est un truc très important en cuisine. Mais qu'est-ce que la « surface d'échange » ?
On sait bien que si on coupe les aliments en petits morceaux, ils cuisent plus vite qu'en gros morceaux. Mais ce qu'on sait moins, c'est que plus les morceaux sont petits, plus ils développent de surface ; et plus il y a de surface, plus il y a d'échanges entre l'aliment et son environnement pendant la cuisson. C'est ce qu'on appelle « la surface d'échange », la surface par laquelle les saveurs et les arômes s'échangent.
Prenons un exemple : une carotte, tiens !
Lorsqu'elle est entière, la carotte occupe un volume, et ce volume mis à plat donne une surface. Épluchez la carotte et mettez les épluchures les unes à côté des autres : ça, c'est la surface du volume. Si ensuite on la découpe en tranches, on garde le même volume de carotte, mais on augmente la surface d'échange ; et si on la coupe encore en dès, on augmente encore plus cette surface. Vous suivez ? Je continue.
Plus notre carotte est coupée petit, plus il y a de surface d'échange et plus elle perd ou gagne de saveurs, selon le type de cuisson. Par exemple, si on fait cuire nos petits cubes à l'eau, ils vont y perdre beaucoup de saveurs. Mais, si on les fait cuire dans très peu d'eau, avec du beurre et du sucre, ils vont gagner beaucoup de saveurs de beurre et de sucre.

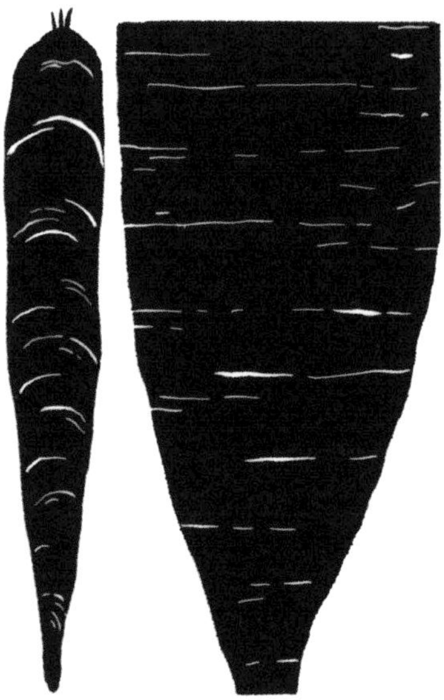

Posée à plat, la surface d'échange de notre carotte, c'est ça. Étonnant non ?

ATTENTION, C'EST TECHNIQUE !

POURQUOI LA SURFACE D'ÉCHANGE INFLUE-T-ELLE TANT SUR LA CUISSON ET LE RÉSULTAT FINAL ?

Vient ensuite le temps de cuisson, qui s'accorde en fonction de la surface d'échange et de la découpe : plus notre carotte est coupée gros, plus le temps de cuisson sera long, et plus elle est coupée petit, plus il sera court. Logique !
C'est là que les choses se compliquent un peu mais deviennent intéressantes.
Si votre carotte entière cuit très longtemps, peu de morceaux se déliteront parce que sa forme est arrondie et qu'il n'y a pas d'anfractuosités.
Si votre carotte est coupée en cubes pour une cuisson rapide, les cubes resteront intacts sans perte de matière. Mais sur une cuisson longue, les arêtes de ces cubes arriveront rapidement en surcuisson, et se désintégreront en purée. La matière perdue va troubler le liquide. S'il s'agit d'un fond ou d'un bouillon, c'est dommage ; mais s'il s'agit d'une sauce, ces petits morceaux vont ajouter de la matière, l'épaissir et conférer des saveurs.
Et là, c'est du pur bonheur !

LES DIFFÉRENTES DÉCOUPES ET LEUR SURFACE D'ÉCHANGE

Tranches longues de 2 mm d'épaisseur
Perte ou gain rapide des saveurs mais bonne tenue dans le temps.
Pour des cuissons entre 2 heures et 4 heures : bouillons de volaille, viandes braisées...

Tranches longues de 4 mm d'épaisseur
Perte ou gain rapide des saveurs mais très bonne tenue dans le temps.
Pour des cuissons supérieures à 3 heures : bouillons, fonds, pot-au-feu...

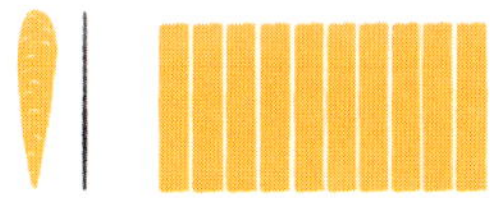

Cubes de moins de 1 mm de côté
Perte ou gain très très rapide de saveurs.
Pour des cuissons rapides de 10 à 30 minutes : fonds de sauce épais.

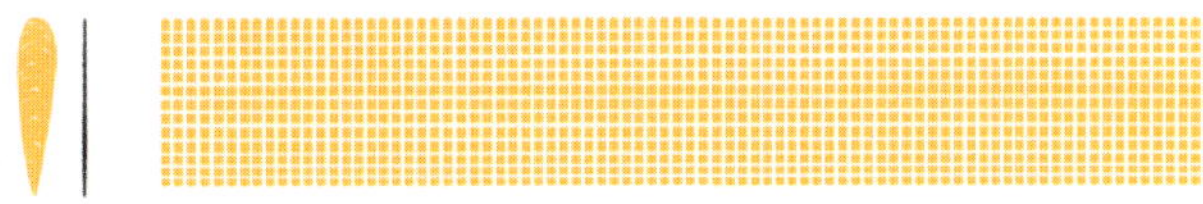

Brunoise de 2 à 3 mm de côté
Perte ou gain très rapide de saveurs.
Pour des cuissons moyennement rapides de 15 minutes à 1 heure : fonds de sauce épais.

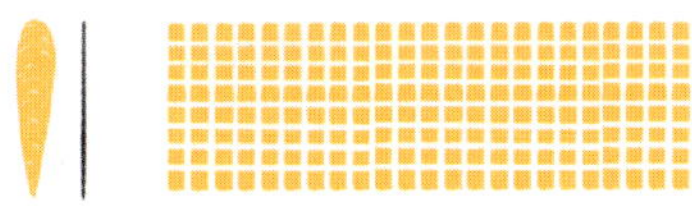

Matignon de 4 à 5 mm de côté
Perte ou gain rapide de saveurs.
Pour des cuissons moyennement longues de 30 minutes à 2 heures : fonds de sauce.

Mirepoix de 10 à 15 mm de côté
Perte ou gain moyennement rapide de saveurs.
Pour des cuissons longues de 2 à 4 heures : fonds de sauce.

Julienne de 1 mm d'épaisseur et 4 à 5 cm de longueur
Perte très très très rapide de saveurs.
Pour des cuissons ultra rapides : accompagnements ou fonds de sauce.

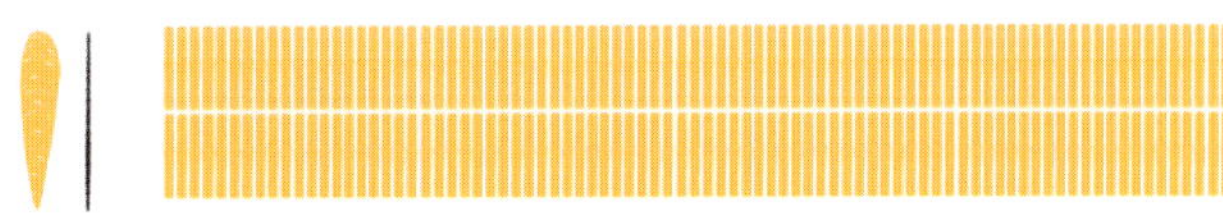

Bâtonnets de 3 mm d'épaisseur et 4 à 5 cm de longueur
Perte rapide de saveurs.
Pour des cuissons rapides : accompagnements.

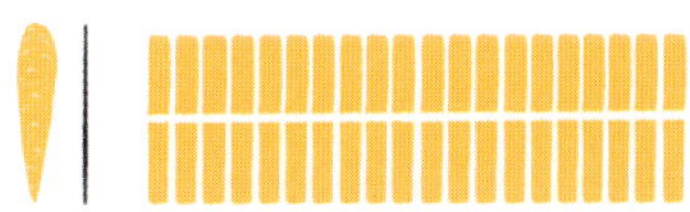

Jardinière de 7 à 8 mm de côté
Perte moyennement rapide de saveurs.
Pour des cuissons moyennement rapides : accompagnements.

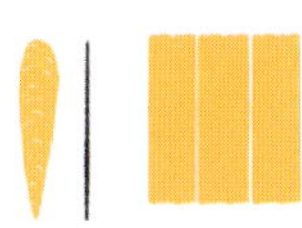

LA CUISSON DES LÉGUMES

Autant vous prévenir tout de suite, la cuisson des légumes n'a strictement rien à voir avec la cuisson des viandes ou des poissons. On pose tout à plat et vous n'aurez plus jamais des légumes fades ni mal cuits.

Ah, les saveurs des légumes simplement sautés !

POURQUOI LA CUISSON DES LÉGUMES EST-ELLE DIFFÉRENTE DE CELLE DES VIANDES OU DES POISSONS ?

Le but de la cuisson des légumes est de les attendrir en dégradant les membranes cellulaires et le ciment qui les relient les unes aux autres.
Les viandes et les poissons sont des matières « molles » qu'on ne cherche pas à ramollir davantage (sauf les viandes dures qu'on attendrit par la cuisson) mais à transformer en faisant coaguler les protéines qu'elles contiennent.
Dans les deux cas, on agit par la chaleur, mais avec des effets très distincts.

POURQUOI FAUT-IL DIFFÉRENCIER LES LÉGUMES QUI CONTIENNENT BEAUCOUP D'AMIDON DES AUTRES LÉGUMES ?

L'amidon constitue la réserve d'énergie de certaines plantes comme les pommes de terre, les légumes secs ou les céréales ; on regroupe ces légumes sous le nom de « féculents ». La particularité de l'amidon, c'est d'être indigeste s'il n'est pas cuit : essayez de manger une pomme de terre crue pour voir !
Pour cuire, l'amidon a besoin de chaleur bien sûr, mais aussi d'eau. Cette eau peut être celle de constitution du légume lui-même, comme pour les pommes de terre sautées à cru, ou l'eau dans laquelle il cuit, comme pour les pommes de terre bouillies.
Dans tous les cas, cet amidon demande un certain temps pour cuire et devenir digeste.
Les légumes sans amidon, eux, peuvent être consommés à différents stades de cuisson parce que c'est la texture qui sera importante : de cru à très cuit pour les carottes, juste al dente pour les haricots verts, etc.

POURQUOI PEUT-ON BLANCHIR LES LÉGUMES À L'AVANCE ?

Blanchir, c'est précuire le légume 1 à 3 minutes, selon son temps de cuisson normal et sa grosseur. La finalisation de la cuisson se fait à un autre moment. Le truc intéressant, c'est que le légume ne souffre pas du tout d'une cuisson en deux étapes. Pour pouvez donc blanchir certains légumes à l'avance, puis terminer avec une cuisson courte pour les ajouter à un plat qui a cuit plusieurs heures, ou quand vos invités sont arrivés.

POURQUOI FAUT-IL SALER L'EAU DE CUISSON DES LÉGUMES...

L'eau salée accélère l'attendrissement des légumes, elle diminue donc le temps de cuisson et évite que les cellules ne perdent trop d'eau. C'est très intéressant pour les légumes fins, parce que l'extérieur peut cuire rapidement tout en gardant de la jutosité et du croquant au centre.

... OU PAS ?

En revanche, saler l'eau de cuisson est à bannir totalement pour les légumes qui demandent un temps de cuisson plus long, comme les pommes de terre, dont l'extérieur se ramollirait et se transformerait en purée bien avant que le centre ne soit cuit.

POURQUOI EST-CE MIEUX DE CUIRE LES LÉGUMES DANS UN BOUILLON PLUTÔT QU'À L'EAU ?

Lorsque les légumes bouillent, ils perdent une partie de leurs saveurs dans l'eau de cuisson. Mais, si vous les faites cuire dans un bouillon, par osmose, ils en perdront moins et moins rapidement. Le truc, c'est de préparer un bouillon express avec les épluchures nettoyées de vos légumes. Faites cuire ces parures 10 minutes environ **(1)**, puis retirez-les **(2)** et faites cuire vos beaux légumes dans ce « bouillon » **(3)**.

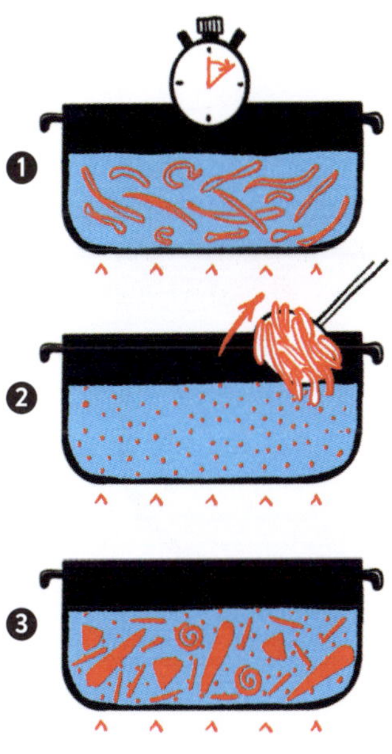

ATTENTION, C'EST TECHNIQUE !

POURQUOI FAUT-IL CUIRE LES LÉGUMES VERTS DANS UN GRAND VOLUME D'EAU BOUILLANTE...

Le problème avec la cuisson des légumes verts, c'est qu'ils peuvent vite devenir jaunâtres quand ils sont mal cuits. Pour éviter ce problème, il faut d'abord comprendre pourquoi ils changent de couleur. Il y a 2 raisons cela. C'est un peu technique, mais c'est pas très difficile à comprendre.

1°) Les cellules des légumes verts contiennent des petites poches de gaz qui se solubilisent dès que vous les plongez dans de l'eau chaude. Lorsque ce gaz sort de la plante, il libère une enzyme, la chlorophyllase, qui dénature la couleur verte des chlorophylles. Cette enzyme est super-active autour des 60 à 80 °C, mais elle est décimée dès qu'on atteint 100 °C, la température d'ébullition.

Si vous plongez vos légumes verts dans un faible volume d'eau bouillante, la température de l'eau chute ; la chlorophyllase s'active et détruit les chlorophylles le temps que la température de l'eau remonte.

Mais si vous mettez vos légumes verts dans un très grand volume d'eau bouillante, la température de l'eau chute peu ; la chlorophyllase ne s'active pas et vos légumes verts restent bien verts.

2°) Pendant la cuisson, les légumes verts perdent une partie de leur acidité qui se dilue et rend l'eau de cuisson légèrement acide. Le problème, c'est que l'eau acide fait brunir les légumes verts.

Si vous cuisez vos légumes verts dans une grande quantité d'eau, l'acidité sera diluée et ils bruniront peu. Vous pouvez aussi ajouter une demi-cuillerée à café de bicarbonate de sodium qui éliminera cette acidité. Mais pas plus, sinon cela ramollirait les légumes...

... PUIS LES PLONGER IMMÉDIATEMENT APRÈS DANS UNE EAU GLACÉE ?

Soit vous les servez immédiatement, et dans ce cas, il n'est pas nécessaire de les plonger dans de l'eau glacée ; soit aurez besoin de les réchauffer ou vous souhaitez les servir en salade, et cette étape est indispensable.

Si vous laissez vos légumes verts cuits dans la passoire, ils vont rester chauds longtemps ; la cuisson va se poursuivre et ils seront trop cuits au moment de les déguster.

Mais si vous les plongez dans de l'eau très froide, celle-ci va les refroidir instantanément et empêcher la cuisson de se poursuivre.

Ah ! N'oubliez pas de les éponger dès qu'ils sont froids pour éviter qu'ils absorbent cette eau et deviennent spongieux ;-)

LA CUISSON DES LÉGUMES

LA CUISSON À LA VAPEUR

POURQUOI LES LÉGUMES CUITS À LA VAPEUR SONT-ILS SOUVENT PLUS FERMES QUE CUITS À L'EAU ?

Lorsqu'ils cuisent à l'eau, les légumes en absorbent une partie et deviennent parfois spongieux.
Lorsqu'ils cuisent à la vapeur, ils ont moins de liquide à disposition (la quantité d'eau dans la vapeur est plus faible que l'eau elle-même), en absorbent moins et restent donc plus fermes.

POURQUOI A-T-ON SOUVENT UNE CUISSON HÉTÉROGÈNE ENTRE CHACUN DES LÉGUMES ?

Le défaut de la vapeur c'est qu'elle se refroidit vite au contact des légumes. De plus, les légumes sont statiques (alors qu'ils sont en mouvement dans de l'eau qui bout) et la cuisson se fait plus difficilement à certains endroits ; on se retrouve souvent avec des légumes plus cuits que d'autres. La seule solution, c'est d'avoir un très grand panier vapeur pour poser les légumes à plat sur une très faible épaisseur.

LE BON GESTE

POURQUOI EST-CE INTÉRESSANT D'AJOUTER DES INGRÉDIENTS DANS L'EAU QUI VA SE TRANSFORMER EN VAPEUR ?

Comme dans la cuisson à l'eau, la vapeur emporte avec elle une partie des saveurs des légumes. Pour contrebalancer cette déperdition – certes légère, mais qui existe quand même – on peut ajouter des épluchures et même des aromates dans l'eau qui chauffe sous les légumes et qui deviendra de la vapeur.
Plus la vapeur sera chargée en arômes, plus les légumes garderont leurs saveurs. Certains cuisiniers poussent la technique tellement loin qu'ils cuisent leurs carottes à la vapeur… d'un jus de carottes. Et là, on obtient des carottes vapeur avec des saveurs très riches. Pas mal, non ?

N'hésitez pas à ajouter des épluchures nettoyées et des aromates dans votre eau de cuisson pour enrichir la vapeur.

POURQUOI LE LIQUIDE DE CUISSON EST-IL IMPORTANT ?

Pour une cuisson braisée, il faut du liquide, mais juste assez pour créer de la vapeur dans le plat de cuisson, ce n'est pas une cuisson bouillie. On considère généralement qu'il ne faut pas dépasser le quart de la hauteur des légumes pour créer suffisamment de vapeur dans le plat. Ce liquide peut être de l'eau, ou mieux, un bouillon de légumes ou de viande.
La cuisson étant longue, des interactions vont se produire entre les légumes et le liquide, des échanges de saveurs vont avoir lieu par osmose ; vous n'obtiendrez pas le même résultat si vous utilisez un bouillon de légumes dans lequel carottes, champignons ou céleris prennent le pas sur les autres ingrédients. Choisissez votre bouillon en fonction du résultat souhaité.

POURQUOI FAUT-IL UTILISER UNE GRANDE SAUTEUSE POUR UN MEILLEUR RÉSULTAT ?

L'idée est d'éviter que trop de légumes se superposent pour qu'ils soient tous soumis à la même quantité de vapeur et obtenir une cuisson homogène. Plus la sauteuse est grande, moins les légumes se superposent.

CQFD !

POURQUOI EST-IL PRÉFÉRABLE DE FAIRE MIJOTER LES LÉGUMES AU-DESSUS DE 85 °C, MAIS EN DESSOUS DE L'ÉBULLITION ?

On a vu que les cellules des légumes sont collées entre elles par des pectines qui assurent leur rigidité tant qu'elle n'est pas décomposée. 85 °C est la température à partir de laquelle la pectine commence à se désintégrer, et 100 °C est celle à laquelle l'eau bout et s'évapore rapidement en faisant bouger les légumes dans tous les sens. Si l'on maintient la température juste au-dessus de 85 °C, on attendrit les légumes sans qu'ils se transforment en purée.

TRUC DE PRO

POURQUOI EST-CE INTÉRESSANT D'AJOUTER UNE GARNITURE AROMATIQUE ET DU BEURRE EN DÉBUT DE CUISSON BRAISÉE ?

Lorsque vous faites revenir une garniture aromatique (oignon, ail, champignon, thym, etc., un peu de ce que vous voulez en fait), vous créez des saveurs qui seront captées par le bouillon, puis qui viendront enrichir le jus de cuisson et les légumes.
Le beurre, lui, apporte une très légère touche de gras qui va émulsionner le jus de cuisson et conférer de la longueur en bouche. Ça, c'est un petit secret des chefs ;-)

La richesse du jus de cuisson donne des légumes braisés encore plus savoureux.

LA CUISSON DES LÉGUMES

LA CUISSON À L'ÉTUVÉE

POURQUOI LA CUISSON À L'ÉTUVÉE PRÉSERVE-T-ELLE LE MIEUX LES SAVEURS DES LÉGUMES ?

Ce type de cuisson est celui qui conserve le plus les saveurs intrinsèques des légumes : pas de perte de goût dans un grand volume de liquide ni dans de la vapeur, pas de goûts de doré ou de caramélisation ajoutés. On est dans la saveur la plus pure du légume.

CQFD !

POURQUOI FAUT-IL UTILISER UNE GRANDE SAUTEUSE À BORDS BAS POUR UN MEILLEUR RÉSULTAT...

Il faut éviter que les légumes se chevauchent afin qu'ils soient tous en contact direct avec la source de chaleur, au fond de la sauteuse. De cette manière, on obtient une cuisson homogène entre tous les morceaux. Et plus les bords du plat de cuisson sont bas, plus la vapeur est confinée dans un petit volume ; et plus l'atmosphère est saturée d'humidité, moins les légumes perdent d'eau.

... ET TRÈS PEU D'EAU ?

L'idée, c'est d'avoir juste assez d'eau pour créer une atmosphère humide dans laquelle les légumes perdront le moins possible de leur eau de constitution. On n'ajoute donc de l'eau qu'au quart de la hauteur des légumes et on couvre pour enfermer la vapeur à l'intérieur de la sauteuse. Les légumes cuiront dans la vapeur de l'eau ajoutée, mais aussi dans celle créée par leur propre eau de constitution.

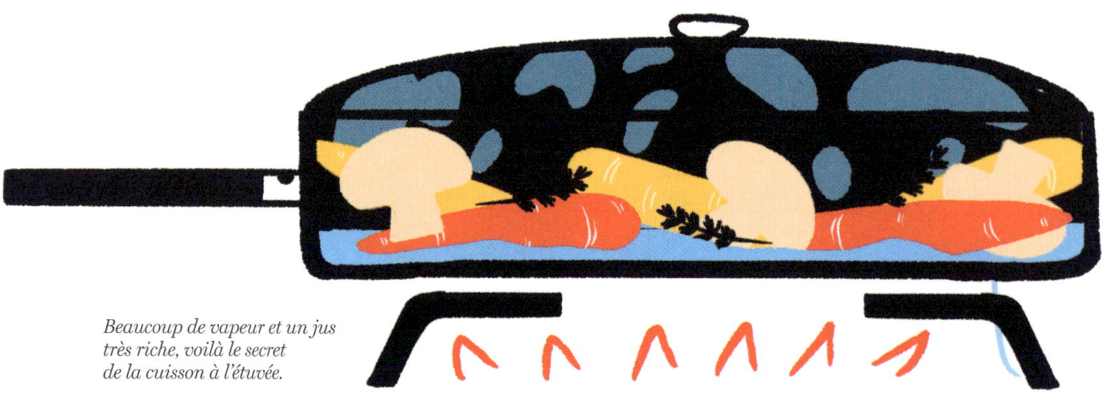

Beaucoup de vapeur et un jus très riche, voilà le secret de la cuisson à l'étuvée.

LA CUISSON AU FOUR

POURQUOI LA CUISSON AU FOUR EST-ELLE PLUS LENTE QU'À L'EAU OU À LA VAPEUR ?

D'une part, l'air transmet moins bien la chaleur que les liquides (eau, bouillons, huile) ou que le contact entre une poêle chaude et les légumes. D'autre part, avec ce type de cuisson une partie de l'eau perdue par les aliments se transforme en vapeur et reste comme collée à ces aliments, formant une barrière protectrice qui ralentit la cuisson.

ET POURQUOI DONNE-T-ELLE AUTANT DE SAVEURS DÉLICIEUSES ?

Au four, on obtient des saveurs intenses de doré sur une surface plus grande que dans une sauteuse ou une poêle, car ce n'est pas uniquement la surface en contact direct avec le plat de cuisson qui chauffe et dore, mais aussi toute celle qui est face au gril du four.

LES BONS GESTES

POURQUOI FAUT-IL METTRE UN PEU D'HUILE SUR LES LÉGUMES AVANT DE LES PASSER AU FOUR ?

Il y a plusieurs raisons à cela.
1°) L'huile capte la chaleur de l'air du four beaucoup plus rapidement et fortement que ne le ferait le légume seul, ce qui accélère sa cuisson en augmentant sa température.
2°) Puisque la température extérieure du légume est augmentée, celui-ci dore plus rapidement et sa cuisson est plus brève.
3°) L'huile contribue à la caramélisation des sucres contenus dans les légumes, caramélisation qui développe un nombre incroyable de saveurs délicieuses.

POURQUOI FAUT-IL ÉVITER QUE LES LÉGUMES SE CHEVAUCHENT LORSQU'ON LES CUIT AU FOUR ?

Si vos légumes se chevauchent, le transfert de chaleur se fera difficilement au niveau du contact entre deux morceaux et surtout, la vapeur aura du mal à s'échapper du morceau du dessous, qui se ramollira.

POURQUOI DOIT-ON COUVRIR LES LÉGUMES COUPÉS EN GROS MORCEAUX EN DÉBUT DE CUISSON ?

En couvrant le plat de papier aluminium, les légumes commencent leur cuisson dans leur propre humidité, évitant ainsi de se dessécher **(1)**. Après 15 minutes environ, il faut retirer le papier aluminium, arroser de 2 ou 3 cuillerées à soupe d'huile d'olive **(2)**, mélanger et remettre au four pour faire dorer et caraméliser les légumes **(3)**.

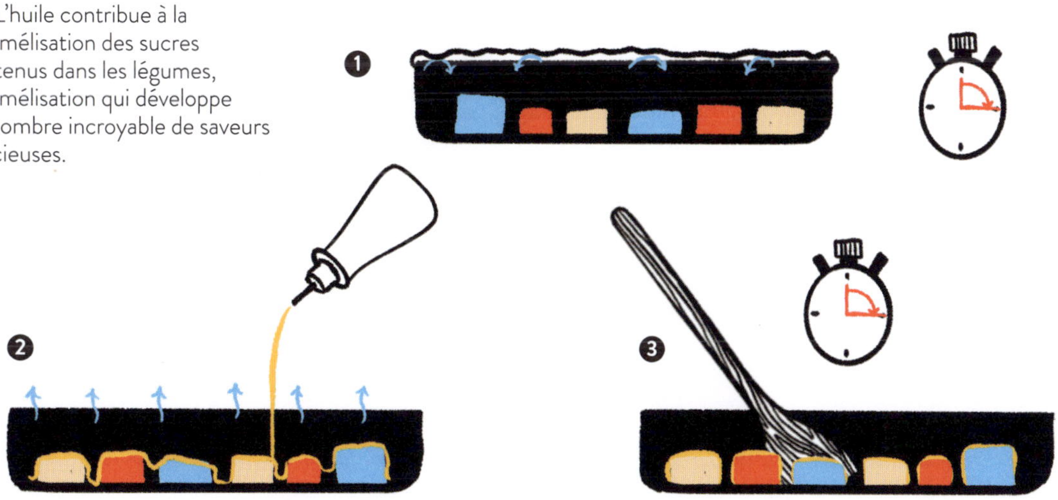

LA CUISSON DES LÉGUMES

LA CUISSON SAUTÉE

POURQUOI LA CUISSON SAUTÉE DONNE-T-ELLE DE SI DÉLICIEUX LÉGUMES ?

Cette cuisson se pratique à très forte température. Elle développe énormément de réactions de Maillard et caramélise les sucres contenus dans les légumes tout en gardant une structure croquante.
Quatre choses sont primordiales pour bien réussir ce type de cuisson :
1- une découpe des légumes en fins morceaux pour cuire très rapidement ;
2- beaucoup de chaleur pour développer des réactions de Maillard ;
3- de l'huile pour multiplier ces réactions de Maillard, éviter aux légumes d'accrocher à la poêle ou au wok, et fixer et conserver les arômes qui se volatilisent ;
4- de l'attention pour remuer constamment et éviter que les légumes brûlent.

SANTÉ !

POURQUOI PRÉSERVE-T-ELLE UNE GRANDE QUANTITÉ DES NUTRIMENTS DES LÉGUMES ?

Cette cuisson est très rapide et sans liquide. La nature même des légumes n'est pas détruite car les nutriments n'ont pas le temps de se solubiliser et restent coincés à l'intérieur des cellules préservées.

ZOOM

POURQUOI LE WOK EST-IL CE QUI SE FAIT DE MIEUX POUR CE TYPE DE CUISSON ?

Le wok présente deux intérêts majeurs pour sauter les légumes.
1°) Son fond arrondi permet de mélanger continuellement tout en remettant les légumes au centre.
2°) Il supporte des températures beaucoup plus fortes que nos poêles ou sauteuses car il peut allègrement dépasser les 400 °C !
La cuisson y est beaucoup plus rapide, développe plus de réactions de Maillard et les légumes gardent plus de croquant tout en étant cuits. Franchement, c'est le top !

La chaleur des woks permet de cuire les légumes rapidement tout en les gardant croquants.

POURQUOI FAUT-IL ÉVITER LE BEURRE POUR SAUTER LES LÉGUMES ?

Le beurre brûle à partir de 130 °C ; il ne supporte donc pas les très hautes températures nécessaires à ce type de cuisson, qui tournent aux alentours de 200 °C pour une poêle et 300 à 400 °C pour un wok (voir LE BEURRE).

MIAM !

POURQUOI PEUT-ON CHOISIR UN AUTRE CORPS GRAS QUE DE L'HUILE ?

Ah ! Là, on tient la petite touche qu'apprécient les gastronomes. À la place de l'huile, vous pouvez mettre un peu de graisse d'oie ou de canard pour apporter des notes animales aux légumes. Absolument divin avec des asperges ou des haricots verts...

LES BONS GESTES

POURQUOI, VAUT-IL MIEUX VERSER L'HUILE DIRECTEMENT DANS LA POÊLE OU LE WOK, SI LES LÉGUMES SONT FINEMENT DÉCOUPÉS ?

On a vu dans HUILES ET AUTRES GRAS qu'il est préférable de huiler les aliments avant de les cuire à la poêle. Mais, pour les légumes sautés finement découpés, c'est différent parce que leur surface de contact avec la poêle ou le wok est très petite et on se retrouverait avec une grande quantité d'huile sur les légumes qui ne sert à rien.
Donc commencez par faire chauffer la poêle ou le wok jusqu'à ce qu'ils commencent à fumer, puis versez l'huile et ajoutez immédiatement les légumes finement coupés. Et remuez sans cesse pour qu'ils cuisent sans brûler.

POURQUOI FAUT-IL DÉGLACER EN FIN DE CUISSON ?

Au cours de la cuisson, beaucoup de sucs délicieux se créent.
Ce serait vraiment dommage de ne pas récupérer ces sucs collés au fond de la poêle **(1)**. Alors on verse un peu de sauce soja, comme en Asie, 2 ou 3 cuillerées à soupe de bouillon ou un peu d'eau pour les décoller **(2)**, et obtenir un fond de sauce délicieux **(3)**. On peut même ajouter un petit peu de beurre...

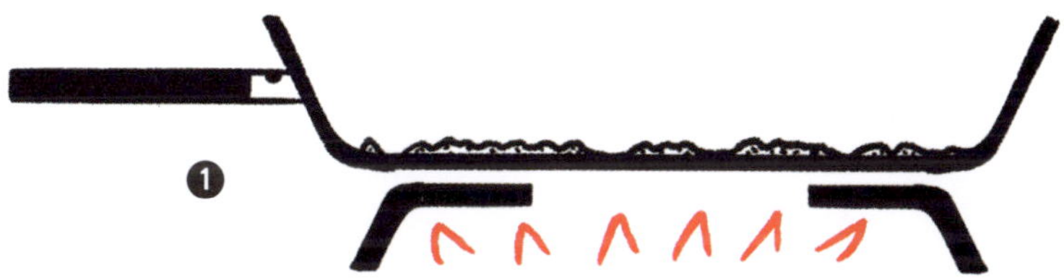

Au cours de la cuisson sautée, des sucs se sont formés au fond de la poêle.

Versez un peu d'eau ou de sauce soja, laissez chauffer un peu et grattez avec une cuillère en bois.

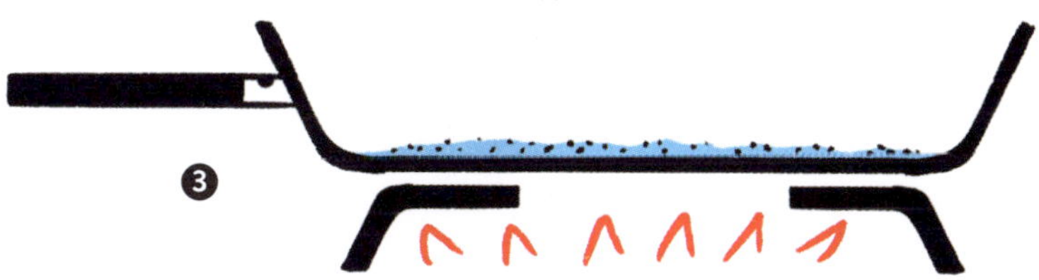

Les sucs se dissolvent dans le liquide formant une sauce délicieuse.

LES FRITES

« Des frites, des frites ! » Ça, on l'entend tous les mercredis et franchement, c'est bien tentant de s'en tirer avec un paquet de frites Mc Truc surgelées. Mais, non, ne cédez pas à la facilité ! Faites des frites, mais des vraies, des maison. Soyez un héros et devenez le roi des frites !

CQFD !

POURQUOI FAUT-IL CHOISIR LES POMMES DE TERRE EN FONCTION DU NOMBRE DE BAINS ?

On va voir cela en détail, chaque type de cuisson des frites a un impact bien particulier sur la pomme de terre utilisée.
Pour les cuissons en deux bains, il faut des pommes de terre farineuses, c'est-à-dire qui contiennent beaucoup d'amidon. Il y a 2 raisons à cela.
1°) Une partie de l'eau de constitution des pommes de terre est utilisée par l'amidon pour gonfler. Plus elles sont farineuses, moins elles contiennent d'eau. Et si moins d'eau s'évapore des frites, moins l'huile pourra y pénétrer entre les deux bains.
2°) L'amidon permet la création d'une belle croûte dorée en très peu de temps à la surface des frites.
Mais, pour les cuissons en un seul bain, il faut des pommes de terre qui contiennent moins d'amidon et plus d'eau, donc des pommes de terre à chair tendre. Là encore il y a une explication toute simple : comme la cuisson en un seul bain est plus longue, l'évaporation dure longtemps. Plus il y a d'eau à l'intérieur de la pomme de terre, plus elle restera fondante.

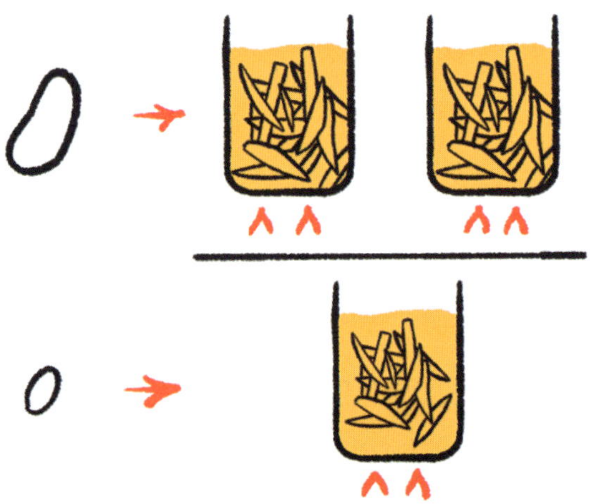

Préférez les pommes de terre à chair farineuse, riches en amidon pour les frites en deux bains, et les pommes de terre à chair tendre, plus riches en eau, pour les frites en un seul bain.

BON À SAVOIR

POURQUOI CERTAINS RESTAURANTS AFFICHENT-ILS QUE LEURS FRITES SONT « COUPÉES AU COUTEAU » ?

Ce n'est pas une façon subtile de vous dire qu'elles ne sont pas congelées, mais que leurs frites sont de qualité. Lorsque les frites sont coupées à la main, elles ne sont pas toutes identiques : certaines sont un peu plus grosses que d'autres, plus longues, etc. Eh bien, grâce à ces différences, chaque frite est unique alors que des frites coupées à la machine sont toutes identiques et ont la même saveur. Les frites coupées au couteau offrent une plus grande richesse de saveurs et de textures.

LE BAIN DES FRITES EN 2 QUESTIONS

POURQUOI FAUT-IL CUIRE LES FRITES EN DEUX BAINS ?

La cuisson des frites se fait par transfert de chaleur de l'extérieur vers le centre. Le problème, c'est que la pomme de terre transmet très mal la chaleur : il faut plus de 5 minutes pour que le centre d'une frite de 8 mm d'épaisseur plongée dans une huile à 180 °C atteigne les 100 °C, laps de temps pendant lequel l'extérieur cuit trop jusqu'à devenir charbonneux.
La solution consiste à cuire les frites dans un premier bain pas trop chaud, à 120-130 °C, pour chauffer et cuire le centre en évitant une surcuisson de l'extérieur **(1)**, puis de les plonger dans un second bain à 180 °C pendant 2 minutes pour les faire dorer **(2)**. Et hop, on se retrouve avec des frites cuites à l'intérieur et croustillantes à l'extérieur !

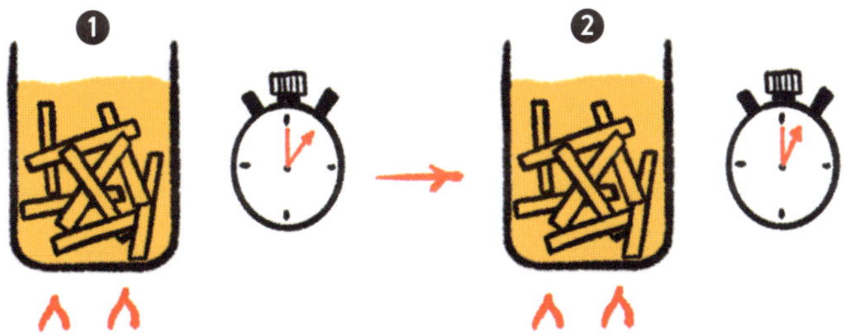

ALORS POURQUOI LA CUISSON EN UN SEUL BAIN DONNE-T-ELLE DE TRÈS BONS RÉSULTATS ?

Oui, je sais que je viens de dire qu'il faut cuire les frites en 2 bains… Ça, c'est la façon classique de faire des frites. Mais la cuisson en un seul bain donne des résultats déments ! C'est plus long, mais c'est aussi bien meilleur.
1°) Mettez vos frites dans une cocotte, couvrez-les largement d'huile de friture à température ambiante et faites chauffer 15 minutes à feu soutenu, sans remuer surtout !
Pendant la montée en température, l'eau contenue dans la pomme de terre s'évapore lentement et l'intérieur a le temps de cuire correctement.
2°) Remuez-les quand une croûte commence à se former à la surface, puis comptez encore 10 à 15 minutes de cuisson. Comme on est à une température inférieure à la cuisson classique, les frites perdent moins d'eau et restent plus moelleuses tout en formant une croûte extérieure très croustillante.

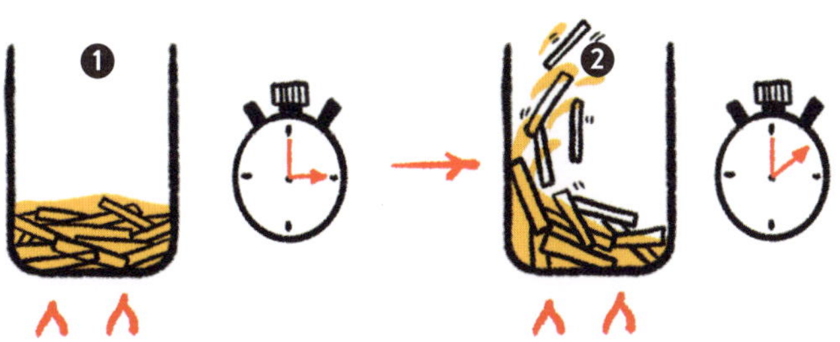

LES BONS GESTES

POURQUOI LES FRITES RATÉES SONT-ELLES GRASSES ?

Lors du 1er bain, une partie de l'eau contenue dans la pomme de terre se transforme en vapeur et sort des frites, ce sont toutes les petites bulles d'air qu'on voit remonter dans l'huile. Tant que ces bulles sortent, l'huile ne peut pas entrer dans les frites.
Mais, dès qu'on les sort du bain, la pression interne chute, la vapeur se recondense et la pomme de terre absorbe une partie de l'huile qui la recouvre pour compenser la perte d'eau. Et là, c'est foutu : les frites sont grasses, même à l'intérieur…
Heureusement, il existe 2 solutions à ce problème :
1- faire le second bain immédiatement à la sortie du premier,
2- éponger les frites dès leur sortie du bain pour qu'elles n'en absorbent plus qu'une petite partie.

POURQUOI FAUT-IL TOUT DE SUITE ÉPONGER LES FRITES, QUELLE QUE SOIT LA CUISSON ?

Si vos frites sont cuites correctement, elles ne sont huileuses qu'en surface.
Mais, cette quantité d'huile est très importante : pour 100 g de frites, il y a 25 g d'huile, soit un quart du poids total !
Si vous épongez vos frites avec du papier absorbant dès leur sortie du bain, vous retirerez près des trois quarts de cette l'huile résiduelle, et vos frites contiendront moins de 10 % de gras au lieu de 25 %. Ça vaut le coup de les essuyer non ?

LES ŒUFS POCHÉS

Le pochage des œufs, c'est tout un art. Voici quelques clés de réussite...

POURQUOI FAUT-IL PRÉFÉRER DES ŒUFS EXTRA FRAIS POUR LE POCHAGE ?

Quand l'œuf est très frais, son blanc est bien épais et regroupé autour du jaune. Du coup, il se disperse très peu dans l'eau de cuisson. Mais plus il vieillit, plus le blanc se liquéfie, comme de l'eau. Et là, bonjour les dégâts si vous voulez le pocher : le blanc s'éparpille dans toute la casserole et vous vous retrouvez avec un jaune séparé du blanc. La lose totale !

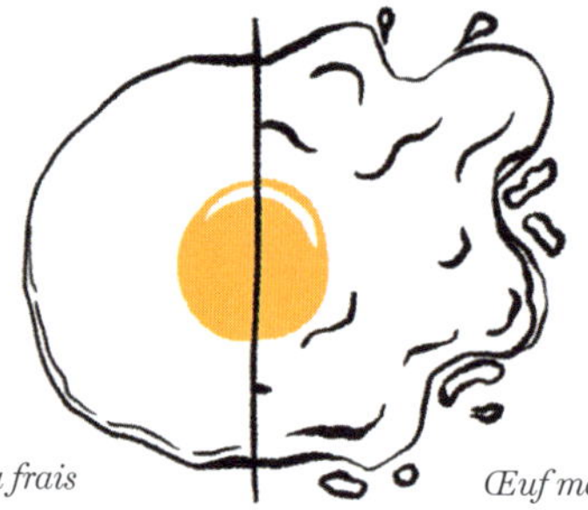

LES BONS GESTES

POURQUOI FAUT-IL PASSER LES ŒUFS AU TAMIS AVANT DE LES POCHER ?

Si vous utilisez des œufs qui ont plus d'une semaine, il faut les « casser » sur un tamis pour que le blanc liquide s'évacue et qu'il ne vous reste que le blanc épais et le jaune. Ça, c'est un secret de chef !

POURQUOI PEUT-IL AJOUTER DU VINAIGRE DANS L'EAU DE POCHAGE ?

Le vinaigre acidifie l'eau de cuisson et accélère la coagulation du blanc. Plus l'extérieur de l'œuf coagule rapidement, moins il se disperse dans la casserole. N'en rajoutez pas des litres non plus : 3 ou 4 cuillerées à soupe suffisent. Et prenez du vinaigre blanc pour ne pas colorer vos blancs. Vous pouvez aussi verser un peu de vinaigre dans l'eau de cuisson des œufs coque et durs. Si par malheur une fissure venait à se créer, le vinaigre ferait immédiatement coaguler le blanc pour former un bouchon protecteur ;-)

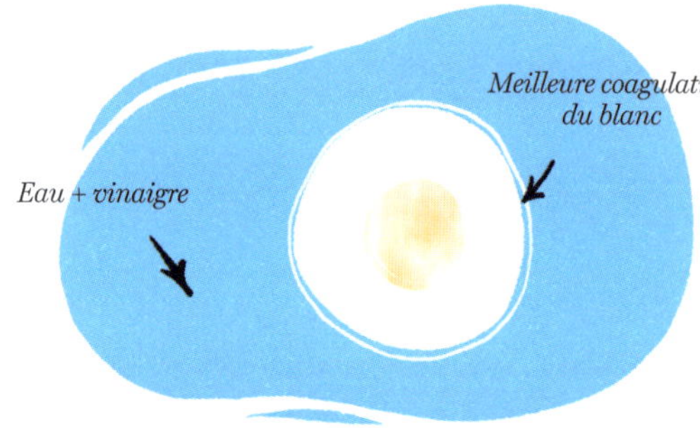

POURQUOI MIEUX VAUT-IL ÉVITER DE POCHER LES ŒUFS À L'EAU BOUILLANTE ?

On l'a vu dans LES VIANDES POCHÉES, quand l'eau bout, elle bouge dans tous les sens et de grosses bulles remontent... Et vous voudriez délicatement faire pocher vos œufs dans une eau pratiquement en éruption ? Roooh... Faites bouillir votre eau, puis baissez le feu juste au niveau d'un très très léger frémissement. Là, le mouvement de l'eau n'est plus assez violent pour déplacer vos œufs et vous êtes à la bonne température pour les pocher.

LE POURQUOI DU COMMENT

POURQUOI FAUT-IL CASSER LES ŒUFS DANS UNE TASSE PLUTÔT QUE DIRECTEMENT DANS LA CASSEROLE ?

Pour avoir des œufs qui restent bien sur eux-mêmes, il faut leur éviter de s'éparpiller dans l'eau. Si vous cassez chaque œuf directement au-dessus de l'eau chaude, leur blanc va se disperser et vos œufs pochés seront ratés.
Mais si vous casser chaque œuf dans une tasse **(1)** et que vous la faites délicatement pénétrer dans l'eau chaude **(2)**, la coagulation du blanc va commencer tout aussi délicatement sans que le blanc s'éparpille **(3)**. Et vos œufs pochés seront parfaits !

CQFD !

POURQUOI EST-CE INTÉRESSANT DE CRÉER PRÉALABLEMENT UN TOURBILLON DANS LA CASSEROLE ?

Lorsqu'on crée un tourbillon dans l'eau de pochage (en faisant tourner une spatule dans le sens des aiguilles d'une montre, par exemple), l'œuf tout juste versé dedans y reste coincé.
Le problème, c'est qu'il a tendance à prendre une forme allongée, ovale et que, du coup, il est bien moins beau qu'un œuf poché classiquement. Après, les goûts et les couleurs… et les formes…

BON À SAVOIR

POURQUOI PEUT-ON PRÉPARER DES ŒUFS POCHÉS À L'AVANCE ET LES RÉCHAUFFER ENSUITE ?

C'est toujours compliqué de préparer en même temps des œufs pochés pour plusieurs personnes.
Le truc, c'est de cuire vos œufs en avance, puis de les plonger dans un saladier d'eau froide pour freiner la cuisson. Il suffira ensuite de les remettre dans une casserole d'eau chaude, juste fumante, mais surtout pas frémissante ni bouillante, pendant 2 ou 3 minutes. La température de l'eau sera suffisante pour les réchauffer mais pas assez forte pour les recuire.

LES ŒUFS DURS ET AU PLAT

On vous a dit d'aller vous faire cuire un œuf ! Oui, mais un dur ou un au plat ?

POURQUOI FAUT-IL CUIRE LES ŒUFS DURS SOUS LE POINT D'ÉBULLITION ?

Le truc, pour cuire des œufs durs sans qu'ils ne perdent trop leur eau de constitution, c'est de les cuire en dessous du point d'ébullition. En leur évitant ainsi une trop grande évaporation, on obtient des œufs durs avec un blanc parfaitement cuit. Et pour le temps de cuisson, passez de 10 à 11 minutes, et ce sera parfait.

BEURK !

POURQUOI UN ŒUF DUR TROP CUIT A-T-IL UN BLANC CAOUTCHOUTEUX ET UN JAUNE SABLEUX...

Plus l'œuf cuit, plus l'eau qu'il contient s'évapore à travers sa coquille (voir LES ŒUFS). Quand le blanc ne contient plus beaucoup d'eau, il devient ferme, élastique et caoutchouteux. Et quand c'est le jaune qui a perdu trop d'eau, il devient sableux. Un bon œuf dur, c'est pas très compliqué, mais ça demande quand même un minimum d'attention.

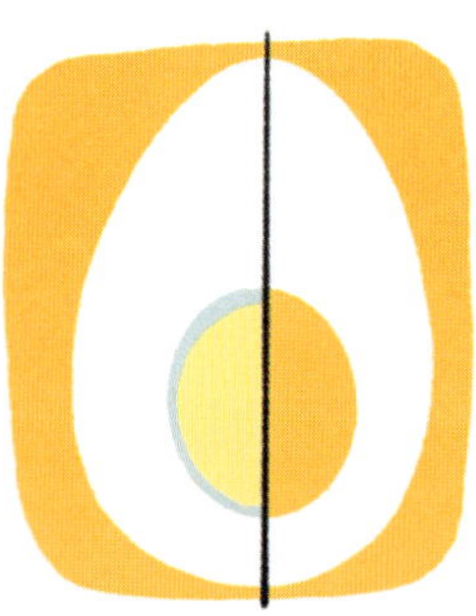

Œuf dur trop cuit / œuf dur parfait

... ET AUSSI UNE ODEUR D'ŒUF POURRI ?

Si une cuisson à forte température se poursuit encore après que le blanc soit devenu caoutchouteux et le jaune sableux, les protéines vont libérer les atomes de soufre qu'elles contiennent. Ces atomes vont s'associer avec de l'hydrogène pour former de l'hydrogène sulfuré qui colore en vert le pourtour du jaune et qui donne cette odeur d'œuf pourri caractéristique des œufs trop cuits.

LE BON GESTE

POURQUOI FAUT-IL REMUER LES ŒUFS DURS PENDANT LA CUISSON ?

Remuer oui, mais délicatement ! Le jaune a une densité plus faible que le blanc. Bien qu'il soit retenu aux extrémités de l'œuf par les chalazes, il remonte dans le blanc lorsqu'il est en position statique ; il se décale et la partie la plus proche de la coquille cuit trop vite. Remuer les œufs pendant la cuisson, permet au jaune de rester au centre et évite qu'il soit trop cuit. Délicatement, j'ai dit !

Œuf dur remué

Œuf dur non remué

POURQUOI EST-IL PRÉFÉRABLE DE CASSER LE « BLANC ÉPAIS » QUAND ON FAIT DES ŒUFS AU PLAT ?

Les œufs extra frais contiennent beaucoup de blanc épais autour du jaune. C'est ce blanc qu'on a toujours du mal à cuire dans les œufs au plat car il coagule à une température de 64 °C, alors que le blanc normal coagule à 62 °C.
Le problème, c'est que ce blanc épais flotte au-dessus du blanc normal. Le temps que la chaleur le cuise, notre beau jaune coulant et délicieux s'assèche et durcit.
Il faut donc déchirer ce blanc épais, le décoller du jaune en passant les dents d'une fourchette dessous et le casser. Ainsi, on obtient une cuisson uniforme du blanc sans surcuire le jaune.

LE POURQUOI DU COMMENT

POURQUOI FAUT-IL ÉVITER DE SALER LE JAUNE PENDANT LA CUISSON D'UN ŒUF AU PLAT ?

Le sel est hydrophile, c'est-à-dire qu'il absorbe l'eau. Lorsque vous salez le jaune, chaque grain de sel va absorber un tout petit peu de son eau ; le jaune va s'assécher à cet endroit précis et vous allez vous retrouver avec un jaune tacheté de petits points clairs. Le sel sur les œufs au plat, c'est uniquement sur le blanc ou en fin de cuisson...

POURQUOI NE VOIT-ON PAS LE JAUNE DANS LES ŒUFS MIROIR ?

On dit que l'œuf est « miroir » quand ce blanc épais qui recouvre le jaune est devenu translucide et qu'il reflète la lumière comme un miroir. Pour obtenir des œufs au plat miroir sans surcuire le jaune, il faut cuire les œufs au four, ou les couvrir au plus près pour que la vapeur dégagée cuise ce blanc épais qui n'est pas en contact direct avec la source de chaleur.

« Pourquoi dit-on que manger du poisson rend intelligent ? »

TABLE DES MATIÈRES

LES POISSONS ET LES FRUITS DE MER

LES LÉGUMES

LES PRÉPARATIONS

LES CUISSONS

REMERCIEMENTS

Un grand merci à Emmanuel Le Vallois pour sa confiance, son accompagnement tout au long de l'écriture de ce livre, et pour sa vision des choses si juste. Je ne saurais être mieux entouré. Merci !
Un autre grand merci à Yannis Varoutsikos pour son imagination et sa finesse, la touche humaine qu'il a su apporter même dans des dessins techniques, et pour son flegme britannique, tout grec qu'il soit.
Efkharîsto poli, hombre !
Et encore un autre à Marion Pipart qui a relu, corrigé, organisé tout ce travail pour le rendre lisible et compréhensible par tout un chacun (et il y avait du travail !), et aussi pour les éclats de rire. Merci !
Et puis, un merci à Sophie Villette pour la mise en page et à Sabrina Bendersky pour les dernières relectures aussi.
Et un dernier grand, grand, grand MERCI à ma femme, Marine, pour son soutien ; et aussi à mes enfants, mes sales gosses d'Amour, qui m'ont demandé sans cesse pourquoi, pourquoi, pourquoi… et qui, sans le savoir, m'ont obligé à chercher des réponses quand je ne les connaissais pas.
Je vous aime !

58, rue Jean-Bleuzen
92178 Vanves Cedex

Édition : **Marion Pipart * La Nouvelle**
Conception graphique et mise en page : **Sophie Villette**
Relecture : **Sabrina Bendersky**

MARABOUT s'engage pour l'environnement en réduisant l'empreinte carbone de ses livres. Celle de cet exemplaire est de : 1582 g éq. CO_2
Rendez-vous sur www.marabout-durable.fr

5789124/04
ISBN : 978-2-501-13655-6
Dépôt légal : août 2019
Achevé d'imprimer en janvier 2020 par Pollina - 92831, France